走出思想的边界

knowledge-power
读行者

复活的军团

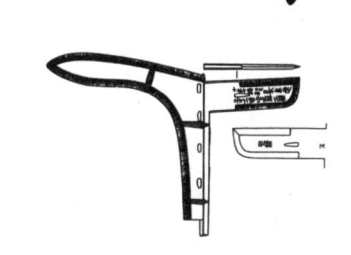

秦始皇陵兵马俑发现记

岳南 著

湖南文艺出版社
博集天卷

骊山下的秦始皇陵

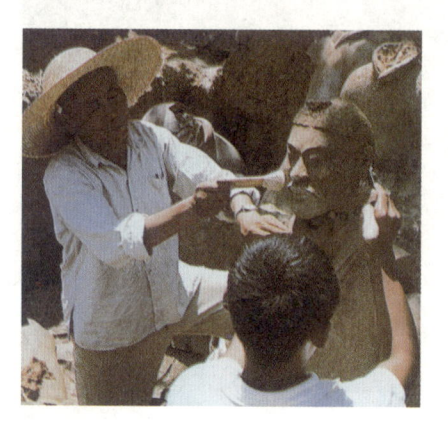

陶俑刚出土时情形

考古队招收的亦工亦农学员在一号坑清理陶俑

最早发掘的一号坑情形 　　　　　　战马从淤泥中仰起头来

陶马出土时情形

秦俑坑出土的将军俑

跪射俑鞋底针眼清晰可见

秦俑坑出土的跪射俑

陶俑的形像 　　　　　彩色兵俑头部装束 　　　　彩色兵俑头部装饰

一号坑兵马俑军阵

考古人员在秦俑馆门口的地下发现修陵人埋葬坑

考古人员在秦俑坑工作

牵马骑兵俑

秦俑坑出土的战马神姿

马头细部

三号坑兵马俑全景

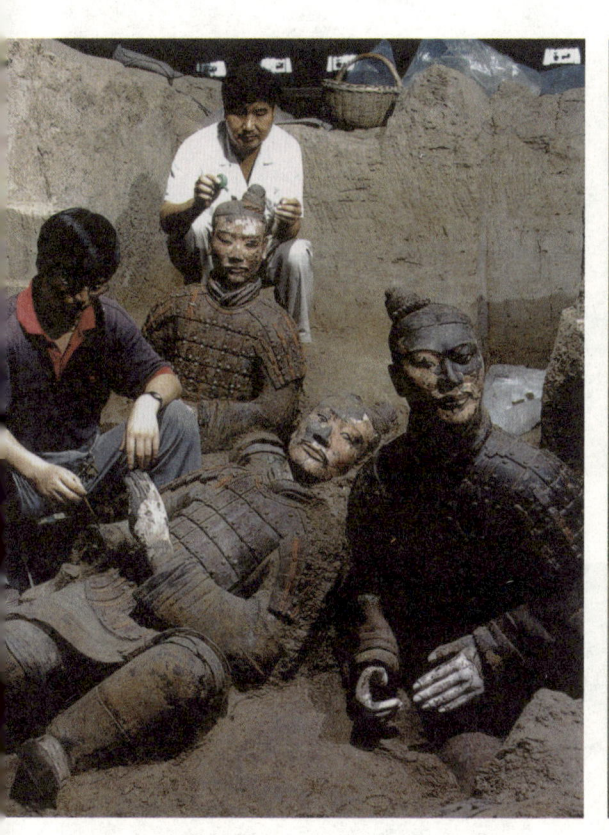

刘占成等考古人员对新出土的彩色兵马俑进行清理保护

秦俑坑出土的彩绘俑

一号坑兵马俑军阵

一号坑兵马俑军阵，前方是俑坑的木制门道

一号坑前部的兵马俑

修复后的二号车，古称安车、辒辌车，属车主乘坐之车

修复后的一号车，古称立车、高车或戎车，属开道车

铜车与驭手出土时情形 　　铜车与驭手出土时情形

铜车马出土时情形

考古人员在清理出土的铜车马

秦陵出土铜车马中的右骖马，头顶缨络称纛，是古代天子乘舆马头上的专用装饰品，亦是地位和权力的象征

青铜剑出土后形状　　　　铜矛　　　　　　铜铍

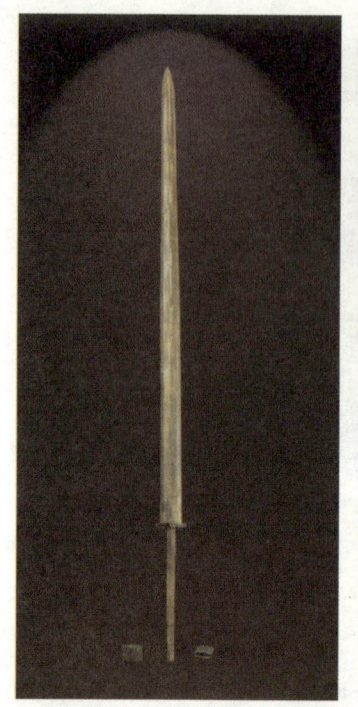

秦俑坑出土的带铭铜矛

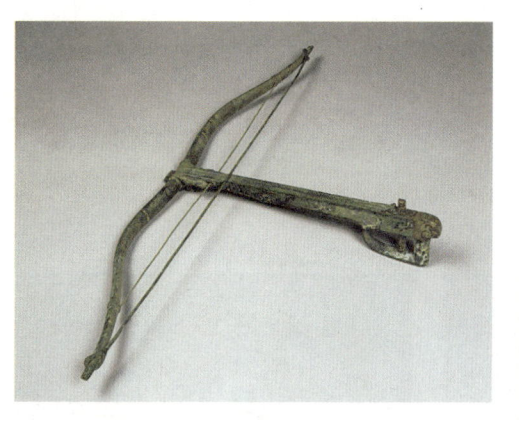

秦俑坑出土的青铜弩

秦俑坑出土的青铜箭镞

秦陵园出土的石铠甲，左上角已被烧成粉末状

秦陵园出土的石制鱼鳞铠甲

秦陵园出土的石甲衣清理后复原 　　　　　　秦陵园出土的石制甲胄清理后复原

秦陵园出土的石甲胄复原形状 　　　　秦陵园发现的错金银乐府钟

秦陵园 K9901 坑出土的大铜鼎

秦陵园上焦村宗室大臣陪葬墓出土的银蟾蜍

秦陵园发现的珍禽异兽坑

秦陵园珍禽异兽坑出土的青铜凫雁

青铜凫雁出土后形状

秦陵园珍禽异兽坑出土的青铜鹤

考古人员在秦陵园文官俑坑进行清理工作

秦陵园发现的文官俑坑

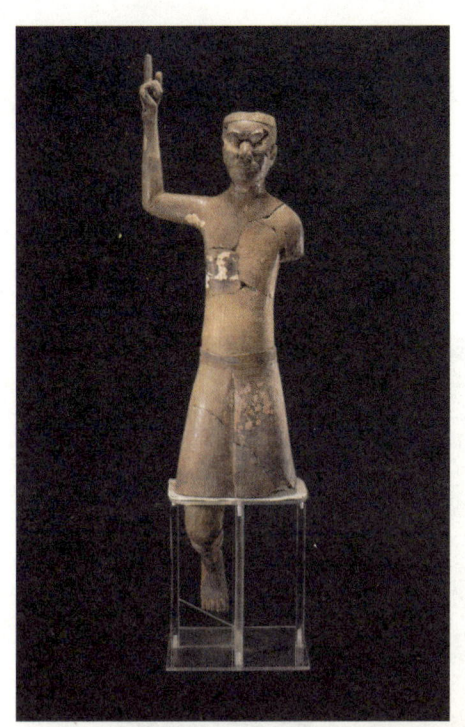

秦陵园出土的百戏俑

秦陵园出土的文官俑

秦陵园出土的大力士百戏俑

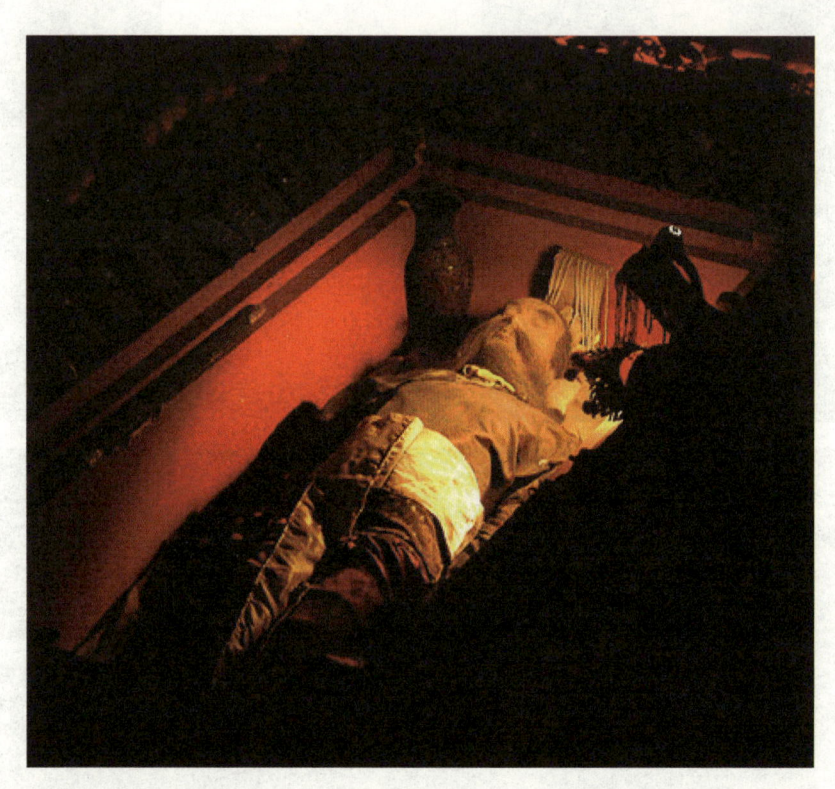

秦始皇地宫棺椁想象图

目录
Contents

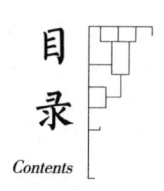

序　一　梦想与光荣（何三坡）/1

序　二　一部认理求真的良心之作（王学理）/5

序　章　复活的梦想 /001

第一章　穿越世纪的曙光 /011
　　　　走出混沌 /012
　　　　绝望中诞生 /017
　　　　蒙在鼓里的国家文物局 /024
　　　　湮没于历史中的信息 /029

第二章　横空出世 /039
　　　　突然消失的神秘人物 /040
　　　　剑光照空天自碧 /051
　　　　历史的纪念碑群 /055
　　　　聂荣臻元帅的提议 /061
　　　　天赐乐府钟 /064

第三章　三军仪仗动地来 /075

令人兴奋与恐慌的二号坑 /076

关于步兵、车战的再回顾 /084

骑兵的崛起 /089

三号坑之谜 /098

完整的古代陈兵图 /104

第四章　人类星光闪耀时 /119

光照三洲的帝国 /120

金色的罗马 /123

千古一帝震华夏 /129

在历史的跑道上 /134

东方艺术的奇峰 /139

第五章　世界第八奇迹 /153

令人难以置信的发现 /154

风雨兼程 /159

叶帅说，没有军衔是不行的 /162

危机的爆发 /166

世界第八奇迹 /170

第六章　陵园探宝 /183

站在秦始皇陵的封土上 /184

马厩坑与珍兽坑 /191

凄壮的祭坛 /198

第七章　跨过岁月的长河 /203
神奇的金泡 /204
陵园内夺宝大战 /207
轰动、轰动 /214
车马走向的昭示 /219

第八章　将军俑头被盗案 /227
起死回生 /228
将军俑头不翼而飞 /234
为破案悬赏 150 万 /237
神秘人物 /240
双方争抢将军俑头 /243
王更地雪夜盗俑头 /247
他的人头落了地 /251

第九章　时代的悲伤 /259
刘占成说：我有功 /260
王学理说：我无罪 /268
屈鸿钧说：我委屈 /275
蚂蚁的故事 /278

第十章　再惊世界殊 /283
秦俑坑的再度发掘 /284
铠甲坑的惊世发现 /290
神秘的石质铠甲 /295
百戏俑的发现 /300
秦陵惊现文官俑 /309
仙鹤、凫雁颇思量 /315

第十一章　秦陵地宫之谜 /319

史籍觅踪 /320

陵墓地宫的真实推断 /324

拨开历史的迷雾 /336

中外学者的探寻 /341

第十二章　秦俑坑焚毁的对话录 /355

凶手的名字叫项羽 /356

凶手原来是自己 /359

凶手是个放羊娃 /361

真凶就是项羽 /363

不能一锤定音 /366

抑或还有其他原因 /368

第十三章　难以褪色的历史底片 /375

里根"拍中国马屁" /376

尼克松被困秦俑馆 /382

盲人摸俑 /391

作家三毛观秦俑 /393

秦俑馆前的特大爆炸案 /397

武士俑头再次被盗 /403

郑安庆事件 /412

克林顿夫妇访问与老杨的官司 /426

米歇尔·奥巴马与兵马俑 /432

第十四章　偏离航道的滑行 /437
悲壮的衰落 /438
难以愈合的裂痕 /447
图腾的幻象 /451

第十五章　为了忘却的纪念 /463
廿年无限情 /464
谁知精血凝 /470
青山依旧在 /476
关于自身的忧思 /482

末　章　孤　愤 /491

附　录　秦始皇大事记 /497

后　记 /503

序一
梦想与光荣

何三坡

公元2000年的最后一个周末，是一个日光散淡的雪天，岳南与他的一位朋友踏进我位于十三陵的寓所，并力邀我去拜谒皇陵。在看完了那座游人如蚁的定陵地宫后，他坚持带着我们一路朝北，去拜谒皇陵另一座少为人知的墓园——庆陵（明光宗朱常洛墓）。当我们尾随着岳南踏进那座荒草疯长、残垣四散的陵园时，已是昏鸦聒噪的黄昏。夕阳的余晖散落在残砖碎瓦之上，说不尽凄凉落寞。看着这座曾经王气逼人的建筑竟然在岁月无情的剥蚀下，衣衫褴褛地俯伏在这个不为人知的角落，我们不禁心下黯然。岳南在陵园宝城上默立良久之后，突然双膝一弯，跪倒在了一片昏黄的暮色之中。等到他终于站起身来，我们看到他双眼中饱含着泪水。这一意外的插曲让同行的北大学子惊诧莫名，竟以为岳南是大明王朝的皇亲国戚。

也许一桩隐秘的事件就能够展示一个作家对苍生万物的真诚期待和寥远厚重的国家情怀！

新年伊始，从台湾传来消息，他与杨仕合著的《风雪定陵》一书获台湾《中国时报》十大好书奖，在台湾一时洛阳纸贵、备受推崇。

这种结果，我在5年前就曾有所预言，也算侥幸而言中。

　　那会儿中国文化界主义盛行，一派的浮华和浅薄，几乎没有几位作家去关注文化命运、历史音容，只有他还愿意坐下来谈论我们民族史上光被四表的秦汉气象、协和万邦的盛唐雄风，这多少让我欣慰而刮目。我告诉他上天从来就不会辜负自己优秀的子民。这个时代更需要我们去唤起同胞们对历史的温情和文化的关切！

　　英国作家赫伯特·乔治·威尔斯在《世界史纲》中谈及中国唐初诸帝时期的文化腾达时，既满怀景仰又充满疑惑，似乎如此灿烂的文化景象多少有点似天方夜谭。为什么就没有一支如椽巨笔来解答赫伯特·乔治·威尔斯心中的疑团与神话呢？！

　　苍天可鉴，尚有岳南！

　　我不能不聊感慰藉！为这个悲苦而浪漫的民族，为这个喧闹而寂寞的文坛！

　　但也由于岳南常常对西方文化近乎偏执的不屑与拒绝，曾经很长一段时间，我对这位立志呵护古老文化的同人怀有隐忧，担心他过于极端而陷进了狭隘的民族主义的泥潭，但当我郑重地翻开摆在案头这部《复活的军团》的书稿时，我心里的疑虑涣然冰释。

　　这显然是岳南创作生涯中最呕心沥血又最为其本人满意的作品，它不仅重现了大秦帝国的卓越风姿，再一次烛照了一段辉煌壮阔的历史，而且从人类广袤的大背景去阐述一种雄浑瑰丽的文明。其通篇一贯的深刻洞见和胸襟穹张的雍容气度，令人震憾而叹服！

　　风吹旧事，雪盖残年，又是一个心事苍茫的子夜。岳南坐在新年的屋檐下默默吸烟，在如幔的烟雾中，他凌空策马自在穿行，从敦煌石窟到汉墓，从定陵到秦始皇陵园，从大国衰荣到沧桑历史……在人文精神普遍坍塌的当代，他希图给这个摇晃的世界打进几颗古老而神圣的楔子，为人类苦难的心灵寻求依托，忧愤激昂，激情洋溢……直到东方泛白他终于道出了他的梦想与雄心——在世纪末晚钟敲响的前夕，推出一套内容囊括中华文明的丛书，力争穷尽古国的文化渊源，从历史的隧道中捧出一盏灯火，传接千年脉动。

　　我不禁肃然。

　　想想看，在一个天下熙熙、人欲横流的时代里，还有人在为人类文明的探寻求索倾尽一腔心血，下定如此决心，甘苦不顾，岂非难得？

我仿佛重新看到了那个千古壮士荆轲，正独立易水河畔，慷慨悲歌，所不同的是荆轲仗剑上路，岳南执笔登程。

风萧萧兮易水寒，壮士一去兮不复还！

同样的从容与悲壮！

同样的梦想与光荣！

站在这个急速流变的城市河边与他挥手作别，我不知道除了道声珍重，夫复何言！

2000年12月30日

【简介】何三坡，著名诗人、文化批评家。土家族，祖籍贵州德江农村，现居北京燕山。1983年开始发表作品。组诗《木刻诗鲁迅》获丁玲文学大奖，小说《挎一篮粽子出夜郎》入选《中国先锋小说二十家》。1991年毕业于解放军艺术学院文学系。1998年加入中国作家协会。2007年起发表大量评论，激起社会强烈反响。2008年出版诗集《灰喜鹊》引发热议，被媒体评为"史上最牛诗集"。主编出版有《艺术札记》6卷等。

序二 一部认理求真的良心之作

王学理

2200多年前建立的秦帝国，犹如明亮的流星划过茫茫夜空，照耀苍穹，辉映大地。但是，它稍纵即逝，留给后人的是太多的遗憾。秦始皇在公元前221年统一六国、创建秦王朝，在华夏大地上才真正实现了中央集权的封建专制。而他所采用的政治制度及维护封建政权的一系列措施，同样对后代都具有深远的影响。唐代柳宗元论及秦实行郡县制时说："继汉而帝者，虽百代可知也。"近人章太炎评论秦始皇的功过时，也肯定"其法式诒于后嗣"。我们仅以"百代都行秦政事"而言，就足以看出秦王朝承前启后的历史地位了。

秦虽然起自战国七雄而消灭六国，但只经过了15个春秋，终为汉所取代。其兴亡之速令人惊叹，其物质文化面貌呈现出来的也是一团扑朔迷离之态。那么，长期以来，秦史的研究仅凭借一部《史记》及其他零星材料，沿袭着"汉承秦制"的比附观念在团团转，终难有大的成果和突破。即便是研究雕塑、绘画、建筑、音乐舞蹈、冶金、机械的专题性著作，当谈到有秦一代时，或者列举几则历史故事了事，或者一并于汉算作交代。总之，摆在学术研究界人们面前的秦史，仍然是一叠叠有待破解的历史密码。教科书上留下的，同样也只能是一页空白。

20世纪70年代初期，天赐良机，考古发掘给秦史研究注入一股活水，出土了不少珍贵的书简和实物资料。湖北云梦睡虎地秦墓竹简、山东临沂银雀山汉墓竹简、湖南长沙马王堆三号汉墓帛书等考古资料相继面世，部分地为我们揭示了秦汉时代法律文书、政治制度、生产状况、社会生活、军事关系的概况。而秦始皇陵兵马俑坑的发现，在春秋战国秦都城（雍城、咸阳）与墓葬考古相继取得重要进展之际，更可说是一个石破天惊的伟大成果。它无异于打开了一扇历史的窗口，使人们从这里窥知早已沉埋在历史底层的秦文化真谛。浩浩荡荡的秦俑大军映现出兵强马壮、气吞山河的雄姿，仿佛使秦帝国一下子给复活了。世人惊叹莫名，上自国内外的国王元首、政府首脑，下及普通百姓，纷至沓来，以一睹这支地下军团的风采为快。同时秦俑也走向全球五大洲，接受检阅，用实际行动表明了这一珍贵的文化遗产属于全人类的共享财富。

　　人们之所以对兵马俑兴趣不减，就在于它无可辩驳地为秦帝国、秦文化乃至整个中国文化史的研究，提供了至关重要的科学依据。由此，秦始皇陵的考古工作受到学术界的重视，并将其看作世界考古学史上的一件大事，就是可以理解的了。英国考古学史专家格林·丹尼尔（Glyn Daniel）教授在1981年出版的《考古学简史》（*A Short History of Archaeology*）上说："在未来的几十年内，对于中国重要性的新认识，将是考古学中一个关键性的发展。"他还特地把秦始皇陵兵马俑坑的彩色照片印在封面上，作为他一生中最后一部概述考古学史的纪念。秦俑获得世界史学界的厚爱与瞩目，正是其学术地位日益被肯定的结果。

　　秦始皇陵兵马俑被发现之后，人们就地建立了遗址性博物馆——秦俑博物馆。

　　1976年，我从秦都咸阳工作站被抽借来参加秦俑馆的筹建。一年后，我即转到陕西省文管会领导的"秦俑坑考古队"。作为一名考古队员，我参加了秦俑二、三号坑的试掘和测绘；接着正式发掘一号坑，随后参加编写秦俑一号坑考古报告，并独立完成"兵器"等章节的写作。由于陕西省文管会的"秦俑坑考古队"领队没有科学发掘知识，违反田野操作规程，管理工作混乱，在1979年全国考古学会成立之后，中央接受了夏鼐等16位专家的报告，停止发掘秦俑，检查总结。从1985年7月起，由陕西省考古研究所重新组建了"陕西省秦始皇陵考古队"，并由我担任常务副队长，全面主持秦始皇陵区考古及开展秦俑一号坑的发掘。我在自己的权限范围之内，对人员组成、工作秩序都做了切实的整顿，并制定出"技术性规程"等制度11种。随之，1986年3月，就恢复了停工4年半之久的一号坑发掘。我仅用了8个月时间，就科学地发掘了5个探方，计面积两千多平方米，出土量可达到近一万立方米，发掘的陶俑近千件，还有更多的迹象与珍贵文物。这年的丰硕成果，相当于过去考古队4年工作的总和。特别是我们的科学发掘程序和严格有效的管理，得到了国家文物局、中国社会科学院的赞扬。省文物局和省考古研究所领导也交口称道，认为是为陕西省挽回了面子。秦俑博物馆更是满意，因为我按制定的"分工明确，密切配合"的协议，给他们带来了展览的方便和经济效益。

从1990年5月起，由我兼任陕西省汉陵考古队队长，开辟了汉景帝阳陵陵园的大型考古工程。尽管汉俑坑的发现及其丰富的内容被称作"陕西省继秦俑、法门寺之后的又一重大考古成果"，博得国内外的关注，但秦俑与始皇陵的课题研究并没有因阳陵事务的缠身而中断。1994年，我的《秦始皇陵研究》（30万字，陕西人民出版社）、《秦俑专题研究》（72万字，三秦出版社）和《秦物质文化史》（合著，53万字，三秦出版社）三大部学术专著同时出版。如果加上我在1988年出版的《秦陵彩绘铜车马》一书，可以说我的研究涵盖了当前秦始皇陵考古的三大课题。若算上我随之出版的《咸阳帝都记》一书中专章把陵园视作都城组成部分的论述，想来我的学术贡献当是无愧于在秦俑坑待过的14年岁月！我终于给看尽人情变化、世态炎凉的秦俑，留下了一块难以磨灭的"纪念碑"！因为今后秦俑的出土，只能是数量的增加罢了，其结构、内容不会有太大的变化。

当我主持发掘汉阳陵南区从葬坑的初期，工作千头万绪，繁忙、困顿，但也令人振奋。这时，一位斯文沉静的青年突然来访。那就是后来以秦俑为主题写出《世界第八奇迹》和《复活的军团》两书的作者岳南先生。记得当初他还是某军事艺术学院的学生，时间是1991年4月4日，采访的内容是却是秦将军俑头被盗的责任问题。一开始，我以冷淡的态度响应之，认为他只是换个手法以引起读者的注意力罢了。不料他穷追深究地发问，才使我看到他是位有正义感而严肃好学的热血青年。尽管我尽情倾诉，但对所谈的结果是不敢寄任何希望的。

五年后的一天，我突然接到岳南来自北京的信，方知他工作的着落，也明白了他内心有着一架衡量是非曲直的天平。对这样一位不随波逐流、敢为人民喉舌的青年作家，我怎能不肃然起敬呢？由书信往来，随着相互了解和情感的加深，我看到他的艺术才华和追求历史真实的精神。也正为后者有着一个作家起码应具备的品德，我就把自己多年来关于秦始皇陵、兵马俑及铜车马等研究的著述成果毫无保留地相赠，作为他写作时参考与借鉴的一部分。没想到，仅过了不到一年时间，《复活的军团》一书就同广大读者见面了。当我捧着相赠的一本新书时，一口气读了下来。那故事起伏多变、叙事顺畅自然，真使人感到欣慰。

《复活的军团》比之岳南先生前此出版的《世界第八奇迹》一书来，内容更加丰富精彩，读后益智，受教匪浅。概括起来，该书具有如下的几个特点：

第一，选题固然常见，但作者能独辟蹊径，对秦俑的发现、发掘、建馆、展出、接待、社会反响、陵园布局，以及这里发生的重大事件、存在的问题等等，都做了全面深入的阐述。这就使读者明白事件的情由、结果及二者的必然关系，还获得多方面的知识。在书中作者力求客观公允，还历史以本来的面目，其用心是显而易见的。岳南不愧是岳南，自有其一贯的文风。他的书能不断出版，深得读者喜爱，正是其作品生命力的最好说明。

第二，结构严谨，文笔生动，语言流畅。作者把散见的、未见的、鲜为人知的一件件事情经过取舍，巧妙安排，做到环环相扣而又有机地联系。平凡事故事化，赋予趣味，引人入胜，是岳南的作品让人竞读为快的原因之一。

我不能断言《复活的军团》是岳南创作生涯中的顶尖作品，因为他的潜力无穷，未来仍有广阔的前途。但就这部书而言，我可以肯定它是秦始皇陵兵马俑发现、发掘数十年来，在所有描写这个题材的文学作品中，当数最具体、最生动、最深刻的一部巨著。平心而论，如果不是我的孤陋寡闻，也非他人的偏见，就接触到的那些"一边倒"的所谓"纪实文学""访问录""自叙"等作品，是不可与之同日而语的。

我做如是说的根据，就在于岳南先生热爱生活，对现实的存在饱含着激情，因此能追寻历史的真相，将满腔的正义感诉之笔端。其次是他具有较深厚的文学功底，再加之肯于吸收、借鉴各方的学术研究成果，而用文学家的笔调写出文史结合的作品，自然就较他人高出一筹。总之，这些都是严肃的创作态度和敬业精神的外在表现。

透过《复活的军团》一书，岳南先生不但让古老的秦帝国在自己的笔下复活，还重塑了那段逝去不久的考古岁月，使得这部作品更具文学和艺术的灵性，读后备感亲切与激动，令人爱不释手。在此，我谨以敬佩之情写出如上一些文字，也算是向读者朋友的推荐之言吧！

王学理

1997年9月28日于古城西安稿
2010年10月1日再审校

【简介】王学理，陕西省蒲城县人。1960年毕业于西北大学历史系考古专业。先后任陕西省考古研究所秦汉研究室主任兼秦始皇陵、汉鼎湖宫、汉陵等考古队队长，现为西北大学文博学院兼职教授、硕士研究生导师，中国秦文化研究会副秘书长、陕西省考古学会常务理事。曾参加、主持秦都咸阳、秦兵马俑坑、汉景帝阳陵陵园等大型考古工程。出版学术专著有《秦都咸阳》、《咸阳帝都记》、《秦陵彩绘铜车马》、《秦始皇陵研究》、《秦俑专题研究》、《秦俑一号坑发掘报告》（1974—1984，合著）、《秦物质文化史》（合著）等12部，学术论文80余篇。曾先后到瑞典、挪威、奥地利、法国、德国、比利时、瑞士、美国等国参观访问和学术交流。

序章
复活的梦想

剧烈的颠簸，冰冷的雪浪，使他从昏迷中清醒过来。木船在风浪的推拥下，摇荡着向浩瀚的印度洋纵深方向漂去……

星月惨淡，大海苍茫。

安提巴特斜倚船舱，抬起肿胀的手臂，想抹去额头腥润的血迹，一股钻心的疼痛使他忍不住哼了一声，放弃了这个往日轻而易举的动作。

三个学生爬过来，呜咽着俯身抱住了他那孱弱的躯体。"扶我出去！"安提巴特有气无力地吐出一句。

木船漫无目的地在印度洋上摇来荡去。安提巴特在三个学生的搀扶下，步履艰难地走出船舱。他伫立船头，望着凄冷的夜空和灰暗的洋面，恨恨地叹了一口气……

公元前266年。

风华正茂的迦太基探险家、诗人安提巴特，搭乘一只商船从故乡迦太基城出发，沿地中海扬帆东渡，他梦想做个诗人和探险家应该做的也可能做到的事情。他雄心勃勃地向世人宣称自己要踏遍世界各地，把亘古以来人类创造的伟大文明，全部载入史册。

他踏上了风险之旅。

没有人给他提供这次旅行的经费，所需要的一切全靠他那个贵族家庭支持。他的家族是迦太基这个著名的航海民族中的巨富，他们的祖先腓尼基人远在公元前1200年，就已经开始驾驶船只，并自由自在地出入地中海的最西端。这个民族发祥于地中海沿岸之东的狭长地带，随着国势日渐强盛，腓尼基人先后在塞浦路斯、北非地区、西西里、马耳他和西班牙等地建立了殖民地。十分发达的航海业，保证了腓尼基人海外贸易的顺利进行和在地中海建立商业霸权的地位。到安提巴特的时代，这种航海贸易一直保持着昔日的繁荣与鼎盛。

正是基于这样一个得天独厚的特殊因素，安提巴特才敢大胆构思自己的梦想并开始付诸行动。

这年春，安提巴特乘坐的航船，从地中海北部进入爱奥尼亚海航线，并很快驶入了阿尔菲奥斯河。在阿尔菲奥斯河和科拉狄奥河相汇的地方，由于河水的冲积，形成了一片宽阔的平原，平原的东南北三面群山环抱，中央点缀着一座不大的圆锥形山丘。安提巴特在这里弃船上岸，直奔不远处克洛诺斯的向阳山麓。不多时，闻名于世的奥林匹亚宙斯古庙在眼前出现了。

安提巴特知道，这里自古就是希腊宗教崇拜的中心之一。在希腊人来到之前，这里土著居民崇拜的对象是地神克洛诺斯与女神赫拉。他们为赫拉修建了神庙，举行祭典竞技。希腊人来到之后，这种祭典竞技被保留下来。与此同时，就在这同一地点，也开始了希腊人为自己的最高神宙斯举行祭典竞技的活动，并且逐渐取代了前者。相传，这里当时恶疫流行，迷信的人们为了从宙斯那里得到拯救，便为他举行盛大的祭典竞技。这个祭典竞技开始于公元前13世纪，但作为希腊纪年始点的第一届奥林匹克运动赛会，则被公认是在公元前776年。传说中，伊利斯王伊菲斯特和斯巴达王来库古是这次赛会的倡导者。

在这个地区所有的神祠和庙堂建筑中，最大的一座就是宙斯神庙。

安提巴特沿着"圣道"，来到一道粉白色石垣前面。这道高大宽厚的石垣紧紧包围着阿尔契斯圣林。他按捺住心中的激动，穿过大门，登上一块高高的台地，雄伟庄严的宙斯古庙便完全展现在他的面前。这座大约建成于公元前5世纪60年代的神庙，是一座典型的以雄浑朴素著称的多利克柱式神庙建筑。这是古希腊人为自己的最高神灵宙斯举行祭典竞技的活动圣殿。主厅内，透过弥漫的烟雾，一尊巨大的雕像映入眼帘，这就是闻名于世的神庙的至尊——宙斯。

高约14米的宙斯神像，安详地坐在一个杉木制成的嵌着无数宝石并雕以花纹的宝座上。神像由乌木雕刻而成，肌肤的外露部分和衣饰分别覆以象牙与黄金。众神之主的宙斯，右手托着黄金象牙制成的胜利女神，左手握一根精雕细镂的王杖。王杖是金属制成的，上端傲立着一只喙爪犀利的雄鹰。足台的浮雕栩栩如生地刻画着希腊人同亚马孙人[①]相互残杀血战的壮烈图像。

在这个圣灵与艺术交相辉映的圣洁殿堂里，安提巴特完全被这气势雄伟、神态庄严的"天父"和古希腊辉煌的现实主义雕刻艺术所征服。他感到未曾有过的身心战栗和灵魂的跃荡，"无法拒绝上帝赋予的使命，把这人类杰出的灿烂文明记入史册"。

初次旅行的成功，使安提巴特坚定了实现自己那个梦想的信心和勇气。在接下来的一年中，他继续搭船沿地中海东巡，并观瞻考察了小亚细亚西端罗得岛太阳神巨像、摩索拉斯陵墓和以弗所阿耳忒弥斯神庙这三大照耀千古的人类文明奇观。

安提巴特并未就此止步。翌年春，他扬帆南下，直奔地中海南岸和尼罗河三角洲西北端的法洛斯岛。在这里，他看到了刚刚建成几十年的亚历山大[②]灯塔。

这座底座呈正方形、上部分别呈八角形和圆柱形，高为135米的巨型灯塔，傲然屹立在距岛岸7米处为巨浪所刷洗的礁岩上。这个庞然大物所占有的特殊地理位置，使安提巴特大感兴趣并连连称奇。使他更为诧异的是，塔顶上站立着海神波塞冬，他手中高举着一个巨大的火炬，这个火炬昼夜喷着烈焰，通过凹面镜反射出耀眼的光芒。夜间航行的船只，即使在距此56公里的海面，也能够迅速准确地找到驶往亚历山大港的航向。

安提巴特详细考察了灯塔的形体、结构，并把希腊设计师在灯塔上留下的题词一并记了下来："德克西弗涅之子，克尼多出生的索斯特拉图，为祝祷航海者的幸福把它献给救世主"[③]。

这之后，年轻气盛、春风得意的安提巴特，以同样兴奋、激动的心情又踏上了尼罗河下游西岸和利比亚沙漠东部边缘的地平线。他花费了近半年的时光，考察了从阿布·罗阿希到法尤姆之间的七十多座法老金字塔[④]。由

亚历山大港灯塔想象图

于经费日渐紧张，再加上季节的变换，安提巴特未敢久留，因为另有一个神秘的地方在吸引着他。那就是公元前4世纪米利都人、著名史传家赫卡泰俄斯⑤在《大地环游记》一书中，曾经提到过的那个美妙动人的"空中花园"。

站在雄伟壮观的金字塔前和狮身人面的斯芬克斯身旁，安提巴特顶礼膜拜了一番之后，开始踏上了新的旅程。他从红海东岸穿越阿拉伯半岛，于公元前264年春到达乌尔城。不久，又开始沿幼发拉底河进入了他仰慕已久的巴比伦古城。在这里，安提巴特终于看到了被赫卡泰俄斯描绘得出神入化的"空中花园"。然而，遗憾的是，这座精美绝伦、令无数史学大师和艺术巨匠崇拜得五体投地的神奇建筑，已失去了昔日的神俊风采，留在他面前的只是一副悬立在空中的"骨架"了。

安提巴特没有因此而懊悔，反而为自己在有生之年尚能看到这一伟大的遗迹而庆幸。如果说赫卡泰俄斯记载的是一座完整的"空中花园"，那么他将要描绘的则是一幅繁华落尽的图景。从鼎盛走向毁灭这一关键性的过程，同样是人类文明史上不可或缺的一页。

安提巴特加紧整理手头的资料，并开始四处募取经费。他在积极地做着继续向东方探寻的准备，彻底实现那个辉煌的梦想。

正在这时，一件完全出乎意料的事情发生了。迦太基人与罗马人的战争在地中海揭开了序幕。罗马大军攻占西西里岛之后，以锐不可当之势向迦太基海军舰队扑来。

面对紧张的战争局势，安提巴特不得不暂时放弃东寻的梦想，返回被战火包围的家园。

战争的序幕一旦拉开，其结果就只能凭武力来决一胜负。迦太基人与罗马军队的战斗异常激烈，蔚蓝的地中海不时涌荡起猩红的血水，成千上万的人葬身鱼腹。

对战争极为厌恶的安提巴特，没有因时局的动荡而改变初衷，在家闲居的日子里，他把此次旅行所见到的人类文明奇观，详尽地整理成册，并按建造时间的先后进行排列，命名为"世界七大奇迹"。这七大奇迹分别是：

一、埃及的"金字塔"（Pyramid）

金字塔是古埃及法老（即国王）的陵墓。据知，埃及现存的金字塔尚有七十余座，其中以最大而享名的要数开罗附近、位于尼罗河西岸吉萨的胡夫（Khufu）金字塔。它是埃及第四王朝法老胡夫（约公元前26世纪）的陵墓，建于公元前2000多年前。塔呈四棱锥体，基部每边长度的观测量是220米（原232米），高度的观测量是137.18米（原146.5米），占地面积5.69万平方米，体积达252.1万立方米。估计是由230万块石灰岩石块堆砌而成，每块石重平均为3000公斤。据载用20万人、历时30年建成。

二、巴比伦城中的"空中花园"（Hanging Gardens，又称"悬园"）

古巴比伦王国位于西亚美索不达米亚平原的中部，幼发拉底河沿岸（今伊拉克境内），曾于公元前7世纪末建成方形的都城，城外围绕有巨大的护城河。据载，城每边长13.2公里。巴比伦都城的这种形制和布局，在古代的中东极为罕见。相传公元前6世纪新巴比伦国王尼布甲尼撒二世

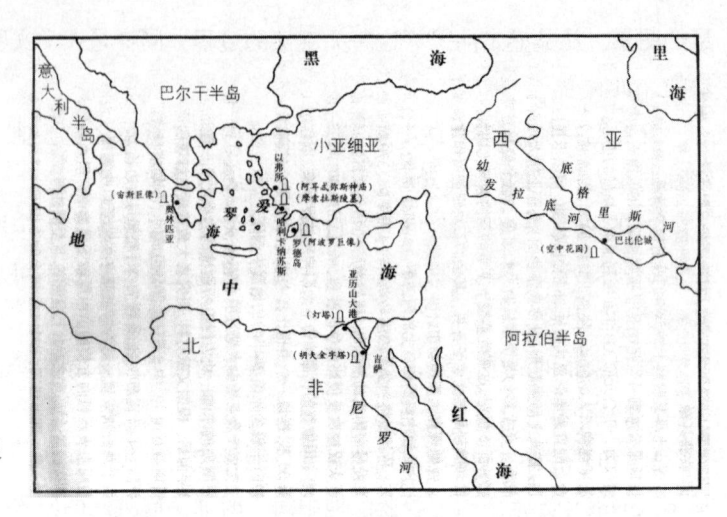

古代世界七大奇迹分布图

（Nebuchadnezzar Ⅱ，约公元前634—约前562年）为思念故乡的王后，在巴比伦宫殿附近构筑了一座经过绿化的人工土山。山每边长125米，高25米，分3层，用巨大的石柱支撑着铅板，做成平台，再在台上堆积肥土，种有各种奇花异草，远望犹如悬在空中。可惜因都城和花园地处河岸，随着时间的推移陷入了地下。

三、土耳其以弗所（又译作"爱非斯"）的狩猎女神阿耳忒弥斯神庙（罗马人称为狄安娜庙）

罗马帝国于公元前560年建造，位于靠近伊德斯河的出海口。庙长125.6米，宽64.79米。台基立有高23米的爱奥尼亚式圆柱[6]127根，其中30根的基座上装饰有金属浮雕，柱顶上用大理石建造有长方形的屋顶。整个建筑宏伟华丽，工程量颇为可观。公元前350年毁于火灾，随后重建，但于公元前262年被哥特人焚毁。

四、希腊神话中的主神宙斯（Zeus）巨像（宙斯在罗马神话中被称为朱庇特Jupiter）

建造于公元前5世纪，像高14米，如果算上底座高达17.2

米。此雕像出自当时雅典大雕塑家和建筑家菲狄亚斯之手。他先用乌木雕造支架，再用象牙片和黄金片分别贴附躯体和衣服，眼睛则是用宝石镶嵌的，基座上做成一系列金质浮雕和立体雕像。可惜此宙斯神庙及其雕像毁于公元前523年和公元前551年的两次地震中。19、20世纪，德、法建筑考古学家均对遗址做过发掘，但收获甚微。

五、土耳其哈利卡纳苏的摩索拉斯（Mausolus）陵墓

摩索拉斯是公元前4世纪小亚细亚加里亚王国的国王，为炫耀他的统治权力，于公元前333年在哈利卡纳苏城的中心广场为自己建造了规模宏大的陵墓。陵墓正面约33米，侧面38.7米。四周的基台上配置爱奥尼亚式列柱36根组成柱廊，用以承托巨大的斜面屋顶。柱头上雕涡卷形装饰，异常典雅华丽。墓顶上用大理石雕刻着四马战车，车上站的是摩索拉斯夫妇雕像。整个陵墓建筑高约50米。公元15世纪，这座陵墓被十字军的圣约翰骑士团焚毁，大部分石材和雕刻品被烧成了石灰，其余的石块则被用作建造城堡的材料。残像现存大英博物馆。

六、地中海罗得岛上的阿波罗（Apollon）巨像

公元前4世纪末，马其顿将领狄米德里乌斯率领4万军队和370艘军舰侵入地中海爱琴海附近的罗得岛（现属希腊），结果被打败。罗得岛居民为了庆祝这次反侵略战争的胜利，于公元前303年（一说是公元前280年）用缴获的武器熔铸了太阳神阿波罗铜像，以作纪念。这尊像高约32米，据说一个手指比真人还高。由于重心过高，竟在公元前224年（一说是公元前244年）的地震中倒塌。

七、埃及亚历山大港灯塔（Pharos or Lighthouse）

位于埃及法罗斯岛的东端一块为巨浪所刷洗的岩礁之上，建成于公元前282年前后。根据文献材料，研究者大致推断出灯塔的原来面貌。该塔塔身是由上、中、下三个部分组成的。下层塔身底部呈方形，塔身随着上升逐渐收缩，高约71米，底部每边边长为高度之半，上面四个角分别安置一尊海神波塞冬的儿子口吹海螺号角的铸像，这是用来表示风向方位的。中层较下

层为细，呈八角形，高约34米，相当于下层高度之半。上层更细，且呈圆柱形，高约9米。上层塔身之上是一圆形塔顶，其中一个巨大的火炬不分昼夜地冒着火焰。

塔顶之上铸着一尊高约7米的海神波塞冬青铜立像。

这座灯塔的高度是多少呢？三层塔身共高114米，加上塔顶和塔顶之上的青铜立像，估计高度达到135米。据说在距离它60公里的海面上就能看到它的巨大躯体。而由凹面金属镜反射出来的耀眼的火炬火光，使夜航船只在航行到距它56公里的地点就能够找到开往亚历山大港的航向。此塔毁于1375年的地震之中。

随着时间的流逝，安提巴特的东寻之梦日渐强烈，并时时萦绕在心头挥之不去。他确信，在遥远的东方世界，一定会有足以和西方"七大奇迹"相匹敌的人类文明。

他默默地等待东寻的时机。

当迦太基人与罗马人交战24年后，双方在艾加特斯海上进行了一场最为关键的空前大较量。结果，迦太基人海上舰队受到致命的重创，战斗力几乎丧失殆尽，罗马军队大获全胜。迦太基人不得不饮恨含泪，以赔偿巨款和放弃西西里岛主权的代价，暂时向罗马人乞和。战争随之缓和下来。

安提巴特瞅准这难得的契机，毅然率领5名学生驾船东渡。由于战争尚未完全结束，他的木船时常遭到罗马军队的拦截。他不得不小心谨慎，几次改变航道。当他们历尽艰难驾船驶入阿拉伯海域时，厄运降临了。

一伙凶猛的海盗袭击了他们的木船，船上的一切几乎被洗劫一空。两名学生在与海盗的搏斗中殉难，安提巴特本人也身负重伤……

小船仍在苍茫的海面上漂荡，绝望中的安提巴特望无垠的苍穹中那惨淡的星光，辨别了小船可能所在的位置，命令学生转舵向西方的加斯加群岛行驶，以期休整后再驶向东方。

然而，未等小船靠岸，安提巴特便带着他的梦想，在绝望与怨愤中气绝身亡……

就在安提巴特谢世两千多年后的1969年7月20日，世界人类文明史上发生了一件惊天动地的大事：美国"阿波罗号"宇宙飞船登月成功。从此，人类迈出了征服宇宙的第一步。

据说,当美国国家宇航局询问在月球上的宇航员能看到地球上的哪些人类建筑时,登月队员阿姆斯特朗站在加里加特梯死海之上,回答道:"中国的万里长城和埃及的金字塔。"

尽管后来的事实表明阿姆斯特丹并未说过这种话,但时人却开始以惊奇的目光注视着黄河与尼罗河这两条大河孕育出的民族。同时,安提巴特的陈年旧梦也从海底再度浮出。接着,中国的万里长城能否与安提巴特的"七大奇迹"相匹敌的论争,在学界和民间兴盛起来。有人肯定,有人否定。正当大家难以定论又为此争论不休之际,谁也没有想到,在世界东方中国西部的黄土高原上,突然跃出一支秦代的大军。八千余名披铠贯甲的将士,乘着隆隆战车,风尘仆仆、浩浩荡荡地冲入人类的视野——

世界震惊了。

安提巴特那个辉煌的梦想复活了。

世界第八大奇迹——在中国。

注释:

①亚马孙人:希腊神话中的女战士族群。据说住在黑海沿岸一带,由女王统治,境内严禁男子居留;这些女人骁勇,善骑射,经常与希腊人交战,因此成为古希腊文艺创作的题材。

②马其顿的国王亚历山大东征过程中(公元前334—前325年),在占领地区建立起几十座新城,一般都称作亚历山大。

③此句原文为"Sastratos son of Dexiphanes of Knidos on behalf of all mariners to the savior gods"。尼多斯是地名,古代人名之后多加地名,以示区别。救世主,指托勒密一世(Ptolemy I Soter,约公元前367—前282年),是亚历山大大帝的密友和部属,曾任国王贴身护卫和舰队司令。公元前323年亚历山大死

009

后，他割据帝国的非洲地区，成为埃及总督。公元前304年称王，建立了托勒密王朝，并尊为"救主"的神圣称号，使所有埃及人在他死后都奉之为神。

④古代埃及的一种王陵建筑，古埃及人称其为"梅尔"，今天世界上通称为"庇拉米得"（pyramid）。"庇拉米得"是古希腊的一种三角形面包。由于该建筑很像汉字中的"金"字，中国人称为"金字塔"。

⑤赫卡泰俄斯（Hecataeus，约公元前540—前479年），是古希腊最早的散文作家之一，曾游历过很多地方。著有《世系》，即《历史》（四卷）及《大地环游记》等书。

⑥爱奥尼亚式圆柱：西洋古典时代建筑的5种柱式之一。起源于古希腊。柱高为底径的9倍，柱有24条凹槽，柱头前后两面有涡卷形装饰。柱头和额枋、檐壁间有柱顶石。

第一章
穿越世纪的曙光

天气久旱无雨，西杨村农民在骊山脚下挥镢打井，偏偏滴水不见，只有残破的"瓦爷"从土层中冒出。"瓦爷"身陷绝境仍无言，中新社记者识破英雄真面目。李先念的批示，使埋藏了2000余年的地下军团再现人间。

❂ 走出混沌

1974年初春,严重的旱情威胁着中国西部八百里秦川[①]。返青的麦苗在干渴的折磨下趴伏在尘沙飞扬的大地上,有气无力地祈求着上天的恩赐。

在这片坚硬广袤的黄土地上,一切生命都需要水的滋润。忠诚的祈祷并没有感动上天。日复一日,不曾有一滴水珠从天上洒下。此时,坐落在骊山[②]脚下的西杨村也不例外,或许,因村里的大部分土地正处于骊山北麓大水沟口的山前洪积扇上,沙质土壤蓄水性极差,农作物的成长多半靠天,才越发加重了村民们对水的关注与对麦苗的厚爱。生活在这片土地上的每一个成年人都深深懂得,当田园的麦苗枯萎之时,也是他们自身的生存受到胁迫之日。

本书讲述的故事从这里开始了。

夕阳的余晖笼罩着村南的柿树园,折射出令人心焦的光。奔走了一下午的西杨村生产队队长杨培彦和副队长杨文

秦俑坑发现时的地形地貌

学，站在柿园一角的西崖畔上，两人眼望着这片只长树木、不长庄稼的荒滩，再三犹豫，踌躇不定。

太阳从西方落下，小鸟跳动着在树林中急匆匆地寻找栖身之处。杨培彦吐了一口烟雾，将纸卷的烟蒂扔到地上，又狠狠地踩了一脚，终于下定决心，挥起笨重的镢头在脚下石滩上画了一个不规则的圆圈："就在这里吧！"

杨文学望望骊山两个山峰中间那个断裂的峪口，正和身前的圆圈在一条直线上，心想水往低处流，此处既然跟山峰间的沟壑相对应，地下水肯定不会少。于是他点了点头说："也好，但愿土地爷帮忙吧。"

此时的他们，谁也没有想到，这个不规则的圆圈意味着什么。

翌日晨，以西杨村杨全义为首的杨新满、杨志发等6个青壮年，挥动大镢在杨培彦画的圆圈里挖掘起来。他们要在此处挖一眼大口径的井，以解决燃眉之急。尽管地面布满了沙石，镢到之处火星四冒，但在干旱中急红了眼的农民，还是以锐不可当之势穿越了沙石层。将近中午，工程进度明显加快。

当挖到1米多深时，出乎意料地发现了一层红土。这层红土异常坚硬，一镢下去只听到"咚"的碰撞声，火星溅出，却无法穿透它。

"是不是咱们挖到砖瓦窑上了？"井底的杨新满放下镢头，擦把额头上的汗水，不解地望着众人。

"可能。听老人们说，咱这一带过去有不少烧砖瓦的土窑。"杨全义说着，递过一把镐头，"来，用这玩意儿挖挖看。"

井下又响起了"咚咚"的声音，坚硬的红土层在杨新满和杨志发两个壮汉的轮番攻击下，终于被凿穿了。这是一层大约30厘米厚的黏合状红土，很像烧窑的盖顶，此时大家并未深究，只凭着自己有限的所见所闻，真的认为是一个窑顶（实则是兵马俑坑封土的夯土层）。正因为有了这样一个概念，在以后的挖掘中面对出现的陶片，都被他们和砖瓦窑联系在一起，也就不再奇怪了。

越过了红土层，工程进展迅速。不到一个星期，这口直径为4米的大井就已深入地下近四米。此时，没有人意识到，他们手中的镢头离那支后来震惊世界的庞大军阵，只有一步之遥了。

历史记下了这个日子——1974年3月29日。

当杨志发的镢头再抡下去又扬起来的瞬间，秦始皇陵兵马俑③军阵的第一块陶片出土了。奇迹的第一线曙光划破黑暗露出地面。

遗憾的是，这块陶片的面世并没有引起杨志发的重视，他所渴求的是水，在他的心目中，水远比陶片重要。于是，杨志发和同伴的镢头便接二连三地向这支地下军阵劈去。

一块块头颅、一截截残肢、一根根断腿相继露出，这奇特的现象终于引起了大家的注意。

"这个砖瓦窑还有这么多烂东西？"一个青年将一截陶质残肢捡起来又狠狠地摔在地上，沮丧地小声嘀咕了一句。

"砖瓦窑嘛，还能没有点破烂货？快挖吧，只要找到水就行。"杨全义在解释中做着动员。那青年人叹了一声，又抡镢劈向军阵。

几分钟后，在井筒西壁的杨志发突然停住手中的镢头，大声喊道："啊，我挖到了一个瓦罐。"

听到喊声，正在运土的杨彦信凑上前来，见确有一个圆口形的陶器埋在土中，便好心地劝说："你慢慢地挖。要是

挖出的陶俑残件

还没坏,就拿回家到秋后焐柿子,听老人们说,这种瓦罐焐出来的柿子甜着呢!"

一旦人的具体目的改变,行为也随之转换。在能够得到和利用的欲望驱使下,杨志发不再盲目地大刀阔斧劈下去,镢、手并用,连刨带扒,轻轻地在这个瓦罐四周动作。土一层层揭去,杨志发心中的疑窦也一点点增加,当这件陶器完全暴露在眼前时,他才发现自己上当了。

眼前的东西根本不是要找的可以用来焐柿子的瓦罐,而是一个人样的陶制身子(实则是一个无头空心陶俑),他晦气地摇摇头,然后带着一丝失望和恼怒,用足了劲儿将这块陶制身子掀入身旁的吊筐,示意上面的人拉上去扔掉。

当这块陶俑身子刚刚被抛入荒滩时,井下忽然又发出一声惶恐的惊呼:"瓦爷!"众人又一次随声围过来,几乎同时瞪大了眼睛,脸上的表情较之刚才有了明显变化,肌肉在紧张中急骤收缩起来。

摆在面前的是一个陶制人头,形象极为恐怖。

只见这个人头顶上长角,二目圆睁,紧闭的嘴唇上方铺排着两撮翘卷的八字须,面目狰狞可怕。有一大胆青年用镢头在额头上轻敲,便听到"咚咚"的响声。

"是个瓦爷。"有人做了肯定的判断,紧张的空气稍有缓解。

"我看咱们挖的不是砖瓦窑,是个神庙摊子,砖瓦窑咋会有瓦爷的神像?"有人推翻了以前的判断,同时又提出了新的见解。这个见解得到了多数人的认可。

"甭管是砖瓦窑还是神庙摊子,找到水才是正事,快挖吧!"身为一组之长的杨全义出于对大局的考虑,又理性地把大家的注意力拉回到现实生活中来。满身泥土的农民们又开始挥镢扬锨挖掘起来,没有人再去为刚才的"瓦爷"发表不同的见解并为此大惊小怪了,摆在面前的确如杨全义所说,找到水才是最为要紧的大事。随着镢头的劈凿、铁锨的挥舞,一个个陶制俑头、一截截残腿断臂、一堆堆俑片,被装进吊筐拉上地面,抛入荒滩野地。

出土的陶俑终于引起了一群儿童的兴趣,他们纷纷奔向荒滩捡拾俑头,先是好奇地玩弄,接下来便将俑头立于荒滩作为假设的坏蛋,在远处用石头猛烈轰击。有聪明的孩子则采取"古为今用"的方法,将俑身和俑头一起搬到自家的菜园中，在俑的手里塞上一根长杆，杆头上拴块红布，然后再找来破草帽，将陶俑打扮成一个活脱脱的看园老翁，日夜守护菜园，使麻雀不敢放肆地前来啃啄返青的菜苗。

在所有拿走俑头的人中，只有一个七十多岁的老妪与众不同。她把俑头的尘埃用水冲洗干净后，在自己那两间低矮灰黑的土屋里摆上案桌，将俑头小心地放在上面，点燃香火，虔诚地大加叩拜。家中整日香烟缭绕、咒语不断，老妪的精神日渐爽朗，和儿媳的吵骂、打斗明显减少。

正当人们对陶俑大加戏弄、损毁丢弃或顶礼膜拜之时，村前的井下又发现了更加奇特的情形。在离地面约5米深处，大家发现了青砖④铺成的平面台基，同时，还有3个残缺的弩机⑤和无数绿色的青铜箭头。

这是地下军阵向2000年后的人类发出的最后一丝信号，兵器的出土意味着对砖瓦窑和神庙两种推想的彻底否定。随之而来的应是一种更切合历史真实的构想诞生。可惜，这里没有人去理会最后的信息，更没有人再围绕这稍纵即逝的信息去思考些什么。让众人欣喜和激动的是，尽管没有找到地下水，但却找到了硕大的青砖和铜器。

早在20世纪20年代，骊山脚下的秦始皇陵周围，不断有秦砖在农民的耕作中出土。这些刻有精巧图案的秦砖，引起了官僚、军阀以及小姐、太太们的兴趣，从而兴起一阵抢购秦砖之风。时任陕西省省长的宋哲元⑥，就曾用一块秦砖一斗麦的高价，收购了一汽车秦砖拉往省城自己的宅第收藏倒卖。开始当地农民并不知道秦砖汉瓦的文物价值，见抢购之风兴盛，便好奇地四处打听和猜测，最后所得的结论是：用秦砖做枕头，可以避祸免灾，延年益寿。出于这样一种单纯的动机，农民们开始卷入四处寻掘秦砖的风潮中。

对于今天正在打井的农民来说，砖层的出现自然是个喜讯。尽管一时还不能辨别是不是秦砖，但毕竟是古代的东西，多数人认为先拿回家做成枕头睡它几个晚上，再做好坏真假的结论，则是最明智的办法。于是，井下的秦砖很快被哄抢一空，走入各家的炕头、被窝。

正当大家在井里井外大肆哄抢秦砖之时，有一位青年却棋高一着，他默默地伏在井下，从泥土中捡拾看上去并不显眼的青铜箭头，待捡拾完毕，脱下身上的破裤子一包，然后直奔附近三里村的废铜烂铁收购站，以14.4元的价格，将几公斤青铜箭头售出。当这位青年摸着已经明显鼓起来的上衣口袋,叼着香烟,一步三摇,满面春风地返回时,村人才蓦然醒悟:"还是这家伙有心计。"悔恨之中蜂拥于井底,却已经晚了。

整个西杨村围绕着"瓦爷"的出现事件,在沸沸扬扬热闹了一阵子之后,终又归于静寂。大家像什么事也不曾发生过一样,重新抡起手中的镢头,在井下向大地母亲的肌体劈去。

那支庞大的地下军队,不惜以个体毁灭的代价向光明的世界投递出一丝信息,却未能得到破译和救援的回声。人类的目光,在穿越军阵之后又匆匆掠过,双方都未能抓住这个千载难逢的契机。纵然地下拥有千军万马,但他们已无法再向世人发出一丝哪怕是微弱的呼唤了。

绝望中诞生

历史应该记住他的名字——临潼县⑦晏寨公社水管员房树民。

他的工作职责是管理、调配晏寨公社的水利建设和水源利用,西杨村打井的情况如何,自然与他的工作职责发生联系。事实上,当这口井开工的第三天,他就察看过地形和工程进展的情况,并对在此处取水充满了信心。当听说井已深入地下5米多,仍不见点滴水星时,他便揣着诸多疑问来到西杨村看个究竟。

"这口井为啥还不出水,是不是打到死线上去了?"房树民找到生产队长杨培彦询问。

"不像是死线。可不知为啥,打出了好多瓦爷。"杨培彦回答。

"瓦爷?什么瓦爷?"房树民惊奇地瞪大了眼睛。

"像真人差不多,还有好多青铜箭头、砖坯子。"杨培彦吸着纸烟,像叙述一段久远的往事,详细地介绍了打井过程中发生的一切。

房树民来到了井边。

他先在四周转了一圈,捡些陶片在手里端详敲打一阵后,下到井底。

井壁粗糙不平,一块块陶片、碎砖嵌在泥土里,只露出很小的部位。他用手抠出半块砖,来到组长杨全义的跟前:"这井不能再挖下去了。"

杨培彦讲述当年打井经过和上报临潼县的往事

"为啥？"杨全义吃了一惊。

"你看，这砖不是和秦始皇陵园内出土的秦砖一样吗？"原来，临潼县文化馆此前收集了不少从秦始皇陵园出土的秦砖，房树民与县文化馆文物干部丁耀祖是好朋友，平日常去馆里找他，时间长了，也就从他那里学到了一些文物知识。

"可要这些东西也没啥大用处。"杨全义仍然不解其意地说。

房树民爬出井口，找到生产队长杨培彦："我看这像古代的一处遗址。先让社员们停工一天，我打电话让县上来人看看再说吧。"

在快吃午饭的时候，房树民赶回了乡政府，让文书李淑芳给文化馆打电话，但总是没人接。无奈之中，房树民只好骑上自行车亲自去5公里外的县文化馆，可巧在半路上碰到回家的管文艺的丁耀祖。听了房树民说的情况，丁耀祖立即掉头返回文化馆，向副馆长王进成做了汇报，王觉得此事有点意思，便又叫上管文物的干部赵康民，一起去西杨村，而房树民在见到丁耀祖后即返回西杨村召集干部去打井工地等候。

他们四人会合后，在工地上仔细察看了一遍，然后又在杨培彦的带领下到堆放井土处观看。看到几个比较完整的无头陶俑横躺在地下时，三人十分震惊。1964年4月，文化馆在秦始皇陵冢附近社员家里征集到一件秦代跽坐陶俑，才65厘米高，就引起了各方面的关注，这次突然出现了跟真人一样高大的陶俑，当然令人震惊。不过猛一下子还难以断定是不是2100多年前的秦代文物，因为如果是秦始皇陵冢周围出土则很可能是秦代的，可是这里离陵冢有一二公里之遥，秦代陶俑放到这么远的地方似乎不大可能。

他们没有为此多伤脑筋，目前最急需的是把这些文物收拢起来，以后再慢慢研究。

"这可能是极有价值的国宝，并不要再打了，赶紧把这些东西收拢起来，送往县文化馆收藏好……"副馆长王进成对杨培彦叮嘱了一番，即刻返回临潼。

第二天赵康民又来到西杨村，组织社员收捡散失的陶俑、陶片，同时又赶到三里村废品收购站，把收购的青铜箭头、弩机作价收回。为了尽可能地挽回损失，赵康民又带领社员用借来的铁筛子，把可能带有文物的井土全部过筛，许多残砖、陶片，包括陶俑的手指、耳朵等都被筛了出来。

在赵康民的指导下，社员们把这些完整的和不完整的、大大小小的文物装了满满三架子车，拉到几公里外的县文化馆，赵康民当场给了30元人民币以示奖励。拿到钱后的社员们十分惊讶："这三车破砖烂瓦给这么多的钱！"回到村后，这些社员把30元钱如数交到生产队，队里给每人记了5分工（半个劳动日），此时的5分工可值1角3分钱，大家都感到十分满意。

赵康民把社员送来的文物做了初步整理，觉得有必要再亲自做些考察发掘，于是便在5月初又到打井处招来一帮社员发掘了20多天，直到社员准备夏收时才停止。这次发掘，在井的周围掘开了南北长15米、东西宽8米的大坑，发现了更多的陶俑。此后，赵康民每天躲在文物修复室，对这些没头和缺胳膊少腿的陶俑及一大批残片做了清洗，细心地进行拼对、粘接、修补，没过多久，就修复出两件比较完好的武士俑。

如果说水管员房树民的一番努力，使这支地下大军看到了一丝面世的亮光，那么，这点亮光仍然只是黑夜里的萤火，一闪即逝了。

临潼县文化馆把此事跟一位县委副书记说过之后，没有将这个重大的考古发现继续上报，只是让文管干部赵康民在馆内的一角神不知鬼不觉地对陶俑进行修复。这种令人费解的心态和处置方法，使这支地下大军再一次陷入绝望。

当然，文化馆领导及赵康民也有自己的苦衷。那还是在1964年，正是全

国上下大搞"四清"运动⑧的时候,年轻气盛的赵康民竟因为把渭河北岸出土的南北朝时期的几个石雕像用车拉到县文化馆收藏,结果被当作搞"封资修"的典型,在全县通报。

历史上常有许多东西属于未来。眼下,"批林批孔"⑨正热火朝天。鉴于历史的教训,在报与不报的两难之间,他们选择了后者。不过,后来有知情者透露,文化馆上上下下也有不愿别人插手的考虑和默契。

许多年后,蔺安稳在办公室充满激情地向作者讲述当年的故事

正当赵康民躲在僻静的文物修复室,潜心修复陶俑时,这年5月底,由于一位不速之客的偶然"闯入",使这支地下大军又绝处逢生,大踏步走向当今人类的怀抱。这位不速之客就是新华社记者蔺安稳。

蔺安稳是临潼县北田乡西渭阳村人,1960年高中毕业后考入西北政法学院新闻系,1964年毕业后分配到北京新华总社工作。他这次回临潼,是作为公休假,探望仍在临潼县文化馆工作的妻子以及家人。就在这次探亲中,他从妻子口中得知文化馆收藏了农民打井挖出的陶俑。有一天,他径自走到文物陈列室后面一个暗淡的房间去看个究竟,只见几个高大魁梧的陶俑身着铠甲,手臂作执兵器状,威风凛凛,气势逼人。他在身心受到强烈震撼的同时,当即断言:"这是两千年前秦代的士兵形象,为国家稀世珍宝。"

自小喝渭河水长大的蔺安稳,太熟悉自己的故乡了。周幽王戏诸侯的烽火台、杨玉环洗凝脂的贵妃池、项羽火烧阿房宫、刘邦智斗鸿门宴……无数流传民间的故事伴他度过了天真活泼的少儿时代。当他还是一名中学生时,便按照父辈

讲述的故事，四处寻觅遗迹，秦始皇陵那高大的土冢由此成为他嬉戏的乐园。他曾无数次从陵冢的封土上滚下，又无数次攀上去，这里留下了他童年的足迹和青春的梦。

1964年，23岁的蔺安稳结束了西北政法学院新闻系的4年大学生活，迈进新华社国际部的门槛，开始了记者生涯。

由于他"根正苗红"的家庭出身和积极向上的工作热情，组织上于1965年送他到北京第二外国语学院进修英语，准备学成后派往国外任驻外记者。但是不久"文化大革命"爆发，血气方刚的蔺安稳当时既倔强任性又得理不让人，他写了一张《和陈伯达、戚本禹商榷》的大字报张贴出来，以驳斥陈、戚两人的观点。就是这张大字报，使他罹获"炮打中央文革"的罪状，很快被隔离审查。由于当时的形势越来越乱，原来审查他的人也受到了审查批判，混乱之中一时无人管他，这样使蔺安稳有了许多空闲时间，对历史很感兴趣的他就捧起《史记》《资治通鉴》等史书，津津有味地研读起来，对其中有关家乡的秦始皇陵修建情况及秦始皇的生平事迹更是格外注意，并熟记于心。正因为有了这样的功底，他才能对面前的陶俑做出大胆的判断。

此后，蔺安稳多次找赵康民了解发现经过，交流对陶俑的看法，又到西杨村打井工地进行实地踏勘，找打井干部、社员交谈。通过一次次的座谈和调查得知，当地农民过去由于打井、平整土地等生产活动，陶俑曾几次露头出土。有位70多岁的老人说，在他10岁时，他父亲也曾在这一带打井，本来已挖出了水，但不几天水就没有了。后来再向下打，发现地下有些空隙（秦俑坑是半地下建筑，被焚塌陷，俑被压坏，其间有些空隙），水就流走了。当时他父亲在井底四壁发现过像人的残损"怪物"，认为是这些"怪物"在作怪，才打不出水，就把它们提上来，放在太阳底下曝晒，结果还不见井里出水，一气之下，就把它们吊起来，用棍子打个粉身碎骨……

6月24日，蔺安稳怀着兴奋、激动和忐忑不安的心情，匆匆乘火车回到北京。当天晚上他来到东单人民日报宿舍，找到大学时最要好的同班同学王永安，原原本本地向他讲述了这次返乡的奇遇。

王永安于1964年毕业后分配到人民日报社评论部工作，由于工作关系，他对当时正在中国大地上蔓延升腾、轰轰烈烈的批儒评法，宣扬秦始皇法家路线的政治新动向十分关注。蔺安稳动身回乡前，到这位同学家告别，王永安当即写了一首《西行》的古体诗送别:"当年孔丘不到秦,碍是法家剑光阴。君今西行临潼去,纵横剖析始皇坟。论昔终极为颂今,映红骊山新女神。凭那朔风阵阵起,莫锁华清水一盆。"从诗中可以看出,王永安想让蔺安稳对秦代政治中心的家乡的有关情况多加留意,抓点时髦的题材,以为当前的政治服务。想不到蔺安稳真是不负所望,居然弄出了一件奇事。听到秦始皇陵附近发现高大的武士俑,极富政治敏感的王永安立即意识到,这是研究秦始皇法家路线的重要实物资料,万万不能放过,如果写出来,一定会引起中央上层人物的重视。

当王永安把这个想法说出来后,得到了蔺安稳的赞同,但围绕如何写稿的问题,王永安考虑了一阵又说道:"这么重大的考古发现,没有经过省、中央文物考古部门的认定,一下子见报恐有困难,不如先发内参,如能引起中央领导的重视,到时再说下一步。不过以你现在的处境,在新华社发内参怕难实现,我想些办法在《人民日报》的内参《情况汇编》上发,署名也最好不用新华社记者,可用'中国新闻社记者'的名义发表。"⑩蔺安稳对王永安的意见表示赞成,第二天一下班就关在宿舍里开始写作,次日上班就把稿子通过文件交换途径,当天就到达了王永安的手中。

王永安看后颇为满意,认为此稿把情况、问题基本上清楚地叙述出来了。不过他考虑到当时"批儒评法"的报道压倒一切,任何重要的公开、内部报道都得先送已控制国家舆论大权的姚文元审阅,并由他决定取舍。怎样才能闯过姚文元这道关呢?最好

只有高级领导人才能看到的"内参"复印件

的办法就是将稿子与"批儒评法"挂上钩，这样才能引起姚文元的兴趣和重视。于是王永安提笔在导语的末尾加上了这样几句话："这批武士俑的发现，对于评价秦始皇，研究儒法斗争和秦代的政治、经济、军事，都有极大的价值。"随后，王永安找到情况组编辑马炳泉，把此内参的采写经过及作者情况向马做了介绍，指出该稿的意义在于为当前"批儒评法"提供重要资料。马一听，也认为此稿很重要，未做改动就排印出来，并很快派人送到姚文元的办公处。

姚文元接到此稿，很是赞赏，当即批了"可发"二字，并在第二段把"秦始皇凭借武力统一了中国"，改为"秦始皇用武力统一了中国"。之后立即将稿件退回报社。马炳泉看罢，马上送印刷厂发排，此稿于6月27日以《情况汇编》第2396期刊发，全文如下：

秦始皇陵出土一批秦代武士陶俑

陕西临潼县骊山脚下的秦始皇陵附近，出土了一批武士陶俑。陶俑体高一米六八，身穿军服，手执武器，是按照秦代士兵的真实形象塑造的。这批武士陶俑的发现，对于评价秦始皇、研究儒法斗争和秦代的政治、经济、军事，都有极大的价值。

秦始皇陵周围以前曾出土过陶俑，但都是一些体积不大的跪俑，像这种同真人一样的立俑，还是第一次发现。特别珍贵的地方，在于这是一批武士。秦始皇用武力统一了中国，而秦代士兵的形象，史书上未有记载。这批武士陶俑是今年三四月间，当地公社社员打井时无意中发现的。从出土情况推测，当时陶俑上面盖有房屋。后来，被项羽焚烧，房倒屋塌，埋藏了两千多年。这批文物由临潼县文化馆负责清理发掘，至今只清理了一部分，因为夏收，发掘工作中途停止了。临潼县某些领导同志出于本位主义考虑，不愿别人插手，因此一直保守秘密，没有向上级报告。

秦始皇陵是全国重点文物保护单位。可是，并没有得到妥善保护。生产队随意在陵园掘土挖坑，开荒种地。出土文物中的金属制品，有的竟被当作废铜烂铁销毁掉，一些石制、陶制物品则被丢来抛去。临潼县文化馆馆长李耀亭同志说，关于秦始皇陵的破坏情况，曾专门向陕西省有关部门打过报告，并建议成立秦始皇陵保管所，展出当地出土的秦代文物，对广大群众进行阶级斗争和历史唯物主义教育。但是，报告上送以后，如石沉大海，没有回音。

中国新闻社记者蔺安稳

内参刊出后，王永安和蔺安稳既没有"永安"，也没有"安稳"的感觉，相反的是各自怀揣忐忑不安的心，密切关注着这篇文章的动向。他们心中都很清楚，这一纸文章的命运，就是中国西部骊山脚下埋没了两千多年的那一大批武士陶俑的命运。

出乎意料的是，这篇关于秦俑发现情况的第一篇文字报道刊发后，立即引起了江青的注意。她要求有关部门尽快将事情真相调查清楚，报中央和国务院。姚文元受领指令后不敢怠慢，立即向国务院分管这项工作的副总理李先念转达了江青对此事的态度。6月30日，李先念将蔺安稳写的内参批转给分管文物工作的国务院副秘书长吴庆彤和国家文物局局长王冶秋。其原文如下：

庆彤同志并冶秋同志：

江青同志很关心这件事。建议请文物局与陕西省委一商，迅速采取措施，妥善保护好这一重点文物。

先念
1974年6月30日

随着"内参"与"批示"的相继面世，8000兵马俑将从中国西部一跃而起，全世界都屏息注视这一人类文明的奇迹。

蒙在鼓里的国家文物局

1974年7月5日，蔺安稳的文章与李先念的批示，一同摆到了国家文物局局长王冶秋的办公桌上。王冶秋看到批示，心中一沉，是不是陕西又出现了

第一章 穿越世纪的曙光

打砸抢烧文物或文化遗址的事情？此时"批林批孔"正在全国进行，许多文物和文化遗址已被砸烂烧毁。当然最倒霉的还是孔老夫子故址的那三大文化景观——孔府、孔庙、孔林。幸亏周恩来总理出面阻止，方算挽住狂澜。这类屡见不鲜的事情尽管让文物局焦虑不安，但又无可奈何。"批示"的到来除了令这位主管全国文物的最高领导人又蒙上一层阴影外，似乎并无太大的惊异。

当他看到文章的标题时，大为惊骇并不由自主地站了起来，一股难以名状的喜悦与兴奋划过脑际，在这种社会背景下尚有珍贵文物出土，的确令人激动不已。可惜这种心情只是在脑海里一闪而过，随之而出现的是一个大大的问号，我怎么不知道此事？

当他以最快的速度阅完文章的全部内容后，一种失职与蒙辱的感觉油然而生。国务院白纸黑字的批文已到眼前，可堂堂的文物局局长对此却全然不知，实在是不可思议。他抓起电话，让文物管理处处长立即赶到自己办公室，也许是文管处没有汇报才造成自己的被动，他想。

当文管处处长陈滋德赶来时，对文章所报道的一切仍然一无所知。国家文物局被蒙在鼓里了。

王冶秋拿起电话接通了陕西省文物管理委员会，希望尽快了解事情的具体情况。可令他失望的是，陕西方面做了"我们也一点不了解"的回答。

陕西省文管会同样被蒙在了鼓里。

为争取主动，尽快了解详情，7月6日，国家文物局文管处处长陈滋德，携带李先念副总理的批示，乘飞机抵达西安，向陕西省委主管领导人和文化局传达了内参内容与批示。第二天，在陕西省文管会负责人杭德洲等几名干部的陪同下，火速赶到临潼县文化馆。

"这么大的事，你们为什么不上报？"省文管会负责人显然不是以表扬的神态质问文化馆馆长王进成和文物干部赵康民，这一询问的目的在于当面证实自己的确对此不知，也给北京来的陈滋德一个心理上的平衡。

"有说是神庙，有说是砖瓦窑，到底属于什么性质说不准，我想弄个明白后再汇报。"赵康民极为尴尬地做着解释，内心的苦衷自然没法说出。

事已至此，其他人也就不好再说些什么，当大家来到展厅，看到已修复的高大陶俑时，一切的沉闷与不快都烟消云散了，每一双眼睛都射出惊

修复后的兵马俑

讶和激动的亮光。一个个彪悍健壮、栩栩如生、顶铠戴甲的武士，肖然不动地站立在面前，透出一股咄咄逼人的阳刚之气。

"太伟大了。"陈滋德赞叹着，按捺不住心中的激动，转身对众人说："快，快去现场看看。"

他们来到了西杨村外的井边。

由于此前临潼县文化馆已组织社员在井的四周掘开了一个南北长15米、东西宽8米的大坑，坑下更多的陶俑已显露出来，在客观上增加了可视效果。

大家以欣喜的心情查看了俑坑所在的位置和陶俑的形状，对俑坑的性质做了大体的估计：既不是砖瓦窑，也不是神庙遗址，根据俑头可以自然拿下和空腹来看，它和前些年在秦始皇陵园内出土的跪坐俑基本相同。从这一点可以肯定陶俑的时代不是汉唐而是秦代，可能是项羽盗秦始皇陵时放火焚烧的一个秦代遗址。

既然人类已经接到了这支地下大军的信息，就再也不能放过这个历史性的契机，陈滋德与陕西省委领导人商定，尽快组织一支考古队，彻底弄清这一重大发现的内涵。之后，陈滋德速返北京，向王冶秋汇报了他赴陕西的工作情况。此时，江青为临潼方面没有及时上报而大为光火之事，已通过

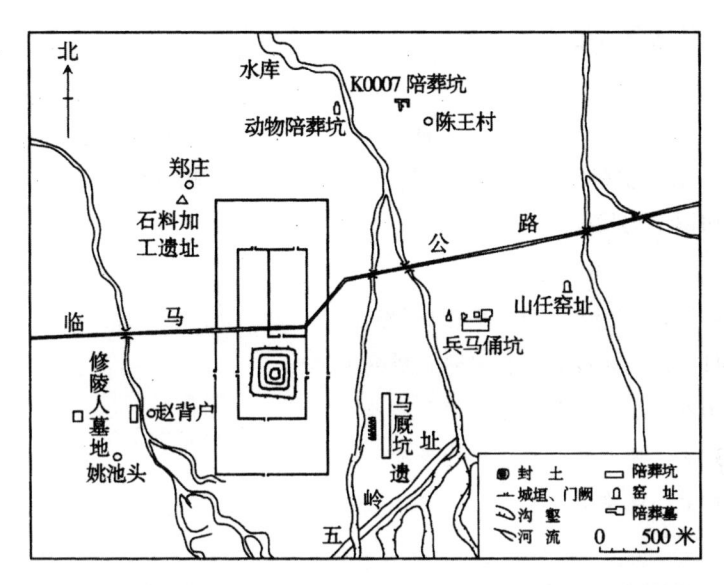

秦俑坑所在位置示意图

姚文元的秘书转达给了王冶秋，并让文物局写出具体调查报告迅速上报中央。在这种情况下，王冶秋主持了报告的写作，除实事求是地说明了陕西方面发现武士俑的经过外，鉴于江青炙手可热的权势和咄咄逼人的气焰，报告在最后一段写道："这次中央负责同志的批示，对文物工作是一个很大的促进。最近我们除遵照江青同志关于不能把出土文物据为己有的指示精神，代国务院草拟了文件外，今后还准备在工作中经常注意表扬保护文物的好人好事，批评本位主义以及把出土文物据为己有的倾向，把文物工作进一步加强起来。"当这份报告上报之后，王冶秋才松了一口气。

经过国务院和国家文物局批准，陕西省委组成了秦始皇陵秦俑坑发掘领导小组。领导小组成员为：

陕西省文物局局长于哲吉
陕西省博物馆革委会主任廷文舟
陕西省文管会负责人杭德洲
临潼县县委宣传部部长张志超
临潼县晏寨公社党委书记傅永仁

西杨村生产队队长杨培彦

同时，陕西省委决定由省博物馆、省文管会、临潼县文化馆三家抽调专业人员，成立秦始皇陵秦俑坑考古发掘队，对遗址进行发掘。首批队员共5人，其年龄和知识结构状况为：

杭德洲，45岁，北京大学考古训练班[⑪]结业。
袁仲一，41岁，华东师大古代史硕士研究生毕业。
屈鸿钧，50岁，北京大学考古训练班结业。
崔汉林，37岁，西北大学考古专业毕业。
赵康民，40岁，高中。

从以上的人员状况可以看出，这是陕西方面所派出的最为精锐的考古分队之一。就20世纪70年代的中国而言，像这样年富力强、受过专业训练或具有实践经验的考古队伍是少见的。

7月15日下午，杭德洲、袁仲一等考古队人员，携带几张行军床、蚊帐等生活及发掘用具，匆匆离开西安，乘一辆敞篷汽车来到西杨村，在生产队长杨培彦的安排下，于村边生产队粮库前的一棵大树下安营扎寨。

当一切安排妥当，又匆匆吃了几口自己携带的干粮后，夜幕已降临。四周看不到一点灯火，沉寂苍凉的秦始皇陵被蒙上了一层阴森恐怖的面纱。高大的骊山在夜色中辨不分明，只有阵阵凄厉的狼嚎隐约传来，使这块土地显得更加荒蛮和更具野性。

此时，烦闷的热浪没有随着太阳的西坠而退却，依旧在这片荒滩上穿来荡去，似在寻找栖身的家园。考古人员躺在钢丝折叠床上久久不能入眠，先是为秦俑的发现激动地谈论，再是为口渴想着招数。

附近村庄的农民已经歇息，显然不好再去打扰，于是有人终于想起了村外不远处的那片瓜田，这是他们乘车前来时发现的一个令人向往的地方。"是不是到瓜地里弄几个瓜来解渴？"有人提出建议，很快得到了大家的一致赞赏。

正当大家为由谁付诸行动相互推托时，几乎同时听到前面树林里发出唰啦唰啦的响声。"是不是狼来了？"有人最先做出判断，大家停止了争论，在惊悸中下意识地跳下床，抓起了石头。

在此之前，生产队长杨培彦早有忠告，这面前的荒山野林，晚上常有野狼出没。不久前，有一个孩子夜间上厕所时被狼活活咬死了。

不一会儿，树林里的声音消失了。正当大家擦着汗水准备为弄瓜的事继续讨论时，树林里突然响起一声令人毛骨悚然的哀号，每个人又本能地抓起了石头。哀号声越发凄惨和令人惊恐。

"有人遇上狼了，快去。"又不知是谁的提示，这回大家不再犹豫和展开讨论了，或抓紧石头或折根粗壮的树枝，向林中跑去，准备做一次惊心动魄的人兽大搏斗。

当考古人员弯腰弓背，怀着极度的惊恐来到哀号者面前时，借着手电筒的光亮，看到了一幅出乎意料的画面：三个十五六岁的少年赤身裸体被绑在树上，身边站着的三条大汉手摇皮带，猛力抽打那裸露的躯体，哀号声不住地在旷野里响起。

事情终于明白。三个裸体少年偷瓜不成反被看瓜人捉住，于是便被带到树林进行惩罚……这个场面令考古人员在大开眼界的同时又感到不可思议，这是他们和生活在这块土地上的人第一次真正认识，也是生活在这里的人群留给他们的第一个印象。当然，对于这些考古人员来说，不可思议的事情才刚刚开始，在后来的岁月中，将会有更加奇特的故事展现在他们面前。当一切都明白后，他们才真正懂得这就是真实的中国乡村和真正的乡村生活。

湮没于历史中的信息

第二天，考古人员携带工具到农民打井处实地勘察。大家站在荒芜的田野上，看到当地农民挖出的那个深4.5米的方坑，从断面农耕层以下布满了红烧土、灰烬、陶片和俑的头、臂、腿。俑虽已残破不堪，但多少可以看出它的大小。如此规格的陶俑，使考古学家们大为惊异，尽管此前他们在陕西这片黄土高原上挖过不计其数的春秋、战国、秦汉、隋唐等墓葬，却从没见过如此高大的陶俑，禁不住从内心惊叹道："奇迹，真是奇迹！"

在一番感慨惊叹之后，考古人员按照发掘程序工作起来。首先是对地形地貌的调查，通过现场勘察知道，这里位于骊山北麓、秦始皇帝陵园东门的北侧，距陵园东垣外约1.5公里，地处骊山溪水和山洪暴发冲积扇的前沿。多年来，屡经山洪的冲刷和淤沙堆积，形成了1米多厚的沙石层，表面浮积了大大小小的鹅卵石，上面长满了灌木丛和当地常见的柿树、杏树等。

当地理环境搞清之后，又进行了一系列的拍照、文字记录、测量等对于考古人员来说不可或缺的工作，然后开始普查。通过查找文献，走访当地群众，发现历代王朝编纂的史书上，没有任何有关兵马俑的记载，一切故事都来自民间——

惊昏图
（孙永健作）

信息之一：

明崇祯十七年（1644年），李自成在西安称帝后，亲率大军东渡黄河，直扑北京。多尔衮带领数十万八旗子弟进驻山海关以东的茫茫雪原，虎视眈眈翘首西望。大明帝国已走到了它的尽头，向历史的死海沉去。

由于战火连绵，骊山脚下难民云集，西杨村顿时添了不少逃难的百姓。

依然是春旱无雨，村中仅有的一口井已无法满足众人的需求。于是，难民们便组织起来，到村南的荒滩上掘井取水。

一切都极为顺利，仅三天时间，井下已冒出清澈的泉水。然而，一夜之间，井水又流失得不能倒桶提取，众人见状，无不称奇。

有一青年后生找来绳子拴在腰上，下井查看。当井上的人们急着要得知缘由时，却意外地听到井下一声恐怖的惨叫，随后再无声音传出。大家急忙把青年拉将上来，只见他已口吐白沫，不省人事。大家在惊恐忙乱中将青年抬回村中，用姜汤灌醒，这青年嗓子眼叽里咕噜地乱叫着用手比画，但就是说不清是何缘故。

一大胆的汉子纳闷之中颇不以为然，提刀重新下井，探看究竟。由于眼睛一时不能适应井底的灰暗阴森，大汉便以手摸壁，四处察看，发现井壁已被水泡塌了厚厚的一层。

正在这时，只听身后哗啦一声响动，大汉打个寒战，急转身，见一块井壁塌陷下来，随之出现了一个黑乎乎的洞口。洞口处站着一个张牙舞爪的怪物，晃荡着似在向他走来。

大汉本能地举刀砍去，随即向井上发出呼救。当他被拉出井口时，已面如土色，昏倒在地。

村民打井斩妖图
（孙永健作）

消息传开，无人再敢下井探寻。西杨村一位老秀才遍查历史典籍，终于找到了"不宜动土"的根据，谜一样的水井也随之填平。

老秀才为让后人牢记"不宜动土"的缘由，特地用"笔记"形式记载了事件的详情：

大明崇祯十七年三月初七，民于村外掘井，三日，乃水出。是夜，则水失而不得倒桶。众人见状，无不称奇。一后生缒井而下，随恐嚎而昏厥。姜汤灌之，后生乃不知井下何者也。另有壮士提刀复入其井，壁塌，见一怪物如真

人，呫呫作噬人状。士骇极，举刀砍之。怪物乃不倒。村人闻呼将士提出，士乃久昏不醒。吾闻之，告不宜动土也，复平之。呜呼，国之将亡，必有妖孽滋生，是以记之，以醒后世者也。

老秀才这"不宜动土"的理论，尽管没有让后人醒悟，并停止在这里挖掘，但这份"笔记"便成了最早有关秦始皇陵兵马俑信息的记录。

信息之二：

清宣统年间，骊山脚下的下和村一个叫和兴道的老人猝然病逝，家人悲痛之余忙给死者筑冢送终。在一位风水先生的指点下，坟址选在了西杨村南的荒滩上。按风水先生所言："此地背倚骊山，西靠秦陵，东傍少华秀峰，面临渭河滔水，实为难得的风水宝地。葬入此处，保证家业兴旺。"

和氏家族按风水先生指点的具体位置，悲喜交加地掘了下去。当墓地快要完工时，令人恐怖的事情发生了：一个看上去面部狰狞的陶俑头露出地面。恐慌中，和氏请来族里长者察看，经过一阵深思琢磨，长者慨然长叹曰："这是不祥的征兆，咱被风水先生暗算了，他想绝咱的后代啊！"

事情变得错综复杂起来，按当地风俗，人死后只能选一处墓址，墓位选定，一旦挖下第一锹土，无论发生什么意想不到的事情，都要把死者埋入此处，若再改址，家中必然还要有人死亡。

既然已无路可退，而这里又明显发出了"不祥"的信号，怎么办？悲愤、沮丧的和氏家人一致决定——先拿风水先生试问！

拿了赏钱正在家悠然自得地喝酒的风水先生，被突然闯来的四个大汉扇了几个耳光后，酒桌四脚朝天。没等风水先生发话，四个大汉便把他挟持到墓地。这时整个残破的陶俑已被在焦虑中变得疯狂的和氏家族挖了出来。

风水先生一见这仰躺在地上的真人模样的"怪物"，先是大吃一惊，随着额头沁出的汗珠，渐渐从迷糊中醒了过来。在他几十年观风看水的漫长生涯中，像这样的事情从没遇到过，真可谓世道沧桑，奇事百出，让他大开了眼界。

面对这狰狞的"怪物"与和氏家族悲愤的烈焰，老先生惊恐之余便充分显示了他久经沙场、浪荡江湖的才能和胆识。他先是把脸一沉，来到和氏家族长者的面前，大声质问："你们如此恩将仇报，是何意思？"

"你看,这是什么?"长者抖动着花白的银须,指着陶俑,"你让先人同妖怪做伴,是不是想断我子孙?"风水先生狡黠地笑了笑:"原来如此,你来看,这是什么?"他把长者的视线引向不远处的荒滩野地。

荒滩上十几座土丘隐约可辨,长者望着,大惑不解。"不知道吧。"风水先生变得温和起来,"我来告诉你,那土堆下埋的全是作古的先人。这些先人的后世子孙也都一个个发了起来。"风水先生领着和氏家族众人来到土丘旁,逐一指点:"这是三国时五官中郎将赵世济的父亲葬地;这是明嘉靖年间礼部尚书王战胜母亲葬地;这是清康熙四年状元郎杨茂父亲葬地;还有这几座,全是历代名人世家的先人葬地……"

风水先生清了下嗓子,对那位白发长者说:"他们的后世凭什么得以显赫,成为人上之人?"

"凭什么?"此时,和氏家族已被风水先生这番云山雾罩、不着边际的演讲弄得晕头转向,不得不强按怒火反问道。

风水先生见和氏家族已被唬住,便大着胆子继续施行他的骗术。他来到陶俑前,用手一指:"就凭它,是它的功劳。"

和氏家族更是如堕雾中,接下来就只有听凭风水先生那巧舌如簧的解释了。

"先父临死的时候,把我叫到他的跟前,悄悄地对我说:'孩子,我看了一辈子风水,对左邻右舍了如指掌,可就是村东南角那块荒滩捉摸不透。看上去那是平常的一块地,怎么在那里入葬者的后世一个个都发了。我平生没敢让一人葬于此处,你也不要随便让人在此入葬,等有朝一日琢磨透了,再去施行吧。'说完,先父就闭上了眼睛。"风水先生讲到这里,像集市上说书卖艺的行家,故意留下悬念,以吊起众人胃口。

"后来呢?"终于有人入了圈套。

"我记住了先父的遗训,开始琢磨这个地方,但30年没能开窍。后来我来到皇姑庙烧香求教,终于得到了仙人的指点。原来这些入葬的先人墓旁都有这个宝贝,这就是古书上说的天神,是它的保佑才让入葬者的后人显赫起来。"

"真的?"和氏家人已完全被他征服。

"我见你和氏一家为人厚道忠诚,与我家父辈又有交情,才将墓穴选入

当时出土的男性陶俑，与后来考古队在秦始皇陵园出土的这件跽坐俑具有类似的坐姿与相貌

此地。我有心告诉你们这个秘密，但天机不可泄露，顺其自然。想不到今天你们如此放肆，现天机已泄，你们和氏家族百年的造化成为青烟，真是痛哉、惜哉！"风水先生说完，一屁股坐在地上，气喘吁吁，作冤屈状。

和氏家人终于豁然开朗，由悲转喜，白发长者既羞又愧，红着脸过来赔礼道歉，并派人将风水先生领回家酒肉伺候……

为洗刷刚才的耻辱，风水先生借着酒劲，心生鬼招，以捉弄和氏家人。酒足饭饱之后，他把招数悄悄地告知白发长者，再度领了赏钱，扬长而去。

半夜时分，和氏家人将陶俑偷偷抬回家中，用绳子捆绑起来放在死者面前，死者的儿子咬破手指，将血溅于俑头之上，尔后挥动桃木条子向俑身猛力抽打，直到黎明鸡叫三遍才作罢。如此连续三日，和氏家人又于夜深人静时将陶俑悄悄运往墓地埋起来。这是风水先生对和氏家人的报复，而和氏家人却真认为如此去做就能子孙兴旺、家业骤发……

这段颇具传奇色彩的故事，被后来的考古学家们在附近农村调查中得知，讲述者就是那位风水先生的儿子，时已年过八旬，白发苍苍，早年他也曾以祖传的观风看水为生，他父亲向他讲述这个故事的目的在于启发他随机应变，转高山为坦途，化干戈为玉帛，以应付各种意想不到的险局危况。

故事尽管有渲染编撰的痕迹，但基本事实似不能否定，因为在后来大规模的发掘中，证实确有十几座墓葬已穿入俑坑，其中一座为汉代，两座为明清时期墓葬，周围的陶俑都有明显的挪动痕迹。可惜这些信息，没有传给更多的人，就被愚昧埋葬了。

信息之三：

1932年春，在秦始皇陵内城西墙基外约20米处，当地农民在掘地中，从1米多深的地下挖出一个跪坐式陶俑[12]，此时关中正值军阀混战，狼烟四起，这个陶俑很快下落不明。据推测，此俑很可能被后来逃往台湾的国民党军队带走。

1948年秋，在秦始皇陵东的焦家村附近，农民又挖出两件陶俑，两俑均为坐姿，身着交襟长衣，脑后有圆形发髻。一件被临潼县文化馆收藏，另一件藏于中国历史博物馆。

尽管这三件陶俑已幸运地重新回到人间，但人们在拥抱它的同时，只是欣赏敬慕它们自身的价值，而做出"是属于秦国全盛时代的伟大艺术创作"的结论，却未能做更详尽的研究。无论是一代名家郑振铎，还是中国历史博物馆有研究员头衔的专家，都把那件男性跪坐俑误标为"女性"。当然，从外表看，那件俑也确是像一位腼腆的少妇。

信息之四：

1964年9月15日，《陕西日报》在一版并不显要的位置登载了一则消息：

临潼出土秦代陶俑

最近在临潼秦始皇陵附近又发现秦代陶俑一个。是在焦家村西南约一百五十米处，今年4月，群众在整理棉花地时，距地面约一米深处发现的，为一跪式女俑。这一陶俑比解放前发现的两俑更为完整。头发、衣纹清晰可见，神态幽静大方，栩栩如生。现文物保存在临潼县文化馆内。

这是秦俑被埋葬20多个世纪以来，第一次以官方文字报道，也是这地下军阵最有可能走向人类的重要信息，可随着人们好奇心的满足，这些信息很快烟消云散，缥缈于无限的宇宙了。这8000伏兵要走出黑暗，重见光明，或许注定要等到10年之后。

注释：

①秦川：地名，又称秦中、关中，指古代秦国的故地。自大散关以北达于岐、庸，夹渭河南北岸的肥沃平原，约包括今天的陕、甘两省。

②骊山：又作丽山、郦山。在陕西省临潼县南，又称临潼山、蓝田山，系秦岭山脉的一个支峰，历史事迹丰富，相传女娲炼石补天处即在骊山石瓮寺上方，周幽王烽火戏诸侯，终被犬戎所杀的事出，秦代从昭襄王起建王陵于骊山西麓，有人称为"秦东陵"。至唐代则成为一处重要的皇家宫苑所在地，建有华清池和温泉浴室。

③俑：古代坟墓中陪葬的人偶。商代和西周盛行"人殉"，后来出现模拟人形的俑，以代替活人殉葬的习俗。最初的俑可能是刍灵（用茅草束扎的人马），后则常用陶或木质，也有石、瓷或金属制品。种类包括奴仆俑、舞乐百戏俑、士兵俑、官吏俑、仪仗俑等，并常附有鞍马、牛车、兵器、工具、庖厨用具和家畜模型。秦汉至隋唐中俑盛行；宋代起纸明器流行，俑逐渐减少；元明时期一般不再使用。俑是各种人、物的真实模拟，对研究不同时代的社会生活习俗、着服制度及造型艺术有重要价值。

④青砖：秦始皇陵园及周围遗址出土的秦砖，原料取自骊山沉泥，似未施掺合料。因沉泥本身已含多种矿物成分，烧制后颜色青灰，质地坚硬，故名"青砖"或"铅砖"，人称"敲之有声，断之无孔"。其制作规正，浑厚朴实，形式多样，常表饰图纹。

⑤弩机：中国古代兵器"弩"的机件。弩是用机括发箭的弓，射程远，杀伤力强，命中率高。弩机出现于战国时期，盛行于汉晋。青铜质，装置在弩的木臂后部，其构件一般有钩弦的"牙"、固定牙的钩心"牛"、牙外的金属制机匣"郭"、速铸于牙上的瞄准器"望山"，以及郭下的扳机"悬刀"，各

构件以枢钉连接。若扳动悬刀，牛顺势松开，使牙向下缩，所钩住的弦劲弹而出，箭即发射出去。秦俑坑出土的弩机和战国时的相似，尚未见郭，直接把牙、望山、悬刀和牛等构件装入木弩臂的机槽中去。另外，其悬刀呈长方形，望山加大加高，但没有刻度。

⑥宋哲元：字明轩，山东乐陵人，1885—1940年。早年入北洋左路备补军随营学校，后追随冯玉祥麾下，1927—1930年期间，以国民革命军第二集团军第四方面军总指挥之身份，兼任陕西省政府主席一职。

⑦因本书写作时间较早，部分行政区划如今已发生改变，为尊重作者原意，书中部分地名以作者写作时的行政区划为准。——编者注

⑧四清运动：1963—1965年在中国大陆农村展开的社会主义教育运动，"四清"即清工分、清账目、清财务、清仓库。

⑨批林批孔：江青、王洪文、张春桥、姚文元等"四人帮"在1974年"文革"时期，以"孔老二"林彪为对象的一次大批判运动，实际上却是矛头对准周恩来的阴谋行动。

⑩"文化大革命"开始后，中国新闻社并入新华社，作为新华社对外部的一部分，叫"中新组"，但对外界仍用中新社的名义发稿，此时的蔺安稳就在"中新组"工作。

⑪考古训练班，实际是由国家文化部社会文化事业管理局、中国科学院考古研究所、北京大学考古专业联合举办，地点在北大，共办四期，号称考古文物界的"黄埔四期"。

⑫即所谓的"跽坐俑"。跽是长跪，两膝着地，臀部压在两脚的后跟上。做跽坐姿势的陶俑象征从事杂役的仆役。

第二章 横空出世

复活的军团

考古人员进入工地，迟迟不知一号俑坑边际何在，发掘工作踌躇不前。无奈之中，急调专家前来钻探。寻觅间，神秘老汉指点迷津，俑坑兵马再现人寰。忆往昔，秦王政剪除异己，诛杀刺客，意气风发建陵墓。看今朝，聂帅一席话，世界第八奇迹博物馆应运而生。

突然消失的神秘人物

　　第三天，考古人员进入工地，围绕赵康民原来发掘的俑坑向外扩展。此时，考古人员对发掘前景并未抱很大的希望。从考古的角度来看，此处距秦始皇陵太远了，两者很难扯到一起。退一步说，即使此处是给秦始皇陪葬的俑坑，按过去考古发掘的经验，也不会有多大的规模，估计最多十天半月就可全部发掘完毕。没想到发掘之后，半个月下来，连俑坑的边都没摸着。这太令人惊奇了！"怎么还有没边的俑坑？"考古人员觉得有些不对劲。

　　是太令人惊奇了，凡是陪葬坑，当然就会有边有角，只是这边和角已大得超过了考古人员的想象之外。

　　当俑坑拓开到400多平方米时，仍旧不见边际，考古人员大为惊讶，有人提出疑问："这是不是陪葬坑？如此规模的陪葬俑坑，在世界考古史上也未曾发现过。"

　　"不能再继续发掘了，还是先派人探查一下再说吧。"

考古人员开始在俑坑四周钻探

死人唬住了活人。考古人员面对这支地下大军神秘莫测的阵容，不得不考虑重新派出侦察部队探查虚实，以防中了埋伏。

发掘暂时停止，考古队将遇到的情况和心中的迷惑向领导小组做了反映，同时提出了要求增派力量进行钻探的建议。这个建议很快得到批准。于是，8月初，又有3名考古队员来到了俑坑发掘工地。其年龄和知识结构为：

王玉清，52岁，北京大学考古训练班结业。
程学华，41岁，北京大学考古训练班结业。
杜葆仁，37岁，高中毕业。

3名队员进入工地后，开始在俑坑周边用考古探铲打孔钻探。

考古探铲又名洛阳铲，这种铲为古代盗墓贼所发明创造。中原洛阳一带的盗墓贼大多以此铲作为盗墓的主要工具，它的作用是无须将墓掘开，用铲在地下打个小孔，通过带出的土层和其他物质，就可分析判断出地下所埋葬的一切。有经验的盗墓老手，只要将铲打下去，凭发出的声音和手中的感觉，对地下的一切便了如指掌。随着考古学在中国的兴起，20世纪20年代末期洛阳铲被加以改进，成为考古工作者的专用工具。

程学华等考古人员以间隔3米的距离，沿发掘方位向四面钻探。从辨认土色、察看结构，到分析包含物，洛阳铲以它特有的作用和威力不时向考古人员发出信息：地下有俑、地下有俑……当探铲移至离打井位置100米处时，仍然发出地下有俑的信息。考古人员不敢再探下去了，他们先是对铲的作用发生怀疑，接着是重新分析和辨别探铲所带出的信息是否真实。最后，考古人员对自己本身的考古知识都产生了疑问。

考古人员使用的洛阳铲

正在大家四顾茫然、踌躇不前时，一个神秘的老汉出现了。他的出现，使大家更为惊讶和迷惑起来。

在开始钻探的第一天，一个年逾七旬的白发老汉，斜坐在不远处的大树下，眯着花眼向发掘工地观看，他的出现最初并未引起大家的注意。

太阳西沉，当程学华等考古人员拔出探铲要休工时，白发老汉从树下慢慢地走过来，向持铲的程学华问道："你探的地方有没有？"只顾收铲的程学华没有回答，只是低着头反问一句："你看有没有？"老汉不再作声，快快而去。

第二天依旧如此。

当探铲移至离俑坑100米处时，老汉又无精打采地走到程学华跟前："你探的地方有没有？"一样的问话。

"你看有没有？"一样的回答。

这次老汉不再离去，表情有些愤然，说话变得生硬起来："我不是问你吗？是你在探，又不是我在探！"

程学华抬头仔细打量了老汉一眼，见老人生得鹤发童颜，仙风道骨，颇有几分仙气与神韵，他似乎感到了一点什么，口气缓和下来，坦诚地回答："我看地下好像有，可是……"，他把"不太敢相信"几个字又咽了下去。

老汉眯着眼睛微微一笑："你跟我来。"

程学华奇怪地望望老汉的神态，放下探铲随他向西走去。

大约离井口200米的地方，老汉停下来，依然面带笑容地对程学华说："你不用探了，我告诉你，俑坑的边就在这里。"

"啥？"程学华睁大了眼睛，怔怔地望着老汉那胸有成竹的样子，"你这老汉不是在开玩笑吧？"

"开啥子玩笑，信不信由你。"老汉依旧微笑着，不时地在四周指指点点。程学华只顾想心事，对老汉的话并没有太在意。当他渐渐回过神来，却见那老汉像神话中的人物一样，在夕阳的照耀中，消失在坑边的柿树林，从此再不见他的踪影。

翌日，程学华按照老汉指点的位置，半信半疑地开始钻探，果然有陶片被提了上来。再继续西探，未发现陶俑的踪迹。老汉的话被证实了。

一年之后，整个俑坑被揭开，事实证明那位白发老汉所指的位置完全准确。考古人员曾对这个神秘人物进行了种种猜测：有的说是他多次参加挖墓取土，像风水先生所遇到的经历一样，见过地下的陶俑；或者是他在此打过井，遇到陶俑时以为是不测的妖怪，于是再度寻找位置，找来找去，对这里的情况就有所了解；也有人估计是老汉的祖宗曾给他留下了关于秦俑及陵墓情况的文字资料，他的祖宗甚至他本人都曾有以盗墓为生的可能。从他神秘的行迹可以推测，他曾在附近盗过墓的可能性更大。无论做怎样的猜测和推断，随着这个神秘人物的出现和消失，对于他的身份也就无法做出一个更为完整和准确的结论了。

经过大约半年时间，考古人员通过大面积钻探和部分解剖，大体弄清了俑坑的范围和情况。这是一个东西长230米、宽度62米、距地表4.5米至6.5米、共有6000个左右武士形象的陶俑组成的军阵。如此规模庞大的军阵，令考古人员目瞪口呆。他们在为自己当初的设想未免有些"小家子气"而感到汗颜的同时，依然不敢相信眼前的事实。于是，赵康民提出了一个新的见解："肯定中间夹着其他的玩意儿，世界上怎么会有这么大的俑坑。"

"也许中间没有俑。"有人提出了相似的猜测。

大家围绕俑坑中间到底有俑还是无俑的主题，展开了激烈的争论，一时难分胜负。若干年后，袁仲一回忆说："也难怪，这俑坑的气势的确是太大了，即使是最伟大的考古学

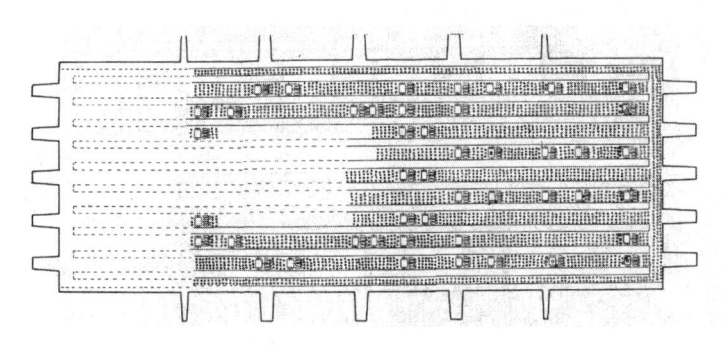

一号兵马俑坑军阵
平面示意图

家见此景观，也不得不再三揣摩一番。"

既然范围已经探清，中间有无陶俑只有通过发掘予以验证。考古队把情况向上级业务部门汇报后，开始了大规模的发掘，并把此坑定名为"秦俑一号坑"。当然，如此庞大的工地，单靠几名考古队员是不行的，根据考古界以往的惯例，考古队在附近农村招收了一批民工协助工作。随着规模的不断扩大，又从当地驻军借来百余名解放军战士参加发掘，西北大学历史系考古专业的几十名学生，在刘士莪教授的率领下也前来工地助阵。一时间，整个旷野荒滩立刻出现了勃勃生机，俑坑内外人声鼎沸，热气腾腾，一派热闹、繁忙的景象。在这样的境况中，发掘进度明显加快，仅一个星期，已揭露土层1000多平方米，陶俑出土500余件。从带有花纹的青砖和陶俑的形状可以断定，这个俑坑属于秦代遗迹无疑，但俑坑与秦始皇陵的关系尚难断定，因为这个俑坑距离秦始皇陵内城[①]1.5公里多地，在这样远的地方放置陶俑陪葬，当时的考古资料还没有发现先例。尤其令人不能迅速做出结论的是，在秦始皇陵周围分布了许多秦代的大墓葬，这就让考古人员不得不对陶俑与陵墓的从属关系倍加慎重。事实上，当这个兵马俑坑全部掘开，考古界对俑坑与秦始皇陵的从属关系做出结论的10年之

袁仲一与考古人员在坑中清理出土的陶俑

正在发掘的一号坑兵马俑军阵

后，依旧有人提出此坑不是从属秦始皇陵，而是为秦始皇祖母宣太后②或那座不远处的秦大墓（又称将军墓）陪葬的全新理论，这一理论曾引起学术界一片哗然。

要想弄清历史的真相，就必须有确凿的证据，设想与推想固然有可取之处，但证据则更为重要。但俑坑出土陶俑已达到了500余件，始终未见与它的主人相关的点滴记载和可靠证据。这个现象令考古人员由惊喜渐渐陷于迷惘，如果陶俑与陵墓的关系搞不清楚，那么俑坑的内涵也就难以弄清。

正在这时，一把足以揭开谜底的钥匙出现了。

在一个被打碎的陶俑身前，静静地躺着一把未见锈痕、光亮如新的铜戟，戟头由一矛一戈联装而成，顶端戴有类似皮革的护套。戟柄通长2.88米，朽木上残留着淡淡的漆皮与彩绘，末端安有铜墩。从外形可以断定，这是一把典型的秦代铜戟。尤其令人惊喜的是，在戟头的内部鲜亮地刻着"三年相邦吕不韦造寺工口"③等珍贵铭文。铜戟与铭文的出现，使考古人员为之欢呼、振奋，并从迷惘与疑虑中突围而出。这一发现，在提供了确定兵马俑坑为秦始皇陪葬坑重要证据的同时，也再现了2000多年前那段风起云涌的史实，以及在中国历史上两个闪光的名字：秦始皇、吕不韦。

约公元前260年，战国时期的韩国翟阳城里有一名富商姓吕名不韦，往来于中原各国做买卖。据史料记载，此人善于投机取巧，颇有胆识。

吕不韦在靠他的聪明与胆略赢得了万贯家财的同时，苦恼也随之而来。他不时地看到那些家资巨万的翟阳大商人，一旦得罪了

清理后的青铜戟

一号坑青铜戟出土时原状

吕不韦

官府贵人，顷刻间便家破人亡，钱财也随之烟消云散。面对随时都可发生但又无法改变的事实，聪明的吕不韦悟出了一个道理，钱是需要依靠权势来保护的，或者说，有了权也就拥有了钱，而靠权势赚钱要比辛辛苦苦、提心吊胆地做买卖更为便利和稳当。

于是，吕不韦把他在商界的才智运用于进出官府、结交权贵，暗暗物色足以改变自己身份与地位的后台老板。经过两年的奔波与努力，契机终于到来了。

一天，吕不韦在赵国邯郸结识了作为人质押在赵国的秦公子子楚，这位公子本是秦国太子安国君的儿子。因为他的母亲在安国君心中失宠，不再被重视的子楚便被羁留在赵国邯郸以做人质。此时子楚的落魄惨不忍睹，吕不韦在惊讶之余，以他的机智与政治敏感，立即意识到这是改变自己命运的绝好良机，他决定在这个落魄公子身上下大赌注。有一天，两人在欢宴之后，他当场告诉子楚："我可以改变你这种落魄的状况。"

在这之前，吕不韦对各国权势集团做了详细研究，他知道秦国太子安国君最宠爱的是华阳夫人，而华阳夫人又偏偏无子。正是瞅准了这个缝隙，他开始了狡黠政治投机的第一步。

吕不韦先是赠给子楚大笔金钱，让他在赵国广交上层宾客，以便提高身价，沽名钓誉。然后吕不韦携带金银财宝，亲赴秦国做政治赌博，以说服华阳夫人与安国君立子楚为嫡子。

华阳夫人收到以子楚名义供奉的珍宝，深为感动。她觉得子楚是个聪明孝顺的孩子，虽在赵国吃尽了苦头，仍然念念不忘她这位非亲生的母亲。不久，她又听到宫廷大臣们开始称赞子楚，甚至有些老臣说他是立嗣的最佳人选，华阳夫人动心了。这时，她的姐姐和弟弟已被吕不韦买通，纷纷前来向华阳夫人陈述见地，使她越发明白自己虽受安国君宠爱，但毕竟没有儿子，一旦容颜衰退，必遭冷落，甚至遭到不测。假如立子楚为嫡子，他将来必定会知恩图报，自己将永远不会失势，即使一旦失宠，仍有子楚作为依靠。

华阳夫人是个聪明又机灵的女人，她趁安国君正对她迷恋之际，劝说立子楚为嫡子，而安国君的长子奚，当时正由相国杜仓教导培养，按照惯例，王嗣之位已稳如泰山。可万没想到由于吕不韦的出现，形势急转直下，命运

第二章　横空出世

和他开了一个残酷的玩笑。

安国君没有吕不韦和华阳夫人那样精明的头脑，当然也不明白其中的圈套，他认为一切都顺理成章，答应下来倒也皆大欢喜。于是，往日的落魄公子正式成为秦国的王太孙，吕不韦也顺理成章地成了这位王太孙的师傅。

一日，吕不韦在家中宴请子楚④。两人喝得兴致正浓，只见一个美丽绝伦的舞女从帘后闪出来，为他们跳舞助兴，子楚被那女人的姿色弄得目瞪口呆。吕不韦见子楚已完全被自己的爱妾所迷，便不动声色地笑笑，装出一副慷慨大度的样子："如果王太孙喜欢这名侍姬，就让她跟你去吧。"

子楚喜不自禁，匆匆了结宴请，将女人带回府中。

这一夜，子楚怀着感激涕零和欣喜若狂的双重心情同那女人度过了难忘的时光。然而，他没有想到那女人在离开吕家时已有身孕，不到10个月就生下了一个男婴。这就是后来叱咤风云、席卷天下的中国历史上第一位皇帝嬴政。

若干年后，安国君死去，子楚接替安国君的位子成为庄襄王。即位后，他做的第一件事就是拜吕不韦为丞相，赐给他食邑洛阳十万户，封为文信侯。同时封华阳夫人为太后，至于自己的亲生母亲就不再顾及了。

从落魄公子到一国之君，这极大的反差，使子楚忘乎所以。他几乎是狠着心纵情享乐，其结果自然是乐极生悲，终于一病不起，为王不足3年就一命呜呼了。老子归天，国君的位子自由年仅13岁的太子嬴政继承，但一切政权却要靠吕不韦来支撑。羽翼未丰的秦王政，尊吕不韦为相国，并称仲父，一切政事全由这位仲父操纵。吕不韦当仁不让地利用手中的权势，力主秦国对外战争，并连续取得了军事上的胜利，使他在秦国的威望进一步提高。

吕不韦不惜心血和钱财所做的政治赌博终于取得了成功，他的梦彻底实现了。当年他送给子楚的侍姬——如今已贵为太后的女人仍然对他旧情不忘，暗中往来，以致"淫乱不止"。这一切对于一个商人来说，无疑是登峰造极的杰作。

随着秦王政年龄的增长，老谋深算的吕不韦怕遭到他这个私生子的报复，惊恐之中想出一条妙计，找来一个叫嫪毐的"大阴人"作为替身，推荐

秦世系表

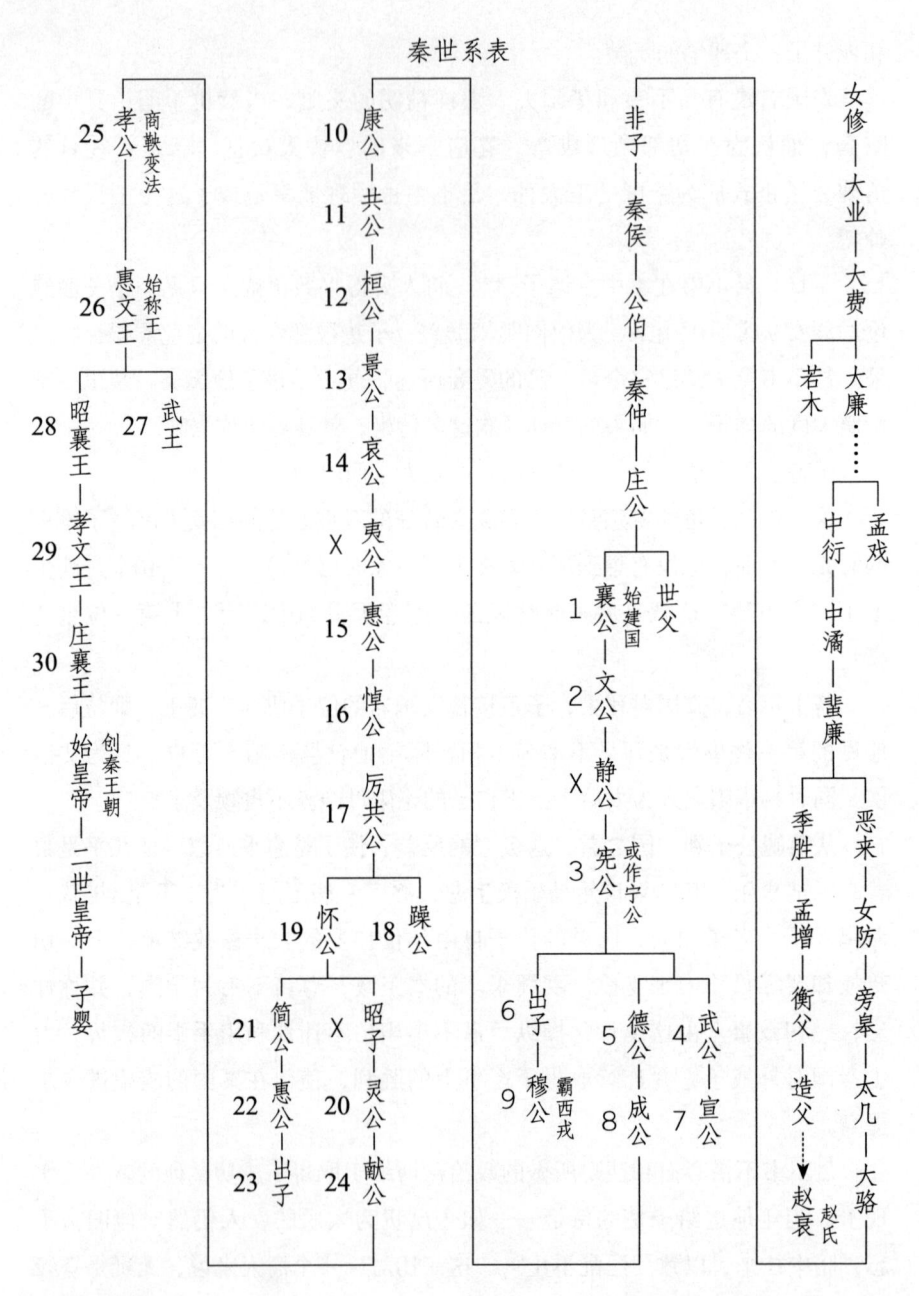

女修 — 大业 — 大费

大费 分支：
- 若木 ……
- 大廉 — 孟戏、中衍 — 中潏 — 蜚廉

蜚廉 分支：
- 季胜 — 孟增 — 衡父 — 造父 ……→ 赵衰（赵氏）
- 恶来 — 女防 — 旁皋 — 太几 — 大骆

非子 — 秦侯 — 公伯 — 秦仲 — 庄公

庄公 分支：
- 世父
- 始建国 襄公 1 — 文公 2 — 静公 X — 宪公（或作宁公）3

宪公 分支：
- 出子 6 — 9 穆公（霸西戎）
- 德公 5 — 成公 8
- 武公 4 — 宣公 7

德公支：成公 8

成公 之后：
10 康公 — 11 共公 — 12 桓公 — 13 景公 — 14 哀公 — 夷公(X) — 15 惠公 — 16 悼公 — 17 厉共公

厉共公 分支：
- 19 怀公 — 21 简公 — 22 惠公 — 23 出子（X） — 20 灵公 — 24 献公
- 18 躁公 — 昭子(X) — 灵公

献公 — 25 孝公（商鞅变法） — 26 惠文王（始称王） — 27 武王、28 昭襄王 — 29 孝文王 — 30 庄襄王 — 始皇帝（创秦王朝） — 二世皇帝 — 子婴

世代不清 ……
后世族裔 ……→
不享国者 X

给太后。这位花蕊正盛的女人与被当作宦官送进宫中的嫪毐私通后，很是满意，对嫪毐"赏赐甚厚，事皆决于嫪毐"。后来，太后与嫪毐竟秘密生下两个儿子，为避人耳目，太后诈称卜卦不宜留居咸阳，迁往雍都⑤宫殿。

公元前238年，已23岁的秦王政按照秦国礼制，在雍都蕲年宫举行加冕礼，这一礼仪的行施意味着他亲自执政的时刻已经到来。这位始皇帝对母亲与嫪毐的丑事早有耳闻，他一旦执政，其结果可想而知。

嫪毐已察觉秦王政有除他之意，在性命难保的危急关头，决定孤注一掷，先发制人。他假借秦王御玺及太后玺发兵进攻蕲年宫，企图将刚刚加冕的秦王政置于死地。年轻气盛的秦始皇当机立断，派兵镇压，结果嫪毐兵败被夷三族，与太后生的两个儿子也被秦王政装入袋子活活摔死，风流太后本人被迁到雍都萯阳宫软禁起来。

早就对吕不韦独揽大权心怀嫉恨的秦王政，借铲除嫪毐之机，毫不留情地免去了吕不韦的相国之职，并削去侯爵及一切封地，逐归洛阳。几年后，又把吕不韦贬至巴蜀。不久，又追去一道诏书：赐其自刎。

吕不韦跪对亲生儿子发来的赐死令，知道已经山穷水尽，再无机可投，不禁老泪纵横。商人毕竟是商人，他尽管可以凭借自己的聪明才智取得一时的显赫，但毕竟不具备也不可能具备真正的政治角逐本领。或许，他的悲剧性结局，从那个辉煌梦想的实施之初就已注定了。因此，他悔恨交加而心肝俱

秦始皇帝着冕服图

裂，一杯毒酒才喝下两口，就砰然倒地。

一连串"宫闱秽事"和内部争斗的曝光，使后来的秦始皇曾怀疑到吕不韦是自己的生父，但残酷的政治斗争已使他顾不得这些儿女情长，这种复杂的身世，对他性格的变化产生了极大的影响。

秦俑一号坑中戟与铭文的出现，证实了秦始皇为王初期吕不韦曾掌控到炙手可热的权力，也证实了秦代青铜兵器技术在这时已达到了炉火纯青的境地。更为重要的是，证实了眼前的兵马俑坑确与1.5公里外那座高大的秦始皇陵有着千丝万缕的联系。

当然，吕不韦戈埋藏地下2000年出土的意义，绝不是让人们重温过去那段具有浪漫兼带桃色的历史故事，而是透过蒙在表面的铁幕和迷雾，更加深刻地认知历史的真实，从而得到新的启迪。据曾主持秦始皇兵马俑发掘的考古学家王学理研究，秦设相至迟在惠王四年（公元前334年），自此起至秦王政十年（公元前237年）免吕不韦相位止，相邦之称历时98年未变。秦地遗址与墓葬，特别是秦始皇兵马俑坑出土的"相邦"兵器，为后世研究者提供了比文献记载更可靠翔实的证据——其中一个最大特点是没有避讳。如发现的十三年相邦义戈（惠文王十三年）、十四年相邦冉戈（昭襄王十四年）、三年相邦吕不韦矛（秦王政三年），以及出自秦俑坑的三年相邦吕不韦寺工戟头、四年相邦吕不韦寺工戈、五年相邦吕不韦诏吏戈、七年相邦吕不韦寺工戈、八年相邦吕不韦诏吏戈、九年相邦吕不韦蜀守戈等等，都弥补了文献记载的缺遗与篡改。汉代之后几部重要的史书皆写相邦为相国，如《史记·赵世家》曰："赵武灵王传位于少子阿，肥义为相国。"《资治通鉴》胡注引应劭曰："相国之名始此，秦、汉因之。"又《史记·秦始皇本纪》曰："庄襄王死，政代立为秦王。……吕不韦为相，封十万户，号曰文信侯。招致宾客游士，欲以并天下。"史书篡改相邦为相国的原因，《汉书·高帝记》注引荀悦的话已做了说明，乃"讳邦，字季。邦之字曰国"。颜师古曰："邦之字曰国者，臣下所避以相代也。"也就是说，因为汉朝的开国皇帝叫刘邦，为避其名讳，儒生们便改"邦"为"国"了。秦始皇兵马俑出土的"相邦"戟，就是对这一湮没史实的铁证。

第二章　横空出世

剑光照空天自碧

随着俑坑的扩展和陶俑的陆续出土，考古人员的思路也随之开阔活跃起来，按照古代兵马一体的军事形制，既然有如此众多的武士俑出土，应该还有战马俑埋在坑中。可是这迟迟不肯面世的战马陶俑又藏在哪里呢？

地下的战马似乎感到了人们寻找自己的心声，就在青铜戟发现的第三天，它们的第一个群体面世了。

这是四匹驾车的战马，马身通高1.5米，体长2米，四马齐头并立，驾一辆木制战车。尽管战车已经朽掉，但马的神态和雄姿仍给人一种奔驰疆场、勇往直前的真实气概。

随着陶马与木车的出土，发掘人员再度陷于亢奋与激动之中，而使他们更加亢奋与激动的，则是青铜剑的出土面世。

这是一个寒冷的下午，在坑内西南角一个残破的陶俑下，一把镀金的银白色铜剑，静静地躺卧在泥土中，尽管经历了2000多年泥水侵蚀的漫长岁月，当考古人员发现时，它依旧闪烁着昔日的雄风华采——通体光亮如新，寒气逼人。由于当时民工众多，人员混杂，未敢当众提取，悄悄地用土掩没。待全体人员收工后，袁仲一等考古人员才再次围拢过来，按照考古程序将铜剑提取出来。此剑长达91.3厘米、宽3.2厘米，其形制与长度为典型的秦代精良宝剑。它的出土，无疑为研究秦代兵器的制造和防腐技术提供了极为珍贵的原始实物证据。同时，它在诱使人们重新

一号俑坑中的陶马与战车残迹

051

青铜剑出土时情形

忆起了"荆轲刺秦王"那段惊心动魄的故事同时,也解开了这个故事留下的千古之谜。

公元前222年,强大的秦军灭掉赵国后,兵临易水,剑指燕国。燕国军臣人心惶惶,眼看国亡在即,燕太子丹为挽救危局,导演了一幕荆轲刺秦王的历史悲剧。

荆轲为报答太子丹的厚待之恩,以"风萧萧兮易水寒,壮士一去兮不复返"的慷慨悲壮之信念,离燕赴秦,去实施行刺计划。

荆轲与壮士秦武阳来到咸阳,向秦始皇贡献秦国叛将樊於期的人头和燕国地图。当他们来到宫殿前时,号称13岁就因杀人而出名的副手秦武阳,被眼前威武森严的秦宫气势吓得面如土色,双腿打战,热汗淋漓。卫士将他挡在门外,无奈之中,荆轲一人手捧地图从容自若地走向大殿。当他在秦始皇面前将地图缓缓展开时,一把锋利的匕首露了出来,这是燕国太子丹花重金从赵国徐夫人手里购来并让工匠用毒药煨淬过的特殊凶器,经过试验,这把匕首只要划破人的皮肤流出血丝,受伤之人无不当场毙命。

荆轲见匕首已现,再无掩饰的必要,急忙扔掉地图,冲上前去抓住秦始皇的衣袖挥臂欲刺。也就在这一刹那,秦始皇本能地从座椅上跳起来,荆轲抓住的衣袖哧的一声被断为两截。秦始皇借机绕宫殿的大柱子奔逃,荆轲紧追不放,情

荆轲刺秦王汉画像石（山东嘉祥县武氏祠前石室第1石第4层石）

况万分紧急。奔逃中的秦始皇下意识地伸手去抽身佩的青铜宝剑，可剑身太长，连抽三下都没能出鞘。在这非生即死的紧要关头，一个宦官大呼："王负剑！"秦始皇听到喊声，猛然醒悟，将佩剑推到身后斜抽出来。随着一道寒光闪过，荆轲的左腿被齐刷刷斩断，顿时血流如注。躺在地上的荆轲忍住伤痛，用力将匕首向秦始皇掷去，但未能刺中，秦始皇挥剑连砍荆轲数剑，荆轲命绝身亡。作为副手的秦武阳也被宫廷卫士随之剁成肉泥……

这一惊心动魄的历史事件，给后人留下了难以磨灭的印象。就当时的情形而言，如果秦武阳不是因胆怯而改面色，而是和荆轲一起去刺杀秦始皇，那么中国历史的进程将重新改写。可惜这位秦刺客没有做到，只以其自身的悲剧给后人留下了不尽的感叹和惋惜。有诗云：

廿岁徒闻有壮名，
及令为副误荆卿。
是时环柱能相副，
谁谓燕囚事不成！

随着这场悲剧的结束和岁月的流逝，人们对秦始皇所佩宝剑提出了种种疑问，为什么在绕柱奔逃时抽不出剑？负剑又是怎样的一种动作？他的剑何以锋利到足以一次就将荆轲左腿斩为两截的程度？

战国早期鲜虞墓出土的短剑

吴王剑

越王勾践剑

一号坑秦代宝剑的出土，使千百年来的秦王负剑斩荆轲之谜迎刃而解。

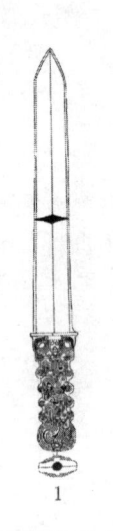

从考古发掘中得到证实，剑作为一种兵器，起源于西北地区的游牧民族，大约在殷代之前就开始使用，西周时传入中原一带。从长安张家坡西周墓⑥出土的剑来看，全长仅为27厘米，并带有极大的原始性。即使是春秋时期，中原地区的铜剑也为数不多，且剑身短小，形同匕首。这时南方的吴越之地，铜剑铸造业却发达起来。⑦从已出土的吴王光剑⑧、吴王夫差剑⑨来看，都不失为天下名剑，而在江陵望山一号墓出土的越王勾践剑⑩，其精良程度达到了当时铸剑的高峰。这柄宝剑出土时不仅未见任何铜锈，而且表面光彩照人，刀锋锐不可当，在布满菱形暗纹的剑身上，铸有"越王勾践自作用剑"的铭文。但吴越之剑的剑身长都在60厘米以下，越王勾践剑的剑身长度也只有55.7厘米。

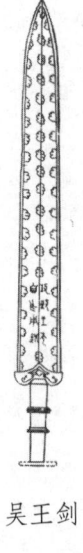

战国时期乃至秦代青铜剑，在吴越剑的基础上又得到进一步发展，将古代青铜剑的铸造工艺推上顶峰地位。秦代剑的锡含量明显比吴越铜剑增多，由于含锡量的增加，可以更好地使金属组织细化，因而硬度也就相对地增强，锋利程度得到明显提高。最为不同的是，秦剑的身长已不像吴越之剑那样短小而是大大增长，由先前不足60厘米发展到90—120厘米，随着剑身的增长和锋利度的提高，青铜剑作为一种武器渐渐被士兵普遍利用，并作为一种常规武器装备用以防身和作战。当然，在统治阶级内部，佩挂宝剑，除防身外还有显示身份和地位的功能。⑪

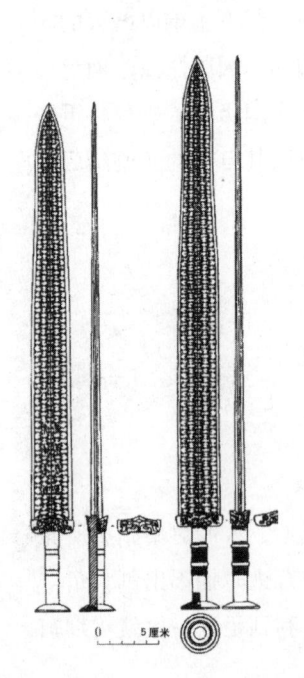

一号坑出土的青铜剑尽管不能判断是不是秦始皇当年斩荆轲之剑，但可以由此推断他所佩宝剑的长度不下91.3厘米，以秦始皇好大喜功的性格看，他的剑可能比出土青铜剑更长，甚至达到120厘米。这样宽长厚重的兵器悬于腰的旁侧，当身体急剧运动时，势必造成大幅度摆动。随着秦始皇身体不断前倾，佩剑就势前移，直至胸前。尽管秦始皇身高臂长，但也不能将1米多长的宝剑迅即脱出鞘口。

有史学家认为秦始皇将剑推到背部之后才得以抽出，这显然是出于对"负"这个字的考虑，并认为"王负剑"就是从背后抽出剑。但事实并非如此，这里的"负"应是今天的"扶"字之意，只要秦始皇抓住剑鞘，使其恢复到身旁原来的位置，凭他手臂的长度，完全可以将剑抽出鞘口。所谓推于背上或背后，实在是一种有悖情理的假设和猜想。

一号坑青铜剑出土之后，考古人员张占民曾做了一个有趣的试验，他先在桌面上放一叠纸，然后轻轻将剑从纸上划过，其结果是一次居然可以划透19张纸，其刃之锋可想而知。后经科学测定，此剑由铜、铅、锡三种金属构成，由于三种金属比例得当，才使秦剑坚硬锋利而又富有韧性，达到了"削铁如泥、断石如粉"的登峰造极的神奇境地。

而使秦剑历经2000余年泥水侵蚀依然光亮如新的秘密，研究结果则完全归功于剑身表面那层10～15微米的含铬化合物氧化层，化验表明秦人已采用了铬盐氧化处理[12]。令人惊叹和遗憾的是，这种化学镀铬技术，随着青铜兵器退出战争舞台，也随之失传了。直到20世纪30年代，才由德国人重新发明并取得专利权。尽管2000多年前的中国人就已熟练运用这种居世界领先地位的镀铬技术，却远没有德国人幸运了。至于中国人是怎样将铬盐氧化物镀于秦剑之上，直到今天，这个谜也未能解开。

历史的纪念碑群

经过一年的发掘，一座东西长230米、南北宽62米、总面积为14260平方米的大型兵马俑坑终于被揭开，饱受了20多个世纪黑暗挤压之苦的6000余件兵马俑和数十辆战车面世了。人们在目睹秦兵马俑神姿风采的同时，也有机会对它们的设计和创造者做进一步的考察与探索。

据史学家司马迁撰著的《史记·秦始皇本纪》载："始皇初即位，穿治骊山，及并天下，天下徒送诣七十余万人，穿三泉，下铜而致椁，宫观百官奇器珍怪徙藏满之。"可以看出，这位后来的始皇帝嬴政，在公元前247年他13岁登上秦国王位的同时，就开始为自己营建陵墓了。建造人数最多时达到70余万人，前后修建达39年，直到他死亡并葬入地宫后，陵园的工程尚未全部完成，其规模之庞大、建筑之复杂可想而知。

修筑帝王陵墓作为一项巨大的土木工程，在尚无先进机具的古代，必然需要很长的时间和为数众多的人工。而由于治陵工程旷日持久，很自然地赋予了它祝寿和永恒的表象功能。也就是说，帝王生前所属陵墓的修筑时间越长，预示着其主人越高寿。故，历代帝王生前为自己修造陵墓便有了"起寿陵"的说法。秦始皇的祖辈秦孝文王就曾把自己的陵墓直接称作"寿陵"，没有再取其他的名字。汉武帝17岁即位，活到71岁才撒手归天。由于在即位的第二年就开始修筑寿陵[13]，在他入葬时，不但墓内的金银财宝堆放不下，而且陵园内修陵时栽的树木也粗大得可以合抱了。

关于秦始皇陵如何修建的问题，历史上有多种说法，据后来主持过兵马俑坑发掘的著名考古学家王学理考证，秦始皇陵墓的修筑初期，曾采取过一项重大的行政措施，这便是秦王政于十六年（公元前231年）设置的"骊邑"。

"邑"作为城市讲，则有"大者曰都，小者曰邑"的区别。作为行政性地域论，则是都、鄙之外的地方。当时秦骊邑统辖的范围主要是占有今临潼县境内的渭河以南地区。隔河，北与高陵、栎阳相接，南以骊山为界，与蓝田为邻。东西因有零河、临河，分别同郑县、芷阳接壤。由此可以推断，因陵而设的骊邑，其城址当离始皇陵不是太远。

秦王政十六年时，秦国正处在向东方诸国发动最后攻势的前夜。就在这一年，秦国开始了两件大事并行的宏伟计划。一是"初令男子书年"，二是设置"骊邑"。前者是通过登记年龄，旨在扩大兵源和徭役；后者则是为了解除修陵的后顾之忧。两件事虽不能同义而喻，但用意却是一致的。由于这两件大事的具体实施，秦国才得以把注意力完全投注于战争，并以疾风扫落叶之势，于十七年（公元前230年）灭韩；十八、十九年（公元前229—公元前228年）攻赵，并俘虏了赵王迁；二十、二十一年（公元前227—公元前226年）代燕；二十二年（公元前225年）王贲率军灭魏；二十四年（公元前223年）大将王翦出兵灭楚；二十五年（公元前222年）灭燕；二十六年（公元前221年）灭齐，从此统一了全国。秦国发动的吞灭六国的战争虽长达10年之久，但骊山的陵墓工程却秩序正常，并没有因战争而受到影响，这从另一个方面说明了"设骊邑"的重要作用和秦始皇的深谋远虑。

由于秦国在战争中的节节胜利，这就为骊山工程提供了源源不断的财富和人力技术资源。

秦始皇统一了全国后，把全国范围内的财力、物力和人力都动员起来，除北筑长城、南戍五岭的国防工程以外，还在首都周围展开了规模庞大的两项土木建筑工程——继续和扩大修建骊山陵墓和建造阿房宫[14]。于是有了司马迁在《史记》中"及并天下，天下徒送诣七十余万人……"的记载。由此可以看出，秦始皇陵墓的修筑工程，在高峰期的人数达到了七十余万。据研究，这些人中，既有自由民，又有罪犯和替债者，同时还有一小部分的奴隶。而在自由民中，又以农民为最多，同时还有市民、商人和掌握各种技艺的手工业者。

按王学理先生的说法，秦征发的"天下徒"一旦送到骊山，即按军事组织的形式编制入籍，严加控制，并统称骊山徒。从流传的"运石甘泉口，渭水为不流。千人唱，万人讴"[15]等民谣来看，这是一支规模宏大的劳动大军。而负责监工的章邯，他本人就是一位秦国将军，并曾在攻赵灭韩的统一战争中屡建奇功。骊山工程的劳动组织之严密、功效之高，可以说是同军事化的编制有着直接的关系。

被禁锢的骊山徒，其劳役带有终身的性质，秦代的历史文献没有留下这些骊山徒役满放归的任何记载。相反，倒是限期延长和死亡恐慌一类记述却不断地充溢在字里行间。后来成为汉高祖的刘邦，当年就是以一个亭长的身份押送丰沛的徒人到骊山修筑陵墓，由于谁都明白一旦到了骊山则绝没有生还的希望，便纷纷在道上设法逃跑。刘邦见此情景，知道自己无法向上司交代，索性带领剩余的人造起反来了。

尽管骊山徒的身份是复杂的，其来源不一，但到了骊山，并成为徒人，就成了事实上的官奴。即使是社会地位稍高一点的技术工匠，尽管受到一点优待，也只是相对而言。他们一旦到了陵区的作坊，就难以脱身自救。不但他们要终生修筑陵墓，而且他们的子孙后代也要编入劳动大军，以致出现了"行者不还，往者不返"的劳役制度和徒人的悲惨命运。而"轻绝人命"的做法，从治罪处死到故意屠杀，随着工程的阶段性进展而变得更为酷烈，骊山徒们随时都有惨死的可能。

秦始皇三十七年（公元前210年）七月，号称千古一帝的始皇帝病死在出巡的归途中。据《史记》载："九月，葬始皇骊山……二世（胡亥）曰：'先帝后宫非有子者，出焉不宜。'皆令从死，死者甚众。葬既已下，或言工匠为机，臧皆知之，臧重即泄。大事毕，已臧，闭中羡，下外羡门，尽闭工匠臧者，无复出者。"从这段记载中可以看出，秦始皇死后，继位的儿子胡亥曾下令，原属始皇帝的妃嫔，凡没有生育儿女的全部被迫殉葬。为了怕参与修筑陵墓地宫的工匠泄露内中秘密，当始皇帝的棺椁进入地宫后，工匠们也被活活封闭于地宫中，做了这位始皇帝的殉葬品。而作为陵墓附属建筑的兵马俑坑工程，在秦始皇入葬地宫后仍继续挖筑，直到周章率领百万农民军攻入关中并对秦朝廷构成巨大威胁时，兵马俑坑的修筑才被迫中辍，草草收场，前后共历37年。

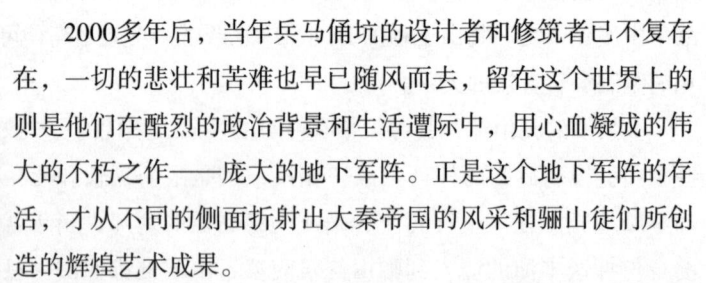

2000多年后，当年兵马俑坑的设计者和修筑者已不复存在，一切的悲壮和苦难也早已随风而去，留在这个世界上的则是他们在酷烈的政治背景和生活遭际中，用心血凝成的伟大的不朽之作——庞大的地下军阵。正是这个地下军阵的存活，才从不同的侧面折射出大秦帝国的风采和骊山徒们所创造的辉煌艺术成果。

秦兵马俑是悼念为秦始皇扫平六合血染华夏的秦军忠烈国殇；秦兵马俑是哀婉地再现为秦始皇修陵的70余万刑徒的纪念碑群；秦兵马俑是中国古代帝王陵墓中前不见古人后不

一号坑出土武士俑头饰

见来者惊人的写实雕塑艺术奇峰；秦兵马俑是中国历史处于奴隶制崩溃，新兴的封建地主阶级登上政治舞台的划时代标志。

从俑坑的形制可以看出，这是一座规模宏大的土木结构建筑。俑坑四周分别布有5个斜坡门道，门道土质坚硬，上有清晰的车轮痕迹，由此推断这是当初放置兵马俑时所出入的通道。兵马俑放置完毕后，门道则用立木封堵，然后再以夯土⑯填平，俑坑始成为一个规则的长方形，在东西走向的11个过洞和墁铺的青砖坑底上，有极为清晰、整齐的方形或圆形棚木⑰凹槽和木炭遗迹。这表明整个俑坑为土木结合而成，俑坑顶部的土层重量主要靠下面的立柱支撑，各个隔梁及四方边墙主要起着隔断墙的作用外，亦有承重墙压力的用途。据一位志愿军老战士回忆，朝鲜战争中，中国志愿军在阵地上所修的土木工事，和秦俑一号坑的结构形制有同工异曲之妙合。

一号坑出土武士俑头饰

尽管兵马俑历2000多年沧桑岁月，变得残缺不全，但庞大的整体阵容，仍不失浩浩荡荡的威势和古老的秦川壮士叱咤风云、驰骋疆场的雄姿豪情。

一号坑出土武士俑头饰

坑中的武士俑，身穿交领右衽⑱短褐，勒带⑲，束发，凸起的发髻偏于头的右上方，腿扎行縢⑳，足蹬方口齐头履。有的手持弩机、弓箭，背负箭箙㉑，箙内装满铜矢；有的手持长矛，威严而立；有的腰佩弯刀，目视前方，时刻准备接敌陷阵。

在武士俑中，鲜亮地密布着一队队铠甲锐士㉒，这些锐士都具有高大的身躯，外披铠甲，足蹬短靴。战车上的甲士则腿绑胫裆，头戴小冠。尚有不同的锐士手持弩机，腰悬青铜宝剑，虎视阵前，大有慷慨悲歌、视死如归的英雄气概。

在阵容中威严屹立的陶马，或驾驭战车，或站在骑士身旁恭候战斗命令。战马肌丰骨劲，面部棱角分明，两颊宛如

低级军吏俑头戴的武弁

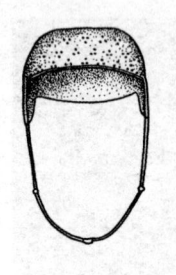

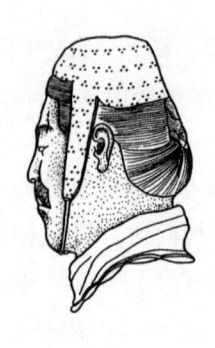

刀削,洗练精致。用曲折的阴线精雕细刻的眼睑、鼻翼和嘴唇,层次丰富,形象逼真,无不透出战马的神韵。

这个有锋有后、有主体有侧翼、步马和车马交错的军事阵容,既严整统一又富有变化,既肃穆静立又寓有动感。那一列列武士,按兵种的不同而身穿绿色或红色的战袍,外披黑色或褐色的铠甲,使军阵的氛围显得威武庄严。而武士面孔和神情的不同,以及发髻的多变,又避免了凝滞呆板。那披坚执锐、挟弓挎箭的武士,伴有齐头并立、昂首仰尾、双耳上耸、引颈嘶鸣的战马,给人以蓄势欲动、挥戈上阵、驰骋疆场的强烈意象。这于统一中求变化、静穆中显跃动的军阵构图,充分展现了秦军气势磅礴、所向无敌的英武气概,从多侧面折射出意境的壮美和耐人寻味的艺术魅力。

就单个秦俑的人物形象而言,有着科学的写实性和深刻的典型性,其逼真的写实艺术在中国雕塑史上卓越非凡。透过欣赏的表层更能让人们看到潜伏在艺术形式之内具有划时代意义的"人"的变革。

人类在原始社会漫长的岁月中,对于自身肖像的雕塑并不注重,从出土的实物中可以看到,只有个别的器皿上画有人头形装饰像,即使在商周青铜器上,也只有少数作为器物附属性的卑怯的奴隶形象。当历史的车轮碾轧到战国时期,人的雕塑或画像在不同的场所得以活跃发展。恐怖的饕餮和公式化的螭虺渐渐被简括、凝练的人的身影所代替。秦兵马俑的造型则是战国以来图腾[23]退位、思想活跃、人的地位受到尊重的象征。可惜这种艺术传统在秦末大规模的兵燹中遭到了毁灭性打击,再也没有继续流传下来,致使这辉煌的文明备受人们长达两千余年的误解。

第二章　横空出世

1975年7月12日，新华社播发了秦始皇兵马俑一号坑发掘的消息。这支阵容肃整、披甲执锐的地下大军，将从中国走向世界，接受整个现代人类的检阅。

聂荣臻元帅的提议

鉴于秦始皇兵马俑是陕西省考古史上未曾有过的空前大发现，在新华社将这一事件向全世界做了报道之后，陕西省委通过所属文化局于1975年7月中旬责成秦俑坑考古队总结一年来的工作情况，尽快写出一份较为详细和科学的发掘简报，并上报国家文物局，以免造成工作被动。按照这个指示精神，秦俑坑考古队立即开始了行动，至8月上旬，由袁仲一执笔的《临潼县秦俑坑试掘第一号简报》脱稿。其中序言部分对秦俑坑的性质做了特别强调："秦俑坑的西端西距秦始皇陵外城东墙1225米，和秦始皇陵内城的东北角成一直线。出土的铺地砖，其形制、质量、纹饰和文字都与历年来秦始皇陵城内出土的秦砖一样。出土的武士俑和秦始皇陵过去出土的跽坐俑的陶质、制作技法相似。出土的铜矛、铁工具等亦与秦始皇陵城内出土的相同。因此，秦俑坑当为秦始皇陵建筑的一个部分。"此稿正文从建筑遗迹、出土文物以及试掘方内出土的遗迹和遗物三个大的方面，做了较为详细而全面的说明和剖析，基本上反映了俑坑的整体面貌和内涵。当然，这份简报也同当年蔺安稳写的"内参"一样，总是要和当时的政治形势联系在一起，因而在结尾

蕲年宫瓦当。出土于陕西凤翔长青乡秦代蕲年宫宫殿遗址。蕲即祈，蕲年即祈祷丰收之年。据考古人员调查研究，该宫殿可能建于秦惠公时期

位于陕西渭河畔咸阳的一座宫殿遗址，曾是秦始皇的寝宫之一。在建筑师的复原下，考古学家从该建筑重复的图案及多次修复和刷新来看，认为该宫殿实际建造时间应为战国时期的秦王时代

部分写道："秦俑坑的发现为正确地评价秦始皇提供了十分珍贵的实物资料，是我国考古工作的又一巨大发现……秦俑坑试掘方内出土的大批遗迹、遗物，证明在秦始皇法家路线的指引下，秦国的经济、政治、军事、文化艺术都得到了迅速的发展。秦始皇不愧为地主阶级杰出的政治家。但是，林彪和苏修却极力抹杀秦始皇的历史功绩，恶毒咒骂秦始皇，含沙射影地攻击我国的无产阶级专政。历史的真实是任何人抹杀不了的。秦俑坑大批文物的出土，对林彪和苏修的反动谰言是个有力的回击。"

这份简报经陕西省上层领导人审查通过后，很快报往国家文物局。令陕西方面意想不到的是，正是这份简报，又引发了一个重大命题。

1975年8月中旬，北戴河海滨浴场。年逾古稀的聂荣臻元帅躺在温热的沙滩上，眯着被太阳的强光刺得难以睁开的双眼，眺望远处的海面。

碧绿的海水咕咕地欢唱着向这位身经百战的老帅涌来，浪花亲吻着他的身体，他感到分外惬意爽快。戎马一生，历尽苦难，终于有了今天。可惜，那些在战火中倒下去的战友不能享受这人间的欢乐与幸福了。

海水默默地从元帅的身边退下去。他望着，似乎想起了什么，站起身朝浩瀚无垠的大海长嘘了一口气。

"聂帅，您好。"刚从海水中出来的国家文物局局长王冶秋走近他身旁。

聂帅答应着,突然想起了什么,他望着水滴未干的王冶秋:"你前些日子说的临潼挖的秦俑坑怎么样了?"

"范围、形制和内涵已基本搞清,大批陶俑、陶马、兵器已经出土,前几天我刚收到了陕西方面报来的一份考古试掘报告……"王冶秋见聂帅对此很感兴趣,便按《简报》中的内容,详细汇报了秦俑坑发掘的情况。

"不得了啊,这么大的一个地下军阵,要是能建个博物馆就好了。"聂帅惊叹之余提出了秦俑保护问题的关键性建议。

聂帅的话使王冶秋激动起来:"哎呀,聂帅,我早有这个意思,但考虑到国家经济比较困难,未敢提出。"

聂帅沉思片刻:"你打个报告给国务院,让大家讨论一下嘛。""好,我这就去准备。"

王冶秋大喜,和聂帅道别后立即赶回北京。第二天,他向谷牧和余秋里两位副总理提交了在秦俑坑遗址建立博物馆的报告。两位副总理表示同意,但是在经费问题上,谷牧对王冶秋说:"如果在250万元以内我可以批,超过250万就得提交中央政治局讨论了。"王冶秋答道:"我跟陕西方面协商一下,看能不能按这个数字设计。"

8月26日,王冶秋带着兴奋与激动之情飞抵西安,把国务院的决定先行告知陕西省委和文管会。同王冶秋一样,陕西方面对秦俑的保护问题虽有心但觉无力。大批的陶俑、陶马出土后,他们只是在俑坑上面搭了个简易棚,以防雨雪侵蚀。在他们的预想中,等兵马俑全部出土,盖个仓库一类的房屋,保护起来就算万幸了。至于盖博物馆,让世人参观展览却未敢奢求,更不会想到多少年之后,仅游客参观这些"瓦爷"的门票收入一年就有近亿元人民币。王冶秋带来的消息,使陕西方面喜出望外,也对兵马俑发掘后的前景有了一个全新的认识和感悟。

8月27日,王冶秋在陕西省委书记处书记章泽等人的陪同下,来到秦俑坑工地现场视察,同时还叫来了陕西省建筑设计研究院总工程师张子平等专业人员,以便考虑博物馆的规划和设计问题。在俑坑发掘工地,王冶秋要求设计人员在现场参观后的24小时内,将草图绘出来。张子平感到在如此短的时间内很难完成,但又不好违命,无奈之中向章泽求计:"搞成啥风格的?"章泽答:"设计风格嘛,四周只要有墙,墙上有房,24小时你给我拿出来就行。"张子平苦笑着不再吭声。

当天下午，王冶秋一行返回西安，在人民大厦召集有关人员研究建馆问题，在经费预算中，陕西方面的数字是300多万元，王冶秋一听，忙说："不行，往下压，压到250万元。"但预算人员算来算去，说什么也压不到250万元，只能压到280万元。王冶秋看罢，沉思一会儿说："超一点可以，但总不能超得太多，现在超出的这部分要划到附属建筑中去，我们文物局再拿一点，估计就差不多了。"

陕西方面按王冶秋的意见做了主体工程250万元的预算，第二天，王冶秋携带工程草图和经费预算报告匆匆返回北京，然后制订了一份详细报告提交国务院办公会讨论。这次办公会议由李先念副总理主持，在听取了各位与会者的意见后，李先念挥起手臂，轻轻在桌上一拍，说了声："好，就这样定了。"

一锤定音，秦始皇兵马俑遗址博物馆工程建设由此拉开了帷幕。

天赐乐府钟

既然建馆的计划已得到国务院的批准，根据国家文物局和陕西省委的指示精神，在时任陕西省文化局及局内文化组负责人延文舟、陈孟东等人的主持下，秦始皇兵马俑博物馆筹建处成立，文化局干部杨正卿、朱仲安、刘最长3人组成领导小组，由杨正卿任组长。与此同时，秦俑坑考古队的工作方向也做了相应的调整，由原来的单方面发掘转为进一步弄清一号俑坑的四周边界和内部陶俑的分布情况，为博物馆即将动工的基建工程提供确切的资料。

按照新的工作计划，考古队兵分两路在秦始皇陵园周围展开了新的调查。由程学华等率领的一路组成钻探分队，钻探人员是从农村招收的考古训练班学员，程学华等考古专家负责领导和教学。根据中国古代建筑往往讲究对称布局的规律，这支钻探小分队在秦始皇陵西面开始了勘察钻探。而由屈鸿钧、王玉清率领的另一支钻探分队，在一号坑的南侧进行钻探。但这支小分队一开始就遇上了厚厚的沙石层，连续更换了几个地方同样是沙石层，洛阳铲根本无法打入地下。鉴于这样复杂的地质情况，只好移师一号坑正南约500米处的王硷村南进行钻探。想不到这里的地质情况同样复杂，无奈之中，屈鸿钧等考古人员只好从王硷村找来几个民工以挖井的方法进行探查。当直径1米许的探井下挖到三四米时，均为沙石层，再下边是较纯净的黄色冲积土，没有发现异常情况。为防止遗漏，屈鸿钧又安排民工在这口井的左右前后分别打了几口探井，发现地层跟以前所见基本相似，于是考古人员推断，一号俑坑的南侧不会有新的兵马俑坑存在。之后，屈鸿钧和程学华的两支队伍，分别于一号坑的东侧、西侧延伸钻探，结果依然未发现其他的俑坑。由袁仲一率领的部分考古人员，通过对一号坑的复探，所得结果与原来钻探情况一致。

　　此时，天气已到了严寒季节，寒冷的北风从塬上刮过，又裹挟着尘土在骊山四周呼啸奔腾，整个秦始皇陵区灰蒙蒙的一片，天空时有细小的雨点和雪花飘落下来。眼看1976年的春节即将来临，秦俑坑考古队经请示上级领导，决定收工放假。由于整个一号坑的文物都暴露在外，考古队决定由袁仲一留在工地值班，以防文物遭到破坏和丢失。

　　1976年春节过后的第二天下午，留在工地值班的袁仲一围着一号俑坑转了一圈，未发现异常情况，便独自一人向秦始皇陵园走去。他和他的同伴经过一年多的辛劳，终于使这支地下大军走向了人间。在以考古为职业的袁仲一看来，这无疑是最辉煌的业绩。在他的考古生涯中，尽管曾不止一次地失去了春节同家人团聚的机会，但心中依然感到惬意和快活。

　　在陵园无目的地走着，考古职业的习惯使他对周围的一切分外专注。太阳就要落山了，空旷的陵区被夕阳的余晖染成一片橘黄。在距秦陵封土约100多米的断崖上，他停住脚步向远处的骊山望去。骊山在晚霞的映照中，越发显得壮丽与秀美，当他转身返回时，眼前闪过一个灿烂的亮点。他一惊："这是什么？"随着脑际闪过的问号，他俯下身仔细观察着断崖土层中那个指甲盖大小放光的东西，职业的敏感，使他立即意识到这可能是一件器物。于是，他用手将这件器物四周的泥土慢慢剔除，发现是件碗大的青铜钟。袁仲一将钟拿起来，记住了出土的位置，兴冲冲地向回走去。这天，程学华从西安来到工地取材料，正好遇到袁抱着青铜钟回来。两人将青铜钟上的泥土剔除、去污、去锈之后,不禁为之大惊,这是一件不可多得的珍贵文物——秦代乐府钟。该钟为青铜所铸,凸出地表的那个闪光亮点便是钟的鼻钮[24]。它通高13.3厘米,两铣间7.2厘米,鼓间5.8厘米,舞广为6厘米×4.8厘米。钟的钲部和鼓部为错金蟠螭纹,篆间及钟带为错金流云纹,花纹细密而清晰,豪华典雅,虽在地下埋藏了2000多年,出土后金银花纹依然清晰完整,充分体现了当时冶金工艺发展的高度。更为重要的是,在钟钮的一侧发现刻有小篆[25]字体"乐府"两字。这两个字的发现,意义远远大于实物本身,它使后人透过欣赏其冶金工艺的表层,解开了千百年来史学家和音乐家争论不休的历史之谜。

乐府是皇家庆典和祭祀时管音乐的官署,无论是庆典还是祭祀,饮酒与奏乐往往一起进行。公元前279年,秦赵渑池相会,意在讲好修和。酒宴开始后,秦昭王向身旁的侍卫魏冉使了个眼色,魏冉心领神会,立即捧上一张瑟来。秦昭王对赵惠文王说:"听说赵王通晓音律,这里有宝瑟一张,请您弹奏一曲,敬希勿辞。"赵王明知这是秦王故意羞辱自己,但又找不到理由推辞。正在为难之际,随赵王来的蔺相如在一旁劝道:"秦王既不嫌弃,大王您就弹奏一曲,这有何妨?"

赵王白了蔺相如一眼,只得怏怏不乐地接过瑟来,勉强地弹奏一曲。

秦王见赵王受辱而羞红了脸,越发得意地说:"赵国始祖列侯就很会弹琴,今日听了赵王演奏,果然是得祖辈家传。"随后转身对魏冉说道:"可告御史,将今日之事,记入史册。"

秦国御史前来,执笔取简,边写边高声朗诵:"秦昭王二十八年秋月吉日,秦王与赵王会于渑池,秦王命赵王鼓瑟……"秦国群臣开怀大笑。可这时谁也没有料到,赵国的蔺相如极其自然地顺手拿起一只瓦盆,从容地走到秦王面前说:"我国大王听说秦王善于演奏秦国的乐器,就请大王击缶以同乐。"

秦昭王一惊,望了蔺相如一眼,继而傲慢地说:"我乃堂堂秦国君主,怎可击缶?尔出此言,分明是取笑本王。"蔺相如手持瓦盆,厉声道:"大王依仗秦国强大,想要威风以强欺弱不成?今日乃两国相会,若是大王不肯击缶,相如舍弃头颅也要溅你一脸血污。"

面对蔺相如咄咄逼人的气势,秦王无可奈何地笑笑:"先生何必如此动怒，大家欢乐，就击一下有何不可？"于是接过瓦盆，用筷子轻轻地击了一下。

蔺相如大声宣布："今日盛会秦王击缶，也应记入史册！"他把手一招，赵国御史走来，拿出竹简和书写工具，写道："赵惠文王二十年秋月吉日，赵王与秦王会于渑池，赵王命秦王击缶。"记完，御史高声朗诵了一遍。面对蔺相如的智勇，秦昭王无可奈何，起身给赵王敬了一杯酒，赵王也回敬一杯作为答礼。从此，两国签订了互不侵犯、友好相助的条约。

秦赵渑池相会的故事，给研究者的启示是：处于西北地区的秦国，早期的乐器并不发达，且极为简陋，不过是击筑、扣缶而已。又由于后来有秦始皇爱听高渐离击筑，后人便以《汉书·礼乐志》记载的汉武帝时"乃立乐府，采诗夜诵"为依据，认为乐府最早产生于汉代。秦陵乐府钟的出土，从实物上首次证明了乐府的最早建立是在秦代，这无疑是一个重要发现。而更为重要的是，考古人员后来在乐府钟出土的地方发现了专门设置的乐府遗址。这里曾仿秦咸阳都城的设置，建有乐府官署，有各种祭祀用的礼乐，同时还有一批乐人在此常驻，每逢祭祀之日，乐人便奏起礼乐，钟磬齐鸣，百官同祭。可惜这个乐府仅存两年余，就被项羽大军一把火烧为尘土瓦砾，珍贵的乐府钟也在劫难中掩埋入滚滚黄尘，直到两千多年后才重现人世。

经过音乐家测试，这口乐府钟的内壁有调音带4条，其音为C调，造型工艺和音质都是秦代乐器所罕见的精品。这口乐府钟的出土，立刻引起了学术界的高度重视，它为研究秦代宫廷礼乐的制度以及音乐器械的演变发展，提供了珍贵而形象的实物资料。乐府钟后来被陕西省博物馆作为一级文物收藏。

遗憾的是，在这件珍贵文物出土10年后的1986年10月，一只罪恶的黑手将它盗走，至今下落不明[26]。音乐家曾叩响了它沉默了2000多年后的第一声，却再也难以听到它以后的声响了。这无疑是中国文化的一大损失。

注释：

①秦始皇陵园的封土周围筑有内外两重垣墙，都呈南北向的长方形，相互套合为回字形。经勘查，外城南北长2165米，东西宽940米；内城在外城中的位置稍微偏南和偏东，其南北长1355米，东西宽580米。内城东北角又另筑了一个南北长695米、东西宽330米的小城，小城的西墙是一条宽约8米的夹墙，其南端东拐直抵内城东墙。外城的四面各有一门；内城垣有6个城门：东、西、南三面各有一门，北面有两门；小城的南垣则有一门。门上皆有楼阙建筑。

②宣太后是秦惠文王之后，昭襄王之母，秦始皇之高祖母，为楚人后裔。昭王即位时年仅二十，宣太后临朝主政，其异父长弟魏冉封为"穰侯"，其同父弟华戎封为"华阳君"，秦始皇的嫡祖母华阳夫人可能即出自这一家族。宣太后冢位于今陕西临潼县西南芷阳谷中。

③三年，指秦始皇三年（公元前244年）。相邦，即相国、丞相。战国时各国（楚除外）先后设大相邦、相国，为百官之长，位高权重。秦武王二年（公元前309年），秦国"初置丞相"，又分左右相以区别正副。秦庄襄王即位（公元前249年），吕不韦被任命为相国，至秦始皇十年（公元前237年）因嫪毐之乱而免相，共13年。寺工，秦代为宫廷服务的官署机构，掌管兵器制造，兼做车马器和宫廷日常生活用铜器。此戟是吕不韦监造，主造者为寺工官署内的工师（师傅）詟、丞（助理）义，制造者是工匠写，此铭文系秦代"物勒工名，以考其诚。工有不当，以行其罪，以究其情"制度的产物。

④据《战国策·秦策五》记载，子楚本名异人，后为华阳夫人之子嗣，由赵返秦，吕不韦使其以楚服觐见嫡母。华阳夫人大悦曰："吾楚人也而自子之。"乃变其名为子楚。

⑤雍都：秦国故都之一。位于今陕西凤翔县城南之雍水北岸，秦自德公元年（公元前677年）至献公二年（公元前383

年）在此建都近300年。献公又迁都栎阳，故城遗址在今陕西临潼东北之武家屯一带。34年后，秦孝公十二年（公元前350年）筑咸阳城，翌年迁都，直至秦二世灭亡（公元前207年），共144年。

⑥张家坡西周墓：位于陕西长安区沣河西岸的张家坡村附近，为丰镐遗址（西周初期文王、武王的都城遗址）的一部分。年代从西周初年一直延续到西周末年。1956年开始发掘，已出土的墓葬总数达三四百座，车马坑十多座，对于了解西周时期的葬俗及西周墓葬的分期等均有重要意义。

⑦古代吴、越善铸铜剑，其取材甚美，工匠技艺高超，使得成品精致犀利，据《战国策·赵策》形容为："肉试则断牛马，金试则截盘匜（盥手注水之器），薄之柱上而击之则折为三，质之石上而击之则碎为百。"当时的贵族和官吏皆以佩带吴、越所产宝剑为荣，《史记·吴太伯世家》记载的"季札挂剑"的故事即是著名例证。

⑧吴王光即吴王阖闾（或称阖庐）。公元前514年，他趁吴伐楚失利的时机，派勇士专诸刺杀吴王僚，夺取政权，自立为王。公元前496年，在对越的檇李（今浙江嘉兴市西南）之役中受伤而死。据目前所知，吴王光剑共发现3柄，包括：1964年，山西原平县峙峪村整地时出土1件；1974年，安徽庐江县汤池公社边岗大队开挖水渠时出土1件；1978年，安徽南陵县文化馆收购一件。其中以第一件制作最为精美，剑身双面有火焰状花纹。这三柄剑在近格（剑把和剑身连接处的隔挡部分，用以护手）处皆铸有篆书铭文两行，字数不一，但开头同为"攻吴敔王光自乍（作）用剑"。攻敔是"吴"的古称。

⑨夫差，阖闾之子，公元前495—前473年在位。据目前了解，出土的吴王夫差剑计有10柄，包括：于省吾《双剑誃古器物图录》卷上著录1件，现藏中国历史博物馆；1976年，河南辉县百泉文物保管所从废品杂铜拣选出1件；1976年，湖北襄阳市

蔡坡第十二号墓出土1件；1991年，洛阳东周王城内墓葬群出土1件；范文澜《中国通史》著录1件，发现于山东临朐，现藏于山东博物馆；1991年，香江古肆展示1件，现藏于台湾古越阁主人王振华；山东邹城收藏1件；《小校经阁金文拓本》卷十著录2件；《三代吉金文存》卷二十著录1件。其中以中国历史博物馆和古越阁所藏的2件，制作最精美、保存最好。这10柄剑皆有篆书铭文10字，分铸2行，每行5字，文曰"攻敔王夫差自乍（作）其元用"。

⑩史籍记载，江陵为楚国郢都所在地。周围分布有大量楚墓，望山一号墓即属其中之一。此剑出土于1965年，为东周兵器中的精品，现存于湖北省博物馆。剑首（剑柄头）向外翻卷作圆箍形，内铸11道极细小的同心圆圈，剑格正面用蓝色琉璃，背面用绿松石镶嵌出美丽的花纹，剑茎（剑柄）有缠缑（即䍁缑，缠在刀剑柄上的丝绳，便于手握）痕迹。据分析，该剑各部位元素含量不同，剑脊（剑身中央突起的一道棱）含铜较多，韧性好，不易折断；刃部含锡高，硬度大，锐利非常，试之以纸，20余层一划而破。可见系以复合金属工艺制成，先浇铸剑脊，再浇铸刃部，以收刚柔结合的良好效果，世界上其他国家直至近代才开始使用这种技术。剑身满饰菱形暗纹，有人认为这是经硫化物腐蚀而产生，有人则认为是以不同的铜合金嵌出。

⑪春秋时官吏各得带剑，成为其身份地位的一种象征。秦国的文化发展一向晚于中原，至战国初期始命官吏佩剑。据《史记·秦本纪》记载："简公六年（公元前409年），令吏初带剑。"

⑫铬盐氧化处理：铬，化学学名简称Cr，能生成好几种具有工业价值的氧化物。铬盐氧化处理是指用铬酸盐或重铬酸盐对金属器物进行氧化处理，使其表面生成一层致密氧化膜，提高器物耐腐蚀能力。其方法是先将器物表面抛光，然后置入

熔融的处理介质中，保温一段时间后取出，在空气中冷却。据推测，秦朝时可能将铬铁矿（FeC_2O_4）、自然碱、硝石混合加热，来制备铬酸盐、重铬酸盐。

⑬即茂陵，位于陕西兴平市策村南，为西汉诸皇陵中规模最大的一座。其陵园四周筑城垣，中央为坟丘，呈方形覆斗式，现高46.5米。该陵曾遭赤眉兵劫掠，其东南方现今仍有大片的汉代建筑遗址，已出土空心砖、琉璃壁、瓦当（房屋檐头用以装饰、防朽的瓦片）等建材。

⑭阿房宫：秦代著名宫殿，位于陕西西安市三桥镇以南的古城村附近。秦始皇晚年认为咸阳人多，先王宫殿小，便在渭水南岸上林苑内大兴土木。宫始建于秦始皇三十五年（公元前212年），至秦亡尚未竣工，历代相传项羽入关后付之一炬。据载它东西五里，南北千步，始皇在位时只建成前殿。该殿尚有残存台基，东西1000余米，南北450米，最高处约7—8米。

⑮见《古今图书集成·方舆汇编·坤舆典·陵寝部》引晋人张华《博物志》，又《太平御览》卷559引潘岳《关中记》，此谣作："运石甘泉口，渭水为不流，千人一唱，万人相钩（人力推挽，步步挪移）。"

⑯夯土：经过夯打的土。"夯"是借助人力或其他动力反复将槌状物提起、降落，利用其撞击力把泥土等松软材料砸至密实的程度，使水无法渗漏，构筑成牢固的地基或墙体。这是中国自新石器时代起即开始使用的建筑技术。

⑰棚木：置于二层台（墓葬坑中位于口部与底部之间的第二层台阶或台面）、隔梁和柱头枋木（两柱顶端相连接的横木）上的木料，视需要呈东西或南北向紧密排列。多用圆木，少数特殊地方亦用方木。

⑱衽：衣襟。右衽即右开襟，是古代中原地区人民的固有习俗，"左衽"则为丧服。但少数民族的习俗却与之相反，服装通行左衽。秦俑所着战袍，一般为交领右衽，窄袖口，长多

数齐膝，少数仅及臀部，双襟宽大，几乎把身体包裹两周，质地厚重。

⑲古人多着袍服，腰间系丝织大带或皮质革带，其扣结方式是用一组类似今日纽襻的"纽约"，首尾交结扣合。革带头上有带钩，带尾有孔，互相勾连扣合以束腰。秦俑出土的武士俑在腰际都浮雕着腰带，细部雕绘十分清楚，花样丰富多变，反映出秦人的审美观和着装方式。

⑳行縢：原名"邪幅"。就是从足腕缠扎到膝部的裹腿布，近似近代军人的绑腿，可使行动轻捷，秦俑的行縢似以单层布帛制成，颜色多为赭色，上端以彩色组带在膝下束扎，带尾绾结成花朵状。

㉑箭箙：放置箭矢的器具，俗称箭袋，一般以兽皮为之。秦俑坑出土的箭箙呈长方筒形，为麻的编织物，上面髹漆。箙底的左右两侧各以细绳缠扎一圆木棒，箙底内侧铺一长方形木板，以承矢镞，箙的背面中央有一竖立的长条木柄，顶端作云头形，柄上髹漆，左右两侧另有一根细长的藤条，上部绕云头木柄而下，下端呈鼻钮状缚于箙底一圆木棒的两端。箙背的口沿和中腰处各有一根纽带将木柄、藤条和箙磐结成为一体，口沿左右两侧各有两个编织的环钮，用以贯穿绳索，便于背带身上。

㉒锐士：战国时秦国经过考选和训练的步兵。秦自商鞅变法后，奖励军功，兵力转盛。至昭襄王时代，秦的锐士是各国军队中战斗力最强的。《荀子·议兵》曰："故齐之技击（齐国精锐部队），不可以遏魏氏之武卒（魏国精锐部队）；魏氏之武卒，不可以遇秦之锐士。"荀况曾入秦观摩考察，对秦与六国军队素质之评价，当称公允。

㉓图腾：totem的中译，指原始社会中，被视为社会群体的一种象征或标记的某种自然物符号，通常为动物或植物。

㉔钟的基本形式包括共鸣箱与其顶部的柄（即"甬"），

悬挂的方式是倾斜的，称为"甬钟"。西周中期以后，开始出现了垂直悬挂的钟，在钟体顶部立一环形的钮，称为"钮钟"。秦代乐府钟有鼻钮，即属于钮钟。

㉕小篆：也叫"秦篆"，秦代通行的一种汉字书体，在大篆（籀文）的基础上发展而成。秦始皇统一天下以后，采用了李斯的意见，实行"书同文"政策，淘汰六国通行的异体字，改以小篆为正字，其字体结构较简略，形体匀圆整齐，笔画如箸，故又称"玉箸篆"或"斯篆"。现存的秦小篆仅有泰山刻石残字10个（藏山东泰安岱庙）和琅邪台刻石残文13行（藏中国国家博物馆），相传均为李斯所撰。

㉖盗窃案已于1996年告破，乐府钟也于1998年从香港追回。可惜的是，在辗转倒手过程中，乐府钟上的"乐府"二字已被人为锉掉。现藏于秦始皇帝陵博物院。——编者注

第三章
三军仪仗动地来

二号兵马俑坑的意外发现，引起了考古人员的兴奋与恐慌。试掘过后，地下隐秘再现人间。神奇的劲弩，英武的战车，雄壮的步、骑军阵，构成了一幅完整的古代陈兵图。随着三号俑坑的发现和发掘，大秦帝国的三军仪仗部队动地而来。

令人兴奋与恐慌的二号坑

　　1976年的春节过后，秦始皇兵马俑博物馆筹建处从省文化局下属单位抽调了19名干部陆续来到秦俑发掘工地。这些新调来的人员按照筹建处领导人的分工，或跑设计院催促图纸，或联系建筑公司落实施工单位，或在发掘现场搭建简易工棚。为确保基建过程中的文物安全，秦俑一号坑东端已发掘出来的陶俑、陶马和所有迹象就地掩埋，并在上层密排圆木，再覆土垫实，以免重型施工工具如推土机、卷扬机、吊车及其他车辆的重压。在1976年那个明媚的春天里，整个秦俑坑发掘工地，大家都围绕着建设博物馆而忙碌、奔波起来。与此同时，筹建处的领导人根据博物馆的规模及人员编制情况，决定在一号俑坑东北方位的一片空旷区修建职工宿舍。在这样的文物重地建房，当然先要勘探地基，看是否有文物存在。鉴于考古队的钻探人员正在其他地方工作，筹建处便从陕西省第三建筑公司找了一名高级探工徐宝山来此处钻探，意想不到的是，徐宝山钻探不到几天，便于地下发现了五花土，继而又探出夯土，当钻探到离地表5米深时，发现了铺地砖。每一个探工都知道，既有夯土又有铺地砖，预示着下面是一处遗址并可能会有文物。徐宝山为这一发现大为高兴，他放下手中的探铲，将这一情况迅速报告了筹建处的领导人杨正卿。

　　当徐宝山满面红光地从杨正卿的临时办公室出来时，迎面碰上了考古队程学华钻探小分队的丁保乾一行四人。徐宝山按捺不住心中的激动，两眼放光地对丁保乾说："俺探清了，地下有文物，5米深见砖，以后就是你们考古队的事了。"

　　第二天上午，筹建处领导人杨正卿找到程学华，请他率人到徐宝山钻探的地方复探，一个上午下来，证实徐宝山提供的情况不虚。这一发现真是大出人们的意料，考古队钻探人员为找新的俑坑，在四周苦苦探寻了一百余天而未果，想不到就在离一号坑东端北侧约20米的地方居然还深藏着一个俑坑，埋伏着一批兵马。真可谓"踏破铁鞋无觅处，得来全不费工夫"。这一天是1976年4月23日，考古人员将这个俑坑编为二号坑。

钻探人员在二号坑边钻探

二号俑坑的突然出现，自然使大家想到已经着手兴建的博物馆大厅工程。这个二号坑和一号坑是什么关系？它们有没有可能是连在一起的整体？万一连在一起，事情可就麻烦大了。

国家文物局和陕西省委听到消息，立即派人前来察看。考古队惊喜之余，又陷于恐慌之中，在遗址发掘期间就在上面盖房，这是世界考古史上没有先例的，考古队自然也没有这方面的经验，所有的人都明白，如果这两个坑连在一起，此前为筹建博物馆工程所付出的一切努力将毁于一旦。受国家文物局委派前来察看的文物专家罗哲文、祁永涛不断地向袁仲一询问："老袁，一号坑和二号坑连不连在一起？"

"目前发现不连。"袁仲一回答。

"估计最后连不连？"两人仍不放心地问。

"我只能说目前不连，以后的事不好说。"袁仲一回答。

面对此情，考古队每个人员都捏着一把汗。袁仲一一边工作一边对杭德洲和程学华说："如果这次我们对二号坑搞不清楚，房子盖起来，那麻烦就大了，国家的几百万元浪费不说，可能会在国际上造成很坏的政治影响，那我们就得蹲监狱。"听罢此言，三人都不免有些悲怆之感。程学华点了支烟猛抽了一口说："钻探的情况是我提供的，没事情便罢，如果有事情，你们大不了写个检查，其他的一切责任由我承担，蹲监狱就让我去蹲。"

杭德洲苦笑了一下说："我们不可能让你承担，真出了问题也不能让你坐监，我们两个陪着你。不过，目前说这些话还早了些，我看最关键的还是得把我们的工作做扎实……"杭德洲的一席话，又使大家从悲壮渐渐转为平静和冷静。为弄清二号坑的形制和范围，在得到国家文物局批准后，1976年4月，考古队对二号兵马俑坑进行了试掘。

结果发现，这是一个完全不同于一号俑坑的近似曲尺形的地下建筑，通长96米、宽84米、深约5米，总面积为6000平方米，约相当于一号俑坑的二分之一。其结构明显地分为左右两大部分。右侧近似一个正方形，属于坑道式建筑。面开8间，前后有回廊，东西两端各留两条斜坡门道。左侧近似一个长方形，亦为坑道式建筑，同样分为前后两部分，前半部略呈正方形，面开6间，前后回廊贯通。在东西两壁和北壁各留两

二号兵马俑坑平面示意图

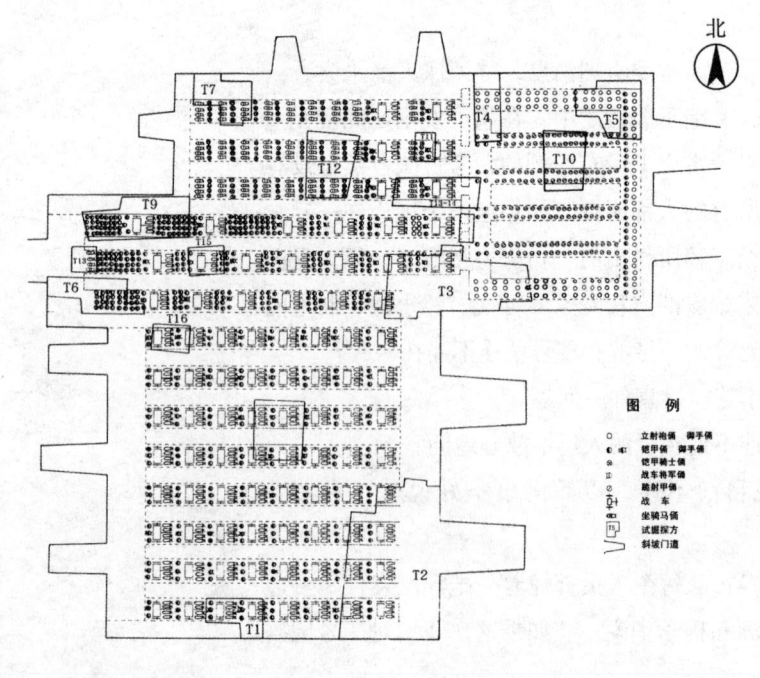

条斜坡门道。根据钻探和试掘的情况可知，坑内埋藏木质战车89乘，陶俑、陶马2000余件，青铜兵器数万件。从整体推断，这是一个由弩兵、轻车兵、车兵、骑兵4个不同兵种组成的大型军阵。

这个军阵与一号坑军阵的不同之处，首先是在最前方的一角排列着一个弓弩手组成的小型方阵。秦代弓箭手有轻装与重装之分，轻装弓箭手称作"引强"，重装弓箭手称作"蹶张"。这是以引弓的不同方式命名的。引强是指用手臂张弓，蹶张则是用足踏张弓的强劲弩手。秦俑二号坑以334名弓弩手编成了一个独立的小方阵。

关于弓箭手的作用和在战争中发挥的威力，历代兵家和名人均有论述。100年前恩格斯在论述古代战争时曾特别指出："军队的力量在于它的步兵，特别在于它的弓箭手。"二号坑出土的弓弩方阵部队以及精良的装备，充分显示了弓弩在古代战争中的特殊作用。当历史进展到秦代时，弓弩手已成为一支完整而相对独立的兵种，在战术上形成与车兵、骑兵的密切配合，而且对射手的选拔也格外慎重与严格。从文献中可以看出，作为秦代的弓弩手，他们必须是年轻健壮的"材力武猛者"，经过至少两年的培训才可作为射手初入军阵。不难设想的是，二号坑弓弩手的形象正是这些"材力武猛者"的生动写照。立姿射手体形匀称，身材高大，均在1.8米以上，面部表情透视出青壮年特有的坚毅与刚强。而那阵容严谨、姿态整齐的跪姿射手，身着战袍，外披铠甲，身体和手臂向左方倾斜，二目向左前方平视，两手在身的右侧持弓搭箭，背部置有上下两个对称的负矢陶环，每个陶环装置铜镞①多达一百支，其负矢之多，比起当初魏国武卒"负矢五十"的数量多达一倍。由于射手面容和衣褶纹的不同，使这个特殊的军阵在整齐严谨中又充满了鲜活的个性，尤其射手头部那向左或向右绾起的高高发髻，髻根均用朱红色丝带系扎，有的飘于肩下，有的似被风吹动向上翻卷，显得

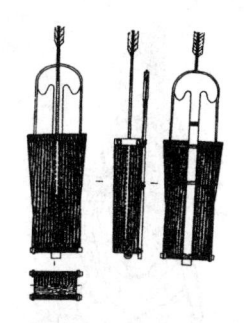

箭袋与箭

二号坑出土的立姿弓箭手陶俑

跪射俑

079

英武神俊，潇洒自如。特别值得注意的是，这个特殊的方阵四周均是持强弩的立姿射手，方阵的中心则为持弓的跪姿射手。这种并非偶然的列阵方法，明显地告诉人们战争中的程序和步骤。当敌人接近时，立姿射手先发强弩，继之跪姿射手再发弓箭。一起一伏，迭次交换，从而保证矢注不绝，使敌人不得前来而毙于矢下。二号坑出土的立射俑和跪射俑，均从不同的角度反映了秦代军队军事素质与射击技术的规范化。立射俑面右背左，侧身横立，左腿微拱，右腿后绷，左足纵，右足横，两足之间呈"丁字不成，八字不就"状。左臂略举，右臂曲至胸前，手掌伸开，掌心朝下，是为典型的正射之道。[②]而跪射俑左腿支起，右腿下跪，左膝朝上，右膝着地，是古代军事中善射之法的充分写照。这种善射方法在保持身体平稳、正确击中目标的作用中，具有极为科学的依据。两千多年后的人民解放军在应用小口径半自动步枪无依托射击中，所采用的跪姿势与秦俑弓箭手的动作完全相同。

跪射俑持弓姿势

弓箭手阵前姿势

势如弝弩，节如发机

二号坑出土的跪射俑

和弓箭手处于同等地位并密切配合的是弩机手。弩是一种源于弓而不同于弓的远射武器，"言其声势威响如怒，故以名其弩也"。汉代人认为弩是黄帝发明的，《吴越春秋》的作者则把弩的创始人说成楚人琴氏[③]，到底哪种说法更合乎事实本身已无法考证。但是从历史资料来看，青铜弩机在战国时期才大规模地登上战争舞台，《战国策》就曾有"天下之强弓劲弩，皆自韩出。溪子、少府[④]时力、距来[⑤]者，皆射六百步之外"的记载。关于强弩最初大规模应用于战场的记载，恐怕要数下面这个战例。

公元前341年，魏国的大将庞涓率领军队围攻韩国的都城郑，战斗正在激烈之时，忽然接到本国的报警急报，齐国大军已攻进魏境，并直取都城大梁。

庞涓看过警报，大吃一惊，于是立即下令：撤围班师，前队变后队，后队变前队，迅速返回魏境，堵截齐师。同时又选拔了精锐部队，亲自带领，争抢点滴时间拦击齐兵。

齐国大将孙膑率领的军队，这时已突破了魏国的边境防线，正乘虚向西挺进。孙膑西进的目的不在于攻取魏都大梁，而在于解韩国之围，击溃魏军。大军正行之间，探马跑来报告："庞涓已率军离韩返魏。"

孙膑得知庞涓回师的消息，率军埋伏在马陵道的两侧，等待魏军的到来。

马陵道是一条峡谷山道，两边是陡峭的高山，山道周围树木丛生，怪石林立，地形险峻奇特，正可以埋伏千军万马。孙膑察看了地形，命军队砍些树木和搬来巨石，将山谷的出口道路堵塞后，又特意选择了一棵大树，将靠路一侧的树皮刮去一片，用黑炭在上面写了6个大字"庞涓死于此地"。同时选出5000名弓弩手埋伏在大树的两侧，只等树下火光起时，一齐放箭。

庞涓率军一路风尘仆仆地赶来，到达马陵道的进口处恰是日落西山，夜色来临。救国心切的庞涓面对这条险峻的山道未加思索，打马驱车进入谷道。当大军已完全进入谷道后，前方传来报告："路已被砍倒的树木堵塞，无法通行。"面对这不测的征兆，作为主帅的庞涓仍未警觉，反以为齐军胆怯，惧怕他的追赶才堵塞山道。他亲自走下战车指挥士兵搬树开路。这时有一士卒发现了道旁一棵大树上的字迹，急忙报告庞涓。天越发黑暗，并有乌云挡住了月亮。庞涓看不真切，忙呼士兵点起松明火把来到树下。当那6个刺眼的炭迹大字跃入庞涓的眼帘时，他蓦然醒悟，一句"我又中了孙瘸子的计了"的话还未喊完，四处已是强弩齐发，箭如飞蝗般向他射来，这位赫赫有名的将军顷刻毙命，所率大军除战死外全部被俘。这便是中国古代军事史上著名的马陵之战，在这一战役中，劲弩作为一种新型的兵器，在战争中发挥了它的巨大威力。

随着历史的进展，这种曾在古代战争中发挥了强大威力的劲弩，渐渐从

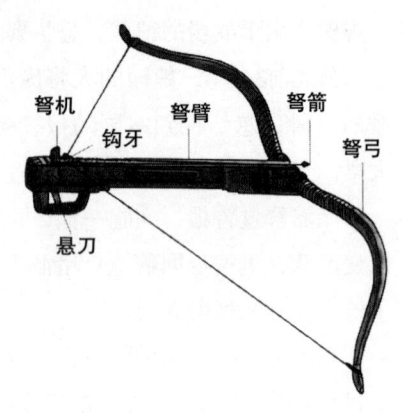

二号坑出土的青铜箭镞　　　　　二号坑出土的弩机示意图

弓弩手的施放法一直延续到应用火器的明清时代。此图为士兵阵前轮流装铳、进铳、放铳的情形。（引自《军器图说》）

兵器家族中消失。后人只能从文字记载中感知它的形貌，而对于弩的真实状况和应用方法却全然不知。二号坑近百架强弩的出土，无疑为后人对这种古代兵器的认识和研究提供了一个有力的佐证。马陵之役在首次显示了弩这一新式武器威力的同时，也反映出当时齐国军队已广泛使用弩的事实。当时远在西部的秦军，对这种新式武器所发挥的强大作用，自然深知，也必然加以借鉴和应用。于是在他们后来的军事战术中，有了"强弩在前，锐戈在后"的最新式的排列方法，这种战术排列，在二号俑坑中得到了具体的体现。

　　当然，作为一种在战争中足以发挥重要作用的弩，它自身的改进与发展随着战争的不断延续，变得越发精良和实用。秦俑坑出土的弩就有许多与史书记载不同，并且形制多样。考古发现，有一种形制极为特殊的劲弩，在长64厘米的弩臂上重叠了一根木条，还夹有青铜饰件，显然这些装置都是为了增强弩臂的承受强度，从而可以推断它是一种张力更强、射程更远的弩。这种推断，除弩有不同形制外，从其所配制的特大型号的铜镞也可得到验证。这些历经千年而不朽的铜镞，每支重量达100克，较其他铜镞长一倍有余，这是古代兵器史上发现型号最大的铜镞。可以想象，这种特殊的强弩，配以颀长沉重的铜镞，必然会产生一种其他劲弩所不能匹敌的巨大杀伤力。当然，这种弩机与铜镞的出土，尚不能代表秦代弩兵器的最高水平，从史料中可以得知，秦代高水平的劲弩似乎比这更为先进和具有杀伤力。

秦军弓弩手阵前开弓放箭再现图

公元前210年，秦始皇开始第五次也是最后一次出巡。当他来到琅邪时，那个到东海蓬莱、方丈、瀛洲三神山觅求长生不老药9年未回的徐福，突然来见秦始皇。狡诈的徐福怕多年耗费数万巨资未得仙药，会受到秦始皇的处罚，便称蓬莱仙药可得，只是海上有鲛鱼作怪，船行不到蓬莱就被鲛鱼掀翻，愿皇上派遣善射的弓箭手一同去寻，若见鲛鱼就连弩射之，此药可得。秦始皇求药心切，对徐福的话深信不疑，下令随行官员入海捕捉巨鱼。同时自己亲备连弩，乘船下海。船行至芝罘半岛的海域，果有一条大鲸鱼搏浪而来，秦始皇和身边卫士拉动连弩，将巨鱼射死海中。

在这场人鱼搏斗中，秦始皇和卫队到底使用了怎样的一种具有如此强大杀伤力的连弩？《史记》中记载的秦始皇陵墓道上曾装置的自动发射的"暗弩"，又是怎样的一种新型武器装备？这些至今仍是不解之谜。但纵观世界兵器发展史，最早将弩装备正规军并使之在战场上发挥重要作用的国家无疑是中国。当历史进展到中世纪时，西欧的诸国尚未制造出连弩这种具有强大杀伤力的兵器。

尽管二号坑的弓弩方阵处于一个特殊的地位并形成一个独立的军阵，但这种独立只是相对的，它是整个二号俑坑军阵的一部分，这一部分和其他的兵种血肉相连，成唇齿之势。俑坑的发掘已为我们提供了活生生的例证。在弓弩方阵的右侧，便是一个庞大的战车军阵。它纵为8列，横为8排，战车共计64乘。每乘战车上有甲俑3件，驭手居中，车左、车右居两侧。驭手身高1.9米以上，双足立于踏板，两臂向前平举，双手半握，拳心相向，作握辔状，食指与中指留有空隙，以便辔索通过，在拇指的内侧有一半圆形陶环，似为勒辔时拇指的护套。三俑均身穿战袍，外披铠甲，披膊长及腕部，手上罩有护手甲，颈围方形盆领，胫着护腿外套，足蹬方口齐头履，头顶右侧梳髻，外罩白色圆形软帽，帽上又戴有卷尾长冠，嘴上的八字微须，潇洒飘逸，双目炯炯前视，显示了秦兵在阵战中凶悍威武的旷世雄威。面对如此古老庞大的战车军阵突现人间，不能不令人对它的发展历史及在战争中的作用追根求源，去做更深层次的探讨。

关于步兵、车战的再回顾

自从人类诞生以来，便有了人与人之间的矛盾和搏斗，而战争无非是扩大了的搏斗。正如现代著名军事战略家克劳塞维茨所言："如果我们想要把构成战争的无数个搏斗作为一个统一体来考虑，那么最好想象一下两个人搏斗的情况。每一方都力图用体力迫使对方服从自己的意志，他的直接目的是打垮对方，使对方不能再做任何抵抗。因此，战争是迫使敌人服从我们意志的一种暴力行为。"实际上，人类社会战争胚胎的产生，应该说是从孕育步兵的对抗开始的。

中国步兵是古代诸兵种中最早诞生的兵种，但随着战斗手段的进步，它却反过来屈尊在车战时代的战车兵卒之下。由于铁兵器的出现、弩的发明、军队远战能力的增强，战车地位发生了根本的变化，车兵反过来又成为步兵的辅助兵种。从此，步兵作为一个重要的独立兵种，再次活跃在战争的舞台上。关于中国建制步兵的最早记载，应属公元前719年，宋、卫等国联军

"败郑徒兵，取其禾而还"一段。"徒兵"，就是徒步之兵。商周时期，站在战车上作战的"甲士"是奴隶主贵族，而由"众人""多臣""庶民"等奴隶组成的步兵只能附属战车。春秋时期，郑、晋等中原国家在对戎狄的战争中，为战胜这些居于山林谷地、善用步兵进攻的少数民族，就不得不在保持原来隶属步兵的同时，率先建立起能够独立作战的建制步兵。公元前633年，晋文公在作"三军"的同时，又"作三行以御狄"。"行"是原来隶属步兵"徒卒"的队形名称，据考古学家王学理研究，此处当指步兵无疑，而"三行"就是晋国最早出现的建制步兵。

尽管建制步兵已经产生，但在相当长的时间内，它并没有成为军队的主力，只是用在西方和北方边防上对付戎狄之中，而中原地区依然是战车统治的战场。公元前541年，"晋中行穆子败无终及群狄于大原，崇卒也。将战，魏舒曰：'彼徒我车，所遇又阸，以什共车（以多卒配合甲士共同作战），必克。困诸阸，又克。请皆卒（请甲士们都下车来作战），自我始。'乃毁车以为行，五乘为三伍⑥"。这次晋国"毁车以为行"，以步兵配合甲兵作战的战役表明，在中原大地上已经产生了第一支用建制步兵作战的部队。尽管这支步兵部队还是由战车部队临时改编的，免不了幼稚，甚至遭到了"翟人笑之，未陈⑦而薄之"的嘲讽，但它毕竟在春秋末期开创了一个国内战场上广泛使用步兵的"步兵时代"，为后世战争的多层面、多兵种、大规模的快速作战方式奠定了基础。到公元前505年，吴楚大战爆发，就在这次大战中，"吴阖闾选多力者五百人，利趾者三千人，以为前陈，与荆战，五战五胜，遂有郢。东征至于庳庐，西伐至于巴蜀，北迫齐晋，令行中国"。吴王夫差的军队编制是以百人为一"彻行"，百"彻行"为一方阵用于作战。到了战国时期，各国的步兵人数已达到数十万甚至百万。从此步兵作为一支重要的武装力量，活跃在战争的舞台上，并逐渐走向成熟。

中国古代战争车战的兴起可以追溯到殷代，经过殷周时期千余年的发展演变，战国时期战车的种类、编制、装备、战术等方面已发生了深刻的变革。然而，由于岁月的流逝和先前实物资料的渐渐湮没，人们对于这一时期车战问题的研究只好徘徊在故纸堆中，有史学家推断："战车自秦代已退出历史舞台，被骑兵所替代。"秦俑二号坑大型车阵的发现，首次向世人展示了古代战车编制、装备、战术方面丰富的实物资料。它使古代车战史的研究

二号坑出土的轻车驭手俑与车士俑

者和史学家,不得不重新校正自己以往的观点和理论依据。庞大的战车阵容同样告诉人们,秦代的战车特别是像坑中这一类型的轻车,并没有因战争的发展和战术的变化而衰退,相反这种轻型战车呈现出稳定发展的趋势,并渐已发展为一个独立的兵种。它和骑兵、弩兵等精锐兵种处在同样的重要位置,在战场上发挥着其他兵种无法替代的作用,并在战争的舞台上演出了一幕幕千戈撞击、人仰马翻的活剧。

随着历史的演进、社会经济形态的变革、战争规模的扩大与战况空前的惨烈,战车本身也一次次受到时局的冲击,以致最后彻底改变了自己的命运和地位。据考古学家王学理的研究,这种因冲击而引起的大变革,主要归于两次大的战争:第一次是公元前707年,在周、郑濡葛之战中,郑国子元为"鱼丽之阵"⑧。其法是"先偏后伍,伍承弥缝",即把步卒配置在战车的两侧和后方,使车、步协同,发挥各自作用,从而改变了过去那种战车同步卒一线配置的传统队形。这是中国车战历史上发生的第一次大的变革。随后的战争实践经验,使战争指挥者越来越体会到"卒乘辑睦"关系的重要作用。100多年后的公元前541年,晋国魏舒在对狄人的作战中"毁车以为行",干脆把车兵的行军队形改成兵步的战斗队形,这是中国历史上真正的一次步兵对车兵的革命。

正当庞大勇猛的步兵部队成为战场主力,而古老笨拙的战车甲士被轰下战争舞台的时候,一支曾与步兵配合作战的车兵却又从中诞生了，这就是在脱离步兵之后也能够单独作战的战车部队，即是在战国后期出现的轻车兵。它一改过去那种车对车的冲刺战法，在多兵种的协同作战中，巧妙而艺术地表现出了自己的制敌特点。这个特点首先表现在驰敌致师的战术之中，当战争的双方在战场上列阵之后，先以勇力之士到阵前挑战，接下来才是双方军队的大决战。春秋战国期间，当双方列阵之后，便捷轻锐的轻车则担任了冲击敌阵的这一角色。《吴子·应变》谈到的"谷战之法"，就是在两边高山、中为狭地，突然遇到敌人的情况下，隐蔽的车辆在山中迅猛冲出攻入敌阵，使敌军造成混乱和溃败。

由于战车的冲击力大、速度快，成为攻击敌人阵地的重要力量。但因受到山地、谷地等狭隘地形的限制，而不能淋漓尽致地发挥其战斗作用，只有在平原广阔的地带和选择最佳的出击时机，战车的威力才能得到有效的显示。当单纯的车战被淘汰之后，在多兵种的运用上，作为一种战斗手段，战车仍然保留着它重要的地位。正因为如此，著名军事家孙膑才指出："因地之利，用八阵之宜……易之多其车，险则多其骑，厄则多其弩。"就当时的战争情形而言，在平坦地

西周战车——根据陕西长安张家坡西周早期第二号车马坑出土的二号车复原

秦国车兵模拟图

形上作战，一辆车可以抵挡住80名步兵或者10个骑兵。但在险阻地带，它的威力只能发挥一半，甚至连一半也难以发挥。

从历史上著名的避实捣虚"围魏救赵"的桂陵之战中可以看到，田忌、孙膑派轻车奔驰大梁，创造了战车突袭的有名战例。这个战例除了告诉人们田、孙两人具有杰出的军事指挥才能外，还宣告了一个轻车驰援，可以千里而赴的事实。这个事实给军事家的启示是：轻车可以突然袭击敌人不备或出没不定地骚扰敌人，并起到转移对方目标、动摇军心的作用。当两军激战时，面对敌人的进攻，弩射又遏制无效，处于劣势的一方就需以最快的速度把战车联结起来成为"车宫"，组成一个"当垒"的屏障。一旦屏障形成，指挥者就立即命令隐蔽在车后的弓弩手从缝隙中射击来犯之敌。这样既减少了伤亡，又增加了武器的有效杀伤力。当然，这种能够形成屏障的车多属笨重的"守车"，而在战场双方局势变化多端的情况下，为了应急，轻车更能发挥灵活机动的防御作用。

从秦俑坑出土的战车可以看出，战车的种类，无论是用作指挥、轻锐致师、补阙、随同战骑等等，都只是形制上的区别，仅因用途和装备的不同定名而已，并没有改变作为战斗用车的这一根本性质。可以说，此时的战车已非昔日殷周时代的模式，而是轻车兵正处于成熟阶段的显示，它标志着在旧的车战方式衰落之际，随着步兵与骑兵的兴起，一个轻车兵、步兵和锐骑等多兵种配合的作战方式已经形成。从秦始皇兵马俑坑排列的兵阵来看，秦俑一号坑的军阵是以步兵为主、战车穿插排列的方式做兵力部署，其协调车、步关系的做法，就是古代兵法中"鱼丽之阵"变化了的形式。尽管战车有左右和前后的双车编组之别，但总体上是车的前后及两侧都有步兵俑队列。这种编组，既有"鱼丽之阵"的车、步协同的宽大界面，又突破了在二线或三线的兵力配置，从而出现了强大的纵深，形成了"本甲[⑤]不断"的雄壮气势，正是由于步兵和骑兵跻身于战场并日益显示出强大的优越性，才使那动辄千百乘、大排面密集的车阵战，在中华大地上叱咤风云地度过了十多个世纪之后，不得不相形见绌地退出历史舞台，渐渐在战场上消逝。而另一种新锐部队——骑兵，开始大规模地驰骋疆场，并迎来了它的黄金时代。

骑兵的崛起

当战车退出战争舞台之后，取而代之的则是骑兵在战场上扮演重要的角色，这一角色直到近代的第二次世界大战才逐渐告退。如果追溯中国古代骑兵何时登上战争舞台，当然以公元前3世纪赵武灵王"胡服骑射"[⑩]的改革为标志。但通过考古资料可以发现，在殷代甲骨文中已经出现了记载骑兵作战的事例，可惜那时的骑兵并不普遍，只局限于西北地区的游牧民族，况且战争的规模比之战国时期要小得多，不足以称为真正意义上的战争。因为在战国之前1000多年的时间里，毕竟是战车统治疆场的时代，随后它又陪伴车兵同步地度过了100多个春秋。

应该说，骑士同战马的最早结合并进入战斗行列，就标志着骑兵的诞生。而骑战在中国古代冷兵器时代的战争中，又以攻击力最强、机动性最大闻名于世。无论是战国时期的秦国，还是统一后的秦王朝，都不同程度地处在中国古老的车兵与年轻的骑兵结合的那段时间里。就作战手段而言，纯粹的车阵已被车、步、骑的多兵种协同作战所代替，并且经历着作战主力由车到步骑的较长过程。从秦始皇兵马俑二号坑和稍晚些时候出土的咸阳杨家湾汉墓[⑪]的骑兵队列来看，秦汉时期无疑是中国早期骑兵走向成熟的重要阶段，这个时期骑兵由在战争舞台的配角地位，渐渐取代主角，到西汉的武帝时代，战争舞台正式完成了由车、步到骑、步的革命性的转变。

关于当时秦国的骑兵最早出现于何时，史书中好像没有明确的记载，也许正与恩格斯在《骑兵》一文中所指出的那样，"马匹用于乘骑和军队编有骑马的部队，自然首先发生在那些自古以来就产马，而且气候和青草适于马匹生长的国家"。

在中国的北部和西北部，是众所周知的广阔草原地带，这些地区的少数民族因而也就有了乘骑的方便条件，并理所当然地最早建立起自己的骑兵进行军事活动。像鬼方一支的狄族，南侵晋国的边境，竟于公元前730年打到了晋都的郊外。山戎和北狄也曾和齐、燕多次发生战争。公元前663年，山戎侵燕，燕向齐告急，于是齐桓公派军队伐山戎，并"擒狄王，败胡貉，破屠何，而骑寇始服"。从这些历史的战例中，可见中国骑兵似乎早在春秋初期就出现在北方的少数民族地区。至于秦国的骑兵出现于何时，在留传下来的《韩非子·十过》一书中,曾有秦穆公发"革车五百乘,畴骑二千,步卒五万,辅重耳入之于晋,立为晋君"的记述。据考古学家王学理的释读,书中的"畴骑"二字,应该是指骑兵。而秦穆公派兵送重耳入晋是公元前636年发生的事,其所派的畴骑已是同战车、步兵并列的一个完整的兵种。从这点来看,秦骑兵产生的时间应早于秦穆公的那个时代。

秦人在入主关中之前,长期生活在僻处西北的秦地,那里的沟谷有丰沛的清水茂草,大自然的神奇造化,为秦人先期的养马业提供了优良的条件,并使秦人和马紧紧地连在了一起。从《史记·秦本纪》中可以看到相关的记载:秦人的老祖先造父,曾"以善御幸于周穆王",西巡时得过良"骊",并"一日千里"地驱车归周。试想,这样训练有素的宝马良驹,不经过长期调养是难以选出的。

历史上最早的秦人同戎人长期杂处,都过着逐水草而群居的游牧生活。随着内部关系的变化和矛盾的不断加剧,秦人同戎族的相互争斗也愈演愈烈,以致终于导致了兵连祸结的仇杀。当勇猛凶悍的西戎人一举灭掉了居于犬丘的秦大骆之族⑫,并杀掉了受周宣王支持而讨伐西戎的大夫秦仲时,秦人复仇的火焰越发旺盛。为了对付擅长骑术的戎人,秦人不但加快了养马驯马的步伐,而且也开始上马作战。到秦穆公时代,骑马作战的传统已经确立,正式组建一支畴骑队伍也是很自然的事情了。雄才大略的秦穆公,也许正是仰仗着这支年轻的骑兵部队,才取得了益国十二、开地千里、遂霸西戎的赫赫战绩。

从史料中可以看出,早在西周中期,当中原国家的武士在隆隆战车上称雄时,僻处西方的秦人已能上马搏杀了。由此可以说,秦骑兵作为一支具有作战能力的独立兵种,出现的时间不但早于中原诸国,而且也远在北方少数民族的"骑寇"之前。

尽管秦骑兵的出现时间开辟中国骑兵之先河,但似乎没有引起人们的广泛注意,其原因大概是它过早地同车、步兵配合,而被淹没在车、步兵混合兵种的大趋势中。与此相反的是,赵武灵王的"胡服骑射"就有些不同,它是在车兵同步兵的撞击中产生的独立兵种,即使是和车、步兵配合作战,也始终保持着独特的体系并发挥着独特的功能。所以,史学家把中国骑兵正式登上战争舞台的功劳让给了赵武灵王,也许自有它的道理。

第三章 三军仪仗动地来

尽管赵武灵王的"胡服骑射"已被公认地作为中国产生骑兵的标志，但它显然处于中国骑兵史上的"童年时期"，之所以说是童年时期，是因为除在战争中的作用不甚明显外，一个显著的标志是没有马鞍和马镫，武士们只是骑着一匹匹的裸马在作战。到春秋时代中期，秦国的骑兵才作为一支能够独立作战的兵种崭露头角。当然，因时代条件的局限，同样发挥不了太明显的作用。直至秦始皇歼灭六国的统一战争中，骑兵数量急剧增多，其战斗力也明显加强，但在车战仍充当着主力、步兵已承担起重要角色的情况下，无论从战略上还是具体指挥艺术上，骑兵还只能暂时作为一种配合性兵种来发挥它的作用，其性质依然属于一支机动力量。因此，在兵力的布置和指挥上，还是按照以车为正、以骑为奇的战术来适应战场的需要。当需要骑兵搏杀时，仍然遵循"用骑以出奇，取其神速"的战术原则，以便在运动中消灭敌人。当秦王朝建立后，军事重心转移到国防，接敌对象由原来的山东六国变为北攻胡貉、南攻扬越。对于强悍的匈奴骑兵，没有一支

甘肃武威雷台汉墓出土的青铜兵马俑

武威雷台汉墓兵马俑近视

091

训练有素、强健精锐的骑兵是难于角逐的。所以，这时的秦军加强了骑兵部队的建设，并大规模用于军事行动，出现了大将军蒙恬率军击败匈奴骑兵，使之远退漠北，十余年不敢南下的战争盛况。特别是秦50万大军进军岭南，长途驰驱，当然更少不了骑兵的配合。此时的秦骑兵已作为一支举足轻重的军事力量纵横驰骋在各地战场上。遗憾的是，古代骑兵的装饰、布局及军阵的风采，随着岁月的流逝而失落于茫茫烟尘之中，纵使后人绞尽脑汁，也无法从根本上领会它的真正内蕴和叱咤风云的壮观雄姿。秦俑二号坑骑兵俑的出土，为后人无声地打开了一扇神秘之窗，两千多年前骑兵军阵的一切再度呈现在世人的面前。

二号坑的骑兵俑群位于模拟营垒的左部，占有3个过洞，并呈现纵深的长方形小营。小营中的每一骑士牵一战马入编定位，行列整齐，纵向12列，横向9列，共计108骑。另外，在车兵、步兵混宿小营的3个过洞里，尚有8骑殿后，整个俑坑的骑兵总数为116骑。

骑兵俑的装束与步兵、车兵俑有着明显的不同。它头戴圆形小帽，帽子两侧带扣紧系在领下。身着紧袖，交领右衽双襟掩于胸前的上衣，下穿紧口连裆长裤，足蹬短靴，身披短小的铠甲，肩无披膊装束，手无护甲遮掩。衣服紧身轻巧，铠甲简单明快。这一切无不表明完全是从骑兵的战术特点考虑和设计的。由于骑兵战术所显示的是一种迅猛、突然、出其不意、抵之不及的特殊杀伤功能，这就要求骑士行动敏捷、机智果断。假如骑士身穿重铠或古代那种宽大的长袍，则显然违背了骑兵战术的特点。事实上，也只有穿着这种贴身紧袖、交领右衽的胡服才更能自由地抬足跨马，挎弓射箭，驰骋疆场。

从另一角度观察，秦俑坑的骑兵军阵，完全是模拟现实的艺术再现，每个骑兵的身高都在1.8米以上。从体型的修长匀称、神态的机敏灵活，以及身材和面部显示的年龄特点，完全符合兵书所言"选骑士之法，取年四十以下，长七尺五寸以上，壮健捷疾，超绝伦"的要求。那些站立战马身旁，抬头挺胸，目视前方，一手牵缰、一手提弓的骑士陶俑，其真实传神的造型姿态，成功地揭示了秦代骑兵待命出击、壮健捷疾的精神风貌。

兵马俑发现之前，有研究者认为，古代骑兵使用马鞍当是在西汉时期，此前尚无先例。秦俑坑陶马的出土，对这种理论做了彻底的否定。每个陶马的背上都雕有鞍鞯，鞍的两端微微翘起，鞍面上雕有鞍钉，使皮革质套固定在鞍面。同时鞯的周围缀有流苏和短带，鞍后有鞦，下有肚带，遗憾的是未配马镫。这些实物的出现，完全可以证明早在秦代甚至战国后期骑兵就已使用了马鞍。一个简单的马鞍的使用，当是一件了不起的大事。它使骑兵的双手进一步获得解放，更加有效地发挥和增强了战斗能力。

二号坑发现的骑兵军阵，置于整个大型军阵的左侧，这种排列特点，使我们进一步认清了它在战争中所发挥的正是其他兵种所不具备的"迅猛"迎敌的战术特长。

当然，骑兵在战场上取胜绝不是靠单骑的速度，而是凭着一个有组织的队形；否则有如个人在体育场上的竞技一样，只能赢得一时的喝彩，而对一场战斗来说却是毫无意义的。著名的兵书《六韬》在说到骑兵作战时，往往把车骑并提，这显然是早期骑兵尚未独立的一大特点。而在《均兵》中，关于骑兵的作战能力，太公望（姜子牙）认为，如果对车骑运用不当，就会"一骑不能当步卒一人"。但是，列阵配备合适，又是在险阻地形上，也能"一骑当步卒四人"。由此可以看出，兵法家在这里明确地揭示了队形和地形是骑战威力所在的两大因素。车骑作为军中的"武兵"，如果安排得当，就能收到"十骑服百人，百骑走千人"的战争艺术效果。

秦俑二号坑的骑兵俑群，向后人提供的是一个宿营待发、配合车兵和步兵待战的实例，若从整体观察，就不难发现这样一个事实，即在兵力配置上，骑兵俑群僻处一隅，其数量也远远地少于车、步俑之数。结合文献记载可以说明，此时的秦骑兵虽已是一支雄壮强盛的独立兵种，但毕竟还没有取代车、步兵而成为作战的主力。尽管如此，在统一战争的交响乐中，却是一支最强音。因为骑兵行动轻捷灵活，能散能集，能离能合，若远距离作战，可以快速奔驰，百里为期，千里而赴。不仅可以达到短时间内长途奇袭、使敌防不胜防的战争奇效，还可迅速转换作战方式，成为兵书中共誉的"离合之兵"。具有悠久的养马史的秦国，在骑兵的运用上自然优胜于山东六国，其高度的机动性和强大的冲击力，都是其他国家的其他兵种所无法匹敌的。

当然，历史的长河流淌到秦代之时，骑兵虽已初露锋芒，但迟迟没有形成战场主力，造成这种状况的原因固然很多，有一点是不可否定的，便是在骑兵的改革进程中很小又极为重要的一个部件——马镫的产生和利用。从秦俑二号坑的骑兵俑来看，骑兵们不但既无马镫，连踏镫也没有，由此可以断定骑兵在上马时，是双手按住马背跳跃上去的。上马后的骑兵抓紧缰索，贴附马背以防颠落。由于没有马镫，在奔驰时特别是作战时，就不能靠小腿夹紧马腹来控制坐骑，更谈不上腾出双手来全力挥斥武器与敌搏杀，攻击力与灵活性都大受限制。在这种情形下，就注定了不能使用长柄兵器更有效地杀伤敌人这一时代局限和遗憾。

那么，作为极具重要性的小小马镫是何时产生的这一问题，不同国籍的学者有不同的看法。英国著名的中国科技史研究专家李约瑟对中国发明的马镫给予了高度评价，他说："关于脚镫曾有过很多热烈的讨论，原先人们似乎有很充分的证据表明这一发明属于西徐亚人（Scythians）、立陶宛人，特别是阿瓦尔人（Avars），但最近的分析研究表明占优势的是中国……直到8世纪初期在西方（或拜占庭）才出现脚镫，但是它们在那里的社会影响是非常特殊的。林恩·怀特说：'只有极少的发明像脚镫这样简单，但却在历史上产生了如此巨大的催化影响。'"因而"我们可以这样

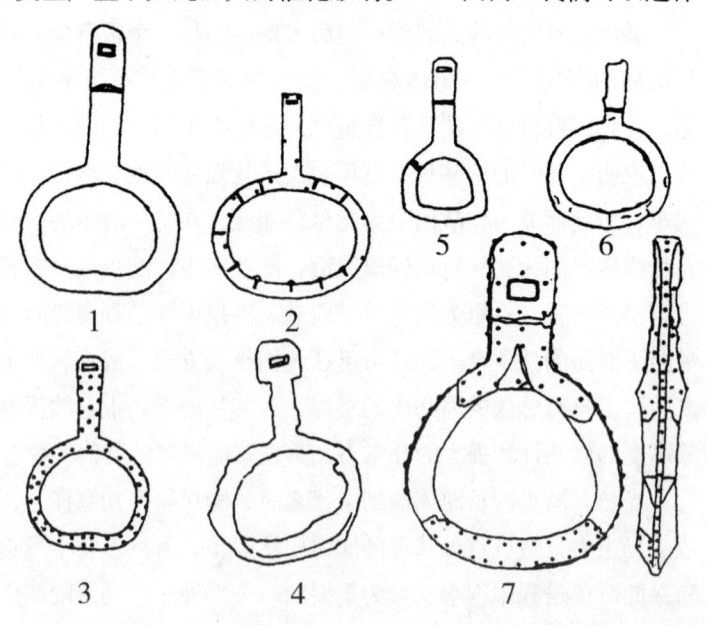

考古发现的不同形状和材质的马镫对比图。这组马镫分别为皮质、木质外部镶金铜片、铁片等。其中冯素弗墓出土的马镫为桑木芯外包鎏金铜片，制法是用断面做截顶三角形的木条，顶尖向外揉成圆三角形镫身，两端上合为镫柄，分叉处又填三角形木楔，使踏足承重而不致变形。柄上端有横穿，镫环内面钉薄铁片，上涂黑漆，工艺精细，总长23厘米，镫环宽16.8厘米。出土时镫体与金属包片均有残失。

1.孝民屯154号墓马镫
2.万宝汀78号墓马镫
3.七星山96号墓马镫
4.固原北魏墓马镫
5.表台子墓马镫
6.禹山下41号墓马镫
7.冯索弗墓马镫
（引自齐东方《中国早期马镫的有关问题》，下图引文同）

说，就像中国的火药在封建主义的最后阶段帮助摧毁了欧洲封建制度一样，中国的脚镫在最初却帮助了欧洲封建制度的建立"。或许李约瑟的这个评价是有道理的。传说中的中国最早的马镫是受登山时使用的绳环的启发，但是绳环不适于骑马，因为如果骑士从奔跑中的马上摔下来，脚就会被绳环套住，飞奔的马也会把人拖伤。于是古人就对绳环加以改进，用铜或铁打制成两个吊环形的脚镫的雏形，悬挂在马鞍两边，这就是马镫。从考古发现来看，长沙出土的西晋永宁二年（公元302年）陶骑俑的马鞍左侧吊有一镫，于是被多数学者认为是中国最早的马镫。[13]但因为只有一只，有的学者便认为不是马镫，而很可能是上马时的踏镫。

1965年至1970年，南京市文物保管委员会在南京象山发掘了东晋琅邪王氏族墓群，在7号墓中出土了一件装双镫的陶马俑，墓葬年代为东晋永昌元年（公元322年）或稍后。这件陶马的双镫是已知马镫的较早实例。

1965年在辽宁北票西官营子发掘了北燕冯素弗墓。北燕是公元4世纪初迁到辽西的汉族统治者冯氏在前燕、后燕基础上建立的鲜卑族国家，冯素弗是北燕王冯跋的弟弟。这是一座时代明确的北燕墓葬，墓中出土了一副马镫，形状近似三角形，角部浑圆，在木心外面包镶着鎏金的铜片[14]。

此外在敦煌石窟壁画中有不少马镫的形象资料。其中最早绘出马镫的是北周（公元557—581年）所绘的第290窟，该窟窟顶绘有规模宏大、构图复杂、内容丰富的《佛传故事》，在画面中有3处出现了备鞍的马，鞍上均画了马镫。在该窟的《驯马》画面中，马鞍上也画了马镫。从已发掘清理的山西太原北齐娄叡墓壁画中，可以清楚地看

南北朝时期，中原与其他地区马镫与拴系位置对比图。这组马镫都置于马鞍部中间偏前的方位，而且位置稍稍偏下，正是人骑在马上脚下垂之处。实用马镫和雕塑品上的马镫，说明南北朝时期中国各地区不仅出现了马镫，而且在北方和南方都得到了广泛应用

俑坑出土陶马上的鞍垫

出马镫、马鞍与人三者之间的关系变化情形。该墓墓道绘有出行与回归图，图内绘有许多鞍马人物，其中马、镫、人三者关系表现极为充分。画中的马，或悠然前行，或奔驰如飞，有的作勃然跃起状，骑乘者靠脚下所踏的马镫可持身体平衡。据考证，娄叡墓的时代为北朝晚期（约公元570年），足见当时中国不同地区的人们已经熟练地使用马镫了。

马镫发明以后，很快就由中国传到朝鲜，在5世纪的朝鲜古墓中，已经有了马镫的绘画。至于流传到西方的马镫，首先由中国传到土耳其，然后传到古罗马帝国，最后传播到欧洲各地。

如此看来，作为一个小小的马镫，在产生骑兵之后的近千年才发明创造出来，也真令后人有些不可思议了。不过在西汉茂陵的将军霍去病墓前有一石牛[15]，牛背上也有一个镫的雏形，这个镫的雏形又给了研究者一个新的启示：难道在西汉有骑牛的习惯？如果有这个习惯并有镫产生，对于骑兵达到鼎盛时期的西汉军队来说，不也是一个极重要的启示

北魏冬寿墓出土的壁画，仍没有马镫

西安北周墓出土的武士俑与甲骑具装俑，此时尚没有马镫

吗？那牛镫不正是马镫的另一种安排吗？如果看一下汉代骑兵的强大阵容和赫赫业绩，就不难推断出，在那个时代产生马镫或产生了马镫的雏形并用于战场上的骑兵部队是极有可能的。

　　秦末汉初之际，中原战争纷乱，这个状况正好给了远在北方的匈奴一个扩充自己骑兵部队的机会，几年的时间，其骑兵总数便达到了30余万。渐已强大的匈奴趁汉朝未稳之时，大举进兵南侵，并很快占据河套及北方的伊克昭盟（今鄂尔多斯市）地区。匈奴铁骑势如破竹，于汉高祖七年（公元前200年），单于冒顿率部攻下马邑，并把刘邦亲率的32万汉兵围困于平城（今山西大同市东北）的白登山7天7夜，致使汉高祖刘邦险些丧命。平城之战，使西汉统治者强烈认识到：要战胜匈奴骑兵，只靠步兵是远远不够的，必须建立强大的骑兵。基于这样一种明智的思考和选择，自汉文帝起，就开始正式设立马政，加强全国的养马事业，并很快收到成效。汉文帝前元三年（公元前177年），匈奴大举进入中原北部上郡一带掠夺财物，汉朝廷命丞相灌婴率85000骑兵进击匈奴，取得了初步胜利。到了汉文帝前元十四年（公元前166年），匈奴单于率14万骑兵进入中原西北部的朝那萧关一带，文帝以中尉周舍、郎中令周武为将军，发车千乘、骑兵10万，驻守长安一侧，"以备胡寇"。与此同时，还封卢卿为上郡将军、魏仁为北地将军、周灶为陇西将军、张相为大将军、董赤为前将军，以车兵和骑兵大举反击匈奴，迫使匈奴再度退出中原属地和西北边地。

　　当汉朝到了武帝之时（公元前140—前87年），骑兵部队迎来了它的鼎盛时期，并承担了抗击匈奴的历史使命。

山西太原北齐娄叡墓壁画中的马镫、马鞍与人三者之间的关系情形

汉武帝刚刚登上皇帝宝座之时，就极为重视马政建设，下令繁殖军马，扩建骑兵。经过六七年的努力，已拥有甲马45万匹，从而形成了一支精良的骑兵队伍。自元朔元年（公元前128年）至元狩四年（公元前119年），汉、匈双方在阴山和祁连山一带进行了长达10年的争夺战，汉朝每次出兵都在数万骑以上，最多的一次达到18万骑。公元前128年，匈奴骑兵入侵雁门，杀死汉军千余人。汉朝大将军卫青率骑兵3万驰救，匈奴败退北还。次年，匈奴发兵攻上谷、渔阳郡（今北京市区以北地区），汉武帝命大将军卫青、李息率精骑数万，采取大迂回战略，暂置上谷、渔阳于不顾，而是西出云中（今内蒙古托克托东北），迅速沿黄河向西，绕至朔方侧后，对河南地区的匈奴楼烦王和白羊王进行袭击，一举歼敌5000人，缴获牛羊百万余头，迫使二王北遁。卫青率部一直追至高阙（今内蒙古杭锦后旗东北），尽得秦时河南地，从此，汉朝在此设立了朔方郡。河南之战，揭开了中国骑兵时代的序幕。从此，骑兵作为一股成熟和庞大的军事阵容，成为决定战争胜负的主要力量。

匈奴失却河南之地，痛心疾首，过之者未尝不哭。右贤王曾多次进攻朔方郡，想夺回河南失地，但无不被汉军骑兵所击败。公元前121年，汉军发起了规模浩大的"河西之战"。骠骑将军霍去病率数万骑兵，西进河西走廊，奔袭1000余公里，共歼匈奴4万余人，打通了西域通道。公元前119年，汉武帝又派大将军卫青与霍去病分率两个骑兵纵队约10万人，分别出定襄、代郡，又发动了"漠北大决战"（今蒙古库伦东南地区），共歼匈奴主力9万余人，使漠南的匈奴王廷从此绝迹。这次战役，在反映了汉骑兵出现了第一个高峰的同时，也标志着独立的骑兵战术理论体系的形成。这一切，不但在秦汉而且在中国千年长河的骑兵史上写下了光辉的一页。

三号坑之谜

秦始皇兵马俑坑发掘工地，自确定建立博物馆之后，逐渐形成了三支不同的队伍——建馆、发掘、钻探。一切都在紧张地进行。

由于有了二号坑的意外发现，考古钻探人员越发变得小心谨慎，同时也

第三章 三军仪仗动地来

更富经验。他们在一号、二号坑之间和四周展开了地毯式密探，每隔一米打一个探眼，终于在发现二号坑18天后——1976年5月11日，于一号兵马俑坑西北侧25米处，又探出三号兵马俑坑，这一发现无疑又是一个极大的喜讯。1977年3月，考古人员对三号兵马俑坑做了小型的试掘，发现这是一个形制和内容完全不同于一、二号坑的奇特的地下营帐。于是不得不费尽心思，小心翼翼地按照它原有的遗迹脉络进行发掘。当它的庐山真面目完全显现出来后，人们才发现这是一个奇异的俑坑，整个建筑面积仅为300平方米，尚不到一号坑的二十分之一。但它的建筑形制特殊，坑内结构高深莫测，令考古人员一时难以做出确切的结论。

三号坑形制与陶俑排列情形

从总体上看，一号俑坑平面呈长方形，二号俑坑平面呈曲尺形，唯有三号俑坑平面属于一个不规则的凹字形。它的

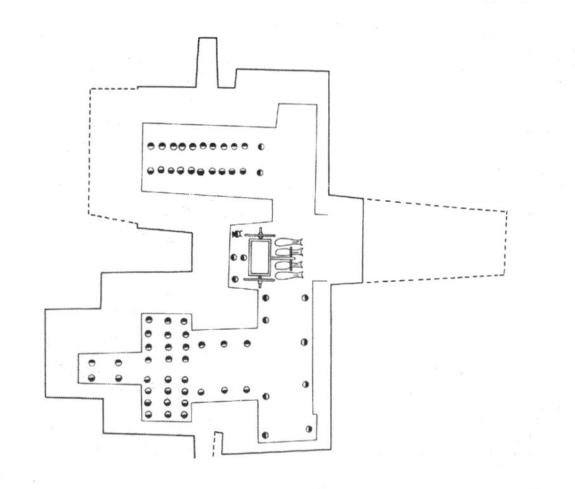

北

图 例
◐ 侍卫甲俑
▨ 驭手俑
▦ 指挥车
---- 斜坡门道及俑坑破坏线

三号坑平面示意图
（王学理绘制）

099

东边为一条长11.2米、宽3.7米的斜坡门道，与门道相对应的为一车马房，两侧各有一东西向厢房，即南厢房与北厢房。遗憾的是，坑中陶俑的保存情况远不及一、二号坑。一号坑陶俑虽然有被破坏的迹象，并有许多陶俑被打碎、陶片被移位、兵器被盗等现象，但这些陶俑的头却大部分留在坑内，经过修复后，陶俑缺头者并不多。而三号俑坑的陶俑大部分没有俑头，陶马的马头也同样残缺不全，坑内也不见残破陶片的踪影。由此，考古人员推断三号俑坑曾遭受过比一、二号俑坑更加严重的洗劫。然而令人不解的是，三号俑坑的建筑未遭火烧，而是属于木质建筑腐朽后的自然塌陷。这种奇特的现象又成为一个待解之谜。

随着发掘的不断进展，三号俑坑的南半部通道、车马房和北半部得到了大面积的清理，一个古代军阵指挥部的形貌一览无遗地出现在世人的面前。三号俑坑作为古代军阵指挥部完整的实物形象资料，是世界考古史上独一无二的发现。它的建筑布局、车马特点、陶俑排列、兵器配备，都是人们重新认识和研究古代战争及出战仪式等方面难得的珍贵资料。

就在三号俑坑发掘的同时，考古人员又在三号坑西侧150米处钻探出一座南北向甲字形大墓[16]。墓室面积约为300平方米，深达12米，四周有两层台，北边的斜坡墓道长约40米，墓室内曾钻探出木板朽灰。由于它的位置与三号俑坑相隔不远，因而，考古人员在《三号兵马俑坑发掘简报》中曾推断："此墓是否和三

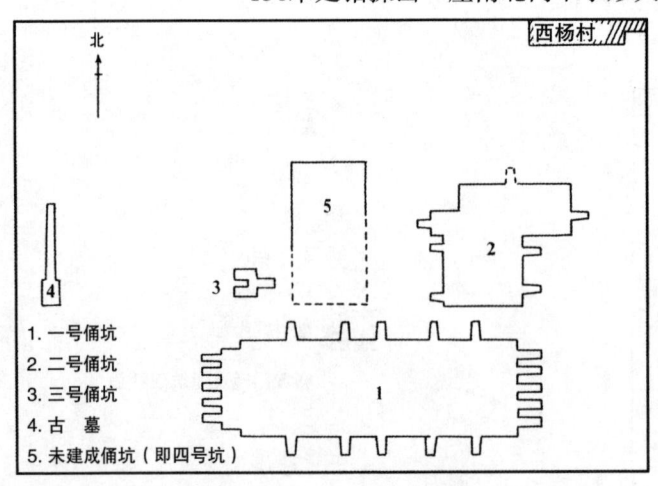

秦始皇兵马俑坑与古墓葬位置平面示意图，其中一、二、三号为已发现的兵马俑坑，四号为甲字形大墓，五号为扰坑（引自《秦始皇陵东侧第三号兵马俑坑清理简报》秦俑考古队）

1. 一号俑坑
2. 二号俑坑
3. 三号俑坑
4. 古　墓
5. 未建成俑坑（即四号坑）

个兵马俑坑同为一组？墓主人是否即三号坑内的指挥者？这些还有待于以后的发掘予以验证。"

墓主人是否是军阵的指挥者尚有争论，但三号兵马俑坑的出土却让人们看到了一个古代完整的军事布阵图。

纵观中国古代战争史，在春秋五霸⑰以前的战场厮杀中，军队的指挥将领要身先士卒，冲锋陷阵，他们所处的位置自然要在军阵之前或在军队的前半部。春秋战国时期，随着战争规模增大和战争次数的增多，军事将领的位置也随之向后移动。至战国晚期，军事将领所处的位置已从军队中独立出来，并组成了军阵的首脑机关。从三号坑可以看出，秦代军队在战争中指挥机关已独立出来，并置于整个战阵布局的西北方向。这个指挥机关的产生和位置的选择，既有利于将领研究制订严密的作战方案，又便于观敌布阵、知己知彼。更为重要的是，指挥将领的人身安全有了保障，基本避免了出师未捷身先死的悲剧。秦始皇兵马俑三号坑的发现，使当今人类有充足的理由和证据，做出古代军事战术至此已完全成熟的结论。

既然三号坑是整个军阵的指挥机关，它的形状结构以及坑内的布局自然变得特殊。坑中的车马房为一东西向的长方形，东与门道相对，北与北厢房相连，南与南厢房相通。车马房中有彩绘木质战车一乘，这乘车的形制与一号坑发现的战车明显不同，车舆不仅彩绘着华丽而鲜艳的纹饰，同时在车左侧还发现了一个直径为42厘米的彩绘花盖。战车上没有发现兵器，战车的背后，俑的数量也不同于一号坑。在一号坑出土的战车往往会有3件陶俑，而且车后尚有数量不等的随车徒步兵。而三号坑出土的战车上有4件陶俑，中间的驭手俑和军吏俑呈一前一后排列，其余两件车士俑位于左右两侧，军吏俑身穿短褐，上披彩绘花边的前胸甲，头戴单卷尾长冠，右臂微举，手作按剑状，从它的冠式、铠甲、手势分析，身份高于驭手，但似乎又低于一号俑坑车后站立的将军俑。其余两件陶俑从衣着打扮可以看出地位更加低下，应为普通的车左或车右。

在中国古代战争史上，早在春秋时代就有一种乘坐4人的指挥车，三号俑坑的战车当属于这一类型。但从总体上看，这种战车又似乎不同于春秋时期的驷乘⑱指挥车，那么这辆指挥车的用途和作用又是什么呢？俑坑的发掘者、著名考古学家袁仲一对此做了这样的解释："二号俑坑的车位于队列的

101

三号坑中的鼓车之府（车马房）

最前端，似为前驱车，又可名为先驱军，行军时导行在先，作战时挑战先驱。即在战前向敌军致战，表示必战的决心，然后两军开始交锋。"这种解释也许合乎历史真实，但从现代战争的眼光看，是否可以否定这种"导行在先"，而看作指挥者的专车，或是视察战场局势的巡视车呢？

三号俑坑南北各有一个较大的空间，可能是厢房，因为考古人员在这两个空间的前廊和车马房相接处发现有朽木门楣遗迹。门楣经过髹漆处理，并装有等距离环首铜钉4件。根据遗迹推断，门楣上的环首铜钉当是用以悬挂帷幕之用，继之推断当时车马房进入南厢房入口处是悬挂着帷幕的，借以将两个空间相隔，各自处于相对独立的状态。而北部的空间与南部相同，门楣、铜钉遗迹俱在，只是建筑形制稍微简单一些。

考古人员把这两个空间命名为南北厢房，这个命名很容易令人想起《西厢记》中情意绵绵、荡人心脾的爱情故事，通过发现的帐钩等饰件的分析，可以断定南厢房是军事将领研究制订作战方案和休息之处，并没有男女欢愉之事的情况出现，只有40件披甲的武士俑成队地站立着。而北厢房同样没有闺房痕迹，相同排列着22件武士俑也均为男人模样，看

第三章 三军仪仗动地来

来这两个厢房是一个阵前指挥部。

纵观三个兵马俑坑，不仅在建筑形制上完全不同，而且在陶俑的排列组合、兵器分布和使用方法上也各有特色。一、二号俑坑的陶俑都按作战队形做相应的排列，而三号俑坑出土的武士俑则呈相向而立的形式出现，采取了夹道式的排列。无论是南北厢房还是正厅，武士的排列方式均为两两相对，目不斜视，呈禁卫状。

一号俑坑的武士俑有的身穿战袍，有的身披铠甲，有的头梳编髻，也有的将发髻高高绾起。而三号俑坑的武士均身披重铠，头梳编髻，其陶俑造型魁梧强悍，面部神态机智灵活，充分显示了古代卫士特有的性格和威武机智的精神风貌。当然，三号俑坑最显著的特点当是兵器的不同。一、二号坑有大量的戈、矛、戟、剑、弯刀之类的兵器，而三号俑坑只发现一种在古代战争中很少见的无刃兵器——殳。这种兵器的首部为多角尖锥状，呈管状的殳身套接在木柄上，它只能近距离杀伤敌人或作为仪仗，显然不是应用于大规模厮杀的兵器。从大批殳的出土和武士俑的手形分析，三号俑坑的卫士无疑都是手执这类兵器而面对面站立的。

除此之外，三号坑还有一个显著特点是发现了占卜用的实物，这些实物是为卜算战争的吉凶所必备的材料。卜战仪式最早源于史前时期的石器时代，殷代最为盛行，西周至春秋战国时期卜战仍然是战前的一项重要仪式。其方法是在龟壳或牛肩胛骨的一面钻孔，灼热后骨背面便出现裂纹，占卜者可按裂纹的不同判断吉凶。可以说，古代人每次军事行动，特别是重大的军事行动，都离不开占卜。最显著的一次例子是周武王九年，武王与姜子牙计议，决定东征伐商。周军出发前，作为统帅的姜子牙左手持金斧、右手执白旄，号令三军将士。周军纪律严明，旗鼓整齐，当大军开到黄河渡口孟津后，赶来参加伐商的诸侯竟有800名之多。就在这时，姜子牙下令班师回营，因为他这次出征的目的就是检阅部队的战斗力量和试探诸侯的人心向背。姜子牙清楚，尽管他的东征得到众多诸侯的响应，但商朝的实力还比较强大，伐商的时机还没有成熟，所以下令班师返回。

两年后，殷纣王更加荒淫无道，不仅杀掉了自己的叔父比干，并且囚禁了贵族首领太师箕子，商朝的一些贵族大臣纷纷叛商奔周，殷纣王不但失去了民心，也失去了商贵族的信任和支持。洞若观火的姜子牙感到，灭商的时

103

机终于来临了，在武王的授意下，他决定出兵伐商。然而，在出征前举行的占卜仪式中，兆辞[13]却显示了"征伐将对周不利"的凶兆。恰在这时，暴风雨突然袭击了丰镐，几乎所有的大臣都为此感到恐惧和犹豫，纷纷劝说武王不要发兵征商。唯有姜子牙一人不信天命，坚持劝说周武王不可坐失良机。周武王终于被姜子牙说动，命大军即刻东征伐商。姜子牙率军从孟津渡过黄河，各路诸侯也纷纷率军前来助战。4000乘兵车浩浩荡荡地开往距朝歌30多公里的牧野列阵讨战，殷纣王仓促武装了70万奴隶和东南夷战俘进行抵抗，双方在牧野展开大战。姜子牙率领周军将士冲入敌阵，商军虽众，皆无战意，看到强大的周军将士潮水般涌来，自知难以抵挡，于是70万人一起掉转矛头，引导周军杀向朝歌。殷纣王见大势已去，登上鹿台放火自焚，统治中原近600年之久的商王朝终于走到了尽头。

在姜子牙大战牧野、以周代商之后的几百年来，许多史学家对战争前的占卜仪式进行了研究。历史发展到秦代，由于资料的缺乏，后人无法得知这种卜战仪式是否在秦军中应用，甚至有人提出了这种古代卜战仪式在秦代已绝迹。三号兵马俑坑的发现和发掘，使困惑中的学术界终于看到了实证。在俑坑中除陶俑陶马和兵器外，考古人员还发现了一、二号俑坑中没有的一堆动物骨骼朽迹和一段残缺不全的鹿角。这些实物的发现，再度证实了秦代卜战仪式的存在。至于这种卜战仪式在秦代大规模的战争活动中如何应用和发生了怎样的作用，一时难以找到有力的证据，或许随着秦始皇陵园遗迹的不断发掘，这一巫文化之谜会得到破译。

完整的古代陈兵图

显然，一、二、三号兵马俑坑及其内容的排列组合，绝不是无意识或无目的的安置和摆布，与此相反的是，这是一个经过深思熟虑、奥妙无穷的实战车阵的模拟，是一幅完整的古代陈兵图。

战争在中国的土地上源于何时已无从考证，但至少在史前时期的黄帝时代就已具备了相当的规模。战争是两个军事团体武装冲突的最高形式，随

第三章 三军仪仗动地来

着它的延续和发展,其布局和性能也随之发生质的变化。战斗的双方要战胜对方,就必须把用武器装备一定数量的武装人员,按照一定的组织形式进行编列,从而形成一个进可以攻、退可以守,既能分散又便于收拢的战斗集团。于是,作为一种临战队形群体布局的"阵"便相应地产生了。由于军阵是伴随战争产生的组织艺术,又以多种形式随战争实践不断发展变化,因而当这种艺术形式湮没于历史尘埃之中时,今天的人们要了解古代的军阵,自然显得力不从心。随着古代兵书真本的失传,具有明显演义性史书及描写古代战争题材的文学作品的问世,古代军阵被蒙上了一层神秘的面纱,使它越来越处于一种近乎神化的境地,后人再也无法见到它的真实面目了。

在唐代所留下的史料中,有一篇叫《李靖问对》的经典军事文章。[20]当唐太宗李世民问军事家李靖何为"五行阵"时,李靖当即回答了"方、圆、曲、直、锐"五种阵法,并向李世民进一步解释,尽管古代兵书战策所言阵种繁多,各家之说不尽相同,但总离不开"因地形使然"的道理,若将诸种阵形加以概括提炼,用此五种阵法完全可以囊括。在这场君臣问对中,李靖郑重其事地指出:"凡军不习此五者,安可以临敌乎?"李靖对古代军事诸家阵法的概括,无疑又为后来的军阵研究者留下了一个难解之谜。这个谜经过了1300多年后才得以解开。

李靖六花阵

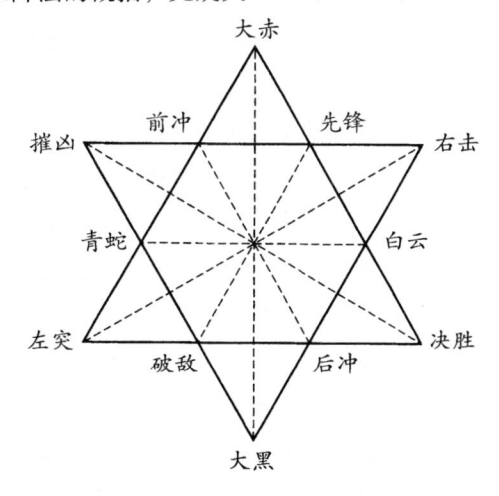

1972年4月,考古人员在发掘山东临沂银雀山两座西汉武帝时期的墓葬时,意外地发现了记载《孙子兵法》《孙膑兵法》等书的4900余枚竹简。兵法的问世,在引起了世界考古界与军事界轰动的同时,也为研究者提供了珍贵的理论佐证,许多悬而未

决、争论不休的问题由此得到了确切的答案。

银雀山竹简《孙子兵法·十阵》[21]曰："凡阵有十，是为方阵、圆阵、疏阵、数阵、锥形之阵、雁行之阵、钩形之阵、玄襄之阵、火阵、水阵。"兵书虽列有十阵，但在今天看来其中一些不能算作阵，如火阵只是用火攻击的方法，水阵则是在水上战斗或利用水攻击敌人的方法，这些不能成为独立的阵形。因此，《孙膑兵法》在继承《孙子兵法》思想的基础上加以提炼，摒弃了孙子的"火阵"和"水阵"而成为"八阵法"。

"八阵法"被孙膑首先提出后，历代军事家又按此加以推演，形成了庞杂而令人眼花缭乱的多种阵法，可惜这些阵法仍未能超越孙膑"八阵法"的范围。但就孙膑的"八阵法"而言，仍可提炼和简缩。如王学理就认为：孙膑所划分的"玄襄之阵"只是多置旌旗而诱敌的疑策，并非战斗队形的排列组合，严格地说是不可称阵的。而"疏阵"和"数阵"两种阵法大同小异，只是前者疏数，在战场上展开队伍，扩大阵地；后者在战争中收拢队伍，不为敌人所分割。两种阵法实则也均属直阵的范畴。至于"雁行之阵"和"钩形之阵"，前者意在将队形呈大雁飞行状展开，以便更大地发挥矢弩之威；后者的阵法是左右弯曲如钩，以便见机行事，采取迂回包抄之法。这两种阵法亦可用曲形阵加以概括。"锥形之阵"的阵法相当明确，旨在以精锐之师突破敌阵的防线插入敌人的纵深。由此，孙子的"十阵"和孙膑的"八阵法"，实际的基本阵形仍是"方、圆、曲、直、锐"五种。可见唐代的军事家李靖对古代兵书战策的提炼和概括是颇有道理的。

理论的总结自然来自实践，然而中国古代军队刀光剑影、血流漂杵的战场，早已被岁月的烟尘所湮没。许多著名战役那波澜壮阔、气势恢宏的阵容，也不能定格在这块古老的土地上。后来的人们就只有根据在烟尘中残留的蛛丝马迹来推断远古战争的辉煌场景，并按照各自心中臆想的图形，对古代军阵的真实面目进行不休的争执。

秦始皇兵马俑的出土，使人们透过欣赏这一奇迹的表层，窥到了隐匿于表层之内的深刻的军事战略和军事思想脉络。三个兵马俑坑真实、形象地向后人展示了秦代精华的军事布局，一号坑作为一个规正的长方形出现代表了一个典型的方阵格局。

阵中的车马和武士俑背西面东，向世人显示了整个俑群已具备了锋、翼、卫、本几个在方阵中不可或缺的组成部分。坑中最前端横排3列共计204件武士俑,他们中除3个头戴长冠的将军俑外,其余均是身着战袍、腿扎行縢、足蹬浅履、免胄[22]束发、手执弓箭的军卒。军卒的装备显然是古代兵书所云的"善发强弩,远而必中"的摧锋之士。这同二号坑前端左翼安置的弩兵俑群一样,反映了这是一支攻击型的部队,其战法必定是在战斗开始的瞬间万箭齐发,迫使敌军临行乱阵,而后续的38路大军趁机源源冲击,形成白刃格斗、斩将擒敌的阵局。在大军中间的特定位置,战车上站有手握青铜宝剑的将军予以指挥,从而形成一个方阵的主体布局。

位于军阵南北两旁的武士俑,身披重铠,手执劲弩,面向军阵两侧呈出射状,这当是整个方阵中的"两翼"。在俑群的后部,有三排锐士做横队排列,背对大军,这便是方阵的"卫"。两翼和卫的作用在于防止敌人拦路截击或包抄后路,以保障自己军队的战斗行动不受敌人的夹击,达到保存自己、消灭敌人的战略目的。

如果站在军事战略的高度上去认识,就会发现一号坑兵马俑所组成的庞大方阵,绝不是一幅固定而呆板的图画,从这个战阵的组成中,可以看到古代军事战略沿革的遗痕。

一号坑方阵的组成之本,在于以众多的步兵簇拥战车从而组成强大的决斗力。这些步兵手执矛、戟、铍[23]等具有强大杀伤力的长柄兵器用以决斗刺杀敌军主力。

1979年6月26日,在秦俑一号坑出土了一件类似剑与矛的兵器,以后在1980年和1981年又相继发掘出土同类兵器十余件,被称为"短剑"。1982年,考古人员刘占成经过对这一兵器仔细研究考证,认为"这种兵器虽似短剑,但有格有茎而无首,柄后有带铜镦之长木柲遗迹。因此这类兵器并非短兵,而是长兵,以前称为'短剑'是不准确的,经考定应为'铍'"。刘氏的一家之言在1982年第3期国内颇具权威的学术杂志《文物》公开发表后,很快得到了众多专家的认可并形成共识,自此之后这类兵器不再以"短剑"相称,而是以"铍"的名字公之于世。从出土的铍的外形看,两侧中间都刻有秦小篆铭文,纹道极浅,纤细如发,如一铍刻有"十七年寺工鲛工驾"八字,另一侧刻"寺工"二字,铍柄上刻"子壬五"三字。

古代战争是面对面的白刃格斗,兵卒是依靠手中之兵器杀伤敌人,从而决定战争的胜负。一般而言，兵器按其杀伤距离进行分类，并有远射、长兵、短兵之别。三类兵器的使用方式及其作用各有不同。按刘占成的观点，秦俑一号坑出土的那件"十七年"铜铍，主要用于较远距离的对敌刺杀，在实战中与戈、矛、戟等长兵性质相同，因而毫无疑问地要划为长兵类。据刘氏考证，长兵之名，最早见于《史记·刺客列传》和《史记·吴太伯世家》。如《刺客列传》在说到公子光欲谋刺杀吴王僚时，有："王僚使兵陈自宫至光之家，门户阶陛左右，皆王僚之亲戚也。夹立侍，皆持长铍。"后如《方言》云"铩谓之铍"，注："今江东呼大矛为铍。"因而有人称之类为"剑式矛"。事实上，铍具有一锋二刃，可前刺，又能左右挥砍，要比矛的杀伤力大。古代作战有"长兵以卫，短兵以守"的说法，兵器太长则难犯敌，太短则不及，为解决这一矛盾，便出现了"凡五兵五当，长以卫短，短以卫长"的军事理论和实际战法。各种不同性质的兵器只有配合使用，才能够达到"迭战则久，皆战则强"的效果（参见《司马法·定爵》）。在出土的战国水陆攻战纹铜鉴图案上的武士及秦俑坑出土的武士俑都持有长、短两种或两种以上不同的兵器，就是"长以卫短，短以救长"的形象说明。秦俑坑出土的长铍，也正是《司马法》所谓"兵惟杂"的军事战术思想在秦军武器装备方面的具体体现。

秦俑二号坑车兵和弩兵则是用以射杀突出与明显部位的敌军，达到全歼敌人的目的。这个方阵与春秋时期大排面的车阵不同的是，它充分发挥了步兵的战斗作用。战车所布之阵，可显示军容、威慑对方，发挥集体作战的威力。如公元前656年，齐楚会盟于召陵，齐桓公排布诸侯之师组成方形车阵，请楚国使者乘车巡视并洋洋自得地称道："以此众战，谁能御之，以此攻城，何城不克？"可惜这话说得过于大了，事实并没有如齐桓公所言。几年后，齐国以战车为主体的方阵最终没能抵住秦国以步兵和战车为主体的军阵攻击。齐国兵败的道理在于以战车为主体的军阵虽能显示庞大的气势，但在复杂的地形条件下却不能发挥巨大的威力。同时又由于战车的存在，束缚了士兵在不同情况下个体战斗力的发挥，更谈不上随机应变及充分利用灵活作战的战术。故此，以战车为主体的方阵随着战争的发展而逐渐退出历史舞台，也是自然的事情。

著名作家、军事家阿里安在《亚历山大远征记》[24]中，对古代希腊的方阵曾有过这样的解说："方阵并不是像史学家所说的那样，只是一个僵化的队形，它可以是方形也可是拉长的长方形，也就是形成摆好的阵势。这种阵势可以随战机收缩，以便突破敌阵。"阿里安的这种解释，同样适于中国古代军事家孙膑所言"方阵之法，必薄中厚方，居阵在后"的特点。"薄中厚方"，有的史学家解释为"加强两旁的兵力，中间较弱"。这显然与孙膑的"本必鸿"㉕"战惟密"㉖的列阵思想相矛盾。按照考古学家张占民的解释，"薄中厚方"的"中"应指方阵的正面，"方"似指方阵的纵深。"薄中厚方"的列阵理论应为正面要小、纵深要长，以此编成军阵，必然成长方形。唯有这样宏大而纵深的军阵，才能充分显示出攻击或防守战争中的优越性。

很明显，一号坑军阵无论从哪个角度透视，都难将其整体分割开来。与一号坑不同的是，二号坑兵马俑军阵则明显地分隔成四个不同形状的军阵布局。第一个空间是由334件弩兵组成的方形集团，第二个空间为64乘轻车组成的方形队，第三个空间是由19乘重型战车和百余件随车步兵组成的长方形劲垒，第四个空间则是由6乘战车和124件骑兵组成的快速、迅疾的杀伤力量。

二号坑军阵的布局，显然是根据当时的时代背景和军事条件所决定的。当时的情况是，弩兵和骑兵尽管在战国末期特别是秦代已发展成相对独立的兵种，但在战场上却不能构成独立的军阵。尽管这时的弩兵已形成集中的兵团并排成相应的队形，做到了前后相次，射时前无立兵，队无横阵，张而复出，射而复入，更发更上，番次轮回的战斗效能，却无法做到军阵所要求的千变万化，因战局的不同而进退自如的功能。因其行动缓慢、兵器杀伤效能单调，决定了在战场上必须同其他兵种配合的特点。与此相反，骑兵尽管行动迅速、机动灵活，可惜他们手中的兵器不是枪、刀、剑、戟，而是劲弩。兵器的局限，使之不得不同样必须同其他兵种配合。由于劲弩使用不便，鞍马没有脚镫，这样的兵种假如独立成阵，其在战场上的使用结果是可想而知的。

尽管二号坑中的四个军事集团不能单独成阵，但它们一旦得以组合，就形成了一个具有强大杀伤力和攻击效能的曲形阵，这种军阵应用于战场，必将是所向披靡，威力无穷。这种多兵种配合形成强大阵容的战略思想，随着战争的发展，越来越受到军事家的重视。当冷兵器退出历史舞台，热兵器兴起之后，这种列阵思想同样渗透到现代化的战争之中，从而形成了规模更加庞大、兵种更加复杂的"立体"军阵。

既然一号俑坑和二号俑坑模拟的是两个实战的军阵,三号俑坑又作为指挥部出现,那么这三个俑坑就应是一个密不可分的军事集团。这种不同兵种的排列组合方法,是遵循什么样的军阵战略原则?

无须绞尽脑汁就会明显看出,这个大型军阵的排列,和春秋以前的阵法相比已大不相同了。周灭殷的牧野之战,只是一种单调的车步配置一线的横排方阵。双方交战时均做正面冲突,在战术思想上没有采取策略性的变化和艺术的表现。敌我双方只是靠兵器的优劣、士气的不同而决出胜负。

秦俑坑军阵布局和兵种的排列,隐现着一种随战场情况变化,而军阵和兵种配置也随之变化的迹象。执弩的前锋射击后,可随即分开居于两侧给后面的主力让路;骑兵则根据不同的敌情,以迅疾的速度冲出军阵,和步兵主力形成犄角夹击敌人。这种战术上的变化,早在春秋中期的车战中就已开始出现,到战国时期随着步兵与骑兵的兴起,这种以夹击为队形的阵法渐趋成熟。春秋时期大排面的车阵战已被这种追击、包围、正面进攻的战略战术所替代,兵法中所云的"雁行之阵"也由此形成。

秦俑军阵无疑是已趋成熟的"雁行之阵"的再现。可以想象的是,当战争一经开始,阵前的弓弩手先开弓放矢,以发挥其巨大的威力。一号坑的步兵主力乘机向前推进,二号坑的骑兵与车兵避开敌军正面,以迅猛的特长袭击敌军侧翼,一号坑步兵主力在接敌的同时将队形散开,和车骑兵种共同将敌包围,致使敌军呈困兽之状,从而达到歼灭的目的。这种战术正如孙子所言:"凡战者,以正合,以奇胜,故善出奇者,无穷如天地,不竭如江河。"一号俑坑是以传统的车兵与密集的步兵组成的庞大军阵,兵力部署相当于二号俑坑兵力的3倍,而二号俑坑则是由弩兵、骑兵、车兵组成的军阵,当二号俑坑的兵车、战马以取锐、迅疾的快速进攻战术冲入敌阵时,一号坑的大军则"无穷如天地,不竭如江河",与敌军正面交锋,这种布阵方法,可谓大阵套小阵,大营包小营,阵中有阵,营中有营,互相勾结,又有各自摧锐致师的性能和目标。曲阵的神奇变化,迅疾勇猛;方阵的高深莫测,雄壮威武,使得这个雁行之势,攻无不克,战无不胜,所向无敌。千古一帝的秦始皇正是利用这样一支所向披靡的大军和划时代的军事战略、战术思想,以气吞日月之势血荡中原,席卷天下,完成了历史赋予他的伟大使命。

第三章 三军仪仗动地来

自1974年3月西杨村农民发现第一块陶片到1977年10月，秦始皇陵兵马俑坑的8000地下大军，以磅礴的气势和威武的阵容，接受了当今人类的检阅。它的出现，如同一轮初升的太阳，使沉浸在漫漫长夜的东方古老帝国的神秘历史再度灿烂辉煌。

当新华通讯社频频发射电波，向全世界报道这一东方文明的盛况和奇迹之时，西方新闻界也不甘寂寞地发出了足以令人同样震撼的信息：

希腊通讯社报道："1977年11月，希腊弗吉纳村发现一座巨型墓葬。据考古学家鉴定认为这座墓葬可能是2300年前亚历山大大帝的父亲、马其顿国王腓力二世的墓葬……"[27]

意大利广播公司报道："截至1977年12月底，意大利历史名城庞贝的考古发掘工作已走过了战后30年的历程。对这座罗马时代由于火山爆发而湮没的城市，经过考古学家的科学钻探和发掘，已完全掌握了整座城市的形制和布局，许多殿宇的残骸在发掘中得以保护……"[28]

相互交映、此起彼伏的电讯，唤起了人类久远的记忆，3个最伟大的古代帝国一同步入世人的瞳眸。中国、马其顿、罗马，3颗辉煌耀目的星星又在20世纪升起。

雄壮的兵马俑军阵

注释：

①镞：即箭头，后铸圆柱形的"铤"，与箭杆接附。镞有双翼、三棱等多种形式。商代至西周的镞多为双翼式，镞身由北分为左右两叶，叶外缘作刃状，向前聚成前锋，向后为倒刺形的后锋；春秋时期镞多为三棱式、圆锥式和双异式；战国时期则以三彼式镞为主。

②据《吴越春秋·勾践阴谋外传》记载，楚人陈音曾为越王讲述弩射的正确方法："夫射之道，身若戴板（身体挺直），头若激卵（昂首扬头），左蹉（《太平御览》卷三百四十八作"左足纵"），右足横，左手若附枝，右手若抱儿，举弩望敌，翕心咽烟（屏气凝神），与气俱发，得其和平，神定思去，去止分离，右手发机，左手不知，一身异教，岂况雄雌？此正射持弩之道也。"

③见该书《勾践阴谋外传》："琴氏以为弓矢不足以威天下。当是之时，诸侯相伐，兵刃交错。弓矢之威不能制服。琴氏乃横弓著臂，施机设枢，加之以力，然后诸侯可服。"

④少府：官名也是官署名。始于战国，秦汉相沿为九卿之一。一般认为少府掌山海池泽收入和皇室手工业制造，为帝王之私府。其实少府执掌不限于税收和手工业，还参与宫室陵园修筑等土木之功。

⑤《荀子·性恶》曰："繁弱、巨黍，古之良弓也。"据清人王念孙《读书杂志》考订，"距来"为"巨黍"之误。

⑥伍，古代步兵的编制单位名，五人构成一伍。五乘为三伍，是说一乘有车兵三人，五乘共十五人，改编为步兵三个伍。

⑦陈：即"阵"，本作㪟，古籍多省略为陈，阵乃后起字，约始于东汉。

⑧鱼丽一词始见于《诗·小雅·鱼丽》："鱼丽于罶，鳣鲨。"丽在这里当训为离，离同罹；罶即笱，捕鱼的工具。

鱼丽之阵是把步卒比喻为鱼，两车的间隙比喻为罾，说步卒在车缝之间紧紧掩护两车的侧翼，如同鱼儿被关在狭窄的罾中一样。

⑨本甲：古人常以剑比喻军阵。锋为剑末，本为剑之后部，故前锋部队称"末甲"，而紧跟其后的部队称"本甲"。

⑩赵国与东胡、匈奴、林胡、楼烦接壤，这些都是游牧民族，经常以骑兵侵扰赵国。为加强边防，公元前307年，赵武灵王命令军队采用胡人服饰，改着短装，上褶（褶服，一种胡服）下袴（裤），腰束皮带，用带钩，穿皮靴，借以发展骑兵，训练在马上射箭的作战技术。

⑪咸阳杨家湾汉墓：西汉文帝、景帝时期的墓葬，位于陕西咸阳市郊杨家村附近。共两座，南北并列，编号为四号和五号墓。1970—1976年发掘，1965年曾在四号墓南面清理出兵马俑坑11座，出土骑兵俑583件、步兵俑1965件、舞乐杂役俑100多件。又有战车坑一座，居于两列之间，已被扰乱。这批俑群步伍严整，人马都经彩绘，俱体现了汉初军阵的真实面貌。车坑居中，表明当时仍旧沿袭把战车放在主要位置的传统军制。骑兵俑数量虽不及步兵俑，但集中排列，自成方阵，表示骑兵已成为独立战斗的兵种。两墓因距汉高祖长陵较近，墓中又有银缕玉衣残片和兵马俑从葬坑，墓主可能地位不低于列侯，据推测可能是汉初名将周勃、周亚夫父子。

⑫大骆，秦人的先祖之一。据《史记·秦本纪》记载，秦本为嬴姓，其世系在西周末年时一分为二——造父救乱有功，穆王封之于赵城，其后为赵氏；大骆因造父之宠，亦姓赵，大骆生非子，居西犬丘，善畜马，孝王邑之秦，复姓嬴。秦人即是大骆这一支族的后代。

⑬20世纪50年代后期，湖南长沙市近郊发掘一批西晋砖室墓，其中的金盆岭九号墓出土了"永宁二年五月十日作"篆体铭文砖，随葬品里有一组以青瓷制造、供墓主人出行的车马仪

仗俑,是当时世家大族拥有众多属吏和部曲(私人军队)的真实写照。其中有骑吏俑14件,马上鞍具齐全,有3件在鞍的左前侧处做出三角镫形,可视为中国内地开始使用马镫的例证。

⑭冯素弗夫妇墓位于辽宁北票市西官营子村将军山东麓,为同冢异穴。1965年发掘,是十六国时期考古的重大发现。据《晋书》记载,冯素弗为北燕天王冯跋之弟,北燕国的建造者之一。墓中出土的两只马镫,以桑木为心揉做圆三角形,上悬长系,外包钉鎏金(古代金属工艺技法,系把金与水银合成,涂在铜器表面,加热烘烤,使水银蒸发,金则附着于器表)铜片,是早期马镫中有确切年代的一副,成为研究马具发展和断代的重要资料。

⑮霍去病墓位于陕西兴平市,为茂陵陪葬墓之一。墓前有象、牛、马、鱼、猪、虎、羊、"怪兽食羊"、"人与熊门"、"马踏匈奴"等16件石刻。作风浑厚朴素,雕刻手法极为简练传神,是中国现存时代最早而又保存完整的成组石刻,堪称中国古代雕刻艺术的珍品。

⑯甲字形墓:贵族墓葬形式的一种,其墓室为大型的长方形竖穴式土坑,大多在南面有一个墓道。

⑰春秋五霸:亦作"春秋五伯"。一说为齐桓公、晋文公、秦穆公、宋襄公、楚庄王,一说为齐桓公、晋文公、楚庄王、吴王阖闾、越王勾践。前说相当流行,但后说比较符合史实。春秋数百年间,称霸的君主不止五位,齐桓公等人不过是最著名的几个代表。由于论者取舍标准不同,所以出现了分歧。

⑱驷乘:一车同载四人。古代兵车一般只有乘员三人,四人共乘制不是通例,因为增加一人会影响战车的速度,同时车上空间拥挤,也不利于甲士挥戈与敌格斗。根据《左传》记载,春秋时代都是在非常情况下,为了加强主车的护卫力量才四人共乘。秦始皇陵二、三号兵马俑坑各出土一辆驷乘车,似

有特殊的作用，地位重要。

⑲兆辞：又称卜辞。商代铭刻于甲骨上的占卜之辞，是研究商史的重要资料。商代王室贵族遇祭祀、征伐、田猎、出入、风雨、疾病等活动或现象时，常以龟甲和兽骨占卜吉凶，并在其上刻记占卜时日、占卜者名字、所占卜的事情和占卜结果等，完整的卜辞由前辞、问辞、占辞、验辞四部分组成。间或刻有少数记事文字，也多与占卜有关。

⑳《李靖问对》一书，或称《李卫公问对》《唐李问对》，共三卷，世传是唐代的李靖所撰。宋朝元丰年间（公元1078—1085年），与《孙子》《吴子》《六韬》《司马法》《三略》《尉缭子》同列为"武经七书"之一，立于官学。但后来何莲考订为它是宋人阮逸所撰，并非李靖原作，马端临《文献通考》则疑其为宋熙宁年间（公元1068—1077年）辑录的《卫公兵法》。

㉑在1975年文物出版社刊行的银雀山汉简《孙膑兵法》中，《十阵》被当作一篇，列于下编之首。但该书上编十五篇，各记"孙子（指孙膑）曰"或"威王曰"；下编十五篇，并无此等字样，不能确定为孙膑之书。故1985年文物出版社出版的《银雀山汉墓竹简》第一辑已重做调整，将原下编那十五篇自《孙膑兵法》中析出，另归入先秦"论政论兵之类"。但可以确定的是，"十阵"是战国时期战斗队形编列的十种主要形式。

㉒胄，即头盔，又称首铠、兜鍪、头鍪。在秦俑坑目前出土的2000多件陶俑中，无一是戴头盔的，据考古学家推测，这可能就是史书上所谓的"科头免胄"。《史记·张仪列传》曰："秦带甲百余万，车千乘，骑万匹，虎贲之士跿跔（跳跃）科头，贯颐（两手捧着下颌）奋戟者，至不可胜计。"裴骃《史记集解》注曰："科头，谓不着兜鍪入敌。"由此可见秦国锐士"勇于公战"的大无畏精神。

㉓铍：装有良柲（兵器的柄）的击刺兵器，去掉柲杆，形状极似短剑，杀伤力强，春秋至秦一直广泛使用，汉代以后逐渐消失，历来只知其名而罕见其物。过去出土的铍由于柲已腐朽，仅见铍首，因而常被人误认为短剑。秦俑坑出土的铍为完整实物的首次发现，铍首长约35厘米，一锋两刃，有格有茎，茎扁平，有孔，插于柲端并以钉固定，通长3.8米。

㉔阿里安，约公元95—175年，生于小亚细亚的尼科米底亚（Nicomedia），公元126年获罗马公民权，曾任卡帕多西亚（Cappadocia）总督、雅典执政官，职跨军事、文学两界。他的《亚历山大远征记》共七卷，详述亚历山大东征的行军作战过程和他杰出的军事指挥艺术，并介绍希腊的先进军事技术，寓论断于叙事，取材精实，对于研究欧亚古代史很有帮助，也为以后的军事历史学家提供了参考资料。

㉕本必鸿：语出银雀山汉简《十阵》，意思是后续部队必须充足宏大，源源不绝。鸿，原作㾉，大也。《说文解字》曰："鸟肥大㾉㾉也，从隹工声。㾉或从鸟。"

㉖战惟密：语出《司马法·定爵》，意思是接战要密集，以便合力歼敌。

㉗马其顿王陵在1977年时由希腊考古学家安德罗尼科斯（Manolis Andronikos）发现并主持发掘，是第二次世界大战以来希腊考古学重大成果之一。王陵上为拱顶，有两个墓室，前小后大，未经盗掘。大墓室正中置白色大理石棺，内放一纯金长方形骨灰箱，盖上刻有马其顿王室星形王徽，箱内有以金叶及红色锦缎包裹的骨灰，并有一顶橡实与橡叶交缠图像的金制王冠。石棺前有一木床，放置铠甲、护胫、矛、盾等物，床上镶配有象牙浮雕和小型象牙头像。发掘者认为其中一尊是马其顿国王腓力二世的肖像，另一年轻者为其子亚历山大大帝，并主张这座墓是腓力二世及其后妃之墓。但墓中无文字铭记，学术界对此尚有争论。

㉘庞贝位于意大利那不勒斯东南维苏威火山（Monte Vesuvius）脚下，始建于公元前6世纪，为希腊移民城邦库美（Cumae）治下的小镇，公元前3世纪归属罗马，公元79年8月，维苏威火山大爆发，庞贝城全部埋于火山灰下。1748年3月开始发掘该城址，为欧洲近代考古的先声。1763年由所得铭文确知为古城庞贝，由于火山灰的掩埋，遗址保存完好。此后发掘、整理及修复工作陆续进行，目前古城遗址已发掘完成三分之二以上，获得丰富的绘画、雕刻、工艺品及古代建筑遗迹，为研究古罗马社会生活和历史提供了原始资料。

第四章 人类星光闪耀时

复活的军团

异军突起，马其顿铁蹄东征，亚历山大名垂青史。以小博大，罗马称霸地中海，恺撒大帝建伟业。逐鹿中原，大秦帝国扫六合，嬴政始称始皇帝。历史的长河星汉灿烂，东西方文化交相辉映，人类的星光照耀千秋。

光照三洲的帝国

公元前356年，在希腊北部马其顿的一座王宫里，诞生了一个婴儿。这就是后来在西方建立起横跨欧、亚、非三洲疆域的马其顿帝国的亚历山大大帝。

就在亚历山大出生之日，远在世界东方的一个诸侯国——秦国，已从栎阳迁都咸阳，并通过"商鞅变法"悄然崛起，开始了吞并山东六国逐渐统一天下的军事大行动。

双角亚历山大像。公元前300年银币，亚历山大戴王冠的头上长着两只古埃及主神阿蒙的牧羊角

马其顿原是希腊北部一个野蛮、落后的部落小国，经过亚历山大的父亲腓力二世的默默治理，这个民族逐渐强盛起来。

就在腓力二世雄心勃勃地要征服波斯帝国时，却被他的部下刺杀身亡。20岁的亚历山大以超人的果敢和才智肃清了杀父的党徒，并于公元前336年继承了马其顿王国的最高统治地位。

亚历山大继位后做的第一件事，就是率军出征波斯，完成父亲未酬的壮志。

但未等亚历山大的大军起程，希腊中部便出现了叛乱。为稳定自己已得的控制希腊联盟的地位，亚历山大不得不改程先率军平息叛乱。远征波斯的大军在平息叛乱后的公元前334年才走出希腊本土。

亚历山大从小就爱马，他远征波斯率领的35 000人均为骑兵，战马几乎成为他缔造帝国大业的主要作战工具。公元前334年，亚历山大的铁骑踏上小亚细亚，同波斯军队交锋。在长达一年多的厮杀中，波斯军队最终抵不住亚历山大铁骑的进攻而败退。波斯主力军团也在伊索斯战场被击溃，皇后、皇太子均被俘。

亚历山大抓住战机乘胜前进，直扑克特罗斯城。具有战略眼光的亚历山大知道，要想覆灭波斯帝国就必须消灭波斯舰队，而要消灭波斯舰队，就势必先攻克特罗斯城，一旦拿下克特罗斯城，舰队后路被绝，便成瓮中之鳖，再也无力交战，覆灭波斯当指日可待。

波斯帝国同样深知克特罗斯城在整个战争中所处的重要地位。当亚历山大的大军展开攻势时，遇到了波斯驻克特罗斯城军队理所当然的顽强抵抗。亚历山大见陆上攻击不能奏效，便把军队调集到海上实行猛攻。但克特罗斯城仍岿然不动，亚历山大再次把军队分成两路，分别从陆地和海上一齐猛攻，这种双管齐下的战法使用了7个月之久，城堡依然未克。

亚历山大不愧是世界古代军事史上杰出的天才。他绞尽脑汁冥思苦想，终于悟出了破敌的要领。他命令将士在海上修筑起又长又大的突堤，直通克特罗斯城下，然后在突堤上安装木梯等攻城器具。这一把古代土木工程学的技术应用到攻克城堡中的天才军事杰作，以后成为罗马时代攻城克坚的军事教课范例，后来的罗马帝国也正是得益于亚历山大的军事战略思想和灵活多变的战术，才在世界格局的争斗中迅速崛起。

一切准备就绪。亚历山大登上突堤，望着面前几百架又宽又长的木梯和一捆捆绳索，禁不住对夜色笼罩下的克特罗斯城发出一声淡淡的冷笑。

亚历山大的军事天才得到了验证，克特罗斯城终于在强大的战略攻势中失陷了。波斯国王大流士派使节向亚历山大求和，提出的条件是：释放波斯族王族妇人，并由波斯给予赎金；自幼发拉底河以西的地域全部割让给亚历山大。

亚历山大拒绝了这种求和，他率领大军沿巴勒斯坦海峡挺进，南侵叙利亚，占领腓尼基，随后登上埃及的领土。此时的埃及已沦陷为波斯的殖民地，对亚历山大的到来，埃及百姓表示了热烈的欢迎。亚历山大利用在埃及过冬的时间，建造了举世闻名的亚历山大城和亚历山大灯塔。这座城市直到今天仍繁荣不衰，成为地中海第一大商港。遗憾的是，当年曾被探险家安提巴特命名为"世界七大奇迹"之一的亚历山大灯塔，在安然无恙地屹立了1000多年之后，于公元796年的大地震中沉入海底，再也没有复出。

第二年春天，亚历山大再次踏上征途，亲率47 000人组成的军队由埃及向东，几乎没有遭到任何抵抗便抵达两河流域。同年的10月1日，在高加米拉平原同卷土重来的波斯主力进行了决定性的会战。两军凭借地形地物，按各自的战略战术摆开阵势缓缓向前移动。亚历山大故意延长军阵的右翼佯装主攻波斯左翼，波斯军不知是计，急忙抽调大量中央军队增援左翼，结果造成中央空虚，而且与右翼形成了间隔。亚历山大抓住这稍纵即逝的战机，以精锐的骑兵突然揳入敌军中央，这种和《孙子兵法》所言"锐阵"相同的阵法，一经亚历山大应用，就使波斯大军因失去控制和指挥而混乱一团，很快全线崩溃。大流士国王率少数部下杀出重围落荒而逃。

这次战役使波斯残余势力遭到了致命的重创，再也没有反扑的力量了。亚历山大长驱直入，率大军来到大流士国王正在兴建的新都，将宫殿付之一炬，报了150年前希腊阿特勒被波斯大军焚毁之仇。然后率大军进入哈曼丹，将波斯残余势力全部消灭。

随着波斯帝国的灭亡，亚历山大在哈曼丹就地对部下进行奖赏，遣散盟军，仅留部分愿追随他的忠诚之士，并在当地招募新兵，编成精壮的私人兵团，同时自封为"亚细亚之王"。从此，亚历山大走上了更具风险和伟大历史意义的征服之旅。

为确保已经到手的波斯帝国领土，亚历山大把他新编的兵团推向了新的征途，再次向广大的世界进行征服。庞大的铁骑经过亚利安拉、多兰齐加拉，越过峻秀高耸的库什山脉，进入伊朗北部，直达锡尔河。大军在锡尔河休整过程中，与当地人一起修建了"最尽头的亚历山大港"。

至此，亚历山大出征已达6年，全部行程为18 000公里。

之后，亚历山大率军企图继续东征印度，直达东海，但在全军将士的坚决抵制下，不得不下令返回故都苏萨城。

公元前323年，亚历山大定新都于巴比伦城，踌躇满志地继续把整个身心用在向大帝国迈进的经营中，他下令修筑运河网，同时绕阿拉伯半岛航行进行考察。正在他向自己的目标迈进时，却突然患病身亡。一代人杰，死时年仅32岁。

金色的罗马

随着亚历山大的谢世，他所建立的庞大帝国也随之崩溃，若干年后，西方的霸主地位则由弱小的罗马取而代之。

如果以公元前270年为界，这之前在地中海一带角逐霸权的只有迦太基人和希腊人，此时的罗马还是个弱小的婴儿。然而迦太基人和希腊人谁也没有想到，这个弱小的罗马似乎在一夜之间崛起了。婴儿终于长成了青年。

既然已经崛起，就要充当霸主。没有这种意志与信念的支配，小小婴儿是不会在一夜之间长成强壮青年的。当然，罗马人也清楚地认识到自己的筋骨还不十分强硬，气力上没有迦太基这位老大哥强大。因而，罗马人在不断向迦太基人表示心悦诚服、订立友好条约的同时，暗中对希腊人这位力气稍差的二哥刺进了刀子。希腊人没有想到这位三弟如此凶残狠毒，欲想置对方于死地，但受伤的躯体最终使它力不从心而溃败。

满身气力的迦太基人面对罗马人的行动和野心，依然蒙在鼓里，他们怎么也不会料到一旦希腊人溃败，罗马人的刀子就向自己刺来。

更换位置的时刻终于到来了，这是公元前270年，罗马人把最后一批盘踞在意大利南部的希腊人全部驱逐出境后，很快控制了整个意大利半岛。希腊人被铲除了，面临的自然是罗马人同迦太基人争夺第一把交椅的决斗。既然罗马人的刀子已在眼前闪亮，并呈威胁和格杀之势，作为大哥的迦太基人自然不能坐以待毙，战争不可避免了。

公元前246年，罗马人挥舞战刀向迦太基扑来，很快占领了军事要地西西里岛。

要拿下迦太基，彻底打败这位大哥，对于罗马来说就意味着必须横穿地中海，进行大规模的海战和陆战，并以对付希腊人10倍的力量来进行这场战争。因为迦太基人毕竟不是希腊人，这个具有航海传统的民族，此时强大的舰队已完全控制了地中海海域。

当罗马人驾着笨重缓慢的木船离开西西里岛赴迦太基城时，遭到了迦太基舰队的猛烈反击，罗马军队几乎全军覆没，不得不在西西里岛坚守不出。

面对宽阔浩瀚的地中海和迦太基庞大的舰队，罗马人只好仰天长叹。

希望源于失望，罗马人苦闷了数月后，终于想起了亚历山大大帝在波斯海上筑起突堤，一举攻下克特罗斯城那一著名的军事战例。亚历山大的军事杰作，使罗马人重新燃起了希望之光。

夜幕遮掩下的地中海，波涌浪翻，空旷苍凉，罗马大军驾驶笨拙的木船悄悄向迦太基舰队靠近。海浪的涌动，云雾的翻腾，遮掩了罗马舰队的行动。当迦太基人发现面前的一切时，已来不及了。木船疾速驶近敌舰，并很快排成突堤状，一架架木梯顷刻搭向舰身，罗马军队蜂拥而上，在迦太基人的舰上展开肉搏和厮杀。舰身急剧地颤动，浪涛依旧翻腾不息，无数具死尸从舰上栽入海中葬身鱼腹，冲天的火把映照着刀光剑影，惨淡的星月冷冷地目视着人类的争斗杀戮，地中海荡起猩红的血水，船舰上响起撕心裂肺的喊杀声和呼天抢地的哀号声……这出其不意的袭击，使迦太基人首次尝到了罗马人的厉害。之后的岁月里，罗马大军凭借亚历山大创造的战术和自身一往无前的精神，对迦太基舰队展开了大规模猛攻。在著名的米勒海大海战、艾克诺莫斯大海战和艾加特斯大海战这三大战役中，迦太基舰队受到了致命的重创，战斗力丧失殆尽。在民族存亡的紧要关头，迦太基人为保存自己的残余势力，不得不以赔偿巨款和放弃西西里岛主权为代价，含泪饮恨与罗马人暂时讲和。

这次被史书称为"腓尼基战争"①的结果，使罗马人终于由婴儿长成为西地中海区域的霸主。但是，罗马人深知自己的第一把交椅坐得并不稳固，因为迦太基实力尚在，说不定哪一天会卷土重来，撼动它的地位。

罗马人没有看错，就在他们庆贺战争的胜利而封功授赏之时，迦太基有一个6岁的孩子正在成长。这个孩子就是日后差点置罗马人于死地的汉尼拔。

当汉尼拔9岁时，他的父亲——迦太

汉尼拔像（一尊加普亚的半身塑像的复制品）

基著名的军事将领哈米尔卡就带他出征西班牙，在连续不断的征战厮杀中，汉尼拔逐渐成为一名出色的军人。公元前229年，哈米尔卡患病去世，临终前他没有忘记让他的儿子汉尼拔到柏尔摩洛克的神庙对神起誓："不忘迦太基战败之耻，永远与罗马为敌。"

公元前221年，统帅西班牙南部"新迦太基城"的汉尼拔的姐夫遇刺归天，由25岁的汉尼拔取而代之。汉尼拔一经取得军事权力，干的第一件事就是实现自己的誓言，与罗马人决一雌雄。他故意挑起事端，以激怒罗马人，从而赢得战争的机会。兵强马壮的罗马自然不能容忍他的无理，公元前218年，迦太基与罗马的第二次大战拉开了帷幕。

罗马兵分两路，一路挺进被迦太基人控制的西班牙，征讨汉尼拔，另一路进攻"新迦太基城"，以切断迦太基的中心指挥系统。

汉尼拔没有列阵迎战，而是率领6万大军北上，朝意大利领土扑去。他要把战火引向罗马本土，使罗马军队首尾难顾，不战而退。这无疑是一个大胆而具有风险的军事战略。他率领的6万大军，有步兵5万、骑兵1万，外有37头作战大象。在他的东征西战中，战象是他对付敌人的一柄得意利剑。汉尼拔率领大军越过比利牛斯山脉，抢渡罗奴河，迅速向内陆迂回。此时的罗马人已明白了汉尼拔的意图，急忙派重兵阻截，

汉尼拔率领大军渡过阿尔卑斯山中的河谷向罗马进发途中（油画为亨利·莫特绘）

以打破汉尼拔的战略计划。当罗马大军匆匆赶来时，汉尼拔却销声匿迹了。罗马军队派出情报人员四处打探，仍不见汉尼拔大军的影子。

罗马人蒙了，他们捶胸顿足地面对苍天叫喊："汉尼拔，你在哪里？"汉尼拔在阿尔卑斯山的山峰之间。

此时的罗马人断然没有想到，汉尼拔居然开始了亘古未有的壮举，翻越整个阿尔卑斯山。

绵延千里的阿尔卑斯山，早已是冰封雪飘、鸟兽难容的季节。在险峻狭窄的山道上，汉尼拔率大队人马顶风冒雪艰难前行。苍茫的雪野，雄峻的山峰，深不可测的大峡谷，使这支大军付出了惨重的代价。当他们完成了这一伟大壮举，越过阿尔卑斯山后，6万大军只剩4万，37头巨象也只剩20头了。但惨重的代价没有使这支大军沉沦颓丧，他们毕竟站在了意大利本土之上，而且处在罗马军队的背后，胜利的前景已向他们展现开来。

汉尼拔率领大军尖刀一样直插罗马的心脏，罗马见这支恍若从天而降的神军从背后猛扑过来，立即组织国内的军队进行抵抗。自小受到严格训练的汉尼拔，以杰出的军事才能指挥部下将罗马军一次次击溃。汉尼拔抓住战机率大军在罗马国土上纵横驰骋，所向披靡，罗马军队节节败退，大片国土沦丧。直到公元前216年8月3日，罗马人才在短暂的喘息之后，得以在意大利南部阿费多斯河口的康尼平原上摆下阵势，做决定性的一战。

罗马军联合各同盟诸侯的步兵8万人，另有骑兵6000余众。而汉尼拔此时只有不足4万步兵和1万骑兵。从兵力上看，汉尼拔显然处于劣势，更为重要的是没有兵源的补给。

两支大军摆开阵势，间距数公里，坦荡无垠的康尼大平原上，暖风徐动，野花飘香，灿烂的阳光照耀着碧绿的草蔓，火獾在草蔓中流星般四散，整个康尼平原越发壮美秀丽。

罗马大军的右翼由帕尔鲁斯指挥，中央正面军由前执政官凯果奴斯指挥，左翼则是法鲁将军指挥。其军阵布局为：左右两翼均为双层长横式阵形，每一层6排步兵；后列是中央军，由12排步兵组成。他们的阵法显然是以其两倍的优势兵力主攻汉尼拔的中央正面，为锐形阵法。

汉尼拔纵身马上，巡视罗马军的阵形，踌躇了很久。随后他猛地掉转马头，大声向部将下令：把中央正面部队迅速调整为梯形，突出两翼，并成为一列横队展开。汉尼拔所采取的阵形为斜阵法,也称斜楔阵法,在当时,这是兵法史上划时代的布阵方法。在此之前的公元前371年,希腊城邦底比斯的将军艾帕伦达斯曾用此阵法于留克特拉大败常胜军斯巴达。自小接受军事训练的汉尼拔自然通晓希腊时代的兵法,因此,他在这广阔的康尼平原上,做出了惊人的杰出表演。

他高喊着:"我指挥梯形正面!"同时把两翼的重装骑兵分别委任其弟和波米卡尔指挥。

当他挥舞战刀,策动中央军急速突出,而罗马军的中央正面也在向前运动时,汉尼拔的左翼重装骑兵队以排山倒海之势向罗马军的右翼撞来,并迅速向罗马中央军背后包抄,转眼已达罗马军左翼的背后,形成了巨大的包围圈。由于汉尼拔的梯形正面呈铁锥状插入罗马军正面,敌军两翼在他的骑兵包围中又来不及合击,结果罗马军的中央正面被穿透,两翼被骑兵席卷扫荡,主脑失去指挥能力,军队陷入全面的混乱。罗马大军当场阵亡7万人,剩下的1万全部被俘。

这便是流芳百世的最典型的以少胜多的"康尼之役"。汉尼拔由此在世界军事史上留下了不朽的声名。

第一次世界大战时,德军参谋总长施利芬元帅所拟订的著名的"施利芬计划"[②],便是继承汉尼拔的包围歼灭战略,在他的计划中,若东、西两线同时对俄、法作战,德军在东线只驻扎少数部队,以遏制行动缓慢的俄军。西线的南段多山,不利于大部队快速行动,部署兵力也略少,重兵则集中于西线北段,于短期内可席卷比利时和法国北部,绕至法军后方加以包抄歼灭,然后全力回击俄国,迅速结束战争。这个完全师法于"康尼之役"的战法,曾使法、俄两军在大战初期大规模溃败。

"康尼之役"完全是秦始皇陵兵马俑坑军阵阵法和战术的西方版本,东西方形成的这种相通的战略战术,给后人留下了无尽的思索和回味。

然而,汉尼拔的好运随着"康尼之役"的结束而一去不复返了。罗马人决定采取持久的拖延、牵制、消耗战术,把汉尼拔这头雄狮困死。同时让另一条战线上的军队直接进攻西班牙,以迫使汉尼拔后撤。

面对军队疲惫、劳累、补给不足的困难,汉尼拔心急如焚。这时,西班牙被罗马另一条战线上的罗马军队攻陷,迦太基政府遭到巨大威胁,汉尼拔思前顾后，不得不率已离罗马城仅8公里之遥的军队返回故国。

公元前202年，也就是汉尼拔回到故国的第二年，年轻的罗马将领西庇阿率军进入迦太基。汉尼拔立即组织军队，在查玛地区同西庇阿军队进行了他有生以来最悲惨也是最后的一次大决战。

深秋的查玛战场，狂风怒吼，尘土飞扬，使这片无水、无山、无人烟的不毛之地越发显得悲壮凄凉，这是苍天向汉尼拔最先发出的不测的警告，可惜他没有察觉。

两阵对峙，威名赫赫的汉尼拔依然摆开了同康尼平原上相似的阵法。有所不同的是，大军的前方安置了80头凶猛的战象。两军势力相当，步骑均为3万人。汉尼拔信心十足地看了一眼自己的军队，发出了攻击的号令。交战开始了。

此时的汉尼拔没有想到年轻的罗马军将领西庇阿，在彻底地研究了他的阵法之后，又以惊人的才华拟订了使汉尼拔惨败的神奇对策。80头战象挟起了死神，以雷霆万钧之势向罗马军队扑来，随之左翼的铁骑也驰入敌阵。

罗马军队面对滚滚风雷，既不退却，也不避让，呆了似的在原地不动。战象、铁骑狂奔着，离罗马军队越来越近，死神已在眼前起舞。

西庇阿感到时机已到，迅疾发出了号令。顿时，罗马军队鼓声大作，号角齐鸣，其怪异的声调震耳欲聋。在这奇声怪响中，罗马军阵闪现出一条条通道。正勇往直前的战象和铁骑受到这突起声响的惊吓，顿时乱了阵脚。有的停滞不前，有的穿阵而过，有的则掉头冲向自己的军队。汉尼拔军阵一片大乱，无数步兵在战象与铁骑的冲击、践踏下成为肉泥。

西庇阿抓住这千载难逢的战机，指挥中央正面部队迅速揳入汉尼拔的阵中，在将对方的中央军击溃后，又转身增援牵制汉尼拔两翼的部队。久经战场、百战百胜的汉尼拔，再也无力指挥军队反扑了，他遭到了平生最惨烈的大失败。3万军队除阵亡外，几乎全部被俘。

初出茅庐的西庇阿第一次把声学应用于战争，一举击溃名将汉尼拔而名传青史。

这次交战的结果是，迦太基无条件向罗马投降，并接受罗马人提出的一切条件：没收军舰、战象，剥夺交战权，放弃全部的海外领土，赔偿5000公斤黄金，派100名贵族子弟赴罗马当人质，等等。于是，为期19年的第二次

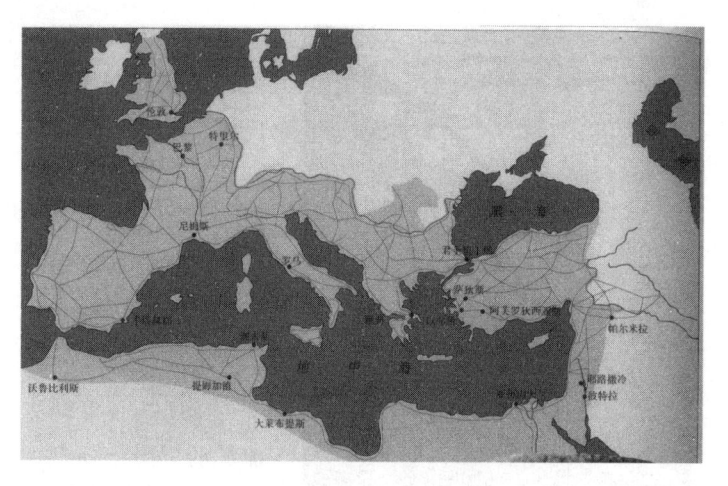

公元2世纪的罗马帝国版图，地中海成为罗马的内海

腓尼基战争宣告结束。

　　罗马彻底坐稳了在西地中海的霸主地位，然而，胜利者的欲望总是在不断地膨胀。

　　罗马人没有就此止步，随后著名的悲剧英雄恺撒大帝登上政治舞台，他的大军又征服了高卢、发拉克斯、埃及和小亚细亚的所有敌人。稍后的屋大维大帝，继续率领罗马军队开拓疆土。大军所到之处，势如秋风横扫残叶，攻无不克，战无不胜。罗马的版图变成东起幼发拉底河，西抵直布罗陀海峡，北至英吉利，南到北非北岸，整个地中海成为罗马帝国的一个内湖。

　　婴儿最终成为巨人，"金色的罗马"达到了它最为辉煌的鼎盛时期。

千古一帝震华夏

　　当马其顿的铁骑踏上万里征途，罗马大军于地中海的风浪中奋力搏击之时，在喜马拉雅山东部和天山、阴山、大青山区域的千里大漠上，同样是刀光剑影、烽烟不断、厮

马其顿骑兵

山西高平城西北10多公里的永禄乡永禄村将军岭发现的长平之战遗址。1995年10月20日始，山西省考古研究所对该遗址进行发掘，相继发现了宽5米、长11米的小型尸骨坑和宽3至4米、长55米的大型尸骨坑。专家学者认为，将军岭尸骨坑是迄今为止保存最原始、最完好以及规模最大，也是最具文物价值的长平之战尸骨坑遗址，它有力地印证了长平之战秦军野蛮屠杀赵国战俘这一历史事实。同时，长平之战的许多疑难问题也得以澄清和解决。史籍在记载长平之战时，多沿用"白起坑赵"的说法。坑，即"活埋"之意

杀连年。凄凄大漠深处，匈奴、东胡、月氏族，展开了争夺区域霸主的拼杀。战马的嘶鸣伴着劲风吹起的狂沙烟尘，在箭雨刀光的浪涛中起伏跌宕，滚滚前涌。

黄河、长江两大流域的广袤土地上，强盛的齐、楚、燕、韩、赵、魏、秦七家雄主，同样为争夺霸权而拼杀搏击，逐鹿中原。黄色烟尘遮掩下，到处是大军云集，鼓号震天，车骑交错，戈矛并举，刀剑进击，战马嘶鸣。其战争之频繁、规模之巨大、兵车之众多，远非西方战场所匹敌。而交战双方投入军队的数量随着战争的发展急剧增多，几乎每一次战争交锋的人数，都有数十万之众。战争的方式由较原始的车战、阵战的直接对抗，逐渐演变为以步、骑、弩兵为主的野战和赋予多种变化艺术的包围战。著名的秦赵"长平之役"，两军从公元前262年一直拼杀到公元前260年，结果是赵国40万大军降卒被坑杀，秦国军队也伤亡过半。无数将士惨死沙场，流淌的热血荡涤着中原大地。

历史的动荡亟需一位铁腕人物站出来，用超人的智慧和强大的武力完成统一。秦始皇正是在这历史潮流的发展中挺身而出，"奋六世之余烈，振长策而御宇内"，以叱咤风云的盖世雄威，席卷天下，荡平六国，完成了历史赋予他的伟大使命。

公元前237年，秦始皇亲政以他的机智与果敢粉碎了吕

不韦和嫪毐集团。稍试锋芒后，便开始实现吞并六国、统一天下的雄心壮志。

这一年，呈现在秦始皇面前的是两种针锋相对的战略主张：一是吕不韦之后继任丞相的李斯提出的"先取韩"的战略，另一种是大思想家韩非提出的"举赵、亡韩、臣楚魏、亲齐燕"的战略。李斯的主张体现了先弱后强的作战方针，而韩非的主张则体现了先强后弱、远交近攻的战略部署。

李斯与韩非虽系同学，一旦发生关系到自己前途命运的利害冲突时，由相知、相亲变为相互残杀便无法避免。既然冲突已经出现，残杀也成必然。李斯联合重臣姚贾先发制人，在秦始皇面前分析了韩非的战略方针无非是"存韩"和"谋弱秦"。按照李斯的说法和观点，韩非是韩国的宗室贵族，人虽在秦，其心向韩，故不让举伐韩国而攻赵，不如及早杀韩非以绝后患。秦始皇为李斯所言而动心，下令将韩非关进监狱听候发落。

既然冲突已经开始，就要置敌于死地，否则后患无穷。深知权术之道的李斯不会放过这个机会，他以毒药将韩非毒死，从而取得了这场冲突的胜利。

韩非既死，李斯又备受秦始皇重用，在这种情况下，如果对战争的形势和六国的格局没有深刻的了解，对敌我双方的力量没有正确的估计，缺乏战略头脑和眼光，此时的秦始皇可能就要按照李斯的作战方针行动了。然而，秦始皇没有行动。他开始以自己的宏才大略正确估计和判别敌我双方的力量，以及韩非与李斯两种不同方针的得失。

秦始皇清醒地认识到，秦国的军事力量比任何一个诸侯国的力量都要强大，若单个较量，秦军无疑占绝对优势。但是，秦国面临的是关东六国的敌人，若以秦国兵力对六国总兵

战国时期的各国货币形状，秦统一后全部改为圆形

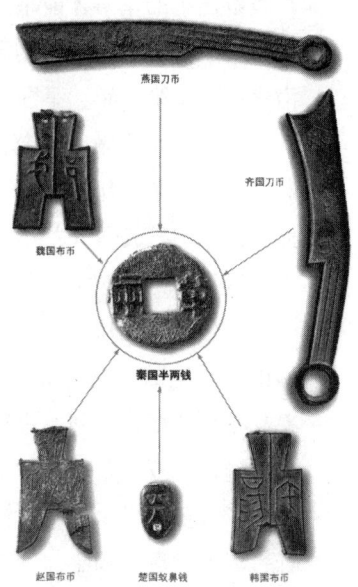

力，优势则归对方。灭六国不能四面出击，而各个击破的战略方针无疑是正确和明智的。要想各个击破，就必须防止诸侯合纵③。六国中，韩国较弱、赵国较强，如按李斯的战略方针，"先取韩以恐他国"，就很可能再"恐"出一个以赵国为首的合纵抗秦的强大势力。公元前241年，赵将庞涓统帅赵、楚、魏、燕、韩五国之师合纵伐秦，赵国就是这五国的盟主。前车之鉴就在眼前，不能再蹈覆辙。韩非的主张无疑是为打破诸侯合纵考虑的，是一种新的形势下战略目标的发展与转移。"举赵"以击其头，使六国群龙无首，同时"亲齐燕"以断其身，合纵难以形成。

秦始皇以一个战略家的杰出才智，不顾李斯等人的强烈反对，毅然决定采用韩非的战略方针：远交近攻，举赵亡韩，做出了集中主力、打击赵国的具有重大军事战略意义的抉择。

公元前236年，秦始皇派名将王翦、杨端和、桓齮率30万大军进攻赵国。时及赵国大将庞涓正率兵与燕国交战，秦军乘虚而入，占领了上党郡及河间地区。第二年，秦军又攻下平阳、武城。赵国军队阵亡10万余众，大将扈辄死于乱军之中。公元前233年，秦军又一举攻下了赵国的赤丽、宜安，兵临邯郸城下。赵国危在旦夕，急从北方调回正在防御匈奴的名将李牧。当时李牧所率军队为赵国的精锐之师，从北方返回后，士气高昂，锐气逼人。李牧以出色的军事才能指挥将士，与秦军在邯郸城外进行了一场血战。结果是秦军遭到了攻赵以来的第一次惨败，指挥战斗的主将桓齮由于战败而畏罪潜逃燕国。第二年，秦国大军再次进攻赵国，又被李牧指挥军队击退。

尽管秦军兵败，但赵国的势力已大大削弱。祸不单行，公元前230年，赵国又出现了百年不遇的大旱灾。战争的消耗，灾情的折磨，政治的昏暗，此时的赵国已成强弩之末，灭亡之日已为期不远。赵国自身难保，联纵已不可能，趁此良机，秦始皇派兵一举将小小的韩国拿下，昏庸无能的韩王被俘。

李牧尽管两次大败秦军，但未能挽救赵国灭亡的危局。公元前229年，秦国大将王翦、杨端和兵分两路扑向赵国。久经战场的宿将李牧、司马尚率赵军拼死抵抗。两军进行了数百次厮杀，均遭巨大伤亡。将士血染战袍，尸骨遍地，双方苦苦搏杀一年之久未分胜负。秦始皇亲临现场观战，以鼓舞士气，并要不惜全力拿下邯郸。与此同时，他采用尉缭的"离间其君臣"之计，派人用重金贿赂赵国权臣郭开。郭开贪利而向赵王诬告李牧、司马尚欲

132

谋叛乱,只守不攻,作战不力。难辨真伪的赵王立即派赵葱、颜聚去取代李牧和司马尚,李牧深知赵葱、颜聚皆非将才,绝不是秦国名将王翦的对手,在大敌当前的危急关头,李牧以国家存亡为重,抵抗王命,拒不交出兵权。赵王与郭开密谋派人将李牧抓获并处以死刑,司马尚被免职关入大牢。可惜李牧忠诚一世,壮志未酬,没有战死沙场,却被奸臣所害。

李牧一死,赵军军心大乱,结果秦军不到3个月,便攻克邯郸。赵国从此不再存在。

强大的赵国一旦灭亡,弱小的魏国和燕国的悲剧命运已无法改变。尽管不乏荆轲那样的壮士,慷慨悲歌,以死相搏,但仍未能摆脱国破家亡的结局。两国随着赵国的灭亡,也很快走到了尽头。

时势造英雄,但英雄必须正确驾驭和把握时势,否则便不再是英雄。

四国吞灭,秦国面临的敌人便是齐、楚。很明显,这两国的实力,楚远比齐强大,而秦与齐和亲修好四十余载,和楚数次结怨。面对齐、楚两国的不同局势,如何确定征讨战略方针?

当秦始皇征求文臣武将的意见时,听到的多是先攻齐再伐楚的战略理论。这个理论实则是李斯"先弱后强"作战方针的延续。

秦始皇依然没有这样做。他再次清醒地认识到,齐国虽弱,但有相当的军事实力。如若先攻齐,免不了还要和强楚进行一次恶战。同时还要遭到齐、楚合纵的威胁。若先灭楚,可使齐秦之交不破、齐楚合纵不成。一旦楚国灭亡,齐国定不战而降。

于是,秦始皇再次使用了集中主力打击主要敌人的战略方针。公元前225年,秦始皇派大将李信率20万秦兵伐楚,因年轻气盛的李信过分轻敌,秦军遭到惨败,退回秦国。

公元前224年,秦始皇改派王翦率领60万大军出征伐楚。当秦军压入楚境时,楚国名将项燕立即调动国内全部兵力迎战。王翦吸取了李信兵败的教训,坚守营盘而不出战。待秦军养精蓄锐之后、斗志旺盛之际,才下令出击。60万大军洪水般冲入敌阵,此时的楚军已失去戒备之心,猝不及防,被秦军一举击溃。楚国名将项燕也战死于乱军之中。不久,秦军攻下楚都寿春,楚国灭亡。

未出秦始皇所料,楚国一灭,齐国已成瓮中之鳖,被王翦的大军一触即溃，齐亡。

齐楚征战，在显示了秦始皇杰出的军事战略才能的同时，也暴露了他使用将领的失误和弱点。但他的失误和自身具有的弱点，并未妨碍他伟业的建立。至公元前221年，山东六国在秦军15年的征讨中全部灭亡。中原大地上为期几百年的割据混乱局面宣告结束，历史由此揭开了新的一页。

然而，六国灭亡，中原统一，并未标志着秦军的征战已经结束，因为此时中原北部的情形已发生了剧烈的变化。匈奴人由弱到强，趁秦灭六国之机，单于头曼率匈奴大军南下，攻占了黄河河套以南的地区，致使秦都咸阳面临严重威胁。"亡秦者必胡"的议论已在民间流传开来。

同时，地处五岭之南的"百越"陆梁人④，对秦的统一和政治的稳定也造成一定的威胁与困扰。要建立一个强大而牢固的封建帝国，就势必要对这两股军事力量给予打击。

问题出现了。摆在秦始皇面前的是匈奴人，剽悍强壮，以战征之，难攻难守；而"百越"虽远隔千山万水，路途遥远，但部族分散，军事力量相对较弱，攻取较易，守戍也可能成功。

面对新的局势，秦始皇毅然实行战略大转移，采取了先弱后强、先远后近的征战方针，这实则是15年前李斯等人战略思想的复活，秦始皇终于在历史发展进程的这一阶段付诸实施了。

50万秦军兵分五路，以战略进攻的姿态出现在"百越"战场上，很快取得了占领这块土地的胜利。南海也因"百越"的征服而打通了。

随着对"百越"战争的胜利，秦始皇立即派大将蒙恬率30万大军攻击匈奴，由战略防御转为战略进攻。结果匈奴退却700余里，并最终形成了"胡人不敢南下而牧马，士不敢弯弓而报怨"的战略局面。

在历史的跑道上

人类的文明，是以一个社会已由氏族制度的解体而进入国家社会组织的阶段为标志的。在这种社会中，除了政治组织上的国家以外，还要有城市作为政治、经济、文化各方面活动的中心。同时也应该发明文字和能够利用文字做记载，并且要掌握冶炼金属的技术。当然，这一切的标志中创造和使用文字则是最主要的。

1968年，英国剑桥大学丹尼尔教授在他的《文明之起源与考古学》一书中，提出了全世界最古老的独立发展的文明为六大文明之说。这六大文明分别为埃及、两河流域、印度、中国、墨西哥和秘鲁。

其实，丹尼尔的学说是荷兰著名考古学家法兰克福学说的继承和发展。早在20世纪50年代初，法兰克福就指出全世界范围内独立发展的文明只有三种，即埃及与两河流域组成的近东文明，中国文明，秘鲁、墨西哥组成的中、南美洲文明。埃及与两河流域、印度与两河流域相互密切联系而形成的文明，已被考古资料所证实。尽管在中美洲和南美洲没有发现直立人化石，但它们特别是墨西哥与秘鲁最早在世界形成独立的文明，同样被考古资料所证实。显然，它们所形成的文明是独立的，与旧大陆无关。只有中国文明的起源这一问题，成为传播论派[5]和演化论派[6]争锋的焦点。而丹尼尔和法兰克福正是站在演化论这一边的主将。

18世纪后半叶，法国人约瑟夫·德·岐尼提出了中国人乃是从埃及殖民过来的理论。与此不同但相似的是，法国的汉学家波提埃和卢内尔曼将汉字与楔形文字[7]做了一番比较后，提出了中国文明和巴比伦文明[8]有亲缘关系的学说。当时英国的东方学者拉克帕里将中国文明与美索不达米亚乌尔地区的迦勒底文明比较后，做出了两者之间有某种关系的结论。当英国的理雅格提出了诺亚的子孙曾东行到中国一说后，德国的李希霍芬则干脆把中国文明解释成是由西方移民的结果。

1924年，瑞典地质学家安特生[9]在中国的甘肃、青海等地发现大批彩陶，他把这些彩陶和中亚的安诺以及南俄的特里波列等处的彩陶做了比较，以考古的资料为中国文明起源于西方的学说提供了证据。

中国的考古学巨匠夏鼐[10]，在1985年将商代的冶铸青铜技术与铜器上的纹饰，以及甲骨文字的特点等做了研究，和西方文明的考古资料比较后，提出了中国文明是独立发展的、并非外来的学说，重新肯定了丹尼尔、法兰克福的结论。

至今，关于人类的起源与文明的诞生问题，在世界科学界一直争论不休。不管这场争论最后的结局如何，人类的起源和文明的诞生到底最先来自西方还是东方，是中国还是外国，有一点是不可否认的，那便是人类终于以自己的智慧和不屈不挠的顽强意志，穿透了千万年苍茫迷蒙的漫长岁月，在滴血的号子与沉重的足音中迎来了文明的曙光。当进击的脚步迈到公元前3世纪和公元前2世纪时，世界的东方和西方所诞生的三个最强大的帝国，其政治、经济、军事、文化几乎是达到了同等的高峰。在人类历史的进程中，它们站在了同一条起跑线上，并且搏击奔跑的姿态和方法又是出奇地相似。

亚历山大不愧是一个有知识、有见地、有抱负的伟人。他不同于一般的昏庸帝君，只贪图淫乐安逸，陶醉于奸佞小人的谄媚。从某种角度看，他的军事行动、万里远征，颇有科学探索的性质。当年他在远征波斯的初期，便随军带有很多学者，使这些在科学、文化、政治领域里颇有建树的学者和希腊人，到了他们从来没有去过的地方，从而开阔了视野，增长了知识。最典型的例子是他们知道了里海并不是海湾，而只是一个大湖泊。在此之前，无论是声名显赫的学者还是一般的希腊人，对此一无所知，这不能不说是具有历史和科学意义的幸事。

罗马鼎盛时代的杰出人物恺撒大帝，虽出身贵族之家，而自己却是一个平民党人，并同和平势力的领导者秦纳的女儿科涅莉亚结婚。

恺撒27岁时被选为罗马大祭司及军团司令官，31岁时担任财政官，34岁时担任市政官，负责祭典、竞技等事务。37岁时成为大法官。这时他离执政官的目标只有一步之遥了。

在此期间，为了得到民众的普遍支持，他大量营建公共设施，其中包括组织罗马人为之狂热的竞技活动。他曾一次同时举办了320组斗剑比赛，使成千上万的罗马城乡居民全部卷入，并为之振奋不已。恺撒个人的生活极为节俭，但他不惜负债累累对平民慷慨乐施。

当他39岁时，率领军队出征西班牙，在佳德斯，他曾策马冲到亚历山大的塑像前，来来回回地徘徊了好久。亚历山大的光辉业绩和杰出才能，激励着他完成了自己的伟业。

和亚历山大、恺撒有所不同的是，秦始皇本人并未亲自率军厮杀疆场，但他却站在了更高角度上驾驭群才，最终完成了统一天下的历史使命。在秦始皇当政的岁月里，修建郑国渠本来是韩国的疲秦计，然而他能听从谏议未杀水利专家郑国，反而下令将渠修成，为秦所用。为夺得一个思想家韩非，他不惜发动一场战争。青年将领李信率军伐楚，损兵折将惨败归来，仍受重用。在大规模的东征中，秦始皇手下有一大批第一流的政治家、军事家、外交家和思想家，如李斯、姚贾、王翦、蒙恬、尉缭等人，均出色地发挥了自己的才能，共同完成了吞灭六国的大业。

在融合人种这一决策中，亚历山大做出了前人未有的惊世之举：令东西民族相互通婚。虽然他的最初目的是为了巩固他所开辟的那个超大型帝国的统一，重点在于政治，但其间夹杂着一种明显进步的、科学的思想，这种思想在客观上促进了文明的传播和发展。

罗马的恺撒为加强属州的统治，直接采用了移出8万罗马城市民，分别送到各殖民地区定居，令他们与当地人通婚，以进行人种的融合。这种抉择和亚历山大的移民思想具有异曲同工之妙合。

秦始皇发兵50万一举攻下"百越"，面对戍守的困难，毅然改变吞灭六国的戍守战略，命部分将卒与越人杂居、通婚。这显然出于政治与军事战略的考虑，却使"百越"的文明得到了发展，并出现了"中县人以故不耗减，越人相攻击之俗亦止"的局面。

亚历山大远在异邦建立了很多城市、军港，无非是出于巩固帝国的军事上的考虑。而秦始皇面对当时无力彻底吞灭匈奴的现实，不顾时人乃至后人的诅咒，狠心筑起了一条万里长城，也同样是出于巩固帝国大业的军事上的深谋远虑。

无论是政治、经济、文化，还是决定国家兴亡的重要军事力量，在人类历史长河之中，这短暂的瞬间，东西方尽管没有站在同一条跑道上，但却是并驾齐驱，像天河中耀眼的星光，同样辉煌壮丽、光彩照人。然而，人类的足迹并未在此停留，文明也在不断的创造中越发辉煌夺目。当历史汹涌澎湃的潮头奔腾到21世纪时，人们蓦然回首，那三个古老的帝国早已流星般在夜空中陨落，所留下的只有一条不易察觉的残迹。

但是，今天的人类并没有因为这三个古老帝国的陨落与消失而遗忘历史。与此相反的是，仍在不惜一切努力去探寻它们的踪迹，聆听远古文明的足音，感知历史的余温。但是，由于岁月的久远以及历史烟尘的遮掩，当今人类已无法辨清三个古老帝国的真实面目。于是，主观的臆想和推测就不可

甘肃出土的唐代罗马金币（右）与波斯银币

避免地相继出现了。

亚历山大东征远至中亚的锡尔河，已被他所建立的城堡和考古资料所证实，但近来却有史学家提出了亚历山大曾进军到中国境内，并且在西北地区修筑了土长城和城堡的推论。随后，又有人以罗马地理学家斯特拉波在公元前1世纪所记载的"公元前3世纪至2世纪罗马东向扩土，直达塞累斯国"为依据，结合近年来在陕西、甘肃等地出土的拜占庭和罗马金币的考古资料，提出了罗马帝国东征至中国的说法。

这些说法一经提出，曾得到了部分人的认可。这部分人中，有西方人也有东方人。从这些认可者的心理分析，西方人无非是想证明他们的祖先一开始就比东方人伟大，这和他们提出中国文明来源于西方学说的心理是一致的。而东方人之所以能认可，无非是面对近百年来中国不景气的现状，证明中国人从老祖宗起就是挨打受罚的料，今天的状况亦是必然，从而获得一种心理的平衡，达到麻醉的效应。

从残存的史料看，当时的亚历山大曾有过征服东方直至东海的计划，那时他认为一旦到了东海，就踏上了世界的边缘。假如此说真的能够成立，对于中国人来说不能不算一大幸事。试想，亚历山大既然已到中国的甘肃，就不可能放掉中原这块肥肉。那么，在东方兴起的"春秋五霸"必然要和亚历山大的铁骑决一雌雄。尽管西方的铁骑骁勇善战，东方的战车也绝不是拉土块的用具。亚历山大虽通晓古希腊的兵书战策，东方的孙武、孙膑、伍子胥等亦不是等闲之辈，可以说他们也对军阵的妙用深得精髓。厮杀的结果应该是很清楚的。

假若，后起的罗马大军杀向中国，战况也绝不是横扫地中海那样乐观得意。"春秋五霸"虽不复存,但"战国七雄"尚在。尽管罗马有费比乌斯、玛尔凯斯以及后起之秀西庇尔那样出色的军事指挥家,但中国的尉缭、王翦、李牧、廉颇、项燕等辈也绝不是只能吃饭不能打仗的老朽,且廉颇虽老,壮心犹存。尤其是从2000年后秦俑坑出土的军阵以及将士的风范来看,足以令后人判别西方这支劲旅和中国军队交手后的胜负之况。

对此,中国人并不悲观。1983年3月,中国考古学巨匠夏鼐在应日本广播协会之邀的演讲中,对亚历山大和罗马大军进入中国的学说进行了公开的批驳。亚历山大进入中国没有确切的史料记载和实物证据,因而"只能算是传奇小说,并不是历史事实"。经过考证可知,罗马地理学家斯特拉波记载的塞累斯,并非指中国,而是指中亚黑海一带,即当时欧洲人知道的丝绸来源的最远地点。而在中国陕西、甘肃出土的罗马、拜占庭金币,似是在汉唐时期丝绸之路开辟后传过来的,绝非当时的罗马大军来中国所留下的遗物。

此说已经否定,在中国古代历史上就再也没有显露出东西方军事力量大规模交手的例证。当然,军事力量不曾交锋,并不意味着文化艺术等诸方面没有碰撞和交流,但这种交流始于何时,产生了怎样的碰撞,这就牵扯到另一个命题,即中国雕塑艺术特别是秦始皇兵马俑雕塑艺术的源头到底始于何处?

东方艺术的奇峰

前文已述,秦俑三坑那8000座体高等身的陶俑以及硕大齐体的陶马、战车,其配制方式是按照古代军事序列和陈兵布阵的形式,再现出秦军列阵、驻营、拟战、军幕的生活场景,从宏观上反映了秦国兵强马壮、气吞山河的风貌和秦始皇本人博大雄武的气质。正是由于秦军在烽火狼烟的战国争雄中取得的辉煌胜利和秦始皇本人的盖世气魄,才构成了秦俑艺术产生的社会基础。可以说,没有秦军的胜利,没有秦始皇帝,就不会有秦俑艺术的存在,更不会出现"前不见古人,后不见来者"这样伟大的写实艺术奇峰。

在秦代之前,以军队为题材塑造战争场面的艺术作品,如战国时期的青

139

河南汲县山彪镇出土的水陆攻战纹铜鉴上面雕刻的肩披旌羽的战士

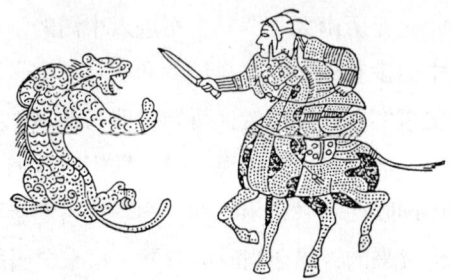

洛阳金村出土的骑士持剑刺虎纹铜镜上的图案

铜器装饰画、河南汲县山彪镇出土的水陆攻战纹铜鉴上面雕刻的290余名士兵在水面和陆地上拼杀攻坚的场景，以及洛阳金村出土的骑士持剑刺虎纹铜镜中表现的武士着铠、乘马勇斗的风姿，等等，虽然在艺术上都不同程度地表现了军旅生活和战场搏击的情景，但由于提供给后人的图像大都是轮廓的侧面剪影，无法看出他们的真实形象。在秦兵马俑出土之前，咸阳杨家湾汉墓从葬坑出土了西汉前期的彩绘步、骑陶俑群，这些俑像造型优美，人体的各个部位结构合理，形态生动逼真并极富灵性，但可惜通高只有50厘米左右，正因其体形过小，对于甲衣、芒鞋靴履、鞍鞯等细部只能用颜色绘出，并不具备秦俑在塑型上涂彩的质感，故而只能让后人看其大体效果而无法弄清更为具体的细节。也正是由于这诸多的缺憾，使这些俑像在艺术上不同于秦俑并削弱了它们的历史研究价值和艺术魅力。

除人俑之外，中国自夏商以讫战国，以马为题材的雕塑作品比较罕见，而秦代的雕塑作品，后人也很少看到。人们对古代雕塑的了解，一般仅局限于汉代，并在相当长的一段时间内，把霍去病墓石刻为代表的汉代雕塑，作为中华民族雕塑艺术的顶峰。至于汉代之前的雕塑，则认为不具备写实能力，只是一种粗犷的模仿而已。秦始皇兵马俑群像的发现，以史无前例的宏伟规模展示了中国雕塑艺术史上第一批纪念性大型群雕的杰出成就，其宏伟的规模和个体的艺术魅力可谓达到了空前绝后的境界，即使封建社会鼎盛时期的唐代皇陵前摆放的大型石像，也无法与之匹敌。秦俑坑发掘之后，面对秦代陵墓雕刻在制作目的到实际效果上所发生的巨大变化，许多研究者对此进行了较为科学而合理的解释，也有一些人则仅凭臆想和主观武断就轻率地做出结论。如有一个名叫格尔曼·汉夫勒的德国学者跑到中国参观了出土的秦兵马俑后，竟大放厥词，在他的一篇题为《中国雕塑艺术的诞生——临潼兵马俑观感》的文章中，做出了中国雕塑艺术不是土生土长的，而是来源于与西方的交往，得益于亚历山大的智慧和光彩照人的希腊艺术的结论。文中说道：

古希腊的雕塑艺术不只是给古意大利的伊特拉斯坎人树立了典范，并且它在罗马帝国时期得到了发展。古希腊、古罗马时期的整个地中海地区的人们掌握了这一艺术。边远地区的人们了解了这一艺术，但原则上却予以否定。凯尔特人、斯堪特人和日耳曼人仍然保持他们自己传统的艺术风格。他们选择古典题材时，总是极力使之和其传统艺术相适应，对雕塑和绘画却束之高阁。这一状况持续了相当长的时间，直到凯尔特人和日耳曼人受到地中海沿岸各国艺术的刺激和推动，最终也开始接受中世纪造型艺术。这些以及文艺复兴和以后时期的艺术都来源于希腊艺术。每尊雕像、每幅油画所体现的完美当然得归功于希腊艺术，这自然也包括欧洲和远东的艺术作品。

这一观点将会引起中国人的震惊。因为奇特的、自成体系的中国艺术给人这样的印象，好像它们是与世隔绝的、土生土长的产物。那些广阔的、毫无吸引力的、强盗出没的荒原沙漠地带，难道不是阻碍东西方来往的天然屏障？……

以前，东方对西方并不遥远，而且还有相互来往的道路。即使人们要耗费很多时间走完这段路程，时间在当时却并不像人们现在所看重的那样宝贵。在这一道路上，当然也经过中间地区，源于西方本土的艺术顺利地传到中国。因此，中国新石器时代陶器的装饰图案和乌克兰特里波尔耶文化的相似性绝非偶然。当希腊几何图形艺术达到鼎盛时期（公元前1000—前800年）时，恰好在中国的青铜器上突然出现了几何图形的装饰图案。其典型的波曲纹和相似的主题等都说明它们之间有很多联系。当希腊的几何图形艺术时代衰落的时候，这一联系又再度中断。

自从亚历山大大帝征服波斯王国继续东进的时候，零星的东西方相会使这一联系更加紧密……

古希腊艺术在亚历山大大帝时期达到了顶峰，并且得到了更为广泛的传播。中国古代艺术可与其相媲美。尽管这种东西艺术之间存在着根本的差异，但两种艺术碰撞后还是产生了共同的艺术火花。古老的中国艺术打破了它们之间的界限，从而以古希腊艺术为模式的中国雕塑艺术便应运而生了。就同那些以叙事为内容的油画一样，这时在中国出现的陶俑也同样意味着艺术的革命。难怪人们会为之感叹了，陶俑如真人一般，并绘有鲜艳的色彩。对于那些事先从未见过这样的陶俑，并且认为它们是根本不可能出现的人来说，无疑深有感触。陶俑看上去好似被夹板夹着的僵硬的真人一样。这种感觉在他们再看到人物、动物以及表现事件的诸如狩猎和赶车场面的油画时，一定会发现，而且还会相信眼睛的错觉。然而，不管怎样，新的艺术终究是产生了，而且为人们所接受，它取代了传统艺术在工艺美术行业的地位。

这样巨大的变化并不只单凭自己的力量，而是在西方艺术家的帮助下才得以实现的。有一条很重要的记载：公元前245年，曾有一位西方某国的画家来到中国，原名不详。他们后来在自己的新居自称"利伊一世"。西方的画家来到中国，而且也会有雕刻家，那么中国的同行们肯定从他们身上学会了这种新的雕塑技艺。

临潼兵马俑以它们的风格证明了这种"洋为中用"的理论。它们的风格就在于人物的各部位都进行了非常细微的技术处理，而这种风格正是追随了后期希腊艺术的发展趋势，古意大利伊特拉斯坎人的艺术作品与中国的陶俑特别接近。例如托迪的玛尔斯像（罗马神话中的战神）和奥尔维托神庙山墙上刻的披着铠甲的武士。伊特拉斯坎人以他们非常娴熟的制陶技术而著称，那么可以这样想象，中国人很可能在伊特拉斯坎人中找到了他们的师傅。相对于伊特拉斯坎人的塑像来说，临潼兵马俑看上去十分"古老"，并且缺乏希腊雕塑立势的虚实，其姿态威严，富于军事性。这是秦俑身份所要求的，而不是技术处理不当的问题。毋庸置疑，临潼兵马俑作为中国雕塑艺术诞生

第四章　人类星光闪耀时

的最早标志的出现，应归功于希腊艺术与其的挑战。

人们不禁要问，如果在公元前3世纪以前东西方就已经有了来往，为什么中国艺术的这种根本性变革正值这时出现，而不是在此之前？

由秦始皇所造成的政治局势是中国吸收西方雕塑艺术的前提条件，这种雕塑艺术象征了皇权，表明了民众的统一。到此为止，人们应该理解临潼兵马俑是怎样产生的了。显然，那认为雕塑艺术是在中国土生土长的论点是苍白无力的，没有西方艺术就不可能有中国雕塑艺术的诞生，甚至没有亚历山大大帝的吸引，也就不会有秦始皇建立的帝国——中国。

希腊维尔吉纳（vergina）发现的象牙雕刻，上面的人物可能是幼年亚历山大（做牧羊神打扮），一旁是父亲菲利普与母亲奥林匹亚丝

汉夫勒在既无确实的依据，又缺乏具体细致准确分析的情况下，就信口雌黄，妄下谬论，这除了哗众取宠之外，还体现出"欧洲文化中心论"的观点在他的心中是何等的顽固和强烈。

在汉夫勒看来，世界文明产生于地中海，其代表是希腊，并由希腊这一个点把文化传播到整个地球。其实，这就是前几个世纪在西方颇为流行的所谓的"欧洲文化中心论"。

格尔曼·汉夫勒来中国参观兵马俑的时候是20世纪末期，他所坚守的"欧洲文化中心论"在这时已显得陈腐和浅薄，因而这种谬论一出，即遭到了许多学者和艺术家的批判。中国当代艺术批评家邱紫华针对汉夫勒的观点曾批评道：早在19世纪20年代，黑格尔在美学研究中就意识到了自己所持观点"欧洲文化中心论"的偏颇，他已经认识到"在

艺术类型方面，各民族的构思方式和表现方式往往彼此相混，使得我们认为特属于某一民族世界观的那种基本类型，在时代较晚的民族中也一样可以发现"。这就是说，在不同地区不同民族的艺术中，存在某些相似性、一致性的因素，正基于此，黑格尔又才进一步认识到文化艺术在多民族之间的影响是相互的、彼此渗透的，交流是双向的。邱紫华说："如果说黑格尔关于艺术的原生论和双向传播的思想还处在天才的猜测阶段的话，那么本世纪以来，遍及世界的考古、探险所发现的文化材料和人类文化学、民族学、原始文化艺术，以及文化传播学等研究成果已充分地证明，在远古的旧石器时代，在五大洲的土地上都已产生了自己的文明和原始文化艺术。正是在这种文化理论背景下，'欧洲文化中心论'才显得陈腐和浅陋。西方卓有见识的学者们纷纷指出，文明是原生的，传播是双向的，如美国著名的人类学家弗朗兹·博厄斯认为，这种不同地区不同种族之间艺术的一致性、相似性是导源于'在所有民族以及现代一切文化形式中，人们的思维过程基本是相同的'，'尽管种族和文化不同，甚至有些地方的宗教信仰和生活习俗非常怪诞，但无论任何地区，人们的思维能力都是相同的'。"

汉夫勒在其文章中强调："中国艺术与欧洲仿古希腊古罗马艺术同根，均来源于希腊艺术。"对于这个论点，中国著名美术家张仃曾给予了批驳，并明确指出："秦俑，是中国土生土长的雕塑。它朴素的雕塑手法，跟后来民间艺人的雕塑手法是一脉相承的。传统的表现手法之所以能够世世代代地流传下来，是靠历代民间雕塑艺人的继承和创造。在表现手法上，中国雕塑的塑造，和西洋不一样。西洋雕塑是把泥掇上去以后，一处一处往

一号坑中的武士俑

一号坑中的兵马俑

下减，一点一点往下揪，而我们中国雕塑与其相反，是往上加。看秦俑的许多胡须、头发，像贴片子似的贴上去的。对这种表现手法要做深入的研究，这样才容易理解和掌握中国雕塑的艺术语言特色。不同的塑造手法，效果是不一样的。假如我们用西洋雕塑的办法来摹塑秦俑，纵使形态上大体能像，但是神韵却出不来。从艺术效果上看，中国画和中国雕塑都是这样，注重大的结构，注重神势。表现手法上，注重用'线'。从六朝到唐代，雕塑作品上表现衣纹的线，跟绘画作品中的线很相像，绘画上的'曹衣出水'或'吴带当风'，在雕塑上都同样有所表现，绘画上是这样，雕塑上也是这样。看六朝佛像上帐幔和衣褶的艺术处理，是非常考究的。所以秦俑艺术受外来的影响不多，不像希腊雕塑那样太程式化，秦俑是中国土生土长的写实的艺术。"

汉夫勒武断地判定秦俑与罗马雕塑的相似是技法、风格上的相似，其实，只要略做研究就不难发现，两者只是审美追求上的相似，即注重人物面部的逼真、生动上相似。秦俑对人物面部的个性化、生动化追求是对中国人物造型传统的继承和发展，而不是学习希腊罗马技法风格的结果，更不是希腊罗马的西方画家雕塑家之流来中国进行的创造！这一点，正如中国美术史专家王伯敏所指出的："我国原始先民对于人体各部分的观察认识，从来就不是平均对待的，而是把注意力放在头部特别是五官部分。把刻画面部神情作为表

秦俑不同的面部塑造特色与表情

现人物形象的重点，这可以认为是我国美术史重视'传神'的优良传统的开端。"

就艺术的源流和发展而言，中国的造型艺术在形与神两者的关系上，是趋向于重神而轻形的。因此，中国的人体艺术发展缓慢，缺乏科学的实验性人体分析，不能说与重神轻形的理论思维无关。这种传统表现在雕塑上就是重头部面部的刻画与表现，而相对忽视身体的变化与描写。这种倾向在秦俑的造型上已露出了较稳定的特征，这正是中国秦俑雕塑与希腊罗马雕塑大相径庭之处。

秦俑以及古代中国艺术，不是汉夫勒所强加的那样是来自古希腊罗马艺术，是西方艺术的"功绩"，更不是亚历山大一世的"业绩"，而是勤劳聪明的、极富美感的中国人民独立自发创造出来的。所谓的"欧洲文化中心论"和以欧洲为源的"一元化文化传播论"，早被大量的考古发掘材料和人类文化学的研究抛入历史的垃圾坑。到了20世纪末叶，汉夫勒又举起早已被埋葬的招魂幡，狂舞一番，但这一切，除了表明"欧洲文化中心论"阴魂不散外，并不能唤回这具死尸的复活。

当然，这里论述的秦俑雕塑与古希腊罗马艺术的区别，并没有贬低古希腊罗马的艺术成就；反之，亦不能说秦俑雕塑就是尽善尽美的艺术神品。

作为大型群体塑绘艺术的秦俑，无可讳言地存在着诸多缺憾，除了整体风格基调的沉郁、压抑和悲凉外，在造型上也是优劣参差。有的陶俑结构松散，不合人体比例关系，如有臂短及腰者，有短颈压肩者，有窄胸猿臂者，也有手特大者。而有的则动作异常，不明其用意何在。如有左手环握而拳眼外翻或者向上者，有半握拳而四指如矩者，也有曲肘环握如按者，这些均不是握兵器的正常姿势。尤为突出的是，有些俑的形象欠佳并带有概念化，如相貌雷同有如父子或孪生兄弟，有许多不同的个体都可以找到不止两件重复的形象。有些武士俑形象相当丑陋，几乎到了猥琐的地步，如一个车驭俑的身躯如柴，四肢僵直，嘴歪眼斜，同其重要的身份极不相称。还有数量不少的陶俑双眼与耳轮的连线并不在一个平面之上，这个缺憾当然不是烧窑或修复所造成的变形所致。还有的表情游移，同肃穆的军阵主题极不协调。有些陶俑毫无表情，极其呆板木然，大有神不守舍、游移不定的情形。这种复杂多样的面部表情，反映在这样一个肃穆整齐的军阵中既不协调，也与秦军勇猛威武的整体精神相悖。但也有研究者认为，正是这些表情不同，如"轻愁""隐忧""讥诮""憨笑"的具体体现，才反映了秦军的现实状况，从而更具写实主义的艺术特点，反映出的军阵才更真实，也更像现实中的军阵和军人。

不管如何解释，从一个大型的群雕艺术作品考虑，出现了这些与主题思想不协调的形态和表情，就势必损害以致破坏了整体的呼应关系。细究起来，造成这种缺憾的原因固然很多，但有一点却不容忽视，那就是秦王朝的历史背景和艺术家们当时所处的环境，只有在这个历史的大背景下去审视秦俑艺术，对缺憾的原因才能更见分明。

毋庸置疑，艺术产生于劳动实践。原始人类的艺术兴起，主要集中在对物质产品进行美的加工上，如陶器的形态和上面的图案等。在对美的加工过程中，又渗透着对图腾的崇拜和对鬼神的敬仰。进入阶级社会后，从事艺术劳动的下层人民，除美化生活之外，更多的是适应统治者"制器"的需要而做装饰。秦俑艺术从工艺美术的范畴中脱颖而出，自然是由无数不知名的艺术劳动者适应了时代需要而做出的一种新探索。需要指出的是，这时的文人艺术并未形成，在很大程度上还停留在民间艺术的基础之上。这种独立的艺术形式，经过秦汉几百年的发展之后，至三国以后才出现了以文人为主体的专业艺术家。由此可以看出，整个秦代尚处在一种新的艺术形式和艺术队伍的形成阶段，同时也是专业艺术家产生的前夜。正因如此，殷周以来鄙视艺术劳动的史家及士大夫们不可能去总结劳动人民的经验，也不会上升到理论高度来指导艺术。固然先秦的美学思想或多或少地影响到艺术创作，但美学并不等于美术，秦代的雕塑工匠们还只能根据祖传的经验、自己的观察和体验来从事劳动。因此，参差不一的艺术作品便在这个时代同时出现了。

秦俑三坑的陶俑清楚而明晰地告诉后人，这是一个范模分析、组合安装的手制体，这个手制体的制作过程，跟现代人类用零部件组装一台机器几乎没有什么区别。艺术创作本来是一种高级而复杂的思维活动，如果不是其中有艺坛高手做巧妙精到的处理，陶俑势必会成为各部规格不一、整体不能配套的拙劣作品。

还有一个不容忽视甚至是极为重要的因素是，在秦代严刑峻法的恶劣劳

147

动条件和生存环境下，工匠们的艺术劳动带有很大的被动性，其对作品的热情和创作激情也必然受到极大的压抑。流传至今的史料和秦俑坑考古资料表明，建于秦王朝统一前后的兵马俑坑，在这里从事艺术劳动的人群，除秦国原有的艺术人才外，绝大部分都是以徭役的形式征发于六国的工匠，由于陵园的工程量极为庞大，除工师（师傅）领导工匠外，同时还把有技艺的"工隶臣"也编入其中。于是，在这些成分复杂的人群中有相当一部分人心怀国破家亡之恨，遭遇家世零落之难，身受鞭笞奴役之苦，常存惩罚治罪之忧，因而把陶塑的烧制不是当作一门艺术创作，而只是当作一种苦役来完成。由于工师和官吏们严格的监视和要求，这些在心灵上受到压抑的民间艺术劳动者，不敢过多地随心所欲，而是把自己的情绪融入所创造的艺术品之中。因此整个秦俑军阵透露出一股哀愁、隐忧、愤怒、形似而神不足的韵味，这样的遗憾，也是这种历史环境中的必然。

当然，秦俑三坑的几千件陶俑中，真正属于劣质或者说是不太成功的作品，毕竟是为数不多的一小部分，且劣质和雷同的艺术形象也只限于一般的士兵俑，就其整体的俑群特别是各级将军俑而言，其逼真生动的形象、鲜明光亮的个性，是完全可以作为一代艺术奇葩而流传千古的。

玉虽有瑕，但毕竟瑕不掩瑜，浩大的秦俑军阵以其科学的构图、宏大的气势、优美的造型和绝妙的神韵，构建了中国写实艺术的奇峰，并以无可替代的杰出地位，自立于世界艺术之林。

注释：

①腓尼基战争又称布匿战争（Punic War）。据传，迦太基原为腓尼基人在公元前814年建立的殖民地。迦太基一词的腓尼基语为Kart-hadasht，意思是"新的城市"。罗马人称腓尼基人为布匿（Poeni），故名。腓尼基战争共爆发三次（公元前264—前241年、公元前218—前201年、公元前149—前146年），最后迦太基城被毁，土地并为罗马的阿非利加（Africa）省，幸存居民被卖为奴。

②施利芬，1833—1913年，是大规模作战的思想家和筹划家。他曾在参谋总长任内先后提出三份备忘录，作为德意志帝国的战争行动纲领，而其中1905年的第三号备忘录，又被称为"施利芬计划"。第一次大战爆发后，施利芬的继任者小毛奇（Helmuth Johannes Ludwig von Moltke）虽坚持此一计划的基本指导概念，但在细节上做了重要的修改，最终导致德国战败。

③合纵：即"合众弱以攻一强"，就是许多弱国联合起来抵御强国，以防止强国兼并。与之相对的是"连横"，即"事一强以攻众弱"，就是由强国拉拢一些弱国来进攻另外一些弱国，以达到兼并土地的目的。战国时期各国之间对于争取盟国和向外扩展的策略问题，有合纵和连横两种不同的主张，因此有所谓"纵横家"的产生。

④百越又称"百粤"。越人包括各种来源不同的氏族，形成了许多互不统属的部落集团，他们广泛分布于中国东南方以至西南方一带，史称为"百越"。唐·张守节《史记正义》云："岭南之人，多处山陆，其性强梁，故曰陆梁。"秦时因称五岭山脉以南的地区为"陆梁地"，当地居民为"陆梁人"。

⑤传播论：考古学和民族学关于文明起源的一种理论。它认为文化的类似是由于传播的结果，人类一切文明都是从少数中心扩散而产生的。"传播论"流行于19世纪末到20世纪初，

149

后来一般认为它是错误的。但这并不排除传播在文化发展中的作用。一地区先进的古代文明确实可以对周围地区产生重要的影响。

⑥此处的"演化论",指的是文化演化论(Cultural Evolution)。它认为人类的文明各自独立发展,由简单往复杂的方向变迁,具有积累性、持续性和进步性。

⑦楔形文字:又名"钉头文字"或"箭头字"。因笔画一头宽一头窄,形似楔子,故名。系以削尖的芦苇秆在半湿的黏土泥板上压写而成,也有的刻写在石头上。公元前2600年后由苏美尔(Sumer)人创造,为西亚各古代民族所采用,公元1世纪中叶消失,发展过程中渐由表形、表意演变为表音。书写方式是自上而下、自右至左。19世纪以来陆续被学者释译成功。

⑧美索不达米亚平原东南部,底格里斯河和幼发拉底河之间,古称巴比伦尼亚(Babylonia)。巴比伦城是其中最大的城市,曾为古巴比伦王国(公元前1894—前1595年)和新巴比伦王国(公元前626—前538年)的首都,所以人们通称此一地区的古文明为"巴比伦文明"。

⑨安特生:1874—1960年。早年多次从事南北极的探险工作,曾任瑞典地质调查所所长、瑞典远东古物馆馆长。1914—1924年应聘任中国北洋政府农商部矿政顾问,其间对周口店化石地点的调查,发掘出第一颗北京人牙齿;又在河南渑池仰韶村发现仰韶文化,还在甘、青两省的洮河、湟水一带,广泛进行史前遗址的调查发掘。当时由于受到方法论和考古资料的局限,安特生主张中国文化西来说,后来他对此项观点有所纠正,强调中国从仰韶文化经过商代直到今天,在人种和文化上是连续发展的。

⑩夏鼐:1910—1985年。字作铭,浙江温州市人。早年毕业于清华大学历史系,参加安阳殷墟发掘,后留学伦敦大学,获埃及考古学博士学位。归国后曾参加过甘肃的考古调查,主

持发掘明定陵，首先在安阳以外发现比殷墟更早的商代遗址，并根据考古发现研究中西交通史和中国古代科技成就，致力于建立中国新石器文化的年代序列。他对中国考古事业的规划、田野工作水准的提高和自然科学方法在考古上的应用做出了积极贡献。

第五章 世界第八奇迹

复活的军团

古代人类的七大奇迹不断消逝,安提巴特的梦想复活成真。希拉克当仁不让为秦俑命名,世界第八奇迹引起世界轰动。一部血肉鲜活的《孙子兵法》,成为海湾战争之中美国人的"圣经"。叶帅亲临兵马俑坑,八年后,军衔制再次得以实行。

令人难以置信的发现

世事兴废,自有它的规律。冥冥之中,有一种不可抗拒的力量在残蚀着人类文明。当年安提巴特向世人指出的七大奇迹,随着岁月的流逝,或毁于地震,或毁于大火,或毁于兵燹……迄今为止,只有埃及的金字塔还在风霜雨雪的剥蚀中傲立于尼罗河畔,目睹世间的沧海桑田。

今天的人们再也看不到那早已消失的伟大奇迹的风采了。正因为如此,秦俑的出土才越发引起世人的瞩目。

1976年4月底,正在访华的新加坡总理李光耀,听到陕西省临潼发现了真人大小的秦代兵马俑的消息,极为震惊并感到难以置信。他向李先念副总理询问并得知了确切情况后,提出要参观秦俑发掘现场,这一请求得到了中国政府的准许并做了安排。

此时,秦俑工地的建馆工程远比发掘复杂得多。早在3月9日,负责博物馆筹建的人员就请来了省、地、县、公社及生产队的负责人和当地群众代表,在临潼县华清池召开了协商会议,做出了"先进入场地做施工准备,修建道路、接通电路、解决施工用水问题,同时补办征地手续"的共同决议。决议虽已形成,但一接触实际,麻烦便接二连三地出现了。有的社员见工地上的柿树已萌芽,想收一季柿子到秋后再砍伐树木。有的地块麦苗一天天见青,靠土地活命的庄稼人心疼得迟迟不忍铲除。时间一天天过去,清明节就要到了,对祖宗的敬畏比对自己生命还看重的当地农民,逢节生情,更是不愿迁移工地周围的祖坟。

博物馆筹建组的工作人员面对种种困难和阻力,不得不请来一位当地领导向社员做思想政治工作,企图以政治感化来消除阻力。谁知这位领导不但未去施展他的政治演讲才华,反而别出心裁地另出高招,建议把建馆的投资办一个工厂，或在当地办，或者把陶俑分到各省去办，如此方法既经济又实惠……这些建议使博物馆筹建组的工作人员顿时目瞪口呆。

正在纷纷扬扬、争论不下之时，秦俑馆筹建组接到了"新加坡总理李光耀于5月中旬来秦俑工地参观"的通知。尽管筹建组的负责人表示此处没有通外界的公路，工地很乱，车进出困难，但陕西省外办人员还是坚持说："这是中央的决定，李光耀是华人，不是外人，他说就是土坑也一定让他看一眼，在这块土地上走一走。"既然如此，筹建组工作人员只好服从。时间如此紧迫，上上下下都焦虑不安，再也没有耗下去的时间了，大家只好硬着头皮抢修道路和停车场。面对几百株碗口粗的柿树，人力砍伐已无能为力，只好租用两台履带式拖拉机，用钢丝绳一株株拉倒，再以人力清除。为防止场地下沉，拖拉机冒着浓烟，用笨重的躯体来回滚动、碾压。同时，在修出的道路两边撒灰布线，以免轿车开出线外陷入泥潭发生意外事故。

5月14日下午3时，由40多辆车组成的车队在洒水车的前导下进入铺好的场地，新加坡总理李光耀走出红旗牌轿车，向秦俑坑走来。

祖辈未出过远门的当地社员，突然见到如此庞大、华丽的轿车车队出现在这荒野草丛，立即放下手中的农具，潮水般从四面八方涌来。负责警卫和安全工作的公安人员一看如此众多的人群蜂拥而至，急忙在场地拉了几

李光耀参观兵马俑坑情形（马青云提供）

李光耀题词

道绳子,以阻挡人流的前进。于是,涌来的人群在工地两旁筑起人墙,纷纷争抢着目睹他们也许永远都不知道姓名的重要人物的出场。

由于建馆的需要,秦俑坑已经用土回填,陶俑全部被重新埋入土下。这次为迎接李光耀的到来,考古人员又将陶俑清理出一部分以便于观看。李光耀在考古学家袁仲一的陪同下来到秦始皇兵马俑坑的一个高处,眼望这支气势磅礴的地下大军,很久没有说话,只是脸上不断地泛起惊诧、兴奋、迷惑和难以辨析的复杂表情。在围着三个俑坑转了40分钟后,就要离开此地时,李光耀才发出了他的肺腑之音:"秦兵马俑坑的发现,是世界的奇迹,民族的骄傲!"

当天,新华社向世界播发了李光耀总理参观秦兵马俑坑的消息。这个消息一经报道,立即在国际上引起强烈震动。没有想到秦俑坑发现已两年之久,从未让一个外国人看到秦俑真面目,中国政府竟破例让李光耀总理享受了这一殊荣,目睹了兵马俑的风采。极为敏感的外国人隐约地感到中国将逐渐摆脱封闭与保守,透出开放的曙光。既然曙光已从东方露出,他们就不会放过这个契机。

于是,不仅中国人,许多外国人也从世界各地奔向骊山脚下,肃然起敬地瞻阅起这支地下大军。当然,行动最迅速、人数最多的是美国人。他们一旦出现在秦俑坑工地,就显示出与众不同的"聪明"。几个人悄悄来到负责接待和宣教工作的女讲解员马青云跟前,用不太熟练的中国话问道:"我们可不可以到坑中去帮助发掘人员拉几车土?"

年轻的马青云一听,惊喜地问道:"你们想去?"几个美国人不约而同地说:"当然想去。"马青云打量了一下面前几个摩拳擦掌、跃跃欲试的美国人,心中暗想:这样既不付工钱又干了活的好事向哪里去寻,看来不只是中国人在学雷锋,美国人也在学雷锋助人为乐了。她慷慨答道:"可以下去。"

几个美国人顿时高兴得跳了起来,纷纷扑向俑坑,夺过了发掘民工的车子就拉起来,有的挥动铁锹,奋力向外扬土撒沙。这时的马青云没有想到,自己已进入了别人设下的圈套,更没想到他们拉土是假,沽名钓誉是真。当考古学家袁仲一发现工地多了几个洋人,并在拍摄拉车、翻土的照片时,才意识到会有不测的事情发生。他立即下坑勒令几个美国人停止拉车和拍摄,离开发掘现场。

几个月后，一份外国杂志登载了几个美国人在秦俑坑发掘的照片和文章。随后，围绕秦始皇兵马俑坑有没有外国人参加发掘，是否中国独立发掘完成这一题目，在世界上引起一场不大不小的波澜。

这时的马青云才知道自己上当了，面对领导对她的批评和警告，自然是老老实实地接受并诚恳地做出检讨。

当然，美国人发表的文章和对秦俑的探讨，并没有随着马青云的检讨而结束。1978年春，美国女记者、自由撰稿人奥黛丽·托平[①]来到了秦俑发掘工地。这位女记者的父亲切斯特·朗宁于1884年生于中国，曾出任过加拿大的外交官，20世纪20年代曾在中国任教，晚年和周恩来总理建立了深厚的友谊。1954年4月，周恩来总理在出席关于朝鲜和印度支那问题的日内瓦会议时，有两位要好的客人经常出入他下榻的万花岭别墅，一位是戏剧大师查理·卓别林，另一位就是加拿大大使切斯特·朗宁。正是由于这些特殊的原因和条件，奥黛丽·托平才在当时并未开放的中国，于1971年、1972年、1975年连续三次访华。这次她又和女儿、妹妹、侄子，以及她的父亲一家五口来到了中国临潼秦始皇兵马俑发掘现场。在中国有关方面特别准许的情况下，托平顶着蒙蒙细雨，参观了兵马俑坑，采访了考古学家程学华、杜葆仁等，以极度的兴奋之情很快写出了长达1万多字的通讯报道《秦始皇帝大军——中国令人难以置信的考古发现》。这篇文采华美、激情荡漾的长文，简要叙述了秦始皇帝和当时秦国的政治、经济、文化等各方面的背景，接着倾注笔力描述了秦始皇兵马俑发现的盛况——

秦始皇帝大军
——中国令人难以置信的考古发现

一尊高6英尺、身佩盔甲的赤陶武士俑像，栩栩如生地再现了中国第一个统一王朝的情景，而这尽是数以千计的2200年前常备军武士之一。当罗马帝国在西方扩展的时候，东亚一个秦国的国王吞灭了其余各战国国家，并建立了中国国家的核心。历史上的这位胜利者就是秦始皇帝，他是第一位皇帝，也是万里长城的建造者。公元前210年，他被葬于一座称为骊山的，相当于15层楼高的大丘下。人们很早就知道陵墓的位置，然而如同中国的其他许多古墓一样，它一直没有被发掘出来。最近，在距此山丘不到一里处，挖井的人们偶然发现了一座巨大的地下墓穴，这是整个陵墓工程的一部分。现在考古学家正在探索其非凡的珍宝——6000余个真人大小的，充作皇帝护卫军的陶人、陶马。

  我们面临的是本世纪以来最为壮观的发掘。看到这些雄壮有力，全部真人大小的人、马塑像从粗糙、润湿的土地中出现，令人永生难忘。在那儿，在中国渭河河岸的黄色土壤下，掩埋着千百尊残缺不全，然而依旧美丽的赤陶塑像。其中有全副武装的战士，还有载有士兵的战车战马。这些都是统一中国的第一位皇帝的扈从……

  我们站在雨中，激动得几乎流下热泪，如同每一个面对伟大艺术品的人。这些塑像一个个栩栩如生，其中一些还完好无损，直直地站着，摆好了姿势，似乎正在等待攻击的命令。另外一些则已残缺不全，可怜巴巴地散落着，这是由于在皇帝死去4年以后，下一个朝代统治者的士兵们抢劫并烧毁了皇帝坟墓的一部分，这些塑像才破碎不堪，大批的武器也被偷走了。

美国《国家地理》杂志描述兵马俑坑发掘的文章与配图

第五章 世界第八奇迹

然而我们看到的只是一个令人瞠目的考古发现的开端。专家们估计这些塑像是2200年前制作的一支6000人军队的前锋。它们被埋在一个巨大的有门的地道中，以保卫秦始皇帝的坟墓。就是这坟墓的主人统一了中国、修建了万里长城、烧毁了孔夫子所珍视的书籍并宣布自己为中国的第一个皇帝。

如此大的考古发现展示了历经战斗与荣耀的中国历史。我们在此处所看到的大军只是一个历史的开端，在不到三里远的地方才是坟墓的本身和历史的源头。也许就在那个巨大的坟墓下面埋藏着帝国最大的秘密以及中国历史上空前绝后的最为瑰丽辉煌的宝藏。

…………

此文于1978年4月在美国久负盛名的《国家地理》杂志全文刊发时，还以大幅的模拟图画对秦始皇陵地下宫殿进行了种种推想，古老幽深的地宫在推想中更加神秘、诱人，大有惊心动魄之感。

无论是从篇幅还是内容本身，这篇文章的发表，都盖过了以前所有介绍秦兵马俑及秦陵地宫情况的文章。在此之前，中国报刊所发表的有关秦俑及秦陵情况的文章亦无法和它相提并论。美国《国家地理》杂志凭着它在世界报刊中的崇高声誉和特殊地位，很快将此文推向美国乃至世界，并引起广泛瞩目。据后来有关方面的调查，整个20世纪70年代中晚期，凡是来秦俑馆参观的欧美游客，大多数是看了这篇文章后慕名而来的。也正是凭借这次机遇，秦陵兵马俑开始全面走向世界——尽管它令人难以置信。

风雨兼程

秦始皇兵马俑的名声越来越大，秦俑博物馆建设的步伐也在加快。由于大批的业务干部如王志龙、张文立、杨异同、李鼎弦等人的陆续调入，使筹建队伍壮大起来。但1976年的中国政坛进入了多事之秋，许多惊心动魄、大悲大痛、大起大落的故事都汇集在这一年里发生。秦俑馆的建设者也随着中国政坛的风起云涌而颠簸动荡。许多年后，从秦俑博物馆第一任馆长杨正卿

159

写的一篇回忆文章中，可以较清晰地看到那个年代秦俑馆建设者的生活面貌及心理状态。

文章中，杨正卿在叙述了新加坡总理李光耀来秦俑坑参观之后，在下一个段落中这样写道："工地上热火朝天，建馆人员挥汗如雨，施工紧上加紧。忽然通知要抽调领导去参加学习班，接着又让我们发动职工批'唯生产力论'。这个问题一传达，大家意见纷纷，众口齐说，连滚带爬到年底都完不成任务，还批'唯生产力论'呢。有的说如果要这样，干脆散摊子，各回自己的单位算了。多数同志抱着为国争光的决心，困难面前不动摇，提出要集中优势兵力，打歼灭战。经过考虑，要抓思想，顶歪风，战恶浪，用毛主席著作来武装。我们组织全体施工和筹建人员学习《毛选》中'集中优势兵力，打歼灭战'的一节和连续作战的指示，统一了认识。不幸朱德总司令逝世，在全馆沉痛悼念和学习总司令革命精神的会上，还有人指责我们跟不上形势，只抓生产，不问政治。在这多灾多难的岁月里，开展工作十分不易。不幸又是唐山大地震，影响建馆工作，因为油管断裂，已安排好的机械化处理土方工程不能进行，已订货在唐山钢厂的拱形屋架大角钢落空，使人发愁……这时候，内部吵、地震扰、雨水淋、场地泥泞难工作，几次抢修水泥库，个个变成落汤鸡，还是一人一把锹，又堵墙，又搬砖，虽然身体累，心里却觉甜，想的是建馆，防震棚里学马列，无人发怨言。"……"东方拂晓，霞光照红了万山，一天的劳动开始了。推土机隆隆作响，架子车来往如梭，几百人熙熙攘攘。由于大雨特别多，谁也不愿放过一个好天气。下午3点钟，广播中传达通知，说有重要消息，顿时细听，前头是一段哀乐，接着宣读讣告，毛泽东主席逝世了，许多人泣不成声，我们连夜召开会议，以实际行动悼念毛泽东主席。决定一周内做好准备，在9月17日正式开工建馆，18日停工参加追悼会。时间过得很快，转眼到了开工的日子，天仍下着细雨，清早四百多名社员扛着工具来到工地，工程公司的技术人员也到了，9点钟开始取土，到下午5点才收工，计算成绩优异，全场齐呼初战告捷。"……

在经历了政治风云的变幻和大悲大痛的折腾之后，1978年春夏之交，秦始皇兵马俑博物馆一号坑大厅的主体工程基本完成。此时，无论是工程的建设者还是工地的考古人员，不但没有感到轻松，反而如同上紧的发条，越发紧张和忙碌起来，因为按照上级的指示，这个博物馆要赶在1979年10月1日建成并对外开放，借机向建国30周年献礼。

针对开馆日期越来越近，而秦俑一号坑的发掘期限紧、任务重、修复缓慢等特点，"文化大革命"结束后恢复行政职能的陕西省文物局，从下属几个单位又调集了一批文物考古人员，如柴中言、王学理、张占民、刘占成等人进入现场工作（有的人员暂时搞基建，以后陆续参加考古发掘），并正式任命和调整了秦俑坑考古队的领导班子：

队长，杭德洲，负责全面工作。
副队长，柴中言，主管文物修复。

当这个新整编的领导班子以及新加盟的考古人员全部到位后，根据毛泽东在著名的三湾改编时所立下的"支部建在连上"的规矩，考古队成立了临时党支部，主抓考古队员的政治思想工作。随后由陕西省文物局指导协调，秦俑博物馆筹建处同秦俑坑考古队联合召开了场面隆重的誓师大会。会上，各路代表在发言中慷慨陈词、豪情满怀，纷纷表示绝不辜负党和人民的期望，一定在建国30周年之际，实现预定的文物发掘计划，将馆建成开放，等等。整个秦俑坑发掘现场，一个热气腾腾的新局面正在形成。

1978年8月5日，整编后的秦俑坑考古队，对秦俑一号坑开始了自发现以来首次大规模的正式发掘。考古人员先把坑体部分划成27个探方，每个探方的面积约20米×20米。如此大的探方，在中国考古史上颇为罕见，根据秦俑坑的整体规模，这样大的探方又是合乎考古程序的。接下来，考古人员开始全面揭去棚木迹象以上的"表土"。为了追赶进度，秦俑馆筹建处联系并请示有关部门，当地驻军派出一个工兵连，共100多名官兵携带9台翻斗车前来支援。与此同时，还从附近农村生产队招收了近百名农民参加发掘。整个秦俑一号坑内机车轰鸣，人声鼎沸，红旗飘飘，挖运繁忙，好一派生机勃勃的热闹景观。待到了大面积发掘的后期，特别是深至俑坑棚木之下最为敏感的阶段，由于考古专业人员在这样一支庞杂的发掘兵团中所占比例极其微小，很难顾及方方面面，就不可避免地造成了人为的损害。尤其是当地农村生产队的社员，上午放下手中的锄头，下午就来到秦俑工地，在对文物价值和考古知识毫无认知的情况下，便挥动掏铲、铁锹、镢头挖掘起来，许多陶俑就这样在他们挥动双臂、汗流浃背的挖刨下，被砍掉了头颅、削掉了鼻子、铲掉了臂膀，甚至有些被捣得粉身碎骨。特别是早已腐朽的木制战车遗迹以及陶俑陶马身上的艳丽彩绘，都在沉重的镢头和尘土的吞噬中荡然无存。至1979年4月初，经过短短8个月的大会战，整个一号坑平均下挖约2米，清理出的覆土全部倾倒在坑外不远处的沙河滩上，堆成1米多高的平台，给附近的王捡村一次造出良田25亩之多，其发掘规模之大、秦俑坑出土之多在中国考古史上前所未有。

根据边发掘、边修复、边复原的指示精神，当俑坑中的陶俑残片被提取出来后，即转入考古队专门设立的几间修复室内，一块块进行冲洗、拼对、粘接、做旧，当这一系列工作完成时，再将陶俑抬出室外，进行返坑"对号入座"，即按原来出土的位置重新复位。就整个程序而言，较之单纯的考古发掘工作，安放修复的陶俑更为壮观并富有惊险和刺激意味。工作人员先要在高20米左右的大厅梁架上安装一个滑轮，待安好后，一根长长的拉绳从滑轮中穿过，一端捆住重达110—228公斤的陶俑，另一端由十几个工作人员紧握在手。与此同时，另一根长长的定位绳拦腰将陶俑捆住，绳的两端各有人把握。当哨声响起时，只见拉绳和定位绳同时启动，陶俑如同绞刑架上的囚犯，被缓缓升上空中。被吊起的陶俑像荡秋千一样在空中来回飘荡，而拉绳的一干人马又像正在举行一场拔河大赛。哨子声、吆喝声此起彼伏，不绝于耳。由于这时兵马俑的声名已扬播世界，前来参观的人流成不可阻挡之势。当众多的人流进入大厅看到陶俑升空时，不禁大呼小叫、鼓掌加油，那些黄发碧眼的外国女郎看到这一惊险而奇特的场面，也不住地惊呼："OK！OK！"

就在秦俑发掘工地一片烟雨迷蒙、热火朝天之际，德高望重的叶剑英元帅到来了。

叶帅说，没有军衔是不行的

1979年4月9日，中共中央副主席、军委副主席叶剑英元帅出现在秦俑发掘工地。这是中国领导人首次来到被誉为世界奇迹的秦俑坑发掘工地视察。

第五章 世界第八奇迹

尽管叶帅已是八十高龄，但从他行走的姿态和面露笑容的脸上看得出，仍有宝刀不老的风采。

此时一号坑大厅正在兴建，陶俑被回填土覆盖，无法参观，在陪同人员的导引下，叶剑英直奔正在发掘和清理的二号坑。当他看到坑中有近百名解放军指战员在翻土、拉车时，不解地问博物馆筹建组负责人杨正卿："怎么这里还有军队？"

"是驻军的一个连在帮助我们搞考古发掘，他们在这里已有一段时间了。"杨正卿解释。叶帅转过身对陪同前来的驻军首长笑了笑："想不到你们还参加了考古工作，干得好啊。"

叶剑英在兵马俑坑发掘现场参观

站在坑边的一个土坡上，叶帅望着这支以步、车、弩、骑四个独立兵种组成的地下大军阵，心情复杂。作为一个身经百战的共和国元帅，他是深知诸兵种如此组合排列后，投之于战争将意味着怎样一种撼人心魄的力量和变化无穷的奥秘。他在为出神入化、栩栩如生的陶俑雕塑艺术所折服的同时，更为古代杰出的阵法和战术思想赞叹不已。假如在自己的戎马生涯中能有这样一个集古代兵法之大成的军阵，也许会使自己的战绩再添荣光。可惜，战争结束了30年他才看到，不能不感到些许遗憾。

163

但是，战争虽在自己这一代人的努力下渐渐远去，但还有可能在下一代中死灰复燃，只要战争恶魔没有从人世间完全消失，战争时刻都会发生。能够目睹这支古代大军并领略其中的奥秘，对每个军人都是有益的。

将要走下高土坡，叶帅两眼放着激动的光芒，像是自言自语，又像是对身边陪同的军队将领们说："我看这个秦俑坑是我国最大的古代军事博物馆，这里面有学不完的东西，希望今后我军的高级将领都要到这里看一看。"

由于博物馆尚未建成，筹建人员只好把一间破砖房当作临时陈列室接待贵客。因屋子小、空间窄，陈列的文物也较简单，除了几件陶俑，就是十几件兵器，叶帅来前，才又加了几件陶马、骑兵俑等文物。

叶帅走进陈列室，望着刚出土不久的刀、矛、剑、戟、戈、殳、弩机、铜镞等完好无损的实战兵器，禁不住叹道："两千年的埋藏还这样光亮，真是个奇迹。"他顺手拿起最引人注目的秦剑，反复看了几眼，又好奇地用手指摸摸刃锋，轻摇了下头，赞叹道："想不到古代的剑这般锋利，冶金工艺如此发达，简直像神话里说的那魔剑一样，了不起啊，古人了不起啊！"

来到陶马前，叶帅眯起眼睛瞅瞅马头，随之打量了一下陶马那颀长的身子，有些不解地问："我和战马打过不少交道，这样长脖子、长身子的马却没有见过，这是什么马种？"

"从马的形体来看，与当代甘肃河曲马种有共同之处，由此可以推断秦代马多产自中国西北地区，俑坑的陶马尽管不完全相同，但仍可肯定为甘肃河曲马种。"陪同的考古人员回答。叶帅用手扶着鞍马，接着问道："什么时候才有马镫呢？"

身旁的杨正卿回答："从考古资料和历史文献来看，两晋时才有马镫。"

叶帅点点头："这么多良马都来自西北，我们的西路军却很少得到它。要是西路军配上这些良马，肯定会是另一个样子的。"他边走边说，声音很小，只有近旁的几个人听清并隐约地感到这声音的战栗和叶帅面部表情的变化。

遥想当年，西路军兵败西北沙漠和河西走廊地带，几乎被马步芳[②]的战刀杀戮殆尽，原因自然是多方面的，但假如那时他们配有这精良的战马，谁能断定不能成功？

可惜这个假设没有成为事实，无数将士的热血洒在无垠的沙漠戈壁上，作为共和国元帅，触景生情，对那段历史悲剧不能不扼腕叹息。

叶帅在高大的陶俑前停下，指着铠甲上明显突出的花穗问道："为什么这件陶俑的铠甲、装饰和那边两件不同？"

"这是个将军俑，铠甲上的花穗是代表等级的。秦代军队不仅兵器精良、战斗力强，而且各种军事制度也比其他六国完善，这代表等级的花穗就是一个例证。"杨正卿回答叶帅提问的同时，又做了简单的补充。

"秦代军队有多少等级？"叶帅抬起头询问。

"据史书记载，有20个等级③，这些等级在秦俑军阵中已做了明确而真实的反映。"杨正卿对答如流。

叶帅将右手放在额下沉思片刻，轻声说了个"噢"字，然后转身走出临时陈列室，面对高大秀丽的骊山山顶，自言自语道："看来没有军衔是不行的。"

叶帅参观完毕，上车时又似乎想起了什么，他招招手示意杨正卿走到自己的跟前。

"秦始皇为什么要用兵马俑从葬呢？"叶帅问。

"他凭借武力统一了六国，死也不忘兵马，这就叫视死如事生。"杨正卿答。

叶帅点点头又问道："你们什么时候开馆？"

"今年国庆节。"

"好啊，可是要快！要快！要快噢！"叶帅一口气说出了三个"快"字，看得出他对兵马俑倾注了很深的感情。眼看叶帅就要离开了，杨正卿才想起了一件对博物馆来说很是要紧的大事。原来，早在秦始皇兵马俑博物馆筹建组成立不久，杨正卿等人就开始琢磨请谁来题写馆名的问题。由于此前大家知道新中国成立后郭沫若对名胜古迹的题词、题名比较多，就提议找郭老题写这个馆名。此时任中国社会科学院院长的郭沫若虽年老体衰，又重病在身，但为了满足秦俑馆的愿望，还是坚持在病中写就了馆名。1978年初，当博物馆筹建处收到郭老的手迹后，从字里行间已看出郭老病情已十分沉重，笔迹已失去了往昔的风采，只能作为珍贵的收藏品，不宜镌刻并作为馆名展出。1978年6月12日，郭老与世长辞，不可能再为博物馆题名了，筹建处的杨正卿等人再度琢磨题写馆名较合适的人选。正在这时，听说叶帅来工地参观视察的消息，大家一合计，干脆就请叶帅来题写馆名吧。于是杨正卿在这个时候急忙提出："叶帅，我们想请您为博物馆题写馆名。"

叶帅沉思片刻，谦虚地说："我的字可是写得最丑。"

"这是兵马俑博物馆，您是元帅，题字最合适。"杨正卿说着叫人拿来事先准备好的馆名递了上去。

叶帅戴上老花镜仔细看了一下，让秘书将纸叠起放入公文包内，说："主席三周年前我不题字，这样吧，三周年后我再写好寄来好吗？"说完握着在场工作人员的手同大家告别，随后乘车而去。

危机的爆发

就在叶帅走后的第三天，即4月11日，秦俑坑考古队接到上级部门的通知，暂停发掘，以接待考古学会代表们的参观考察。

原来，全国考古规划与考古学会成立大会于4月3日在西安人民大厦开幕，在会议期间，中国社会科学院考古研究所所长夏鼐听到不少关于秦兵马俑发掘的传闻，如考古队招收的农民像刨土豆一样挖掘秦俑，修复人员将一块块陶俑残片，采取热水烫、开水煮的方法进行清洗……面对这些传闻，夏鼐放心不下，在会议讨论期间，曾专门来到秦俑发掘工地实地察看，结果看到发掘现场没有听到的那样糟糕，但也的确存在着与考古这门科学相违背的严重问题。回到西安后，夏鼐把看到的情况向陕西省委做了反映，同时几次在大会发言中，对秦俑的发掘状况表示不满。4月11日，夏鼐率领会议代表专程来到秦俑发掘工地参观、考察，秦俑坑考古队安排老队员屈鸿钧负责接待。当代表们陆续来到一号俑坑后，夏鼐问陪同的屈鸿钧："这样大面积的揭露，有没有记录？"

"有，有记录。"屈鸿钧回答。

"拿来我看一看。"夏鼐穷追不舍，严肃而认真地说。

屈鸿钧怔愣了一下，但很快又镇定下来，他让人速去将考古队员王学理找来抵挡。

　　王学理平日看守秦俑一号坑几个大型探方，每日在坑下观察和处理陶俑的出土情况并做了几个笔记本的记录，这天因有代表参观，发掘暂停，他就回到宿舍整理资料。就在渐入佳境之时，突然有人闯进来告知："拿上你全部的记录，越多越好，快到大厅！"王学理不知发生了什么大事，顺手摸了几个笔记本跟着来人懵懵懂懂地一路小跑来到发掘现场的夏鼐和黑压压一大片代表面前。夏鼐微笑着和王学理握了手，然后接过笔记本问："你记录的是哪些地方？"面对这突如其来的提问，王学理先是"啊、啊"地敷衍应对了一会儿，待他从懵懵懂懂中回过神来时，便指着被称作T4的探方说："在那边。"

大兵团作战式发掘现场

　　夏鼐站在一号大厅T4坑边上，翻看着王学理所做的T4、T5两个坑的文字和绘图记录，一直板着的面孔稍有舒缓，继而说道："好啊，就是要记详细些，要多画图啊！"

　　听到这几句话，原来满面严肃的屈鸿钧脸上洋溢出喜悦之色。随后，夏鼐由屈鸿钧陪同，王学理手拿记录本跟在身后，离开T4、T5坑，缓缓向东走去。夏鼐边走边说："你们看，发掘要讲究科学，不能比速度。修复陶俑又怎能限制时间呢？把陶俑修成水泥人总不好吧？我不是对你们这些具体工作的同志有意见，我知道你们很辛苦，我的意见是会向陕西省委转达的。"

　　当天下午，夏鼐在临潼华清池同陕西省委有关部门的负责人，连同早一天从北京赶来的国家文物局文物处副处长黄景略，就秦俑发掘中存在的问题和改进的措施进行了讨论。讨论中，夏鼐明确指出，陕西方面的有关负责人主张将秦俑一号坑在国庆节前全面揭开的做法是不妥的，为全面揭露而进行的"大兵团作战"的发掘方法也是不可取的，是违反科学的。至于在对陶俑的修复中用开水煮、热水烫的方法更是荒唐的胡闹……对此，从北京赶来的黄景略根据自己的调查专门做了如此解释：陕西有关领导的指导思想和秦俑实际发掘情况有些脱节，发掘中的确存在着过快、过乱的问题。至于修复中的问题，由于冬天天气寒冷，修复人员曾经用温水洗过陶俑残片，但不像所传言的用开水煮、热水烫等荒唐做法。经过黄景略在中间的"和稀泥"，会议最后决定：收缩战线，改变"全面开花"和"大兵团作战"的做法。在国庆节到来之前，只发掘一号坑东端前廊部分的5个探方。挖出的土不再为附近农村制造良田，而是直接倒在后边的探方上。依然采取边清理、边修复、边复原的方法，于9月底结束。

之后，夏鼐向陕西省委提出，重新改组秦俑坑考古队的领导班子，由夏鼐本人出任考古队长，国家文物局黄景略和陕西省考古所的考古学家石兴邦任副队长。这一提议令陕西方面深感不快，一位负责人对夏鼐说："您如果能住在工地，这个发掘队长就由您当，要是挂个空名，我们觉得这件工作做起来有困难。"话虽婉转，但实际已是拒绝，作为中央考古所的所长，当然不可能长期住在秦俑发掘工地。在这种情况下，夏鼐做了退让，但仍坚持让黄景略和石兴邦主持秦俑的发掘工作，陕西方面不想把关系弄僵，虽不情愿，但只好硬着头皮暂时答应下来，以作权宜之计。

这次夏鼐跟陕西省委较劲儿的结果是，石兴邦到秦俑工地只住了一天一夜就返回西安再也没来过。黄景略见没有人听自己指挥，作为光杆司令在工地住了5天5夜，吃饭都成了问题，无奈之中，索性跑到西安买了张车票一走了之。但事情并未就此了结。

8月21日，陕西省委宣传部部长来到秦俑坑考古队，传达了夏鼐等16位考古专家给华国锋主席、国务院、全国人大常委会的报告和报告中提到秦俑考古发掘存在的问题。

9月20日，国家文物局黄景略再次来到秦俑坑考古队，专门传达了胡耀邦总书记给陕西省委的批示：要组织检查……一是考古队要对前段工作进行

第五章 世界第八奇迹

总结，吸取教训；二是建立领导小组；三是制订出秦俑发掘的总体规划。

9月26日，由国家文物局局长齐光、文物处处长陈滋德，中国社会科学院考古研究所所长夏鼐和考古专家石兴邦、马德志等组成的考古工作检查团进入秦俑工地。

9月27日，秦俑坑考古队召开全体人员会议，由队长杭德洲宣布："考古工地停止发掘，从今天起放长假，全体学员（技工）办理手续回家，什么时候复工，等待通知。考古队的业务人员回到室内总结教训，准备编写发掘报告。"

就在秦俑博物馆即将开馆的前夜，在沙场上奋战了5年之久的秦俑坑考古队陷入了一片孤寂。

1979年10月1日，在建国30周年的日子里，秦始皇兵马俑博物馆正式对外开放，闻讯赶来的游客一大早就拥入馆内广场等待。上午10时，国家文物局和陕西省领导人乘车进入秦俑馆，霎时，广场上锣鼓喧天，鞭炮齐鸣，人头攒动，车水马龙，在众目注视下，叶剑英元帅于毛泽东主席逝世三周年之后题写的"秦始皇兵马俑博物馆"的匾额被揭示，广场上掌声雷动，人声鼎沸。参加博物馆建设的工作人员，每人胸前佩戴着红底金字条红花和开馆纪念章，满怀自豪地迎接着四面八方的观众。而此时的秦俑考古队，没有一个人接到前来观礼的"请柬"。考古队队长杭德洲等怀着不解、困惑的心情，于开馆的前一天怅然若失地回到了西安，晚上翻来覆去不能入眠，第二天怀揣一丝希望，一大早又从西安返回秦俑馆，在馆领导人办公室前徘徊并故意高声说话，以引起对方的注意，但直到开馆仪式将要结束，也没有人发现他们。在确知没有被列入邀请名单之后，杭德洲一行便在会场外望着猎猎旌旗和喧嚣的人流，嗟叹几声，然后悻悻离去。此时的秦俑坑考古队已是暮气沉沉、风雨飘摇，只等待某个时辰分崩离析了。

秦始皇兵马俑博物馆 叶剑英 一九七九年九月十日

叶剑英题写的馆名

世界第八奇迹

就在秦始皇兵马俑博物馆成立11年之后的1991年早春，我穿过尚披着皑皑白雪的黄土高原，第一次来到这里采访，此时的博物馆已具备了相当的规模和气势，也正值此时海湾战争的炮火同时引起了世界人民的极大关注。透过朦胧的硝烟，人们都在对这场几十年后仍将意义非凡的世纪末之战，做着各自的判断和推测。博物馆正在参观的游客面对这支秦代的地下大军，在观赏之余也不时地议论着海湾战争的局势。或许，置身于这弯弓执剑、驾车骑马的兵马俑前，人们更能感受到战争的气氛，更能想到海湾战争的现代化武器装备、战略技术与古代战争的相同与差异之处。

早在1978年9月，法国前总理雅克·希拉克经不住秦始皇兵马俑这支地下大军的诱惑，毅然来到骊山脚下的秦俑发掘工地，那高大众多的秦俑和宏伟壮观的整体场面，使希拉克心中受到极大的震慑。这位见多识广、后来成为法国总统的政治家，踯躅流连，不禁赞叹道："世界上已有七大奇迹，秦俑的发现，可以说是第八大奇迹。不看金字塔不算真正到过埃及，不看秦俑不算真正到过中国。"希拉克可谓把

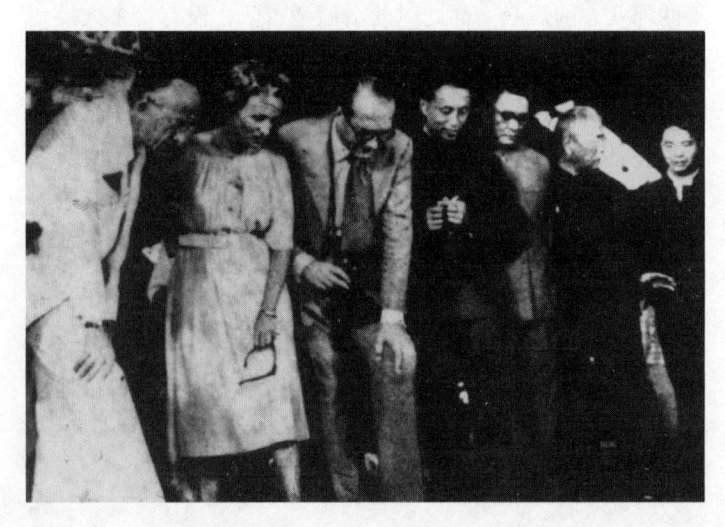

1978年希拉克（左三）参观兵马俑

秦俑的价值和地位，十分鲜明、生动地表达了出来。这一评价被随行的法新社记者乔治·白昂尼克和《世界报》记者安德烈·帕斯隆其率先向西方国家做了报道。几乎与此同时，新华社记者王兆麟，从这段评价中联想到人们说起苏州、杭州之美，就会想到千古流传的"上有天堂，下有苏杭"之妙语，突然来了灵感，一篇文章的标题跃出脑海。很快，长达4000多字、标题为"世界第八奇迹"的文稿由新华社向全世界播发，国内外报刊纷纷采用，其中香港《新晚报》破例以半个多版篇幅，未做任何删改，标题套红并配4张照片予以发表，引起了读者的广泛兴趣。世界第八奇迹由此成为秦始皇兵马俑军阵的代名词。

1979年4月，美国前国务卿基辛格飞抵中国北京，在短暂的小住后，即赶到秦俑工地现场。面对这支气势恢宏的秦代大军，他做出了"这是世界上独一无二的奇迹"的结论。

在基辛格回国不到3个月的1979年7月，美国参议员杰克逊又来到了秦俑发掘现场。参观完毕，他泼墨挥毫，潇洒地在宣纸上留下了自己的印象："太好了！一周前我看了埃及金字塔，今天又看到了中国的秦俑，两者都有悠久的历史。"这段留言实际上是法国希拉克思想和论断的延续。但他没有按这种思想脉络延伸下去，随着杰克逊手中那支笔的不断颤动，一行文字又展现出来："狮身人面像只有一件，秦兵马俑却千姿百态，成千上万，威武壮观，耐人寻味。"

语出惊人，出乎意料。就在杰克逊微笑着放下如椽大笔的刹那间，他内心的真实用意已明白无误地表述出来了。

杰克逊刚刚离开中国，1979年8月29日，美国副总统蒙代尔又来到秦俑发掘工地。他仍不放心地对基辛格和杰克逊提出的论点做了总结性的补充："这才是真正的奇迹，全世界人民都应到这里看一看。"

按他的口气，似乎秦俑才是真正的奇迹，那么其他七大奇迹是什么呢？蒙代尔把美国人的用意推上了极致，秦兵马俑的身价也随之升至顶峰。

蒙代尔之所以把秦俑看作"真正的奇迹"，除了他在政治、文化等方面的考虑外，显然已经透过兵马俑军阵庞大、恢宏的表层，洞察到潜藏在军阵中的深邃内涵和无穷奥秘，领悟到研究这部活着的《孙子兵法》，对未来战争可能产生的影响和对美国军队的益处。实际上，蒙代尔是站在一个政

171

1979年初建成的秦始皇兵马俑博物馆面貌

治家和军事战略家的双重角度上来看待秦俑和评价秦俑的。或者说，他是更偏重于军事上的观察和感悟才做出如此结论的。

既然秦俑军阵的内在奥秘，在所有前来参观的外国人中最先被美国人所感知，那么，他们就不会放过研读这部活着的《孙子兵法》的任何机会。所以，继副总统蒙代尔之后，美国的前任或时任总统卡特、里根、尼克松、克林顿等先后来到秦俑博物馆参观。与此同时，美国陆、海、空三军的数十名高级将领分别前来，对秦俑军阵做了详细考察和研究。几乎美国每一位国防部长和国防大学校长，都要到秦俑馆对这支军阵的布局和战略、战术思想做深入研究，并把秦俑军阵的思想精髓应用到美国国防力量部署和高级将领的教学之中。为了彻底吃透秦俑军阵的战术精神，美国人不惜破费大量金钱，于1986年3月，干脆让空军少将克里斯·迪维率领空军本部和海军陆战队组成的一个庞大的训练观察团，前来秦俑博物馆参观、考察、研究和学习。

当然，极度聪明的美国人是不会做赔本买卖的，所有在秦俑博物馆考察所造成的经济消耗，都将在未来的战争中加倍地捞回。这个法宝他们是押准了。

第五章 世界第八奇迹

在秦俑馆采访的日日夜夜，我在密切关注着海湾战况的同时，也思考着萦绕在心中的一个问题：美国人不惜钱财对秦俑军阵以及这部活着的《孙子兵法》苦心孤诣地研究，所领悟的阵法与战术精髓，能否在海湾战争中得以淋漓尽致地发挥？

回答竟是肯定的。

自1990年8月海湾危机爆发以后，中东地区出现了世界战争史上又一次大规模的军事集结。以美国为首的多国部队，以凌厉的军事手段，首先采取了"以压促变，不战而屈人之兵"的战略思想，力图迫使伊拉克撤出科威特。这个被称为"沙漠盾牌"的军事行动持续了5个多月未达到预期目的后，终于在1991年1月17日凌晨格林尼治时间10时6分，也就是联合国限令伊拉克撤军的期限仅超过19个小时之后，举行记者招待会的美国白宫发言人菲茨沃特，说出了一句让世人等待已久的话："女士们，先生们，解放科威特的行动开始了。这个军事行动的名称叫沙漠风暴……"

菲茨沃特的话尚未讲完，美国一个战斗轰炸机中队已从沙特阿拉伯中部最大的空军基地起飞，直赴伊拉克首都巴格达。顿时，夜幕笼罩下的古城上空传来了尖利的呼啸声，飞蝗般的炸弹从天而降，爆炸的火光像雷电一样闪过，爆炸声此起彼伏，震耳欲聋。楼房开始晃动，大地微微颤抖，古城灯光全部熄灭，许多地方浓烟滚滚，整个巴格达被战火与硝烟所淹没。

与此同时，伊拉克西部的导弹基地、西北部的化学和生物武器工厂、东南部的炼油厂以及核设施、通讯联络中心、遍布各地的飞机场、防空导弹阵地，都遭到了多国部队空军的猛烈轰炸。仅一夜之间，多国部队空军向伊拉克泻下的炸弹就相当于一个半广岛原子弹。伊拉克空军指挥总部所在的一座高楼，顷刻间夷为平地。

伊拉克蒙了。

面对多国部队空军对伊拉克大规模的空袭，正在秦俑馆采访的我，把目光从电视屏幕转移到秦俑军阵，窥探两者的内在联系。秦俑军阵前大量的弩兵，已向人类提供了它的战法：随着开始的号令，这支大军最先必是万箭齐发，弩兵张而复出，射而复入，更发更止，番次轮回，以达到"弩不绝声，敌无薄我"，最后使敌军"绝行乱阵"的目的。

海湾战争参战部队所用的兵器，自然不会是2000年前的强弩劲弓，但多国部队空军的轮番轰炸以及得到的战争效果,分明又让人看到了强弩劲弓的影子。这种在海陆大规模进攻前所采取的空袭轰炸的战法,无疑是秦俑军阵战术思想的发展和延续。由此,我想起了萨达姆·侯赛因——这位注定要引人瞩目的人物,我在秦俑馆的留言簿上寻找他的名字,想知道他是否来过秦俑馆,或者他对这支地下军阵的奥秘到底理解和感悟了多少,以便从中做出对这场战争胜负的进一步推断。

然而,我没有找到他,就像多国部队费尽心机,仍然见不到他的踪影一样。我只找到了萨达姆的邻居和朋友——约旦国王侯赛因的名字。他是1983年9月5日来秦俑馆参观的,至今他留下的墨迹依然令人难忘:"这是我一生中最有意思的一次旅行和参观。"海湾战争的前前后后却使他的旅行和游说变得十分尴尬与不安。

早在两伊战争期间,萨达姆就想夺回和占领伊拉克与科威特一直争执不下的部分领土,只是战局的拖延才使科威特的劫难暂时得以幸免。但随着两伊战争的结束,科威特的厄运还是到来了。1990年7月,萨达姆电告侯赛因国王,阐明了自己要出兵占领整个科威特的计划和理由。侯赛因国王在极度的震惊中多次劝说萨达姆放弃这一行动,但没有见效,最终有了1990年8月2日伊拉克血洗科威特的历史事实。

就在这一天,美国总统布什从白宫打来越洋电话,希望侯赛因国王亲自去一趟巴格达,告诉萨达姆,美国不允许伊拉克用武力来吞并一个弱小的科威特,必须尽快撤出伊拉克军队。至于其他科伊冲

约旦国王侯赛因(左二)来兵马俑博物馆参观

突，在撤军以后可以协商解决。如果伊拉克拒绝撤军，美国不会对此袖手旁观。

面对紧张、复杂的国际局势，侯赛因国王预感到萨达姆的这次军事行动意味着什么，他当即向布什表示，愿意亲自去巴格达促使伊方撤军，为阿拉伯联盟的和平做出努力。

当他第二天飞往巴格达，将布什总统的意见转达给萨达姆，并劝说伊方从科威特撤军时，却出乎意料地遭到了失败。

之后，面对海湾战争一触即发的紧张局势，侯赛因国王四处奔走，先后会见了15个国家的领导人，行程达5万多公里。他竭尽全力劝说这些国家的领导人对伊拉克做出有限的让步，以换取海湾地区的和平。侯赛因国王的一系列行动，不但均告失败，而且还让自己背上了替萨达姆说情的黑锅。一场恶战在所难免了。

我仍在快速翻动着秦俑馆的留言簿，直到最后一页，萨达姆仍未出现。我有些绝望了，为我的寻求最终落空的同时也为海湾战争中伊拉克的命运感到绝望。绝望中的我不得不把视线转到另一个闪光的名字——联合国秘书长佩雷斯·德奎利亚尔。

这位联合国秘书长是1987年5月11日来到秦俑馆参观的，据当时接待他的工作人员马青云讲："德奎利亚尔来秦俑馆时显得很匆忙，只待了不到半个小时就走了。也难怪，世界上有那么多大事在等待着他去做。他的气质和言谈不同于一个国家的领导人，很有些胸怀世界、放眼全球的姿态。"我相信马青云的眼力和判断，德奎利亚尔的气度和言谈当然与他的职业有关，这一点在他的留言中可以看到："作为联合国的秘书长，我希望世界上所有的军队都像西安的兵马俑军阵一样。"

这个"世界上所有的军队"自然包括美国和伊拉克。但美国和伊拉克的军队不可能都像西安的兵马俑军阵一样，否则，怎么去分胜负？

也许德奎利亚尔意识到了这一点，他才于1991年1月12日深夜抵达巴格达，为避免这场海湾战争做最后一次努力。当他在伊拉克阿齐兹外长的陪同下，坐车去下榻的宾馆时，巴格达这座拥有400万人口的千年古城弥漫着战争的气氛。城市虽然一片漆黑，但街头士兵、军车却不住地晃动、奔跑，总统府前的高射炮炮管直指天空，武装直升机的轰鸣不时传来。

早在他来巴格达之前，他就曾对美国、伊拉克和科威特驻联合国大使说过："我不敢说此行是争取和平的最后机会。这只是我个人对和平解决海湾危机所做的最后贡献，我有道义上的责任去竭尽全力避免战争的爆发。"

第二天，德奎利亚尔便直接与萨达姆举行了最后一次会谈。会谈的结果同他的担心一样，终于在萨达姆强硬的态度中宣告失败。这位秘书长此时的心情，通过他在巴格达机场接受记者采访的电视转播，让全世界都清楚无误地感受到了，他强抑住眼中的泪水登上飞机离开了巴格达。

战争无法避免了。作为联合国的秘书长，对美伊双方的军事实力他是清楚的，他不忍心看到伊拉克战败后的惨景。他向苍天询问：假如战争结束后萨达姆还活着，他会以怎样的面目出现在国际舞台上？

在多国部队空军猛烈轰炸伊拉克时，远在东海岸的美国海军陆战队，即开始了近海登陆演习。伊拉克根据种种迹象，做出了盟军将在东海岸登陆的判断，并迅速将主力部队和精良武器投入到东海岸进行防御，而在西线的伊沙边境只留下一个师防守。

美国海军陆战队向来以充当"打头阵"的角色著称于世。这支军队一直保持着高度的待机战备状态。因此，美国政府在处理历次危机中，也总是派海军陆战队去"打头阵"。据五角大楼的资料显示，自1945年以来，海军陆战队共执行作战任务101次，而陆军和空军分别为34次和54次。看来，海湾战争中美国海军陆战队将再次在地面进攻中"打头阵"已是无疑。正因为如此，伊拉克才调集主力来阻止这支军队登陆。

然而，1991年2月24日，在盟军发起的大规模地面进攻中，美国海军陆战队却突然在波斯湾西北部的科威特海岸登陆，大批盟军也出乎伊拉克意料在海湾西部出现。海军陆战队抢滩登陆后，迅速向科威特挺进，和盟军主力形成对伊拉克军队的左右夹击攻势。在整个收复科威特的战斗中，美国海军陆战队起到了关键性的作用。

就在美国海军陆战队登陆并插入伊军左翼的第二天，英国广播电台向世界播发了消息，并道破了这支具有强大战斗力的海军陆战队所采用的战略和战术方针：

美国海军陆战队登陆后，迅速插入伊军左翼，配合多国部队主力以包抄战术大规模推进到伊拉克南部地区,他们将同伊拉克的共和国卫队作战。

海湾战争中美国海军陆战队的作战方法,和二战时期的战法有了明显的变化。四十年前,美国海军陆战队在日本海岸抢滩登陆时,是在日军的猛烈炮火打击下,以劣势兵力对付优势兵力的情况下强行登陆的。这种先敌攻击、见敌必战的战术思想,使美国海军陆战队曾付出了惨重的代价。

这次海湾登陆,他们采取了和以前完全不同的战略战术,即以自己的全力之实,乘敌之虚,以奇配正,以奇制胜的奇袭战法。这个战法来源于中国的《孙子兵法》。

《孙子兵法》越来越受到美国军队的重视,被誉为20世纪的兵法。几年前,美国海军陆战队就出现了《孙子兵法》热。此书发给了驱逐舰以上的全部海上部队、学校及所有陆上机关和部队,而克劳塞维茨④的《战争论》和马汉⑤的《海军战略》及若米尼⑥的《战争艺术概论》,只发放给培养陆战队军官的学校。对此,在伊拉克战争中,有报道称:"美国海军陆战队将在以后的战争中更加成熟,因为他们已经学习了《孙子兵法》。"

经过4天的激战,伊拉克军队40多个作战师被歼或丧失了战斗力,精锐的共和国卫队也在多国部队的打击下溃不成军。

萨达姆终于从地下指挥的迷宫里钻了出来,这时,人们再也听不到3天前他那慷慨悲壮的声音了——

强大的、勇敢无畏的、一切战斗之母的战士们,同他们战斗。用你们对真主的信仰,同他们战斗。为保卫每一个自由和可尊敬的妇女、每一个无辜的儿童,为你们所肩负的男人气概、价值和军事荣誉同他们战斗。

同他们战斗吧,因为他们的失败将使你们最终取得一切胜利,战争将在你们的人民、你们的军队、你们国家的尊严、荣誉和胜利的时候结束。相反,真主不允许我们的敌人实现把你们推入卑鄙的深渊,让漫漫长夜笼罩在伊拉克国家和民族头上的愿望。

战斗吧,战士们。他们的价值准则并不使他们比你们更有男人的气概、勇敢和能力。当人垮掉以后武器的优越性将消失,谁也无法决定战争的最后胜利。

美伊两国交战的结局是：伊拉克在小布什总统任期内发动的第二场大规模攻击战中被摧毁，号称英勇无敌的伊拉克共和国卫队土崩瓦解，瞬间烟消云散，美军全面占领伊拉克

同他们战斗吧。胜利将属于拥有自豪、诚实和光荣的你们！

直到这时，萨达姆才发现自己在战略和战术上的一切错误：他号召阿拉伯世界与他共同抗击外来的异教徒，没有达到目的；他希望扣留西方人质以对西方形成威慑，仍没达到目的；他对以色列发射"飞毛腿"，以把这个犹太国家引入战争而分裂美国与阿拉伯联盟，未能成功；他自认为用沙筑起长城，挖战沟放入油水的战略防御足以阻止敌军，而事实证明他又错了。这种种错误所造成的恶果使他最终不得不接受安理会提出的一切要求。萨达姆的声音嘶哑了。

萨达姆愧对他的好友侯赛因国王的一片诚心，同时也辜负了德奎利亚尔的期望。

历时42天的海湾战争，以美国为首的多国部队的胜利而告终。

伊拉克的惨败和受战争之累的海湾国家所付出的一切，无疑都是为美国在中东地区获得更大的战略和经济利益做出的共同牺牲。赔本的生意，美国人是不会干的。

海湾战争在一定程度上提高了美国的国际地位，增强了其干预国际事务的能力和信心，也助长了其独霸世界的野心。在海湾战争中，美国通过各种手段迅速建立起强大的反伊联盟，扮演了盟主的角色，表现出其处理国际事务的"领袖"作用；它把苏联撇在一边，无视许多国家和平解决海湾

第五章 世界第八奇迹

危机的建议和呼声，执意发动战争，充分暴露其支配、领导全球的野心；它仅以死亡286人的代价换来了战争的胜利，使美国在军事上重新恢复了信心，在一定程度上摆脱了多年来一直影响自己的"朝鲜战争、越南战争综合征"的阴影，并自我意识到这次是在正确的时间、正确的地点，和正确的敌人打了一场正确的战争。这次战争，使其干预国际事务的信心大增。海湾战争后，美国制订了"同时打赢两场局部战争"的新的地区防务战略，克林顿和小布什上台后更加快了独霸全球的步伐。

当然，海湾战争的意义绝不是这些，它的影响将更加广泛和深远。这场战争加速了苏联的解体和两极格局的终结，客观上有利于多极化趋势的发展。苏联在海湾危机和战争中的表现说明，它作为两极格局中的一极已名存实亡，昔日的超级大国只能听任事态的发展。从一定程度上讲，美国在海湾战争中既是打伊拉克，也是在打苏联。海湾战争后，苏联最终解体，为两极格局画上了句号。美国在海湾战争中大获全胜，成为冷战后唯一的超级大国。

海湾战争不仅反映了"美国凭借它的军事实力和居世界领先地位的先进技术装备迅速插手干预第三世界事务的能力"，同时也反映了美国善于吸收和借鉴一切先进思想、技术和经验的能力。否则，一个只有200多年历史的民族，何以迅速登上世界霸主的顶峰地位？

注释：

①奥黛丽·托平，美国女记者，自由撰稿人。其父1884年生于中国，1920年在中国任教，是周恩来之好友。1978年，托平与父亲及家人获邀至陕西观光，被特别批准采访了发现不久的秦兵马俑坑，于是撰写了长文并配有插图及照片，是外国人最早向世界各国介绍秦兵马俑的文章。

②马步芳：1903—1975年。字子香，教名呼赛尼，甘肃河州（今临夏）人，回族。马家集团的父叔兄弟俱依附冯玉祥，

分任西北军政长官。1936年10月，马步芳任西北第二防区司令兼第五纵队司令官，曾率军拦截中共红军西路军，使其蒙受重大损失。

③商鞅变法时，曾将秦国官兵的身份划为"二十等爵"。军队中地位最低的兵叫小夫，无爵位，往上则有二十等级，包括：公士、上造、簪袅、不更（以上四等相当于士卒）、大夫、官大夫、公大夫、公乘、五大夫（以上五等相当于大夫）、左庶长、右庶长、左更、中更、右更、少上造、大上造、驷车庶长、大庶长（以上九等相当于卿）、关内侯、彻侯（以上二等相当于诸侯）。秦国规定，不论官、兵，立了军功，爵位就逐级递升。按爵位的高低，可享受各种特权。

④克劳塞维茨：1780—1831年。曾加入普鲁士军队，1818年晋升为将军，并出任陆军大学校长，在任内的12年间致力于享有盛名的《战争论》八篇和其他军事著作的撰写。他在《战争论》中提出总体战概念，对现代战略思想具有深刻的影响，被译成多种文字，受到各国兵家普遍重视。20世纪中叶，随着远程武器系统的出现，克劳塞维茨由陆上作战产生的战略思想虽有其局限性，但他所提出的许多基本原则仍然正确有效。

⑤马汉：1840—1914年，美国海军军官及军事历史学家。曾服役40年，是制海权的早期倡导者。1884年，他接受新建的美国海军战争学院邀请，在该校讲授海军史和海军战术课程。其讲授内容，后来汇集成《制海权对1660—1783年历史的影响》（*The Influence of Sea Power upon History*，1660–1783）和《制海权对1793—1812年法国革命和帝国的影响》（*The Influence of Sea Power upon French Revolution and Empire*，1793—1812），这两部书与《美国现在和未来对制海权的关心》（*The Interest of America in Sea Power*，*Present and Future*）等一系列作品，论证制海权对一个国家的总体力量、国际威望和经济繁荣之重要性，深刻影响了美国及世界各国的海军

发展。

⑥若米尼：1779—1869年，拿破仑麾下的法国将领、军事评论员、军事历史学家。因在军中受歧视，于1813年离法赴俄，担任沙皇尼古拉一世的上将侍从武官，又创办俄国军官学校。1837年退役，仍任皇储亚历山大的侍读，翌年为之撰写《战争艺术概论》。透过这部巨著，他对战争的基本观念与原则做了澄清的解释、客观的分析，并将科学研究的精神与方法带入军事领域中，堪称是现代军事思想奠基人之一。因此，若米尼被誉为"军事科学领域中的牛顿"，《战争艺术概论》一书也得到"为国王和政治家所写的""十九世纪最伟大的军事教科书"等佳评。

第六章 陵园探宝

巍峨壮观的秦始皇陵，经不住岁月的侵蚀，千年荒冢埋白骨，洛阳铲下见真情。马厩坑、珍兽坑、殉葬墓昭示于世，久远的宫廷血案水落石出。秦始皇步上死亡之旅，胡亥继位杀戮皇族亲属，万世帝国顷刻化为灰土。

站在秦始皇陵的封土上

就在秦始皇兵马俑博物馆如日东升、光耀全球，秦俑坑考古队江河日下、风雨飘摇，同时又在总结教训与编写发掘报告的双刃剑下相互推诿、相互扯皮之时，由程学华率领的钻探小分队，如同二战时期盟军在欧洲开辟的第二战场，在极端困难的情况下却纵横驰骋、连连得手，步步向前推进。

早在1976年秋，秦俑三号坑被发现并试掘之后，在省文物局的支持下，程学华从考古队分离出来，单独率领部分从当地招收的"亦工亦农"考古训练班学员，组成一支钻探小分队走进秦始皇陵园，开始大规模的钻探，以期揭开秦始皇陵地宫周围埋葬于地下的所有秘密。

毫无疑问，秦始皇陵在中国几千年陵墓建造史上，可谓是最伟大、最辉煌、最令世人充满遐想的顶级帝王陵墓，但在时间的排序上却不能称之为最早。陵墓在中国的起源要早于这位始皇帝的时代。

研究资料表明，最初在陵墓上筑丘和植树的陵园形式，来自春秋时代的孔子。①在孔子之前的葬仪极为简单，死去的人一旦抬到野外，就挖坑埋掉，坑的上方不加封土，周围不种树木。

有研究者认为：这种葬仪是由于当时人们的物质条件简陋

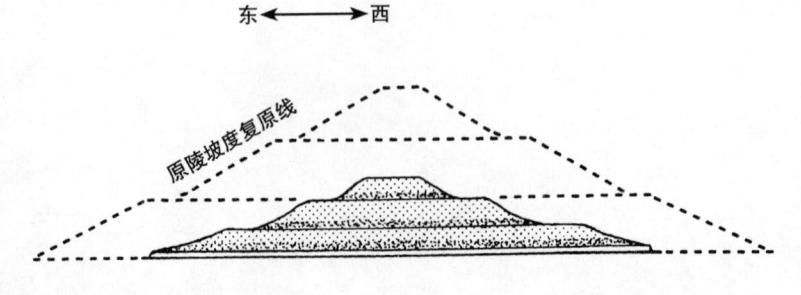

秦始皇帝陵园模拟图

秦始皇帝陵园坡降示意图，比例1：3000（王学理绘制）

第六章 陵园探宝

和思想方式简单所决定的,简陋的物质条件赋予人类一种深刻的思想内蕴,使他们相信人类来自自然的润孕,最后必然要回归到自然的怀抱之中。

尽管殷商时代葬仪已实行棺椁和墓穴制,但仍未起陵丘。而春秋末期的孔子之所以在父母的墓穴上筑起四尺高的土丘并种植几棵小树,实则是因为他四处奔走,怕回来时找不到父母的墓地,而无法行施其一生为之苦苦宣教的两个字"礼制"而已。这时的孔子想不到他推行的礼仪收效甚微,而在陵上筑丘和植树却在各国风行起来,并且愈演愈烈,直到涂上了一层浓厚的政治色彩。

秦始皇一生讨厌儒学,但唯独在陵墓的兴建上没有拒绝孔子最先创立的在陵上封土植树的礼制,并把它加以发展而系统化,建造了在中国封建历史上空前绝后的陵墓陵园机构,从而开创了2000多年来历代帝王在陵墓建制上的先河。

据西汉史学家司马迁记载,秦始皇在13岁刚刚登上皇帝宝座时,他的陵园建造工程也随之开始,建造人数最多时达70万人。直到他死亡并葬入地宫后,陵园的工程尚未全部完成,前后修建时间达39年,其规模之庞大、建筑之豪华可想而知。

公元前210年,秦始皇带着左丞相李斯和小儿子胡亥,在近侍中车府令赵高等臣僚、卫队的簇拥下,开始了第五次出巡,也是他一生最后的一次出巡。

大队人马伴着初升的旭日从都城咸阳起程,在金风丽日

位于山东琅邪的秦始皇帝接见徐福雕像

遣使求仙图（引自《帝鉴图说·遣使求仙》，明·张居正著）

秦史记：始皇帝东巡海上，遣方士齐人徐市等，入海求蓬莱、方丈、瀛洲三神山，及仙人不死之药。市等诳始皇，言未能至，望见之焉。请得斋戒，与童男女，及百工之事求之，即得之矣。始皇从其言，使童男女三千人，与百工之事偕往。徐市止，王，不来。

张居正解：尝观秦始皇既平六国，平生志欲，无不遂者，所不可必得者，寿耳。于是信方士之言，觅不死之药，竟为徐市等所诳，何其愚哉！至汉武帝，亦遣方士入海，求蓬莱安期生之属，终不可得。迨其末年，始悔为方士所欺。乃曰：天下岂有仙人！尽妖妄耳！吁，亦晚矣！宜史臣表而出之，以戒后世人主之惑于方士者

下出武关、过丹汉两水域，沿长江东下分别到达虎丘山和会稽岭。秦始皇在会稽岭祭奠大禹，刻石颂功，并针对东南地区存在的氏族社会婚姻习俗和男女淫乱的现状，提出了"大治濯俗，天下承教化之风，使民俗清廉"的新型封建思想。同时刻石宣示，以醒时世臣民。

离开会稽岭，秦始皇率大队人马从长江渡江沿水路到达琅邪。在方士徐福（也作徐市）的诱说下，秦始皇亲率弩手进入东海寻找鲛鱼作战，并将一条巨鳞可辨、若沉若浮的大鱼用连弩射死。

当秦始皇满怀胜利的喜悦，在琅邪台饮酒作乐之时，忽感身体不适，只好下诏西还。车队到达平原津，秦始皇竟一病不起。左丞相李斯见状，急令车驾速返咸阳。

时值盛夏，如火的烈日灼烤着这支车队，大路上弥漫升腾着黑黄色烟尘。李斯、胡亥心急如焚，秦始皇痛苦不堪，不时发出阵阵呻吟，死神在一步步地向他逼近。

当车队到达河北境内的沙丘时，病入膏肓的秦始皇自知将不久于人世，弥留之际，他强撑身体，把李斯和赵高叫到跟前，让他俩草拟诏命，传诏在北疆防御匈奴的长子扶苏速

回咸阳守丧。

　　李斯、赵高匆匆把诏书拟好，秦始皇过目后，用颤抖的手把玉玺递给李斯，有气无力地说道："速派使者送达扶苏……"余下的话尚未说出，便撒手归天了。

　　这位在中国政治舞台上翻云覆雨、改天换地的一代伟人，终于走完了他那辉煌的人生旅程。死时年仅50岁，从他自称始皇帝算起仅为12年。更令人扼腕的是，当秦始皇的尸骨进入他生前修筑的那座地下迷宫时，大秦帝国已是日薄西山，只靠惨淡的光晕来照耀这块板结、干裂的黄土地了。

　　公元前207年9月，起义军将领刘邦率领军队攻克了函谷关，直扑秦国都城咸阳。这时秦始皇已命丧3年，其子胡亥也被丞相赵高所杀，帝国古船只有靠秦始皇的孙子秦王子婴独自支撑，并向着死亡之海做最后的航行。

　　待刘邦率大军兵临城下，子婴大惊失色，眼前的现状使这位倒霉的末世皇帝清楚地认识到，大秦帝国已经彻底走向沉沦。既不能出战，也无力守护，唯一的选择就是开城投降。年轻的子婴乘白马素车，以绳套颈，手捧传国玉玺，满面泪痕来到刘邦跟前屈膝下跪，俯首请降。刘邦面对这位只做了46天皇帝的秦王，冷笑几声，命部下收起玉玺、兵符和节杖，并把子婴看押起来，挥军攻城

入关约法图（引自《帝鉴图说·入关约法》，明·张居正著）

汉史记：高祖初为沛公，入关，召诸县父老豪杰，谓曰："父老苦秦苛法久矣，'诽谤者族；偶语者弃市'。吾当王关中，与父老约法三章耳：'杀人者死，伤人及盗抵罪。余悉除去秦苛法。'"又使人与秦吏行县乡邑告谕之。秦民大喜，争持牛羊酒食献享军士，唯恐沛公不为秦王。

张居正解：此可见抚之则后汉之所以兴也，虐之则旧秦之所以亡也。有天下者，当以宽仁为贵矣

而入。

至此，秦始皇东征西讨所创造的伟业，仅在世上存续了15年就烟消云散、分崩离析了。

刘邦进入咸阳，遍召当地豪杰长老，公开宣布自己的政见："与父老约法三章耳：'杀人者死，伤人及盗抵罪。余悉除去秦苛法。'"刘邦引军离开咸阳还驻霸上，不久项羽率大军赶来。当这支江东大军进入咸阳后，竟在一天之内就将秦国皇亲国戚800余人，连同4000名文武官员全部斩首示众。秦王子婴也被项羽亲自用方天画戟扎入胸腹，扔到街心而气绝毙命。随后，8000江东子弟兵潮水般涌入秦宫，将财宝、美女抢劫一空，紧接着又一把大火将包括阿房宫在内的宫殿、楼阁烧成一片废墟。这支以复仇为目的的军队，在东返路过秦始皇陵园时，项羽又下令挖掘陵墓、抢劫财宝，捣毁一切可能捣毁的建筑。大火在陵园升起，数日不灭。70万人费尽39年心血建筑的陵园，在大火中变为一片焦土瓦砾。这是有史可查的秦始皇陵园遭到的第一次也是最为致命的一次劫难。

之后，刘邦与项羽在中原大地上展开了争夺最高权力的交锋，直至项羽兵败自刎乌江，为期4年的楚汉战争才告结束。

对于"力拔山兮气盖世"的项羽这一悲剧性命运，千百年来，令无数文人墨客为之扼腕叹息，并发出了"至今思项羽，不肯过江东"的哀婉之情。可惜，历史没有倒转的机会，即使项羽当年真的渡回江东，历史也未必重新改写它的结局。项羽的失败绝非偶然，早在他火烧咸阳、焚毁秦始皇陵、砸碎兵马俑之时就注定了。因为，一支连人类文化都不认识和不珍惜的军队，它还能认识和珍惜什么？项羽谢世2000年后，中国大地上另一位伟人就曾清楚地指出：没有文化的军队是愚蠢的军队，而愚蠢的军队是不能战胜敌人的。斯言是也。

刘邦称帝后，随着国家的日趋稳定，他下令对秦始皇陵墓妥为保护，并安排20户人家具体负责陵园的看管事宜。劫后余生的秦始皇陵园总算得到暂时的安息。

自项羽的洗劫之后，尽管汉以后的历代统治者，对秦始皇陵园都做了适当的看管，但依然没有断绝陵墓被盗掘的厄运，一只只黑手不时地伸向地宫。后赵时，曾割据为王的关中人石勒和石季龙②两兄弟派人来到河南，

第六章 陵园探宝

用探铲探到了战国时期赵简子③墓的确切位置后，趁夜深人静偷偷地挖掘起来，很快进入墓穴隧道。此时赵简子墓已渗入数尺积水无法行进，他们便以盗墓人特有的方法制作了绞车，用牛皮囊向外排水。时值秋天，当他们刚刚将墓道中的积水排完时，外面的雨水又沿着挖开的通道灌了进来，反而积水更多。眼看着一个月过去了，积水始终没有排除，盗墓者不得不先堵死通道，弃赵简子墓而来到秦始皇陵，并在封土以外不远处挖掘起来。这次他们的苦心没有白费，终于打通了地宫隧道，盗走了隧道门旁安装的铜柱数根。正在他们进一步向地宫深处挖凿时，被守陵人发现，并迅速报官，才不得不含恨忍痛弃陵而逃。

唐末黄巢起义军攻克长安后，作为起义军首领的黄巢本人亲自下令派兵公开盗掘秦始皇陵园④，以补充军费和兵器的不足。这次盗掘是继项羽之后对秦始皇陵园的第二次大规模洗劫。也就在这次洗劫之后不久，黄巢军兵败长安，帝国皇帝之梦也从此破碎了。

2000多年来，民间的许多人把项羽与黄巢的失败之因，说成秦始皇阴魂的报复，这显然带有迷信色彩而不能使人信服，但从另一个侧面也反映了人们对文化的敬畏。

清道光年间，秦始皇陵封土遭到了暴雨流水的冲击，陵墓北面的半腰间，也在暴雨冲击中塌陷出一个很深的洞窟。这个洞窟被附近的岳家村一个老汉发现，并立即传播开来。消息被一个外号叫"白狼"的当地土匪头子知道后，他立即率人以探测陵园为由进入洞窟。令所有入洞者大吃一惊的是，这个洞窟竟通入陵墓地宫。"白狼"命人取了大批的珍宝带出洞外，溜之大吉。守陵人得知后立即报告了官府，洞窟由此被堵死，随之加紧了陵园的看管，洞窟再未被掘。据清朝官员推测，这个洞窟很可能是当年黄巢大军掘陵时所打开的通道之一，掘陵的将军在离开时，草草地将洞掩饰起来，以备将来再盗时能顺利打开。但随着黄巢的兵败，这些当年封洞的将军再也没有回来。随着岁月的流逝，洞窟也就成了不被人知的秘密。只是偶然的一场大雨又使它重见天日，从而使陵墓再一次遭到洗劫。

清朝灭亡后，随之而起的是天下纷争、军阀混战的局面。陕西军阀派兵挖掘了秦始皇陵，并取走了大批珠宝。这是项羽、黄巢之后又一次对秦陵的大规模兵燹。解放战争时期，国民党驻西北军队为抵抗解放军的攻击，以秦陵为制高点，在封土四周挖掘出数条战壕⑤应用于战争，致使面目全非的秦始皇陵园雪上蒙霜，千疮百孔。

千载风雨剥蚀，无数场战争的摧残，使后人已无法得知陵顶封土当年的形状。有人认为封土最初的形状为圆锥形，有人认为是方锥形，有的则推断为覆斗形，虽无数研究者为此争相探讨，却迟迟未得出一致的结论。导致这种原因和状况的自然是史料记载者的忽视，但史料记载也不是永恒不变的，关于封土的高度，西汉时记载为"坟高五十余丈"。按当时每尺23厘米折算，封土高度应为115米甚至还要多些。风雨的冲刷无疑逐渐降低了它的高度，汉之后的官方资料没有对封土冲刷后的高度做出详尽的记载，倒是中国的国门被外国人用大炮轰开之后，封土的高度才有了较确切的记述。

1906年，日本学者足立喜六来中国对秦陵做了考察后，在他的著述里有了"陵高76米，中间稍平，且有阶梯，顶上广阔平坦，陵墓近于长方形，东西宽约488米，南北宽约515米……"的记载。

20世纪初，曾有三个法国探险者来到骊山考察，其中之一的维克多·萨加仑在1917年这样描述秦始皇陵："是中国现存陵墓中最为不朽和高大的一座。它每一边都长于1000英尺，有150英尺高，外形经过精心设计，共有三层起伏的封土，就如一座小山一层层叠在一起……"

1961年，中华人民共和国国务院将秦始皇陵作为全国第一批文物保护单位予以公布。同年，陕西省文管会王玉清等考古、文物管理人员对陵园进行了勘察和测量，这时的陵顶封土已被雨水冲刷到不足当初高度的二分之一，仅为43米。

当然，王玉清等人这次的勘察对陵区文物的分布及地下深埋的秘密仍一无所知。要真正弄清陵园的一切，还要等到兵马俑被无意发现后程学华率考古钻探小分队到来之时。

1976年秋天，在清风吹拂中，程学华翩然而至。

马厩坑与珍兽坑

考古学家程学华站在秦始皇陵封土之上，举目四望，陵园周围的庄稼多已收割，大片的田畴只有银白色的荒草在秋风中摇摆。他反复察看了地形，悄然走下陵顶，率队来到陵园东侧的上焦村外，开始了漫长的钻探岁月。

一把把洛阳铲钻入当年的皇家圣土，一块块黄土碎石被切割开来，三个昼夜过去了，钻探小分队一无所获。程学华凭着多年的考古钻探经验和对秦始皇陵的研究，隐约地预感到这一带肯定会埋有为陵墓的主人陪葬的器物，这里将是整个陵园随葬品地下布局的探察开端。由此，他才把小分队最先带到这里钻探。但是，三天毫无收获的事实，又不能不让他重新考虑钻探方法的得失。他在经过了一夜的深思后，毅然决定由原来间隔两米的疏探改成间隔半米的密察。这个钻探方法一经实施，很快证实了这一战术转变的正确。

那是一个秋日的黄昏，如血的残阳洒映在高大的秦始皇陵上，晃动的野草泛起点点赤红色的光，如同飘荡的流火。

秦陵钻探小分队人员在陵园内持续钻探30余年尚未停止（秦陵考古工作站提供）

天地辉煌，大自然再度张开生命的活力，接受苍茫寰宇的热切亲吻。历尽沧桑劫难的秦始皇陵园，也在这天地的馈赠中孕育着一个灿烂的未来。当程学华的探铲再度穿入地下时，随着铲杆的微微颤动，传来一声微弱但异样的声音。据传，凡是富有经验的盗墓贼在钻探时，都能从铲杆和声音的变化中，确切地感知和判断出地下的器物。作为考古专业人员，其钻探技术当然要远胜于盗墓贼一筹，否则便称不上考古学家，而只能算是掘地的农民了。寻的东西就要从这里面世了，他没有声张，而是拔出探铲移动了位置继续钻探。此时的程学华期望这里会再度出现像一号兵马俑坑那样庞大的地下军阵，再现人类文明的奇迹。但事实却使他失望并陷于迷惑，紧随探铲带出的不是一块块陶片，而是朽骨的残迹。

他把所有的钻探人员叫到面前，对两种不同的迹象做了细致入微的分析。凭听到的声音和铲杆赋予的感觉，他第一次所碰到的是个陶俑已成定局，而在这陶俑的旁侧出土一堆朽骨残迹该做何解释？况且从朽骨的形状、粗细来分析，又不像人骨。这就否定了会像一号兵马俑坑那样出土的朽骨多为汉唐之后葬尸的可能。为解开这埋藏地下的玄机奥秘，程

秦始皇陵园陪葬坑位置

第六章 陵园探宝

学华决定将钻探情况上报后再进行试掘。

周围5米见方的土层很快被掘开。当深入地下2米时，一个陶俑的头盖露了出来，这就是程学华在钻探时感知的陶俑。当发掘人员将坑全部试掘完后，呈现在钻探人员面前的是一幅和一号兵马俑坑完全不相同的画面。

一个高约70厘米的陶俑背西面东安详地跽坐着，脸部和手背分别涂有粉红色颜料，头后部绾有细长的发辫，衣袍呈淡绿色，两眼平视前方，面带慈容，双手平放在腿上，似在观看和等待着什么。

在跽坐俑的面前，放置着陶罐、陶盆、陶灯等不同形状的陶器，陶盆内有朽烂得发黑的陈迹，隐约可辨出是谷子和谷草。在陶器的前方，则是一副硕大的骨架，虽经两千年的掩埋，但考古人员一眼便看出这是一匹马的尸骸。

事情已经清楚，这是一幅完整的圉人[⑥]喂马图的再现。只见马骨的身下有4个不粗的小孔，马腿置于孔中。前端有一小土坎，坎上挖有缺口，其大小刚好把马的脖子卡在缺口内，虽然没有发现专门的葬马辅助设施，但从马的骨骼作挣扎状和残存于骨架上绳索的痕迹推断，马是被捆绑后抬到坑中活埋的。

程学华根据坑的位置和出土的器物推断，类似的马厩坑绝非仅此一处，它像兵马俑军阵一样应为一个庞大的整体，从而构成秦始皇陵园整体陪葬布局的一个完整单位。

根据这样的思维和推论，程学华开始率队在坑旁分南北两路进行钻探。一个月后，马厩坑的位置和排列形式全部探明，整个单位布局为南北向3行排列，每行千余米，以坑的密度推算，至少有200座陪葬坑。为确切证实钻探后的结论，程学华又率队试掘了36座陪葬坑，出土器物除跟第一座坑类似外，还发现了陶盘、铜环、铁斧、铁铲、铁灯等不同的陪葬品，并在陶盆、陶罐里意外发现了陶文：

大厩四斗三升

左厩容八斗

大厩　中厩　小厩　宫厩　左厩

这些陶文的发现，为确定陪葬坑性质提供了确切的依据。"大厩""中厩""小厩"等文字，当是秦代宫廷的厩名，这就进一步证实陪葬坑象征的是秦始皇宫廷的马厩，或者说象征着秦始皇生前宫廷养马的场所；铁叉、铁铲、铁斧为养马的常用工具，陶盆、陶罐为养马的器具，谷粒和谷草是马吃的食物，陶灯和铁灯则是夜间喂马人的照明灯具。

马厩坑的发现，为研究史料缺少记载的秦代养马习俗和马厩的编制机构，提供了极为珍贵的实物资料。

马厩坑发现和试掘后，钻探小分队分成两组，一组在陵园东侧继续扩大钻探范围，一组赴陵西开辟"第二战场"。

1977年春，陵西钻探组在内外城之间发现了和马厩坑类似的陪葬坑31座。排列形式亦是南北走向的3行排列法，只是间隔比马厩坑大些。为揭示陪葬坑的内容和奥秘，钻探队对中间一行17个坑进行了试掘。出乎意料的是，这17个坑中只是各自存有一个长方形的瓦棺，没有其他器物出土。考古人员将瓦棺的顶盖揭开，只见里面存有一具动物骨骸和一个小陶盆，陶盆的形状与马

秦始皇陵园西部内外城间的马厩坑，苑囿坑鸟瞰图。（引自王学理《秦俑专题研究》）

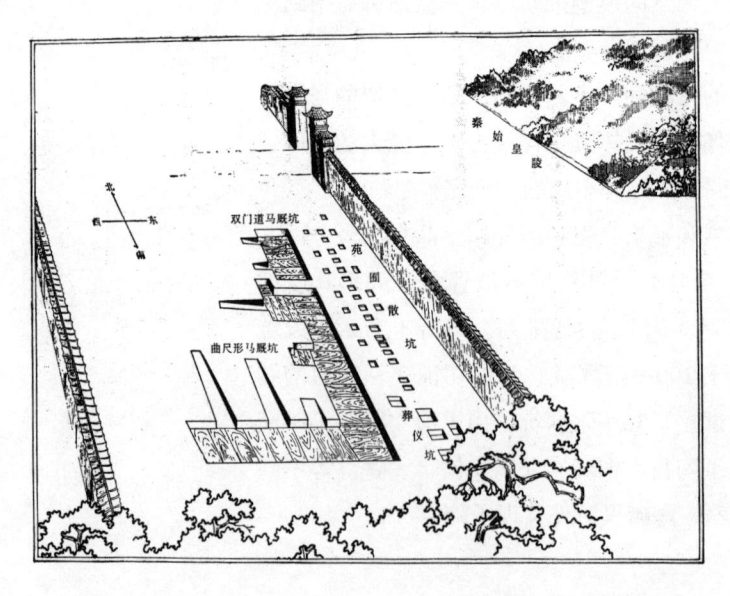

第六章 陵园探宝

马厩坑中的殉葬马与圉人

厩坑出土的相同，只是动物骨骸要小得多，显然不再是马。经过科学研究鉴定，这些动物分别为鹿及禽类。

既然已有动物骨骸，说明它的性质和马厩坑是相同的，只是这里的饲养者没有在坑内。那么，这组陪葬坑是否不再设饲养的圉人？

考古人员带着疑问，对东西两侧陪葬坑又进行了局部发掘，发现每个坑中都有一件跽坐俑，其造型和神态与马厩坑出土的跽坐俑极为相似，只是有几尊陶俑和一号兵马俑坑的陶俑一样高大，姿势不是跽坐而是站立，双手不同于跽坐俑平放于腿上，而是双手揣在袖中。对于这个奇特的现象，考古人员从姿态和服饰推断，多数人认为这几尊俑的身份要高于跽坐俑，可能是主管饲养事务的小官。⑦

试掘情况分析，中间的17座应为珍禽异兽坑，而两边则为跽坐俑或立俑。如果马厩坑象征的是秦始皇的私人养马场所，珍禽异兽坑也该是宫廷的"苑囿"。两组不同的陪葬坑在充分揭示了秦代宫廷制度和皇家生活习俗的同时，也让后人透过历史尘封，更加清晰地窥测到秦始皇的思想脉络和政治心态。

尽管千百年来人们对秦始皇的所作所为议论纷纷、褒

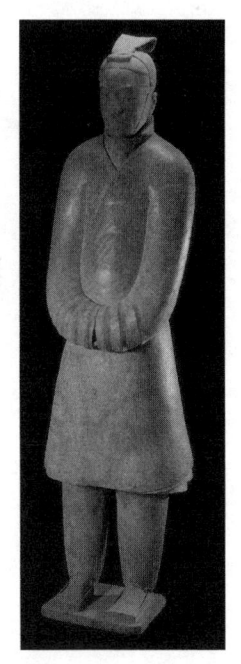

坑内出土的袖手立俑，当时推断此为主管饲养事务的小官有误

195

俑坑内出土的陶制将军甲示意图（上，一号坑出土的有披膊甲；下，二号坑出土的无披膊甲）

贬不一，但马厩坑和珍禽异兽坑的发现，无疑揭示出秦始皇时代对于"人的价值"这一思想主题的认识和对人本身的尊重。两组不同的陪葬坑，分别埋有活生生的马和珍禽异兽，但饲养者或主管饲养事务的小官却都是陶俑。如果沿着这样的思想去观察整个秦始皇陵园布局，就不难发现三个兵马俑军阵同那个秦大墓联系的内涵。

作为军事指挥部的秦始皇兵马俑第三号俑坑的几十件俑中，没有发现具有特殊地位的将帅俑，均为普通的幕僚，其身份和地位远比一、二号坑发现的将军俑要低。作为一个军阵的指挥部而没有将军和元帅，就不能不让后人产生种种疑问。直到今天，博物馆讲解员代表的主流讲解是：军队的最高统帅是秦始皇本人，按照秦代制度，军队在出征时才由秦始皇临时任命将帅，交给象征兵权的虎符[⑧]，而平时则不任命，军权集于自己手中……所以三号俑坑没有将帅俑。

这种说法自然有它的道理，但并不能令人满意。因为任何一个军事集团不管在平时还是战时，总要有一位将领具体负责管理或带领作战。假设秦兵马俑模拟的是一个陈兵图而非战时的出征或作战图，那么这支军队同样应有一位将领来负责管理和承担具体责任。如果不是这样，这支大军岂不成为群龙无首、各自独立的乌合之众？一切训练、防卫、后勤供给将如何实施？

正是基于这样的事实，我们才不能撇开位于三号兵马俑坑西侧而尚未发掘的那座秦大墓，草率地把这个军阵的最高指挥者让秦始皇来担当。马厩和珍兽坑在赋予后人诸多启示的同时，也同样折射出秦大墓的主人可能就是兵马俑军阵的

第六章　陵园探宝

天子驾六马
模拟图

最高指挥者，而墓的主人也许正是生前为秦国统一天下立下过汗马功劳、自蒙骜之后的秦国著名将帅之一。他与兵马俑军阵的联系同马厩坑和珍兽坑中的所有动物与饲养者一样不可分割，并成为一个整体。有研究者曾经提出："假如秦大墓的主人是军阵的最高统帅，那么秦俑军阵的性质将发生根本的变化，就是说俑坑军阵不再是为秦始皇陪葬而变成为墓主陪葬了。"

但马厩坑赋予我们的认识是，马与俑双方不存在谁为谁陪葬的相互关系，它们作为一个整体共为秦始皇陪葬。同样，墓主人和兵马俑也是作为一个整体为秦始皇陪葬的，两者在陶俑与真人真马的关系中，尽管做了完全相反的安排，但正是这样的安排，才更令人看出秦始皇对人的自身价值的尊重和良苦用心。

当然，钻探小分队不久发现的杀殉坑，则是另一种背景下的政治产物，这和已死去的秦始皇本人已不再有任何关联。悲剧的发生同秦帝国的陨落一样，实在是这位叱咤风云的千古一帝始料不及的。

凄壮的祭坛

秦始皇在出巡途中于沙丘撒手归天后，丞相李斯深知在新主尚未确定和登位的情况下，就贸然宣布先帝死讯将意味着什么，于是断然决定秘不发丧，知情者仅限于胡亥、赵高和几位近侍。李斯与赵高秘密筹划后，秦始皇的遗体被放入一辆可调节温度的辒辌车①中。放下车帷，令其他臣僚无法知道车内虚实，每日照常送饭递水，臣僚奏事及决断皆由胡亥、中车府令赵高和李斯代传批示。在这新旧政权交替的危急之时，李斯急催赵高速发诏，召扶苏立即赶回咸阳守丧和继承皇位，以免发生不测。

然而这时的赵高却另有打算，在他的威逼和诱劝下，李斯终于被迫同意篡改了秦始皇的遗诏，派使者赐剑给屯守北疆的公子扶苏，罗织罪状命他自杀，改立胡亥为皇帝。

为等待扶苏的死讯，车队故意从井陉绕道九原再折回咸阳。漫长的旅途和酷日的暴晒，使秦始皇的尸体已腐烂变质，恶臭难闻。李斯、赵高速命人买来几车鲍鱼随辒辌车同行。以鲍鱼之臭掩饰尸臭，使随行臣僚不致看出破绽。当车队就要驶进咸阳时，扶苏自杀的消息传来。于是，李斯、赵高才公开秦始皇的死讯。九月，将秦始皇早已腐烂的遗体草草葬于骊山陵中。胡亥由此登基称帝，赵高随之升为郎中令，李斯仍为丞相。

在赵高的唆使下，胡亥登基后办的第一件大事就是命人用毒酒将北疆屯边的将军蒙恬赐死，然后将6位王子和10位公主逮捕，押往长安东南处一一杀死，紧接着又逮捕12位王子押往咸阳闹市斩首示众，其余皇室宗亲，有的被迫自杀，有的则在出逃中被"御林军"截杀……所有这一切，都是为了确保胡亥的帝位不受侵害。为彻底斩草除根，胡亥下令对朝廷中那些持有异议的臣僚也一一斩杀。最后，曾为赵高所惑，昧着良知和冒着政治风险进行投机、帮助胡亥登上帝位的丞相李斯，也在赵高的操纵下被腰斩于咸阳……

随着秦帝国大厦的倾塌和历史的延续进展，这段震惊天下的血案，也渐渐埋没于岁月的尘埃之中。后人再也无法见到朝廷内外涌动的血水，更听不到那凄厉悲怆、撕心裂肺的呼号了，一切都成为梦境般遥远的过去。

然而，1977年10月，程学华率领的秦陵考古钻探小分队，在陵东发现了

17座殉葬墓，无意中为后人打开了一扇透视2000年前那段血案的窗户。

为弄清墓的形制和内容，考古人员对其中的8座进行了试掘，发现墓葬形制均为带有斜坡墓道的甲字形状。其中斜坡道方圹墓2座，斜坡道方圹洞室墓6座。墓的独特形制表示了墓的主人应是皇亲宗室或贵族大臣，因为秦代的平民不享有这种带墓道的安身之所。从墓中发现的异常讲究的巨大棺椁推断，也非一般平民所能享用。

之所以把这些殉葬墓看作窥视那段历史血案的窗口，是由于棺内尸骨凌乱和一些异常器物的发现。有的尸骨下肢部分被埋入棺旁的黄土，头骨却放在椁室⑩的头箱⑪盖上。有的尸骨头盖骨在椁室外，其他骨骼却置于椁内。更为奇特的是，一具尸骨的躯体与四肢相互分离，凌乱地葬于棺内，唯独头颅却在洞室外的填土中。经考古人员仔细研究后发现，这个头颅的左额骨上有一个折断的箭头，显然是在埋葬前被射入头部的。在已发掘的8座墓中，共有7具尸骨存在，其中有一座竟找不到一块残骨，却发现了圆首短剑一柄……一切迹象表明，墓中主人是受到外力打击而死亡的。从尸骨凌乱和出土的器物推断，这些墓主大多是被砍杀、射杀后又进行肢解才葬于墓中的。

证明墓主人是皇亲宗室、臣僚贵族的理由，除独特的斜坡墓道外，考古人员还在墓中发现了极为丰富的金、银、铜、玉、漆器及丝绸残片⑫。其中一件张口鼓目、神似鲜活的银蟾蜍，口内侧刻有醒目的"少府"二字，说明此件葬器来自秦代少府或由中央铸铜官署——少府制造，后为墓主人所有。如此珍贵的器物，亦是平民所难拥有或见到的。

面对这样的历史事实和见证物，不能不令人想起胡亥制造的那场宫廷血案。这一具具凌乱的尸骨，无疑都是被杀的王子、公主或宗室大臣，绝非正常死亡。因为科学鉴定的结果表明，这7具尸骨除一人为约20岁左右的青年女子外，其余均为30岁左右的男性，如此年龄相当又一致的正常死亡是不可能的。更值得研究者注意的是，考古人员在墓中发现了挖墓人员当时取暖留下的灰烬，这就进一步说明挖墓时间是在冬季，而胡亥诛杀王子、公主、朝廷臣僚的时间也是在冬末春初的寒冷季节，这个并非偶然的巧合，更能令人有理由相信这17座墓的主人，就是那场宫廷血案的悲剧人物：他们的惨死以及惨死后给秦帝国带来的毁灭性结局，恐怕是秦始皇和胡亥未曾预料到的。

千百年来，人们往往把秦帝国短命的原因，一味地归结为秦之暴政以及

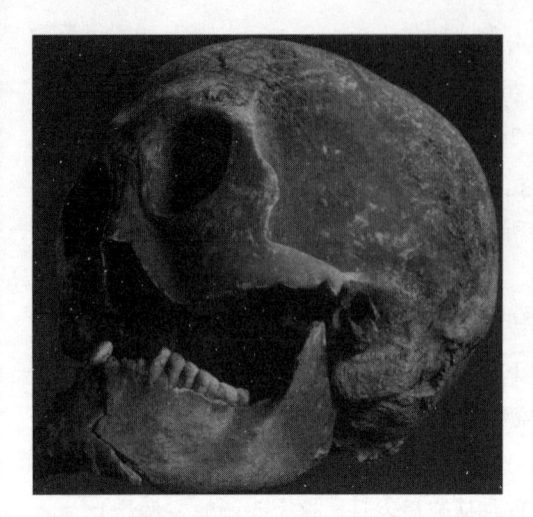

左颧骨上嵌进的箭头（杨异同摄影并提供）

刑罚的残酷、劳役和兵役的繁重，使"苦秦久矣"的天下百姓揭竿而起，将刚刚诞生不久的中国第一个封建帝国扼杀于幼年。

兵役劳役的繁重、刑罚的残酷，这不能不说是导致秦帝国灭亡的重要原因之一，但非根本的原因。秦亡的根本原因是胡亥篡位后的倒行逆施，人为地造成了秦统治集团的矛盾和分裂，削弱了统治力量，终于使秦王朝短期灭亡。正如三国时期著名政治家诸葛亮所指出的，"秦王以赵高丧国"。或如明代杰出的政治家张居正所言：秦王朝的"再传而蹙"，是由于"扶苏仁懦，胡亥稚蒙，奸宄内发，六国余孽尚存"等一系列原因造成的。这里的"奸宄"无疑是指赵高之流。

假如，胡亥继位后励精图治，稍微缓和一下社会矛盾，秦帝国也就不会如此之快地大厦倾塌；假如，胡亥能团结朝廷内部官僚集团，并维护其利益，即使山东起乱，秦王朝尚有足够的力量对敌。试想，当年的章邯匆匆武装起来的几十万骊山刑徒，就能将农民起义军周章打得大败。那么，在北疆屯守的秦王朝30万精兵和大将蒙恬如果和章邯合兵一处，共同对敌，刘邦、项羽大军就未必能越过函谷关，至少不至于如此迅速地杀进咸阳，置秦于死命。

历史没有重演的机会，事实让后人看到的是秦帝国迅疾消失的结局。秦始皇陵的17座杀殉墓，以及秦都咸阳城内的血雨腥风，无不昭示着这种结局的真正原因。诚如明末思想家李贽所叹："祖龙千古英雄，挣得一个天下……卒为胡亥、赵高二竖子所败，惜哉！"

第六章 陵园探宝

注释：

①据《礼记·檀弓上》记载："孔子既得合葬（父母）于防，曰：'吾闻之，古也墓（圹穴）而不坟（积土）。今丘也，东西南北之人也，不可以弗识也。'于是封之，崇四尺。"

②石勒，即后赵明帝（公元319—333年在位）。石季龙，原名石虎，字季龙，石勒之侄（或说石勒之弟），石勒死后废其子石弘，自立为帝，即后赵武帝（公元334—349年在位）。石勒与石虎好盗掘墓冢，据《晋书·载记石季龙下》云："勒及季龙并贪而无礼，既王有十州之地，金帛珠玉及外国珍奇异货不可胜记，而犹以为不足，曩代帝王及先贤陵墓靡不发掘，而取其宝货焉。"

③赵简子，即赵鞅，又称赵孟。春秋末年晋臣，六卿（赵氏、魏氏、韩氏、范氏、智氏、中行氏）之一。自晋定公十五年起（公元前497年）为晋政，历时33年。

④关于黄巢盗掘始皇陵一事，始见于明代都穆的《骊山记》："昔项羽、黄巢皆尝发之。老人云：'始皇葬山之中，此特其虚冢。'其言当必有所授也。"此说被清代一些文人反复转述。如袁枚的《过始皇陵》一诗说："生则张良椎七荆轲刀，死则黄巢掘之项羽烧。居然一抔尚在临潼郊，隆然黄土浮而高。"《临潼县志·纪事》云："右门石枢犹露土中，陵高可四丈，项羽、黄巢皆尝发之。"

⑤此战壕遗迹位于封土顶部及中腰第二阶梯部分，宽70—100厘米，深约80厘米。

⑥圉人是秦朝管理马厩、饲养马匹的人。

⑦这个观点于25年后被另一群年轻的考古学家推翻，这类陶俑的身份被看作秦代高级文官。时程学华已去世。

⑧虎符："符"是古代传达命令或调遣兵员的凭证。一符剖为左右两半，分存两方，使用时两半相合，称为"符合"，

表示命令验证可信。战国时期兵符呈虎形，世称"虎符"。现存最早的虎符是1975年西安市南郊出土的秦惠文君时期（公元前337—前325年）的杜虎符。

⑨辒辌车：或作辒凉车。一种古代的高级卧车，旁开窗牖，闭之则温，开之则凉。原供皇帝乘舆，但因秦始皇崩于沙丘，棺载辒辌车中，故后世专以此为丧车。

⑩椁室：中国古代棺、椁并称，两者同属葬具，但木椁墓中的木椁其实是墓室内的构造，故称"椁室"。

⑪内外椁板之间留有四个空间，邻近头顶的称"头箱"，邻近脚底的称"脚箱"，分列身体两侧的称"边箱"；中央则为棺室，内置棺木。

⑫在上焦村十一号女墓和十六号男墓中，还各发现了一枚铜印，印文分别为阴刻小篆"阴嫚"和"荣禄"。这两个人名未见于史籍记载，为研究墓主身份提供了资料。

第七章

跨过岁月的长河

踏破铁鞋无觅处,一枚金泡建奇功。考古人员苦心钻探,铜车马破土而出,陵园内外上演夺宝大战。二号车马修复展出,精美工艺震寰宇。遥想当年始皇帝驾车出巡,仪仗之盛威风八面。寻仙取药,镇抚天下,忙忙碌碌未得永年。英雄西归,帝业无继,大秦帝国烟消云散。

❀ 神奇的金泡

出土金泡的
具体位置

继马厩坑、珍兽坑和殉葬墓的发现之后，程学华率领考古钻探小分队，又陆续发现了一、二、三、四号建筑遗址①，秦陵修建者墓地遗址，陈家沟秦陵陶窑遗址②等多处遗址和陪葬坑。至1980年春，整个陵园外侧的地下秘密大部分被揭开。

1980年夏，程学华率领小分队由陵园外侧转入陵园内进行钻探，想不到几个月后，又一震惊世界的考古发现悄悄揭开了帷幕。

洛阳铲在秦始皇陵封土西侧不远处单调而疲惫地发着闷响。4年的辛勤钻探，尽管发现不断，但再也没有像兵马俑军阵的出土那样令人激动和振奋，刚来陵园钻探时的新鲜感和神圣感已渐渐在队员们心中消失，周而复始的钻探形成了一种单调的近似机械操作的模式，这就更令那些需要不断变化和刺激的男女青年队员有些精神不爽与疲惫。既然单调的钻探生活不能改变，就企望着一次重大发现的到来，以填补生活中的诸多不足。

这一天终于到来了。

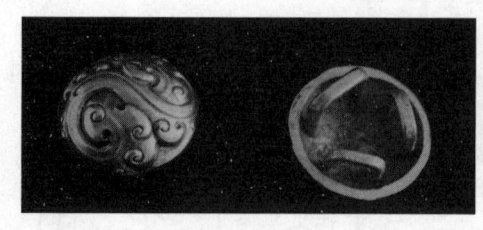

出土的金泡

出土的银泡

第七章 跨过岁月的长河

1980年10月3日，当钻探队员杨续德将已深入地下7米的探铲吃力地拔出来，开始仔细观察带出的泥土时，一个指头肚大小的金泡映入眼帘，"这是什么东西？"他心中自问着，顺手擦去了蒙在金泡上的湿润泥土。霎时，金泡在丽日的照耀中发出刺人眼目的光芒。他好奇地把金泡攥在手里，跑到正在不远处指挥其他队员钻探的程学华跟前，轻轻地说："程老师，我钻出一个圆珠。您看，像是金子做的。"

程学华接过金泡，心蓦地抖了一下。这一刹那，他隐约地感到了什么，忙催促杨续德："快带我去看看。"

程学华按捺住心中的激动，详细察看了金泡出土的位置，此处约离秦始皇陵封土20米左右。在这样近的距离内陪葬的器物一定非同寻常。他把金泡交给杨续德，拿起探铲伸入地下。

又是一堆湿润的黄土被带了上来。程学华小心地扒着土层，一个银泡和一片金块显露出来。他的心开始急剧地跳动，手在微微发颤，凭着多年考古所得的知识和经验，他已预感到地下埋藏的器物会是怎样的一件稀世之宝。当最后一块金丝灯笼穗出现在眼前时，他"啊"了一声，蹲着的身子像被击了一棒，倒坐在地上。

他的预感已完全被这块光彩照人的金丝灯笼穗证实了，在这7米深的地下，暗藏着的正是他苦苦寻找了4年的稀世珍宝——铜车马。

多少次，他曾一人坐在高大的秦始皇陵封土上，面对庞大而神秘的陵园陷入深深的沉思。4年来的辛劳和探寻结果，使他在兴奋中也像年轻的钻探队员一样渐渐滋生了一种不满足的情绪。当然，作为一名考古学家所产生的这种情绪，和年轻的队员是不尽相同的。他懂得，每一次细小的发现，都是解开秦始皇陵园及秦代历史不同阶段和区域难得的钥匙，事实已经证实了他和同伴们4年来的钻探成果，对了解秦帝国政治、经济、文化所发挥的重要作用。他也时常忆起自己在北大考古训练班读书时的老师、考古巨匠夏鼐先生的忠告："看一个考古工作者的水平和成绩如何，主要不是看他发掘出什么东西，而是要看他用什么方法发掘出这些东西而定。"老师的话虽如是说，但作为考古工作者，谁都希望通过自己的努力成为重大考古发现的主持者或参与者。秦始皇当年那辉煌的政治生涯，一直吸引着他去做种种推想，面对气势磅礴的兵马俑军阵，他无法忘记秦始皇统一天下后5次出巡所率领

意大利出土的武士俑

铜车马出土现场，旁边草棚为程学华等考古人员日夜留守看护的"窝"

的精美华丽、气势非凡的庞大车队，以及那浩浩荡荡的威武阵容。按照秦始皇"视死如生"的思想脉络，他不会忘记把伴他度过了一生的车马仪仗为自己殉葬。那么，这支华丽的车队到底躲藏在哪里？

今天，终于发现了它的蛛丝马迹。

凭着眼前这细小的痕迹，程学华当场断定，地下就是他苦苦探寻的铜车马。

1939年，在河南安阳武关村出土了重875公斤的商代后母戊鼎③，曾使东半球的考古界为之震惊。1972年，在意大利雷焦卡拉布里亚的里亚切海湾发现了两尊希腊青铜武士像④，使整个欧洲为之狂欢。此时程学华清楚地意识到，这不同于以往任何一次的考古发现，将使世界又一次为之震撼。

憧憬着将要成为现实的壮观前景，一股热流在程学华心中奔腾翻涌，似乎要把那颗急剧跳动的心脏推拥而出。他当即命令杨续德停止操作，对探孔严加看守，然后将出土器物用手帕小心翼翼地包好，推起工地上停放的自行车向陵园外走去。

此时的杨续德没有意识到他所发现的那个金泡意味着怎样的重要意义和价值，他只是清楚地看到了程学华在回眸向他微笑的瞬间那双湿润的眼睛。

陵园内夺宝大战

程学华来到秦俑博物馆馆长杨正卿的办公室，将手帕在桌上铺开，脸上挂着绯红的神色："杨馆长，你看这是什么？"

"发现什么了？"杨正卿从对方的眼神中已感到陵园将有重大的考古发现。

"不得了了，陵园里发现了铜车马。"程学华用有些颤抖的手指着桌上的金泡、银泡和金丝灯笼穗说："从一号俑坑发掘的陶马、木车遗迹看，这些东西就是马头上的装饰，如果发掘出来，一定能震惊世界……"

杨正卿望着面前金光灿烂的器物和程学华激动的面庞，眼睛随之明亮起来，惊喜中他仍不放心地问道："你能肯定是铜车马？"

"完全可以肯定。除了铜车马，别的陪葬品不会有这些器物。"程学华严肃而认真地回答。

为确切地证实铜车马的存在，杨正卿又找来袁仲一等几位考古队员进行辨别，结论完全同程学华所推断的一样。杨正卿立即将情况上报，同时又让程学华回陵园进一步钻探。

1980年10月15日，国家文物局局长任质斌在陕西省委领导人和省文物局局长杨达的陪同下，来秦俑博物馆视察工作。杨正卿让程学华将发现铜车马的情况向任质斌局长做了汇报。

"根据是什么？"任质斌兴奋中提出疑问。

程学华指着出土器物一一分析。这时除金泡、银泡和金丝灯笼穗，经过钻探又发现了饰有花纹的铜片。

"如果真的是铜车马，我们将会再一次震惊世界。"任质斌说着，当即做出了"先挖探沟，弄清虚实"的决定。

11月3日，考古学家袁仲一和程学华根据钻探的情况，做了周密的计

算。在铜车马的覆盖土层上划出一个长方形图路（即第一过洞），钻探小分队队员依照图路下挖，开工第一天就深入地下50厘米。

11月19日，当考古人员挖至地表下2.4米深的时候，发现了一块完整的秦砖。再往下挖，发现了棚木朽迹和下面的木椁。这些棚木和木椁在黄土的重压和泥水的侵蚀下，全部腐朽塌陷，考古人员只好按发掘程序一层层、一点点，认真细致地清理。12月3日，就在离开工刚好一个月之时，当清理至5米多深的时候，在五花土中发现了青铜残片。此时，无论是在场的考古学家还是参与发掘的考古学员，精神为之大振，一鼓作气向下清理。大家一铲铲剥去杂土，铜车的车盖渐渐显露出来。紧接着，铜马的马头露了出来，铜俑露了出来，最后，2乘金光灿灿、五光十色的大型彩绘铜车，以及8匹铜马、2个铜驭手在7.8米深的地下显露出来。尽管经过了2000多年埋藏的漫长岁月，铜车马被上面的覆土压塌变形，但整套车马披挂俱全，银质饰品色泽光溜，金质器物闪闪发光。眼前的一切，充分证实了程学华的推断，铜车马将由此以它那精美绝伦的稀世身价和神奇风采，跨过漫长的岁月之河，向后世人类一展它的雄姿。

12月4日，根据陕西省文物局的指示，秦始皇兵马俑博物馆领导小组

程学华（左）与考古人员王玉清在清理被压碎的铜马

出土的马笼头

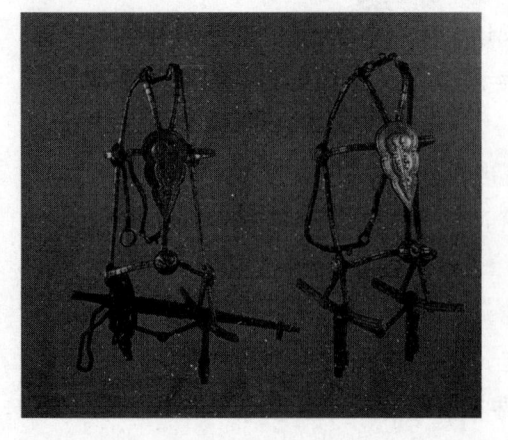

成员张宁鑫和考古队修复人员吴永琪携带铜车马出土的照片,乘飞机抵达北京,火速赶往国家文物局汇报。

正在办公室召开党组会议的国家文物局局长任质斌被悄悄地叫了出来,走进接待室。

"根据您的指示,我们已在铜车马四周挖了探沟。2乘铜车、8匹铜马和2个铜人已完全暴露出来,请局长过目……"张宁鑫将照片递给任质斌。

任质斌一看,挥手猛地拍了一下茶几,脱口而出:"太好了,这么伟大和珍贵的文物,怎么能不让世界震惊,你们的工作做得不错……"说着,他情不自禁地站起身,拿着照片走进会议室。

惊叹、赞誉、议论……会议在这一重大考古发现的新消息冲击下无法进行下去,任质斌让张宁鑫、吴永琪速到中国社会科学院考古研究所找夏鼐所长汇报,同时指派国家文物局副局长孙轶清立即乘飞机赶往秦始皇兵马俑博物馆,处理一切具体事宜。

当张宁鑫、吴永琪兴冲冲地来到中科院考古所夏鼐的办公室汇报了铜车马出土的情况后,意想不到的是,夏鼐不但没有喜悦之情,反而面带愠色质问道:"谁叫你们在陵上乱挖的?挖坏了谁负责?"

冷水浇头,张、吴两人愣怔了半天后,吴永琪解释道:"我们钻探人员发现有异常情况,任局长在秦俑馆视察工作时,我们向他做了汇报,他指示挖条探沟,后来发现了铜车马……"夏鼐听后似乎仍余怒未消,说:"以后没有批准,不许在陵上乱挖。"

张宁鑫对夏鼐的话点头称是,并谈及国家文物局孙轶清副局长将赶赴秦俑馆指导工作,同时邀请夏鼐一道前往,夏鼐说:"孙局长去了就行了,我这里有事就不去了。"事已至此,张、吴两人只好悻悻告退。待他们在北京向有关部门汇报完情况返回秦俑馆时,秦始皇陵园的情况却发生了巨大的变化。

就在铜车马刚露出土层的当天,消息已在当地群众中风传开来。先是"秦陵挖出了和真马真车一样大小的铜车马",再是"秦陵挖出了金马金车",最后变成"秦陵挖出了活马真车"。

消息越传越神,越传越远,很快在临潼和西安市流传起来。当地的农民,西安、临潼的干部、职工、市民,还有不少正在当地旅游的外国人,纷

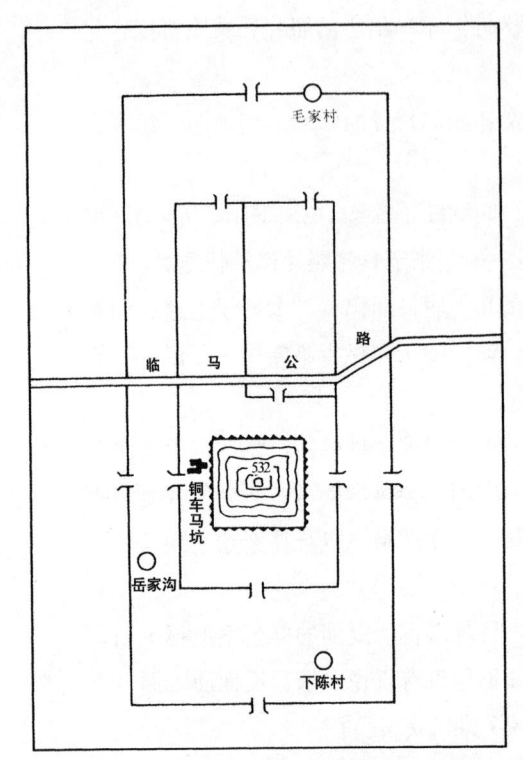

铜车马出土位置示意图

纷纷赶到秦始皇陵园欲一睹这"活马真车"的风采，陵园内外到处荡动着参观者的身影。

面对这意想不到的局势，为保证文物的安全，根据省文物局的指示，袁仲一和程学华在铜车马坑边用干草搭起一座棚子，日夜守护，以防不测。

铜车马出土的位置，正在附近农村社员的麦地中，这些社员眼看着人流源源不断涌来成大军压境之势，青色的麦苗被踩成泥土，便急中生智，立即找来绳子、木桩等，将铜车马坑包围起来，并在参观铜车马的必经之路设卡堵截，找些废纸胡乱剪成长条设卡兜售，凡进铜车马坑参观者，需先买票才能进入。票价不贵也不贱，按秦俑馆票价一半销售。远道而来的人参观心切，不顾这卖票者是公是私，是合理还是非法，纷纷掏钱买票，冲进卡内直达铜车马坑边。整个铜车马坑四周已被当地社员控制，所有秦俑馆和考古队工作人员要进入铜车马坑工作，也必须和外地群众一样过卡买票。陕西省文物局几位领导因未遵守规矩，闯进卡内，被当地社员连推带拉轰出卡外，领导者威风扫地，只能抓耳挠腮远望土坑兴叹。

面对这混乱紧张的局势，秦俑博物馆派张宁鑫和当地驻军联系，要求部队派兵守护。为确保文物安全，当地驻军调拨一个排的兵力进驻秦始皇陵园。当地社员一看自己的财源之地被解放军占领，毫不退让，大有与阵地共存亡的气势。解放军自感此次行动是为国效劳，自然是据理力争，大踏步前进。

第七章 跨过岁月的长河

为争夺守护权,一场军民纠纷在所难免。最后的结果是解放军数人受伤,其中一名战士被急送医院抢救才保住性命。一年后,他带着一张三等甲级残废证退伍还乡。

解放军官兵眼看无法继续守护,只得退却,重新把控制权让给当地农民。面对这剑拔弩张的局势,秦俑馆无计可施,不得不派人向临潼县委、县政府求救,希望能够得到支持。然而,临潼县没有站到秦俑博物馆一边,他们有足够的理由对这场纷争做出裁决:"秦始皇陵园是临潼县管辖的范围,并没有划给秦俑博物馆。在陵园里挖出东西自然归临潼县保管,秦俑馆应知趣地自动退出。"

事情已经挑明,局势急转直下。随着时间的推移,问题的焦点已不再是谁守护的事情,而是这铜车马应该归哪家所有的矛盾纷争,整个事情已变得非同寻常起来。

为争取主动,秦俑馆向陕西省主管部门求援,但陕西省文物局也毫无办法,只好再打电话向国家文物局求援。此时国家文物局副局长孙轶清已从秦陵发掘工地返回北京,并和中国社科院考古所副所长王廷芳一起,将秦陵发现铜车马和面临的归属权问题,匆拟报告,向中共中央和国务院做了汇报。在中央的批示没有下达之前矛盾自然无法解决,秦始皇陵园每天仍有四五千人来回荡动,社员设卡、售票依旧,只是秦俑博物馆的工作人员越来越难以接近铜车马。只有袁仲一和程学华仍坚守阵地不放,守在车马坑边的小草棚里日夜监护。

临潼县在等待中央的批示。

秦俑博物馆在等待中央的批示。

双方在经过几个昼夜痛苦的等待之后,中央宣传部向陕西省委发出了急电:

秦陵出土铜车马,运至秦俑博物馆进行清理、修复和展出。

电报很快转至临潼县委和秦俑博物馆,秦俑馆立即派人持电报赶往临潼县委和县政府协商。面对电文,临潼县委书记不再争辩,说了句:"按中央的指示办,交。"

一锤定音，秦俑博物馆和考古队如释重负，悬着的心怦然落地。

铜车马深在地面7米以下，况且已被土层压碎，仅1乘铜车就破碎成1500余块，按考古人员的计算，光清理一个马头就需要半年时间。如何将铜车马安全、完整、尽快地运往博物馆，成为一个重大而首要的难题。

复杂的现状，使秦俑馆每个人都知道，不能再有丝毫的耽误。必须打破常规，另辟蹊径。秦俑坑考古队负责修复的副队长柴忠言建议：采取整体提取的方案，即在铜车马底部铺上一块大钢板，四周用土板钉成一个大盒子，顶部用木板封盖，这样，铜车马就从整体上被加固封闭起来。因为是一个整体，用吊车吊装就成为不算困难的事情。吊出后，可运至室内慢慢清理修复。这一方案不仅可以尽快将铜车马一次性提取，而且最关键的是可以防止铜车马等文物在发掘工地夜长梦多，遭遇意想不到的损失。

方案一经通过，接下来就是付诸行动。为了确保地下文物不松裂、不移位，一次性提取吊运成功，柴忠言决定先做模拟试验。于是，柴忠言、吴永琪买来钢板，到附近的鼓风机厂、缝纫机厂加工成大簸箕，又用4立方米木材做成4个大箱子，然后拉着这些工具，带领邢天堂、杨省民等10余名考古训练班学员，来到秦始皇陵东侧的上焦村，选择了一处低凹的土坑进行试验。经过10余天的努力，终于获得了重要的数据和经验。省文物局在听取了汇报后，决定

起吊铜车马现场

由秦俑博物馆领导成员、早年曾任解放军某团参谋长的张宁鑫担任现场总指挥，全权负责铜车马的提取工作。

12月19日，铜车马的提取工作正式开始。

当汽车拉着硕大的钢板簸箕驶入工地时，同样受到了设卡农民的阻拦。具体负责迁移工作的张宁鑫拿出中央发来的电报，示意农民放行。"我们不认中央的电报，只认麦子，把麦子压坏，我们吃什么？"农民的口气依然强硬，汽车无法越过关卡进入工地。

急红了眼的张宁鑫一咬牙，当即决定："所有压坏的麦子都由秦俑馆赔偿。"

"赔偿多少？"农民开始放缓口气，讨起价钱。

"产量的两倍。"张宁鑫回答。

"不行，进一次300元，少一个子也甭想过去。"农民毫不退让，提出了惊人的价格。

"就这样定了，进一次300元。"张宁鑫果断而坚决地当场拍板。

"拿现款来。"农民望着张宁鑫涨红的脸庞，伸出了沾满泥土的手。

张宁鑫摸摸衣兜，掏出一个笔记本："现款我没有带，但可以写条子，你们凭条子到秦俑馆领钱怎么样？"

"写吧。"农民放下手，大瞪着眼睛看着面前这位黑大个儿的动作。

按群众要求，汽车进一次工地由秦俑馆付300元现金。

张宁鑫
1981年12月19日

纸条从笔记本上撕下，递到农民手中。汽车冒着蓝烟，穿越防线，驶向铜车马坑。随着张宁鑫手中条子的不断书写"付300元现金"，汽车、吊车一次次驶入工地而畅通无阻。

一切准备就绪。铜车马的四周挖出了几条深达10米的宽沟，以4立方米木板的代价，将铜车马连同1米厚的土层包裹起来，成为4个大型木箱。钢板簸箕用吊车放入坑中，簸箕口对着铜车马，板台架设千斤顶，逼使簸箕向铜车马的底层慢慢推进，以使整个木箱进入簸箕。为了确保起吊的成功与安

213

全，张宁鑫又派人向附近驻军请求援助，部队当即派来官兵守卫，同时派出吊车、汽车全力协助起吊。12月28日，吊车开始起吊，4个木箱裹挟着铜车、铜马完整地进入汽车拖斗，在一片欢呼声中，汽车冒着浓烟，轰鸣着驶往秦俑馆。至此，历时50余天的铜车马发掘提取工作总算画上了句号。

4天后，张宁鑫来到当地农村，找农民商量赔偿事宜。

"我已经写了条子，你们看怎么赔偿，是不是按条子写的办？"张宁鑫问。

"秦俑馆哪来那么多钱，赔偿的事就不要提了。"憨厚朴实的农民回答着，递过一碗热茶。

张宁鑫望着农民们那黑瘦的脸颊和一双双粗糙的手，想起这些天发生的一串串故事，心中滚过一阵热浪，似乎这时他才真正认识了这些普通农民的内心世界。临走的时候，张宁鑫真诚地对那黑瘦脸颊的农民说："不能让你们吃亏。我回去和馆领导研究一下，就按五倍的粮食价格赔偿这次造成的损失吧。"

一个月后，秦俑馆按张宁鑫提出的要求，向农民兑现了经济赔偿费。

轰动、轰动

铜车马运到秦俑馆后，于1981年5月由柴忠言、吴永琪等人开始修复。为保证工作顺利进行，馆内采取了对外暂时保密的措施，使外界半年多不知道铜车马运入秦俑馆后的具体情况。

1981年8月7日，中央人民广播电台突发专稿，详细介绍了铜车马的发现和修复情况。这封闭了大半年的消息一经播出，立即在世界上引起强烈震动，中外游客纷纷奔向秦俑馆，争相一睹铜车马的风采神韵。然而，他们没能如愿，秦俑馆仍恪守保密的决策，使无数游客望馆兴叹，扫兴而归。

1981年9月18日，瑞典国王卡尔十六世·古斯塔夫来到秦俑博物馆，当这位一生爱好考古，并对世界性的考古事业做出过重大贡献的国王走出兵马俑坑时，委婉地向中方陪同团领导人习仲勋提出了参观铜车马的请求，他说道："这里是我向往已久的地方，壮观的兵马俑军阵已使我深深地感到了中国古代文明的伟大。如果再能参观一下贵国刚刚出土的铜车马,那将是一生的幸事。"

习仲勋理解古斯塔夫的心情,但在此之前铜车马从未对外做过展出,这不能不说是一个难题。

古斯塔夫国王被安排在接待室暂时休息,习仲勋走出来悄悄和秦俑馆领导人商量如何解决这一难题。秦俑馆领导人当然不能擅自做主,立即电话请示省文物局,省文物局又电话请示国家文物局,终于得到了一个令古斯塔夫国王满意的答复:"接待瑞典国王。从今日起,铜车马作为特殊之物,作为外国元首参观的特殊待遇。"

古斯塔夫国王终于如愿以偿,作为世界上第一位享受这种特殊礼遇的国家元首,面对正在修复的铜车马,他以敬佩和感激的心情对身边的工作人员说道:"这次有幸目睹了中国灿烂的古代文明,西安一行,将令我终生难忘。"

1983年8月,经秦俑博物馆修复人员柴忠言、吴永琪等人的共同努力,被编为"二号铜车马"的1乘铜车、4匹铜马及1个铜驭手全部复原归位。9月,国家文物局组织专家在骊山宾馆召开了"二号铜车马清理、修复鉴定会",并很快通过了鉴定。10月1日,在秦俑博物馆建馆4周年之际,被一批批中外游客千呼万唤的二号铜车马终于掀掉红色的盖头和神秘的面纱,从容地走出修复室,进入展厅,正式接受世人的检阅。

很显然,要公开展出,最起码的一点就是要告诉游客两乘铜车马各自的名称。此前,考古人员在清理和修复二号铜车马的过程中,在一条辔绳上发现了朱书"□车第一"4个字,由于首字磨损较为严重,已很难辨认,后来秦俑博物馆专门邀请著名文物专家孙机前往考证,得出的结论是"安车第一",由此可知二号车是依照秦代安车的形状制作的,于是,二号铜车马的名称算是有了一个了结。

这组铜车马为20世纪世界考古史上发现的最大青铜器,总重量达1243公斤,其形制相当于真马真车的二分之一。如此装饰豪华、完整齐全的古代青铜车马,在世界上是首次发现。它那无与伦比的工艺技术和高超的冶金铸造水平,为同代任何青铜器物所无法匹敌。

从总体看上去,安车的4匹铜马膘肥体壮,仰起的额头上戴着光彩耀目的金银络头⑤，圆睁的二目虎视前方，翘起的鼻孔似在喘息中微微颤动，整齐的牙齿紧咬衔⑥、镳⑦，耸起的鬃毛在尘风中飘荡。状如削竹的马耳斜立在额头的两侧，似在静心聆听主人的号令，只待一声脆鞭的炸响就毫不犹豫地仰头躬身，撒蹄奔腾。赶车的驭手俑高51厘米，重51.95公斤，呈踞坐式，身穿战袍，腰间束带，脑后梳扁髻，面庞丰腴，潇洒自如。两片浮雕式的八字胡须更增添了他的神韵。头顶的切云冠、腰悬的青铜短剑，代表其官吏身份，又使他严肃而威武。稍弯的秀眉掩护着一双半眯起的双眼，手中抓住6条驭马辔缰⑧，长鞭高悬，严阵以待，时刻准备驱车前往。穹式的车盖⑨和车厢四壁，绝妙地绘制着色彩艳丽的变形夔纹⑩、菱花纹、几何纹、卷云纹和丝缕交错的云气纹图案，镂花画凤的银器环抱着车衡两端和驾马的軛钩。轮涂朱彩⑪，轴悬飞軨⑫，马带繁缨⑬与纛⑭。整个铜车马华贵中透出庄重，瑰丽中带有古朴，动中有静，静中寓动，工艺绝伦的造型使2000年前的青铜再度泛起了勃勃生机。而铜车马的冶金铸造技术更令后人叹为观止。制造者根据车马的不同结构、不同用途的构件，把战国以来的冶金铸造技术推向了一个新的高峰，使铜车马刚柔相济，历2000年依然金光灿烂、光彩照人。据测定，铜车马修复后的光洁度达到8－10级，如此高超的工艺技术和冶金水平，不能不令人为中国古代文明的辉煌成就而拍案叫绝。故此，它在世界上引起轰动是理所当然的。

1983年10月20日，

二号安车中呈坐态的驭手

第七章 跨过岁月的长河

罗马尼亚社会主义共和国团结阵线代表团团长塔玛拉·多布林作为第一位参观的外国知名人士，看了刚刚公开展出的铜车马，曾兴奋地写道："我们为此历史性的考古发现而深深感动，它是2000多年前伟大文明创造者智慧的结晶。世界冶金史应重新编写，一切从这里开始。"

1983年11月6日，联合国儿童基金会驻东京办事处主任埃克雷斯，在参观后惊呼："参观精美绝伦的古代铜车马，是一次令人终生难忘的、最愉快的经历。这组铜车马是中国艺术文明的楷模。"

1984年8月22日，日本访华团团长井上裕雄，在秦俑博物馆几乎是满含激动的热泪，挥毫泼墨写下了发自内心深处的话语：

张宁鑫（左）在秦俑博物馆接待朝鲜劳动党主席金日成时留影

一号立车上站立的驭手

吴永琪等修复人员将修好的伞盖插在一号立车上

"我感谢中国古代之文化。兵马俑和铜车马是一棵古树上盛开的两朵鲜花，它们是相互辉映相互媲美的人类瑰宝。兵马俑以它那宏伟的军阵和千军万马的庞大气派赢得赞叹，铜车马则是以它那精湛、神妙的冶金工艺震撼人类的心灵，我为此历史性的考古发现深深感动，我向伟大的中国人民致以敬意！"

铜车马的展出引起了世界性的轰动，陕西省文物局以及秦俑博物馆上上下下都为之精神振奋，原打算一鼓作气，将另一组铜车马一并修复展出，但1984年上半年，秦俑博物馆馆长杨正卿离职，而考古队搞修复的主力人员吴永琪到上海复旦大学进修，被编为一号铜车马的修复工作暂告停止。

1986年春天，吴永琪完成学业回馆，一号铜车马的清理、修复工作再度被提上议事日程。1986年7月21日，陕西省文物局副局长张廷皓来到秦俑博物馆召开有关人员参加的会议，指示要加快一号铜车马清理、修复的步伐。会议决定：一、从即日起，10天内清理组向修复组移交文物，于8月5日交完；二、8月6日开启铜马木箱，清理4匹铜马，3个月清理完毕；三、铜车马的清理工作由继杨正卿之后出任秦俑博物馆馆长的吴梓林负责。自此之后，一号铜车马的清理、修复工作正式开始，至1987年5月修复完毕。这乘被文物专家称作立车的铜车马，随着对外公开展出，所引起的世界性轰动，自然也是预料之中的事情。

车马走向的昭示

车作为一种运载工具,在中国最早发明于何时已很难做出一致的结论。有文字可查的是,在殷商早期,商王相土曾发明了马车,另一位叫王亥的商王发明了牛车,给人们的生产运输以及交通都带来了极大的方便,从而提高了车的功用。20世纪30年代考古学家在河南安阳小屯出土了数十辆木式战车,这是中国境内发现最早的车,距今已有3700多年的历史。此后的商代、春秋、战国、秦汉、隋唐各代,都有车出土,遗憾的是多为木式战车,出土时均已腐朽变质,后人很难辨清古代车驾的真实面目。秦陵铜车马的出土,无疑为现代人类目睹古代车驾的真实面目,提供了鲜活的见证。

从形制上看,2乘铜车均为方舆、双轮、单辀[15]、驷马并驾齐驱。辀前面有挽驾的衡[16],衡上缚双轭,双轭套在两边马颈上。每匹马皆有一条,与轭一起挽车前行。这种系辀、负轭[17]、驾衡、拉曳的形式,称为"轭靷式系驾法"。

根据车的形制,再结合史料的记载,专家们通过考证并达成共识,一号车为古代的立车[18],驭手和乘人都站在车上;二号车为安车[19],驭手坐在前室,乘人坐在左右两侧开窗、后部留一单扇门的主室。从安车车顶那穹隆式的绣有花纹的篷盖和室内铺有质地柔软、状若毯垫的车底衬推断,当为高级臣僚所乘之车。而这两乘铜车只不过是秦始皇陵整个

天子大路图(引自《南宋刊纂图互注〈荀子〉》)由此图可见古代"天子六驾"的礼制和气派,同时也说明考古人员在秦始皇陵园内发现、发掘出的一组铜车马——立车与安车,均不是秦始皇本人乘坐的车驾

铜车马陪葬坑的一部分，尚有大量的车马没有出土[20]。从某种意义上说，这也只是秦始皇当年出巡车队的一组，但并不是秦始皇本人所乘之车。据蔡邕的《独断》记载，秦始皇所乘坐的车为"金根车"[21]，由六匹马并驾齐驱，从属的车队中按阴阳五行分别配制五色立车和五色安车[22]，外加通过窗户的启闭可调节温度的辒辌车。秦始皇每次出巡，总是先以蒙饰虎皮的警跸车保驾开道，文武百官、近侍宠臣、皇后嫔妃、王子公主随行，浩浩荡荡，威风凛凛，大秦帝国的风貌在这庞大华贵的车队中一览无余地展现出来。

秦始皇陵出土的铜车马，使人们在窥视到秦代卓绝的工艺技术和冶金水平的同时，也不难想象秦始皇一生五次出巡的辉煌宏伟的气势，从而进一步看清这位一代雄主的性格和思想内蕴。

秦始皇一生叱咤风云，在中国历史上留下了吞灭六国、南取百越、北筑长城、五次出巡等几个清晰宏大的脚印。千百年来，人们在赞誉他吞灭六国、统一天下的辉煌业绩的同时，也对他北筑长城、巡示天下、求仙取药等提出了种种非议。秦始皇由此成为毁誉不一、争论不休的历史人物之一。

注释：

①在秦始皇陵北面约170米，有一处密集而成组的建筑遗址，南北长70米，东西宽60米。1976年冬和1977年3月，考古人员曾在其南缘清理出四座建筑基址，由西向东分别编为一至四号。毁损严重，仅二号基址的轮廓和格局较为完整清晰。经分析研究，判定此组建筑群当是陵园的便殿（又称别殿，是供皇帝休憩闲宴之处所），由布局、结构和出土的建筑材料，可见其当日之富丽豪华。尤其一件夔纹遮朽瓦（用于建筑物的檩头，既可防腐朽，又具装饰作用），呈半圆形，直径达61厘米，高48厘米，形制之大令人称奇。

②在秦始皇帝陵周围的赵背户村、上焦村、西黄村、陈沟村、下和村、鱼池村等地均发现有陶窑遗址，秦俑考古队清理

了已知的7座。这7座陶窑皆为地下式，由前室（包括斜坡道、燃料堆放地）和后室（包括火门、火膛、窑室、窑床、烟囱）两部分组成。但各窑的形状和具体细部有别。这些陶窑与战国时期的陶窑相比，窑室容量增大，窑床升高，火膛降低，使火焰由立焰变为半倒焰，既增加了焙烧量，又使窑内火温均匀提高。在考古清理中还在遗址内发现了许多制陶工具、砖瓦及盆、罐等器皿。根据陶窑的形制结构及出土文物分析，它们当是修建秦始皇陵园时烧制砖瓦、水道管及生活器皿的陶窑。

③后母戊鼎：属商代晚期的青铜鼎，是商王为祭祀其母戊而作。出土于当地的吴家柏树坟园。鼎高133厘米，长110厘米，宽78厘米，长方形，立耳，柱足。腹部主饰饕餮纹，双耳饰两虎食人头纹，足部饰兽面纹，腹内壁铸铭文"后、母、戊"三字。其造型庄重，形制雄伟，花纹繁缛，是中国及世界考古史上发现的最大青铜礼器。现藏北京中国国家博物馆。

④这两尊希腊青铜武士像，比真人大，现藏大希腊国立博物馆。A雕像年代为公元前460年，据说是古希腊雕塑家菲狄亚斯所作，一般所见都是罗马时代的仿制品；B雕像年代为公元前430年，被视为是希腊雕塑家波利克里图斯（Polyclitus）所作，可能来自德尔菲（Delphi）神庙，为纪念公元前490年雅典击败波斯军队的马拉松战役（Battle of Marathon）而铸。

⑤络头：又名羁、勒，俗称马笼头。为驭马的鞍具之一，套于马头部。秦陵二号铜车马的络头，由金当卢一件、金泡两件、银泡三件以及金银链条编缀而成。金当卢位于马面中部，呈叶形；金泡分别位于马口两侧；银泡分别位于两颊及鼻梁正中；金银链条则以金节与银节相间组成。另外，在骖马内侧面颊部位悬下的金银链条末端，还系有一件银环，以便让内辔从中穿过后行至驭手处。

⑥衔：又称马嚼子，络头的附属构件之一。一般由两根铜棒扣连而成，横勒在马口中，以发挥挤压马唇、控驭马匹的作

用。秦陵二号铜车马的每匹马口内都有一枚铜衔。两端各有一椭圆形铜环，扣连着马的左右辔索，环内纵贯着曲成弧形且与络头的两根全银链条相系结的银镳，以固定位置，不使衔从马口中滑出。

⑦镳：络头的附属构件之一。秦陵二号铜车马驭官左后方，曾出土两枚罕见的铜镳，形状与衔相似。共由六节组成，节与节之间以鼻钮套合。中间四节呈球形，上面布满短小的细刺；两端的两节为一带刺的半球，上面各连一椭圆形带扣。据推测，它应是一种为了控驭服马的备用鞍具。当服马特别凶悍时，就将镳加置于马口中。

⑧关于古代车马辔的数目，文献中多言六辔。如《诗经·秦风》曰："四牡孔阜，六辔在手。"但每匹马有两条辔索，四匹马应有八辔。秦陵铜车马的发现，解答了这个问题。原来车轼（车厢正前方供人扶持凭倚的横木）前有一爪形铜觼（或作镰），中间两服马的内辔因不须牵挽，拴于觼上不用（这个动作称为"衲"）。驭官手执着两骖马的外辔，另外四辔（包括两服马的外辔和两骖马的内辔）的后端曲成钩形，挂于俑前面的车轼上，它们实际也应握在驭官手中。因此，左服、左骖的外辔和右骖的内辔执于左手，右服、右骖的外辔和左骖的内辔执于右手，驭官牵动左辔索车即向左转，牵动右手辔索车即向右转。

⑨秦陵二号铜车的车盖，由支撑的铜骨架和一块椭圆形的铜片（即篷盖）组成。骨架呈鱼脊骨形，中间是一条纵行的脊梁，脊梁两侧等距离，鱼刺对称地分布着盖弓（即"橑"），每侧18根。弓为圆柱体，呈弧形，末端都套一银质弓帽（即"华蚤"）。为了把分散的弓固定，在各根弓之上连接一铜条（即"榑"），整个骨架浑然一体，置于车舆后室屏蔽的上端。屏蔽上端和弓相应的部位錾有一个个圆形卯口。把弓的末端分别卡入卯口内。篷盖中间拱起。状如龟壳，覆于骨架之

上，四周边缘被盖弓帽末端的倒钩钩住，以免移位或滑脱。出土时篷盖的外面残存绢帛的痕迹，证明其外面原来覆有绢帛。似为文献中所说的"羽盖"。

⑩变形夔纹：或作变相夔纹。"夔"是中国古代传说中一种奇异的动物，外形如龙，一足一角，张口卷尾，商周彝器上多雕铸其状作为纹饰。秦陵装饰图案中也承袭了这种纹饰，但变通较多，故名。秦陵二号铜车的车盖和车厢四壁，以深蓝或白色为底色，上绘一朵朵叫曲蜷缩的变形夔纹，夔的颜色或蓝或绿，纹样单位有的是双夔盘结。有的是双夔一凤，皆彩色点画勾勒，华丽瑰异。

⑪轮转动致远，是车赖以行进的主要部件之一，以坚木制成，包括牙（轮的外周）、毂（轮中间的圆木）、辐（连接毂和牙的直木条）三大部分。秦陵铜车马的轮系以铜铸，牙的断面呈腰鼓形，毂呈腰鼓形，三十辐共一毂。车轮上有彩绘，在牙的内侧和牙的两侧外周宽1.3厘米的部分，辐近毂、近牙处的局部，以及毂上均涂有朱色，当寓意为朱轮。《汉书·舆服志》曾提到天子乘舆"轮皆朱班重牙"。与此情形暗合。

⑫飞軨：车舆上的饰件。系于轴头，随车行飘动。用以显示车主的尊贵身份。秦陵二号铜车马的轴为圆柱体，涂朱色，两端持轮部分成纺锤状，舆下部分为空心，持轮部分为实心。轴末端各套一圆筒形的银軎（轴头，或作錧），其上穿孔抻入扁平长方形的银辖（固定轮轴位置的销钉），在辖孔的下方内侧有一鼻钮以系飞軎。飞軨状似箭尾形，分为上下两节，上节为圆柱形链条。下节由三片铜片叠成，通体涂朱。

⑬繁缨：或作樊缨、鞶缨，古代车马装饰的一种，仅供天子或诸侯王使用，臣下不得僭用。秦陵一、二号铜车八马项下均悬挂穗形饰物，是考古资料中迄今仅见的繁缨。其内部结构为在一铜球上钻许多细孔，内穿径约0.05厘米的细铜丝，铜丝扭曲，波折而成穗形。繁缨顶部有一半环钮，钮上套一铜环，

223

环上连一条铜丝链条，以系结于服马络头上。

⑭纛：古代帝王车舆上以牦牛尾或雉尾制成的装饰物。与文献记载的"左纛"相反，秦陵两乘铜车马的纛是置于右骖马额头上。以二号铜车马为例，纛一半球形铜泡，正中铸一根铜柱，柱端有一铜球，球上穿铜丝并扭结成穗形。

⑮辀，即辕，车前牵挽牲畜的直木。用于大车上的称辕，用于兵车、田车、乘车上的称辀。单辕是商周以来流行的车式，到汉代才有双辕车出现。秦陵两乘铜车辀均置于舆下轴上，辀与轴十字相交，中间垫一上下两面各呈凹口形的"当兔"，以皮革缠扎固为一体，避免左右移动或扭戾。辀上部为平面，两侧及下部呈圆弧形，前端呈鸭嘴状，尾端（即踵）呈圆柱形伸出后轸（轸是舆底四周的枕木，包括横向的前、后轸和纵向的左、右轸）。辀在舆下的一段平直，与轴同高，伸出舆前的一段上曲，与马颈同高，如此可使马不压低，轴不提高，车舆保持平正。

⑯衡：辕前端的横木。衡离辕端两侧的长度必须相等，若向左或向右偏，车行就会失去平衡。秦陵两乘铜车马的衡近似圆柱形，两头细中间粗，缚轭处呈扁长方体，两末端铆有银质套管。与辕交叉处的衡上有一半环形银质鼻钮，辕端另有一粗绳状的半环索形键（即"䡇"）穿过钮环，紧紧固着一起，并以皮条缠扎，使之不易滑动。

⑰轭：或作軶，挽车的鞍具之一。呈人字形，缚于车衡两端内侧，驾车时套在马颈部，用以驾曳。秦陵两乘铜车各有轭两副，制作精美，结构清楚，是迄今最完整的车轭资料之一。其轭体呈鞍桥形，轭首上套有银帽。轭的两肢扁平，两脚（即"軥"）翘起向外翻卷成曲钩形，钩上各套一银质蝉形钩首。轭肢内侧似有皮质的柔软衬垫，衬垫亦呈鞍桥形，底角收杀呈圆弧形，以作为支垫，防止轭体磨伤马颈，并增强轭的承力曳车性能。轭的双脚连接着两条横带，称为颈靼，结实柔软，其

作用在缚轭，防止它从马颈上滑脱。

⑱立车：古代一种只可倚乘的马车，又称高车，汉代称轺车。民间和宫廷都有使用，但宫廷立车的规格较大且装饰华丽。

⑲安车：古代一种可以坐乘和卧息的马车。可分大小两种，小型安车车盖低矮，车舆窄小，只驾一马，是尊贤敬老用车；大型安车，驾四马，盖下有屏蔽，旁开窗牖，车舆宽广，舒展自如，装饰华丽。秦陵二号铜车马在辔端有小篆刻铭"安车第一"，即属后者。

⑳后来，考古队又对陵西车马陪葬坑二区做进一步勘察。原来当初探出金银泡的地方是三行木车马，已腐朽，但遗下许多金、银、铜制的饰件。两边两行为铜车马，现已出土一行，还有一行尚未清理。另据考古钻探显示，在陵东有三坑，内藏携带武器的木车马；陵北有15个坑，其中门以东、临马公路南边的一大坑，在其两耳室内藏有木质和铜质车马，铜车马的数量比陵西车马陪葬坑还多，但形体较小。陵东和陵北这两处车马坑，位居秦始皇陵墓外侧，内实车马，显然是配属于地宫的"御府"（掌供御用车服器玩的官署，隶属于少府）之一部分。

㉑金根车：根车是古代一种象征祥瑞的车。《孝经·援神契》曰："德至山陵则景云出，泽出神马，山出根车。"秦统一天下后，改易三代礼制，采殷代车制中的根车，并用青铜、黄金、白银等装饰，名为"金根车"，专供皇帝乘坐。

㉒五色立车与五色安车，两者合称为"五时车"，是天子法驾的副车。即随着春、夏、季夏、秋、冬五时，按青、白、赤、黑、黄五种正色（分别代表东、西、南、北、中五方），配备立车、安车两种车舆。秦陵出土的两乘铜车马，马身通体为白色，车体彩绘都以白色做底色，花纹的色调也偏素，形成"白马素车"的基调，有些学者认为即是五时车之一。

第八章

将军俑头被盗案

一场人事变动来临。一份关键性政府文件的颁布，导致后来理不清的千头万绪。内外勾结，将军俑头不翼而飞。警方紧急出动、明察暗访，又牵出另一桩要案。公安人员与走私分子斗智斗勇、奇计连环，稀世国宝终于完璧归赵。

起死回生

就在铜车马从发现到发掘,从修复到展出,里里外外搞得分外火爆之时,秦俑一号坑的计划性发掘,自1979年开馆前夕宣布停止之后,5个年头过去了,秦俑坑考古队在郁闷彷徨、风雨飘摇中总算完成了上级交给的"考古报告"编写任务。在这期间,国家文物局原打算让秦俑坑考古队继续发掘,但要做到"科学发掘",首先应该认真总结过去的经验教训,这样做,也算是对中国社会科学院考古研究所夏鼐等一大批专家的一个交代和说法。但是,秦俑坑考古队自始至终竟没有认真开过一次总结会议,即使开会,也只有成绩没有过失,最后干脆关起门来写了一份"报告",鉴于这份"报告"把应有的"教训"变成了"经验","过失"变成了"成绩",国家文物局相关负责人一气之下,索性将这些"成绩"和"经验"锁进抽屉,再也不提兵马俑坑是否发掘之事。眼看一天天过去,一场大的组织人事变动来临了。

1985年2月4日,陕西省考古研究所受省文物局的委托,重新组建了一个"秦始皇陵兵马俑考古队"。8月23日,陕

王学理(右一)与杭德洲等(中)考古人员在秦俑坑发掘现场工作(王学理提供)

西省文物局就陕西省考古研究所组建考古队的报告做了批复，并印发了（85）85号文件。文件规定：

一、将"秦俑坑考古队"改名为"秦陵考古队"。

二、陕西省考古研究所所长石兴邦任考古队长（兼），王学理、袁仲一、吴梓林任副队长。王学理主持考古队日常工作。

（下略）

陕西省文物局印发的（85）85号文件，标志着持续了11年的秦俑坑考古队寿终正寝。原考古队队长杭德洲调任省文物局文物处处长，根据规定，原队员中有研究能力，并愿意继续从事秦俑考古工作的，组织关系调转陕西省考古研究所；不愿继续留在秦俑工地的，返回陕西省博物馆、文管会等单位。经过一番调整，新组建的秦陵考古队除杭德洲、柴忠言等人调离外，大多数老队员如屈鸿钧、王玉清、程学华，以及青年队员张占民、刘古成等仍留了下来，继续从事秦俑坑的考古发掘工作。王学理作为秦陵考古队常务副队长走马上任。

王学理，1934年生于陕西蒲城县，1960年毕业于西北大学历史系考古专业。此后在陕西省考古研究所工作，"文化大革命"中下放农村劳动，旋即转入公安部门做侦破工作。1972年响应"业务归队"的号召，又成为省文管会的业务人员，1976年调秦兵马俑博物馆筹建处工作，1977年6月调秦俑坑考古队参加发掘，1981年组织关系回到已恢复的省考古研究所，但人仍在秦俑坑考古队工作。关于这段时间的情况，从王学理后来撰写的回忆文章中可见一斑。王学理

新招收的考古女学员在刚刚建成的秦俑馆大厅前留影（屈麟霞提供）

说："那时考古队的很多同志一起去了南方参观，发掘人员靠的是临时工，以亦工亦农考古队学员的形式进行技术培训。程学华同志负责陵园钻探和秦俑坑工地的发掘，他让这些学员上班时带一块小黑板，上面写着学员们作的诗，这些诗每天一首一首地轮换。鉴于我刚到考古队，程学华对我说，你是搞研究的，就不要下坑了，发掘的事让他们学员干就可以了。根据程学华的安排，我的工作任务是编印一百多名学员的诗作，并每隔几天就把挂在食堂的黑板报换一次。那些诗句多半是'手握宝书心向党，一心一意把古考''毛主席的话是真理，字字句句记心上'之类。因为诗的水平有限，我又不懂诗，只是很认真地从内容上分了类，冠以标题，设计了封面和版式，交给学员班的吴耀武刻印。之后我把刻印好的诗装订成册，整整齐齐地交给了程学华，老程看后很满意，一再当着这些十几岁的娃娃学员的面称赞我细心、字写得好、画得也不赖……颇费时日的这种劳作，博得几声不记功的表扬，也觉得很有意思。生活就是这样，有很多时候是荒唐的。说实在的，对我而言，编诗和换黑板报的工作只不过是完成了一件任务罢了，很快就遗忘了。我没有完全听老程的话，一有空我就钻到坑里去同学员们商量发掘之事，晚上则在西杨村的黑屋子里挑着煤油灯夜读。

"秦俑二号坑共开了19个试掘探方，写简报的执笔人是

考古队招收的亦工亦农考古班学员在一号俑坑发掘

领导早先定好的王玉清同志。他不是采用等待发掘结束后综合记录的常规做法，而是在发掘过程中，根据简报体例，到各探方观察后记在自己的笔记本上，再形成文字。因此，在试掘期间，我们两人探讨的问题就很多，我提供给他很多文献记载和论文材料。但在他拼对探方图纸时，总是两过洞相连而不是中间隔梁，连整个坑形也变了。11月16日，考古队几位业务干部冒着寒风复查，找到坑边和方边，由我用测量仪把结果测绘到图纸上。以后'简报'发表的、很多书刊采用的秦俑二号坑平面图，就是这次经我测绘复原的结果。不过，因为原来开方放线时用的是手持指南针，差之毫厘谬以千里，故而测绘在图纸上的探方无一是正方向的，其四角不是钝角就是锐角，过洞数不是13个，而是14个，从而也确定了二号坑中由四个单位组合的布置关系。

"因为秦俑三号坑是个小坑，面积只有520平方米。但工程量较其他考古发掘也不见得小多少，所以全面揭露几乎用了一年的时间。我没有具体任务，也甘当配角，因为老程强调由他主持来培养学员。不过，他还是发挥了我的示范作用，比如：我跟班发掘时，他让大家学我的细部清理手法，他用海鸥牌照相机照了不少照片但总是不满意，其间一定要我照文物照片。我测绘的三号坑平面图，他也让学员照着画一张装入资料袋……就这样，在秦俑坑考古队，我作为一个极普通的人物一直到1985年。这一年的2月4日，陕西省考古研究所任命了一批中层领导干部，我被任命为秦汉研究室主任，不久又兼任秦陵考古队常务副队长……"

秦陵考古队在纷争与危机中诞生，陕西省考古研究所领导这样一支新组建的考古队，正处于"群雄争霸"的氛围中，为了理顺各种错综复杂的关系，在陕西省文物局领导的直接主持下，召开了陕西省考古研究所、秦俑博物馆、陕西省博物馆、秦陵考古队、秦俑坑考古队等"三单位五方"联席会议，就秦俑文物、资料、财产、财务的归属问题进行了磋商并达成协议。为防止发生混乱和出现纠缠不休的问题，1985年11月29日，陕西省文物局专门下发了一个至关重要的、对后来发生的一连串故事都有决定性作用的文件：

关于秦陵考古队移交问题的决定

省考古研究所、秦俑博物馆、省博物馆：

　　为了迅速做好秦陵考古队与秦俑馆、省馆等单位之间的移交问题，我局与上述单位负责人召开了专门会议，现将会议通过的有关决定下发给你们，请你们督促有关人员按此决定加紧完成有关移交手续，以便秦陵考古队早日开始发掘工作。

　　一、修复二号铜车马购置的设备、工具及剩余材料等全部移交给现铜车马修复小组。二号铜车马本身及全部文字、照片资料交给秦俑馆，其文字、照片资料复制一份给秦陵考古队。此项工作限于12月5日前完成。

　　二、一号坑内已展出的五个方内全部出土文物（包括此展室的全部文物），由原考古队移交给秦俑馆，未修复的秦俑由秦俑馆负责修复、复位及五个方的安全、卫生工作。该项工作由杭德洲牵头[①]交；马秀青接，限年底以前完成。考古队编写发掘报告时所需文物，由秦俑馆负责提供。报告编好后给秦俑馆留一套副本。

　　三、省博物馆原借秦俑坑考古队的文物，开出清单交秦俑馆保存，文物归省博物馆所用。此项工作限于12月5日前完成。

　　四、原考古队将所有文字、照片资料一式三份，分别移交给秦俑馆、省文管会和现秦陵考古队，该项工作由杭德洲牵头，限年底以前完成。

　　五、原考古队修建的东台以东房屋交秦俑馆，秦俑馆在考古队西部（三号坑以东）盖给考古队同数量房交考古队使用。原考古队占秦俑馆房屋一律退还。

　　六、原考古队房屋购置的设备交现秦陵考古队，该项工作限于12月15日前完成。

　　七、财务移交按我局发（85）85号文件规定办理。限于年底前完成。

　　各接交单位务必按上述决定按期完成各项移交工作，逾期不交者要追查责任。

陕西省人民政府文物事业管理局
1985年11月29日

秦俑馆院内情形。兵马俑坑展厅盖好并投入使用后，周边的小平房又存在了很长一段时间，有的作为考古队修复室，有的作为考古人员和秦俑馆人员的家属房使用

在这之前，国家文物局鉴于发掘机构已经变更的实际，为了照顾上下左右的面子，提出要新组建的秦陵考古队从正面阐述对秦俑坑发掘的设想，以材料的形式上报。据后来王学理回忆说："遵照这个要求，我们首先拟定了一个非常详细的《关于秦俑一号坑恢复发掘的有关技术性规程》，并于1985年10月8日逐级上报。这个《规程》从5个方面对田野发掘中的控制点、坐标、细部清理、工作日记、资料积累、颜色、保护措施等等，都有明确规定，从而使考古队工作进入了一个井然有序的良好状态。按照陕西省文物局（85）66号文件精神，原秦俑坑考古队副队长柴忠言于1985年12月15日，为秦陵考古队清理了修复设备和记录资料，罗忠民移交了一号坑现存的照片资料。为恢复秦俑一号坑的发掘，准备工作正在一步步有序地进行着。进入1986年3月，秦陵考古队即着手清仓盘库，检修设备，在坑中洒水回潮，并同秦俑馆就考古发掘与开放参观问题达成互让协议。但是，人言可畏，积习难改，秦陵考古队一开始的组织整顿、人员整顿、思想整顿，就遇到了难以言状的是是非非，而谣言往往是借助看似简单、实则隐蔽的复杂关系，再通过权力、地位等渗入组织渠道而发生作用。这些谣言经过多重折射，便黑白颠倒，变得扑朔迷离，虽似险滩行船，却浑然不觉。岂知，名利关系设置的暗礁正等着我呢……"

王学理这最后一段话指的是后来发生的故事还是另有隐

情不得而知,但历史呈现给世人的是,经国家文物局批准,已停工近7年的秦俑坑得以再度发掘。1986年3月24日下午1点30分,秦俑一号坑第二次发掘典礼在博物馆内隆重举行。为了这次考古发掘的起死回生,陕西方面给予了高度重视,中共陕西省委副书记周雅光到会祝贺并剪彩,陕西省文物局副局长陈金方和省考古研究所副所长巩启明分别到会讲话,秦陵考古队常务副队长王学理当众宣布了《关于秦俑一号坑恢复发掘的有关技术性规程》。由于这是继1979年后秦俑坑再度大规模正式发掘,社会各界同样给予了广泛关注,有14家新闻媒体闻讯前来采访,并很快做了报道。

1986年4月5日,秦俑一号坑再次正式发掘。考古人员陆续开挖了5个探方共2000平方米,其面积同第一次发掘相等。整个一号坑内又恢复了7年前那种繁忙景象,坑内坑外再度出现了勃勃生机。但是,在这繁忙和生机盎然的背后,却潜伏着新的危机,几个月后,这个危机竟导致了秦俑一号坑第二次停止发掘的厄运。

将军俑头不翼而飞

就在秦俑一号坑第二次发掘10个月之后的1987年2月18日晨,秦陵考古队学员赵永峰刚来到工地,就发现考古队西边的仓库门开着,便好奇地向前观看,当他发现门锁脱落后,立即意识到什么,马上向居住在不远处的考古队员刘占成报告。刘占成听后先是一惊,随之跑到仓库门前仔细观察,一切迹象表明房门是被撬而开的,房内放置的东西可能被盗。

此时,秦陵考古队常务副队长王学理正在北京参加《中国军事百科全书·古代兵器》一书的编纂会,尚未回归。刘占成急忙找到考古队员王玉清、孟占先商量该如何应付,商量的结果是由刘占成立即向驻地派出所报案,同时派考古队学员杨团生赶往西安去找老考古队员屈鸿钧,因为他有库房钥匙并知道房内存放文物的情况。

派出所民警王登明接到报案,立即赶来察看现场。这是三间一通的简陋库房,内有钢筋、汽油桶、水管、木板等杂物,显眼的是有两匹复制的陶

第八章　将军俑头被盗案

马,而北墙根一块朽木上则放有一个出土的秦俑武士头。

"丢失了什么东西?"王登明问。

"房内的具体情况我们不知道,钥匙由老屈掌管,我们已派学员到西安询问,等回来就知道了。"刘占成回答。

王登明只好派人将现场保护起来,等待西安方面的消息。

这边派出所和考古队的人员心急如焚,而派往西安的杨团生却如泥牛入海,直到夜幕完全笼罩了大地也没见他回来。

第二天上午,杨团生终于回来了,但他没有去找考古队汇报,而是像什么事也不曾发生过一样走进自己平时工作的修复室和几个人闲聊。

刘占成得此消息,立即赶往修复室找到刚拿起一个馒头啃吃的杨团生。

"昨天找到老屈了没有?"刘占成显然是带着怒气询问。

"难找得很。我先去省博物馆他的家,没有任何人,别人说他生病住院了。后来我等他老伴回来,才一起到陆军医院找到了屈老师。"杨团生嚼着馒头,一吞一咽得像回忆着一段久远的往事。

"你屈老师说些啥?"刘占成焦急地问。

"屈老师说那个房子没有什么重要的东西,只是几块木板,有一点钢筋、钢管,他还说有一个俑头。"杨团生依旧不紧不慢地回答。

刘占成仍不放心地问道:"你问他登记清册,他怎么说?"

"清册?"杨团生抬起头略做思考,"屈老师说清册他记不清了,不知有没有,即使有,在西安房子还是在工地房子也记不清了,再说一时也难以找到……"

刘占成把情况再次向派出所汇报,并一同到仓库复查了现场。既然俑头尚在,其他的破铜烂铁被盗也就无须大惊小怪,于是派出所便以一般盗窃案立案。

刘占成、王玉清派人把房门重新钉好封严,只等队长王学理和屈鸿钧来后再做处理,事情似乎极简单地了结了。

5天之后,刘占成到西安出差,顺便来到医院探望屈鸿钧的病情。

"前几天的事儿好险,仓库被撬,罪犯也没抓到,多亏武士俑头还在,要是把这个俑头丢了,事情可就大了。"刘占成如释重负地随便聊着。

"那个将军俑头呢?"屈鸿钧躺在病床上问。

考古人员屈鸿钧（左）在兵马俑坑发掘现场

"啊？！将军俑头，什么将军俑头？！"刘占成不解地问。

"就是要修复的那个将军俑头。"屈鸿钧有气无力地说。

刘占成一下站起来，惊瞪着眼睛，忘记了是在病房还是在自家的客房，大声呼叫起来："你老汉可要说清楚，到底是几个头？怎么团生回去说就一个头？"

屈鸿钧从刘占成心理的变化中意识到了什么，他挣扎着坐起来打着手势说道："我跟他说是两个头，一个是将军头，一个是武士头。武士头在房北的木板上，将军头在南边的油漆桶上。"

"完了！"刘占成拍了下大腿，顾不得再说下去，立即走出医院赶往省考古研究所找到已成为副所长的袁仲一报告："老屈说仓库里有两个头，可我们只发现了一个，很可能那个将军头丢了。"

袁仲一听后，大惊。立即找到考古所所长石兴邦汇报。这一天晚上，王学理也从北京赶回西安。

第二天一早，省考古研究所派车将石兴邦、王学理、刘占成拉到秦陵考古工地。刘占成一下车忙找到王玉清打开重新安置的铁锁。

"赶快查找将军头。"几个人说着争先恐后地拥入库房四处寻觅，然而，除一个武士俑头瞪着眼睛似在无言地愤怒外，没有发现将军俑头的踪影。

"完了，看来将军俑头被盗了！"几个人紧张而不安地叹着气走出库房。

随后，秦陵考古队立即把丢失将军俑头一事向临潼县公安局写了报告，并分别抄报当地派出所、省公安厅、省文物局。2月28日，临潼县公安局派出两名刑侦技术人员到现场勘查，省文物局保卫处也迅速派出工作人员到考古队调查。3月5日，省公安厅、西安市公安局、省文物局和考古研究所的领导人一起分析了案情，省公安厅决定由西安市公安局会同临潼县公安局共同破案，并迅速成立由30多人组成的特大案件专案组，以尽快破获此案。与此同时，西安市公安局向全国发出了请求协查的通知书，一张巨网全面撒开。

为破案悬赏150万

在秦始皇兵马俑坑出土的近8000件陶俑中，将军俑仅为6件，因此它的价值也就越发显得珍贵，被列为国家一级甲等文物，堪称无价之宝。

将军俑头的突然失踪同将军俑的发现一样震惊了世界。

就在公安人员迅速投入破案行动的同时，国内外的文物走私分子也纷纷行动起来，并企图抢在公安人员破案前将文物偷运国外。据公安部情报部门获悉，有两个国外文物走私集团在得知消息后，已潜入中国境内和国内的走私犯罪分子联系，四处寻找将军俑头的踪迹。

面对严峻的局势，公安部在广州召开的反文物走私犯罪活动的座谈会上，命令陕西迅速破案，一位主管刑侦工作的副部长说："谁破获了将军俑头案，就可以奖给他150万元。"在座的公安人员都知道，悬赏150万元不太可能，但公安部领导人的迫切心情是可以理解的。

一场国宝争夺战，在关中大地上拉开了帷幕。到底头落谁手？

1987年3月8日，西安市公安局终于得到了一条线索，本市黄某有文物走私嫌疑，即对其依法传唤。在审查中，黄某对他的犯罪活动百般抵赖、满不在乎，对公安人员的审问采取了问东答西、避重就轻，或者死不开口的态度。公安人员知道，自己遇到了一个狡猾而富有经验的对手。

知己知彼才能百战百胜，这是古人留下的遗训，面对黄某的狡黠，必须改变战略和对策方能取胜。

公安人员在采取了从黄某的只言片语中寻找蛛丝马迹的同时，瞄准了他心理和生活中的某些弱点展开攻势，终于使他流着热泪对自己的犯罪行为做出了忏悔："我有罪，我对不起政府，对不起父母双亲、老婆孩子，我的问题这么严重，你们不打不骂，教育我，启发我，从生活上关心我。我再不向政府交代问题，就是罪上加罪……"

看来世上并没有刀枪不入的人，黄某一口气交代了自己的犯罪事实，并提供了陕西省金属结构厂职工肖建国有一秦俑头准备倒卖②的重要线索。专案组及时将这一情况向市局和省公安厅领导人做了汇报，经过研究分析，肖建国要倒卖的秦俑头如果不是复制品，一定是秦陵考古队丢失的那件国宝将军俑头。根据黄某的犯罪事实和他交待尚好及愿立功赎罪的要求，经市公安局批准，决定将其取保候审并发展为专案特情人员。

3月18日，根据专案组的指示，黄某找到了肖建国，详细了解了俑头的情况，得知肖建国正在四处寻找买主，想尽快将俑头脱手。市公安局领导人和专案组经过研究，提出了一条引蛇出洞、欲擒故纵的侦破方案。指使黄某不露声色地为肖寻找买主。经过黄某的数次寻觅、联系，终于找到了一个走私集团愿买俑头，黄某又以中间人的身份和肖建国具体磋商，最后达成了以2万元的价格成交的协议，并定于3月27日12时在西安市西郊公园当场付款交货。

专案组得到黄某的确切情报后，立即做了张网擒敌的部署。27日上午，数名公安干警身着便衣，按各自的任务提前进入指定的位置，等待肖的到来。11点30分，肖建国怀揣一把锋利的剪刀，将陶俑头放入黑提包内，走出家门骑上一辆三轮摩托车向西郊公园赶去。

为避免公安人员发现，肖建国不时地停车到隐蔽的角落更换衣服，然后向西郊公园急奔。在通往西郊公园的必经之路长乐坡交通检查站口，一个公安人员化装成交警正在值勤，周围埋伏了数名便衣公安干警，准备在此将肖擒获。

对讲机传来沿途盯梢公安人员的报告："肖犯已到3号方位"，"肖犯已到2号方位"，"肖犯已到1号方位，请注意，车型为半旧的三轮摩托车，肖犯身穿……"

第八章　将军俑头被盗案

肖建国已到交通检查站跟前，"交警"根据报告的情况，立即将一辆三轮摩托车截住，令其驶到路的旁侧，肖建国无可奈何地跳下车，怀揣一颗怦然跳动的心惊恐地注视着"交警"。

"伙计，我用一下你的车到前面拉点东西，只需十几分钟，你看怎么样？"扮成交警的公安人员问。肖建国稍做沉思，牙齿轻轻咬了下嘴唇："好吧，用完后你把车放在这里就成，我先到前边商店转转。"说完来到车后，从车厢的杂草中拽出一个黑色提包。

"交警"看到肖建国提起那个包时格外小心，似乎里边的东西比较重，立即做出了俑头就在包中的判断，他当即摘下头上的帽子在手里转了一圈。这是行动的信号。几支乌黑的枪口突然出现在肖建国的眼前，数名公安人员已将他死死困在中央。

"打开你的包。"公安人员命令着。

肖建国没有动作，两只眼睛四处窥探，以寻找突破口企图逃跑。

"打不打？"枪口已抵于前胸。肖建国长吁一口气，黑提包被慢慢打开了，图穷匕首见，俑头显露出来，肖建国当场被捕，在西郊公园等候的走私集团也相继落网。

经省文物鉴定小组鉴定，肖建国倒卖的俑头确属真品，但不是公安人员苦苦探寻的将军俑头，而是一个铠甲武士俑头。武士俑头的出现和将军俑头的失踪一样，使公安人员陷于困惑。为解开这个疑惑，公安人员到秦俑博物馆和秦陵考古队询问，这个俑头是属于谁的，但两方都不承认是属于自己负责的文物。于是，新华社于5月26日发出了一条消息："记者从公安部获悉，今年2月17日，陕西秦始皇陵兵马俑中一个保存在秦陵考古队仓库的将军俑头不翼而飞，至今下落不明。3月27日西安市公安局抓获了一名以2万元价格出售一秦武士俑头的犯罪分子，当向秦陵兵马俑博物馆和考古队询问这个武士俑头的情况时，这两个单位竟谁也不承认是自己丢失的……"

神秘人物

既然公安人员缴获的武士俑头找不到失主,也就不再顾及秦俑馆与考古队之间的是是非非,还是把主要精力用于追踪将军俑头,以期尽快破获这个举世震惊的要案。

西安市公安局经过反复研究,终于确定从三个方面展开攻势:除对已破获的武士俑头案案犯肖建国等犯罪分子的所作所为深挖细追外,对临潼县及秦俑馆周围的走私、倒卖文物的违法分子进行排队摸底、深入调查,同时指挥秘密力量主动出击,发现并控制西安市常去秦俑馆附近收购文物的不法分子。

一张巨网在看不见的关中大地撒开了,接下来的便是走私与反走私、擒拿与反擒拿的国宝大角逐。经过三管齐下,第一方面的力量在对肖建国的攻势中有了明显进展。肖建国除全部交代了作案经过外,同时供出了一个只知姓氏和籍贯的神秘人物。但这个神秘人物是否与将军俑头被盗案有关,肖建国也不曾知道。看来只有找到这个神秘人物才能水落石出,舍此别无选择。

专案组再次行动,在茫茫人海里寻找神秘人物的踪迹。西安古城的大街小巷到处散落着身着便衣的公安人员,利用一切可能采用的侦查手段实施公开与秘密的侦查。西安市监狱、看守所、法院、检察院所有关于走私罪犯分子的档案都被一一翻阅。然而,近两个月过去了,这个神秘人物没有露出一点蛛丝马迹,侦查工作陷于困境。

天无绝人之路,希望正潜藏于绝望之中。6月6日,专案组接到了省公安厅转来的福建省晋江县刘某的信,信中揭发西安市某单位经理有经济诈骗和倒卖文物的问题。公安人员按照刘某提供的线索,很快找到了这位经理,经审查得知,这个经理正是公安人员两个月来踏破铁鞋而始终未觅到踪影的神秘人物。

遗憾的是,这位神秘人物数次倒卖文物及与肖建国来往情况属实,但与将军俑头案的确无关。从审讯中得知,这两个多月来他也在四处寻觅将军俑头的踪迹,只是未得到一点线索,而和他有走私联系的两个倒卖文物集团,也正在陕西及沿海海岸撒网,四处探寻将军俑头的下落,同样也没有得到丝毫音信。面对神秘人物的供词，专案组人员的心情更加紧张和不安，万一这时将军俑头已出境怎么办？如果连老祖宗留下的一个泥头都找不到和追不回，堂堂公安局还能干点什么？身穿警服，腰挂手枪、警棍的公安人员还有什么用处？

将军俑头，你在哪里？

神秘人物的确神秘莫测。在审讯中公安人员发现此人出奇地聪明灵活，胆识兼备，绝不同于一般罪犯所流露出的那种自以为聪明、实则愚蠢的小家气度。无怪乎公安人员费尽两个月的心机都没发现他的踪迹。

根据他的出色才能和愿意立功赎罪的要求，专案组对其取保候审，发展为临时情报人员，为专案组侦破将军俑头案服务。神秘人物使出看家本领四处探寻将军俑头的下落。6月15日，终于得到了一条重要信息：西安市北新旅社女旅客樊春梅为该旅社经理孙振平的朋友寻找买主，要出售一个将军俑头，要价30万元。

专案组得到报告，欣喜若狂。如果这个事实不假，说明将军俑头没有出境仍在国内，但樊春梅所出售的是否为真正的秦俑将军头，只有深入内部才能窥测虚实、辨清真伪。于是专案组指示神秘人物以中间人身份深入北新旅社，要求见货，试探虚实真伪。

当天下午4时，神秘人物向专案组报告，已和樊春梅约好，于6月16日上午12时让他看货，樊为防止意外，没有约定具体看货的地点。专案组告诉神秘人物，16日上午10时，在北关大街十字路口交通岗楼前，由两名公安人员和他见面，商量具体对策。

第二天上午，两名公安人员身着便服来到约定地点悄悄等候，但直到11点30分，离约定时间已超过了一个半小时，神秘人物还没有赶来。看来事情比预料的还要复杂。两名公安人员走进岗亭，按原规定的联络信号给神秘人物所在的单位办公室挂通了电话，但神秘人物没有在办公室，单位的人也没见他的踪影。

"我是黄雁贸易商行的王经理，找他有要事相商，请转告，下午1点30分我在北门里12路公共汽车站站牌西侧等他。"公安人员向神秘人物的女秘书留下了新的联络信号。

下午1点30分，神秘人物终于出现在约定地点，向公安人员报告了情况："樊春梅极为狡猾，当我和她再次联络时，她说让提前看货，可我一直等到中午12点，樊又说主人不在，时间改在下午3点，具体地点仍未定。"

"下午见货后一定想法子给张画像……"公安人员叮嘱几句，迅速离开谈话现场。

下午3点，神秘人物在北新旅社一所隐蔽的房间里，终于等来了该社经理孙振平。孙振平指着身后跟来的一个大汉介绍道："这个老哥姓唐，俑头是他卖的。"

唐某瞪着锐利的眼睛在神秘人物的全身扫了一遍，没有说话，迅速从床底拖出一个黄色提包。随着拉链的张开，俑头露了出来。

"这是别人从秦陵考古队偷来的，为了慎重，由我帮他处理。"唐某终于说话了。

神秘人物装作毫不在意，以走私老手的神态斜着眼向提包里的俑头瞅瞅，又慢慢点了点头，作满意状。随后对唐某说："干这一行你知道都要慎重，我看你给画一张将军俑头的正面和侧面图，把修补过的地方用箭头指出来，这样我回去好让老板鉴别是真是假，这个要求我想唐兄不会推辞吧。"

唐某沉思片刻，答道："可以。"

于是，两张将军俑头不同角度的画像很快勾勒出来，唐某为取得神秘人物的信任，同时画出了一张盗窃图交给对方。经过一番讨价还价，神秘人物以出色的口才和社交能力将原价降为25万成交。对方约定于17日上午11时在北新旅社付款取货。在买方老板验货的同时，要先付押金1万元给唐某……

神秘人物结束了旅社的会谈，于当天下午6时向专案组做了汇报。

当天夜里，专案组研究制订了翌日的行动方案。由公安局七处二科副科长高西元扮成文物走私者，以给住在金花饭店的澳门"表哥"代买将军俑头为名，和案犯直接联系，以便掌握破案的最佳时机，同时挑选18名公安干警在旅社内部和四周布设三道防线：首先由5名便衣警察以旅客的身份进驻北新旅社观察罪犯的动向，控制内部情况，接应打入内部的高西元及时向外传递信息。第二道防线由8名干警化装成各种身份的人员，控制旅社的前后门，防止案犯逃跑。第三道防线是在北关大街十字路口布置5名干警，配备3辆汽车、2辆摩托车和2辆自行车，防止案犯冲破一、二道防线，实施公开抓捕。各路防线均由市公安局一名处长或副处长指挥。

抓捕方案已定，但对现场可能出现的意外情况和应急措施，专案组同样进行了细致、周密的研究：如果罪犯改变方案，变换交货地点和方法，公安人员必须随机应变转移阵地，争取当天破案。假设罪犯不让见货或改变交货日期、地点，打入内部的高西元则以对方不讲信用为由，"愤"而离去，由控制外围的干警跟踪唐犯，查实其落脚点，再做进一步侦查。

一切准备就绪，公安干警纷纷行动，一场夺宝擒敌的战斗就要打响了。

双方争抢将军俑头

不入虎穴，焉得虎子。西安市公安局以其冒险的行动，希冀将罪犯一网打尽。

6月17日上午，古城西安雨后初晴，人们为连日阴雨后的第一个晴天而兴奋，纷纷走出家园来到大街，目睹阴雨过后古城的风采。北新旅社门外的马路上，人流如潮，小商小贩的叫喊和各种车辆的轰鸣声汇集在一起，显得拥挤而杂乱。

各道防线的干警按既定的方案提前进入阵地。11时，一辆超豪华尼桑出租轿车缓缓驶进北新旅社院中，随着车门轻微的开启，一个西装革履、风度翩翩的青年人，手提棕色小皮箱走了出来，青年人冲四周看了一眼，掏出良友牌香烟引火点着，深深地吸了一口，随着喷出的浓浓烟雾，大摇大摆地走进旅社，此人就是高西元。

神秘人物和樊春梅在服务台前闲聊着，见高西元进来，轻声打了个招呼："在老地方。"于是，神秘人物随高西元来到1楼6号房间，向正在等候的旅社经理孙振平介绍道："这是老板的表弟，他以全权代表的身份来验货付款，你们谈吧！"

神秘人物说完轻轻把门带上，又悄悄地溜出旅社躲了起来。他知道一场决战就要来临了，到底谁胜谁负、谁死谁活以及头落谁手，他不再顾及了，只要能保住自己的性命也就算是幸事。

"你是哪里人？"孙振平将手中的一张报纸放在床上问道。

"干这行的不要多问,这是规矩,谁是货主,赶快验货。我表哥下午就要乘机飞往澳门。"高西元沉着流利地回答。

"货主还没到,可能马上就来。"孙振平不再追问,眼盯着高西元回答。

"你和老王(神秘人物姓氏)是怎么认识的?"高西元为分解孙振平的精力和视线问着。

"是通过一位朋友介绍认识的。"孙很简单地回答,看来对这个话题不感兴趣。

"这人不错,很可靠,我已跟他做过几次生意,办得都很好,要不,我是不会来这里的。"高西元不顾对方的情绪继续说着。

"要是人不可靠是不敢出手的,这一行风险太大。"孙振平依然情绪不高,看得出他是在为唐某未及时赶来而着急,或有什么心事。

"老王已把情况都向我讲了,只要是真的,价钱不变。"高西元将话引入正题。

孙振平一听钱字,似乎来了几分精神,他站起身说:"这个没问题,你等一会儿,我去看看。"说完走了出去。

在另一个房间里,孙振平拨通了电话:"喂,是老唐吗?怎么还不来,人家都在这儿等你多时了……什么?没有变化,我盘查过了,没问题,你赶快来……"

极富经验的唐某怕发生不测,迟迟没有赴约,直到孙振平打过电话后,他确信无意外事情发生,便匆匆赶来。见到孙振平又密谋一番后,两人才抬着黄提包走进6号房间。

"这是我们的老板。"孙振平把唐某介绍给高西元。

高西元微微点了点头,掏出一支良友牌烟递给唐某:"先抽支烟再谈。"

"抽我的,是兰剑牌的,比你的好。"唐某气势逼人,抽出一支香烟甩给高西元。

"有肉不吃豆腐。"高西元顺势说着,点燃了香烟。

老谋深算的唐某眼睛在高西元的身上转了一圈,突然问道:"你是几处的?"

第八章 将军俑头被盗案

"七处。"高西元就要出口的两个字瞬间又落入心中,他在大吃一惊的同时,意识到自己确实遇到了强有力的对手:"我不能回答你的提问,这是规矩,我也不问你,只要货是真的,一手交钱,一手交货。"高西元不露声色地回答。

"你表哥是哪儿的,现住什么地方?"唐某仍不死心地追问。

"我表哥是澳门的商人,家住澳门提督马路125号A楼C座,现住金花饭店310房间。"高西元回答极为迅速流利,他事先就想到对方可能要追问这位"表哥"的情况,自然也就想好了对策。

"只要货是真的,马上就将钱给你。"高西元说着潇洒地打开棕色小皮箱,亮出1万元人民币:"这是看货的押金。"

唐某一见成捆的钱压在箱中,立刻精神起来,但他毕竟不失走私老手的风度和狡诈,他在房间踱了几步,突然转过身满脸杀气地恐吓道:"今天我带来了8个人,两个在旅社里,6个在外边,身上都有家伙。如果出了事,哼!"唐某停顿了一下:"我就叫你站着进来,躺着出去,像电影里干的一样。"

高西元的心怦怦地跳动起来,他知道眼前的唐某绝非等闲之辈,所说的话也不仅仅是恐吓,一旦被他识破,一场血战在所难免。他强按住跳动的心,故作怒气地说:"你这是什么意思?要是为了抢这1万块钱,我把钱放下就走,连头都不回!"说完作欲走状。

唐某已是黔驴技穷,面对高西元的从容不迫,只好赔起笑脸做着拦截的姿态:"别误会,别误会,你知道干咱这行风险大,我不得不加小心。"

"货带来了没有?我要马上验货。"高西元仍假装怒气未消地提出了要求。唐某和孙振平将提包抬到桌上,拉开锁链,取出俑头。高西元抱起来仔细观察。他发现俑头的脸上有淡淡的彩粉,眼珠中残存着白色的彩绘,耳朵里有少许的泥土,脖子后边有一条经过修复的裂痕……一切迹象表明,眼前的俑头和被盗的将军俑头完全吻合。

高西元激动地望着,心中暗说:将军俑头,你可出现了。你让我们找得好苦啊!"

"是真的,没错。"高西元微笑着望了唐某一眼。唐某得意地伸手拍拍高西元的肩膀,"伙计,我出手的东西还有假的?"

245

"怎么交钱？"高问。

"价格不变，叫我的朋友跟你去取。"唐答。

"不行，我给表哥打个电话，叫他把钱送来。"高提出了不同意见。

唐摇了摇头："那不行，为怕出事，我们已把旅社的电话线掐断了，还是叫我朋友跟你去取吧！"

高西元想想，一咬牙说道："也行，这1万元先给你。"随后同孙振平走了出去。当迈出房门时，高西元又回头对唐说："从现在起你不要离开这个房间，要是我取来款你再换成假的，那就跟你没完。"

"你尽管走，我绝对不会那样干。"唐一挥手，将房间闭死。

"伙计，这事儿你干得漂亮。"高西元长吁一口气，拍了拍孙振平的肩膀。

"是很漂亮。"孙点头回答着，脸上泛着红润。这时他没有发现高西元已经摘下了眼镜，更不会知道这副眼镜的摘落意味着一种行动信号的发出。隐蔽在旅社内外的公安人员蜂拥而上，孙振平的头还没有完全抬起来，就被高西元一拳击倒在地。房内的唐某听到动静刚开门窥探，就被赶上来的公安人员三拳两脚打入床底。在服务台望风探信的樊春梅听到楼上传出的响声，知道大事不妙，急忙溜出服务台想向外逃窜，结果被守候的公安人员像抓小鸡一样按在了地上。将军俑头完好无损地落入公安人员手中。

3名罪犯被捕后，公安人员进行了密集的审问，得知唐某原名唐轲。据他供认，将军俑头是临潼县小张和小王托他出售的，他曾去过小张住的地方。

机不可失，西安市公安局立即派出干警押着唐轲赶往临潼县指门认人。在临潼县公安局的协助下，当天晚上就将该县第三运输公司单身宿舍中的案犯"小张"抓获。小张原名张传秀，据他交代，那个小王叫王更地，是通过临潼火车站客运员权学力认识的，王更地在哪儿不知道。

公安人员迅速将权学力抓获。据权学力供认：王更地原在临潼火车站派出所当治安员，后被辞退，现不知在何处。公安人员经过调查得知，王更地正在临潼县康桥乡家中收麦子。18日黎明时分，公安人员驱车直奔康桥乡湾里村，将正在熟睡中的王更地从被窝里提出来，押入警车。

🏛 王更地雪夜盗俑头

1986年隆冬。临潼火车站站前的饭店里，王更地和权学力在一个僻静的角落里，兄弟般亲热地对饮。窗外大雪正紧，两人越喝越酣，话题由女人转向了金钱。

"你说干什么最能赚钱？"权学力涨红着脸问。

"我看现在干个体户或做买卖最赚钱。"王更地未加沉思地回答。

权学力笑了笑说："不对。"

"那是搞长途贩运？"王更地想到权学力的职业，又见他一副得意的样子，便想到了长途贩运。

权学力摇摇头，仍说道："不对。"

王更地再也想不出有什么赚大钱的新招，只好求教于对方："那你说是什么？"

"现在做什么生意都能赚钱，但最赚钱的是贩古董。我正在渭北搞一座古墓，弄到了一个梅花针，有9两重，估计能赚几万元。"权学力醉眼蒙眬地说着自己的罪恶行动。

王更地嘘了一声。出身农家的他连5000元钱放在一起是什么样子都没见过，何况是几万元。他的心跳动起来，金钱的诱惑使他向权学力讨起具体的方法："你看我咋样赚钱？"

"坑里有的是，搞一个就是几十万。你要能搞到，我包着给你卖，保证你一夜之间发大财。"权学力在酒力的冲击下，摇晃着上身，半闭着眼给王更地指出了到秦始皇陵兵马俑坑盗窃俑头的路子。

"你这话靠得住吗？"王更地还是半信半疑地问。一夜之间就可赚几十万，这对于他来讲太难以置信了。

"咱哥们啥时说过谎话，保证不出县城就能脱手。"权学力拍着胸脯，做出了豪侠仗义的姿态。

"那我就瞅机会去试一试。"王更地终于下定了决心。

两人越说越投机，越喝越迷糊，直到烂醉如泥才被服务员架出饭馆。

饭店聚会之后，王更地念念不忘权学力对他说过的赚钱方法。他自幼生在临潼，熟悉当地的风气，这些年靠吃国家、卖祖宗遗产发财的不少。自己曾当过4年兵，算是在部队尽了4年义务，不但没有发财升官，退伍后托关系找门子才弄了个临时治安员的差使，一月的工资只是吃喝就很紧张，要是再找个对象、成立个家庭，这日子怎么过？他了解秦陵考古队的情况，要偷，定能成功。但他又有些担心，要是在行窃中被抓住咋办？偷回来卖不掉咋办？让公安人员抓进监狱咋办？种种问号使他迟迟未动手。

数日后，王更地又与权学力相会于酒馆，当权学力知道王更地因害怕而未动手时，又进行了一番开导鼓励："常言道，撑死胆大的，饿死胆小的，舍不了孩子打不着狼，冒一次险可保证一辈子的清福……"王更地终于下定了决心，他要孤注一掷，以自己的人头押上这个生死赌注。

1987年元宵节后的第5天，王更地在临潼县城西边的一个商店里买了一把中号螺丝刀。晚饭后，租一辆三轮车到县旅游局门口下车，步行向秦俑馆赶去。

这是案发当日秦俑馆摄影师杨异同拍摄的馆外雪景（杨异同提供）

天越来越黑，纷纷扬扬的大雪覆盖了整个大地。王更地顶着风雪，带着辉煌的金钱梦，于次日零时左右到达秦俑博物馆墙外。他倚着墙根稍做歇息后，来到秦俑馆的门前悄悄向里窥探，见无异常动静，便开始了进一步行动。

此时，天上的大雪夹带着细雨仍飘洒不止，四周漆黑一片，只有秦俑馆里亮着星星点点的灯光。大门上了锁,门房黑着灯。王更地转到右边,从北墙下绕过去。到了西北角,是一道三角墙。墙上有洞,他一抬脚,踩着洞口就上了墙。那墙原有2米高,因为墙外堆着土,只剩下不到70厘米,因而不费吹灰之力,向下一溜,便双脚着地,进了秦俑馆。这个动作,比白天买票进馆还方便得多。王更地从兵马俑坑的墙北边马路树下走过去,看见一道铁门,门旁边挂着牌子。有门但没有关闭,一迈脚便走了进去。

正当王更地怀揣一颗怦怦跳动的心准备下手时,从第二排平房一间屋子里突然跑出来一个男人,王更地吓了一跳,赶紧猫下身仔细观察。只见此人只穿一条短裤衩,显然是被尿憋急了,正在找地方撒尿。灯光下,穿裤衩的男人看见地上有自己的身影,可能觉得如此光屁股外出不妥,因为旁边房里还住着一群亦工亦农的女考古学员,万一让对方听到或看见,面子上讲不过去,便返身拉了屋檐下的电灯,然后放了一大泡,冻得缩着身子,双手抱臂吸溜吸溜地跑回屋内。

电灯突然一灭,王更地觉得天更黑了。他顺着墙根过去,来到刚才那个光屁股男人撒尿的地方。在一间房子门前,用手一摸,门用明锁锁着。心中一喜——门锁着,说明屋里没人。又伸手一摸,在墙上摸到了一根细绳子,一拉,电灯竟亮了,吓了一跳,又一拉,灭了。一亮一灭的空间,王更地看见了锁,也看见门边一块耷拉着的封条——有封条,更说明这房子长期不住人了。

他掏出螺丝刀,慢慢地在那锁扣上鼓捣起来。按他的想法,是先把锁扣上的母螺丝拧下来,可怎么也摸不到螺丝眼,情急之下只好一咬牙,来了个霸王硬上弓——撬锁。持续十几分钟后才把锁扣弄开。轻轻推门进屋,什么也看不见,往前跨了两步,被一捆散乱的钢筋绊了一下,差点栽倒,幸亏摸着了一张桌子。王更地顺着桌子又摸着了另一张桌子,而后悄悄顺着桌子摸了一圈,又转到门口,在门口的桌子上摸到了一个俑头——这正是自己梦寐以求的东西。

王更地惊喜交加,心就要跳到嗓子眼了,他强作镇定,将俑头抱在怀里走出房门,顺原路返回。当来到秦俑馆外墙前时,由于俑头太重,他不得不先将俑头放在墙头之上,等自己翻墙而过后,又将俑头从墙上拿下,然后背在肩上迅速溜走。这时天已破晓,大雪早已停歇。王更地怕暴露自己的罪行，于是来到火车站北部的松树林中将俑头藏于一棵枝叶茂密的松树上，自己空手返回家中，一头扎入被子昏睡起来，直到晚9时他才来到松树林取走俑头，带到临潼县权学力的宿舍，稍后又将俑头装入一个纸箱，转移到车站一间平房内隐藏起来。十几天后，又转至临潼县客运公司行政科干部张传秀的住处。从此，权学力、王更地、张传秀三人开始了密谋出售将军俑头的计划。

1987年3月，张传秀在西光厂招待所和人交谈包装生意时，结识了西安美丽华大酒店筹建处的临时工唐轲，并请他帮助代销将军俑头。

唐轲原为走私文物的老手，为辨别俑头的真伪，他于4月的一天来到临潼张传秀的宿舍，亲自查看了将军俑头，狡猾诡诈的唐轲为得到确实证据，和张传秀一起来到秦俑博物馆，对俑坑的将军俑头做了细致的观察，然后又来到馆外的文物复制品市场，对真假俑头进行了对比后，才确信该俑头为真品，要求将货送往西安。

4月29日，王更地、张传秀将俑头送到了唐轲家中，并达成协议：俑头卖价7万元，如果唐轲卖到100万元，王、张也只要7万，其余归唐所有。一场交易很快做成。

1987年5月中旬，北新旅社经理孙振平在唐轲家中见到将军俑头，在唐的要求下答应为其销赃，但寻找了近一个月仍没找到买主。这时，孙振平又求助于以北新旅社为落脚点，长期流窜在外搞"金盒子"[3]和股票生意的情妇樊春梅，让其帮助代寻买主，樊春梅当场答应并付诸行动……

1987年6月22日，新华社向世界播发了电讯："本社5月26日曾报道了保存在陕西省秦陵考古队仓库中的一个将军俑头不翼而飞，记者近日从公安部获悉，这一案件已被西安市公安机关破获。6月17日，案犯唐轲、孙振平、樊春梅在出售这一将军俑头时被公安干警当场抓获……"

随着全国各地报刊的转载和电台的播发，仍在四处探寻将军俑头踪迹的国内外走私倒卖集团，只好仰天长叹，罢阵休兵。

尽管罪犯已被抓获，俑头完好无损，但每个人都知道，这个案子并未到此了结，随之而来的则是关于和此案有关的不同人物不同命运的转折。人们仍在热切地注视着将军俑头案的最终结局。

第八章 将军俑头被盗案

他的人头落了地

1987年6月19日，陕西省委、省政府分别做出批示，嘉奖在破获将军俑头案中的参战人员。6月24日，公安部向西安市公安局发来了贺信："将军俑头案破得漂亮，破得及时。此案侦控措施精心设计，行动迅速果断，参战干部机智灵活，为侦破类似案件提供了有益和重要的经验……"

随后，国家文物局、公安部刑侦局、陕西省人民政府在西安联合召开大会，隆重表彰西安市公安局在侦破将军俑头案中有功人员。公安部为"秦陵将军俑头被盗案专案组"记集体一等功，并同陕西省公安厅为侦破人员高西元记个人一等功，为侦破人员安坤生、马军记个人二等功，为侦破指挥员董儒、张斌生、张志明记个人三等功，给以上人员一定数量的奖金。

涉及将军俑头案的6名罪犯被抓获后，被关入看守所。1987年6月23日，西安市公安局向西安市人民检察院提请批准将6名罪犯逮捕，西安市人民检察院在查看了罪犯的案卷后，为慎重起见，同市公安局一起，共同委托省文物局文物鉴定小组对将军俑头的真伪进行了鉴定。鉴定结论书如下：

西安市公安局提请批准逮捕书

西公予刑字第 104 号

人犯王更地（又名王根劳、刘小卫），男，现年二十一岁，汉族，初中文化，陕西省临潼县康桥乡北冯大队湾里组人。住原籍，务农。

该王自幼上学，一九八三年十月参军，一九八六年七月复员，一九八六年十一月在临潼县火车站公安派出所当临时工。一九八七年四月回乡务农。一九八七年六月十九日被西安市公安局刑事拘留。

人犯张传秀，男，现年三十三岁，汉族，初中文化，中共党员，河南省永城县人。系临潼县三运司工人，现住临潼〇三仓库。

该张自幼在原籍上学。一九七一年元月参军，后转志愿兵。一九八三年四月复员到临潼县客运管理站当工人，一九八七年三月调到三运司。一九八七年六月十九日被西安市公安局刑事拘留。

人犯权学力，小名权四、小四，男，现年二十四岁，汉族，初中文化，江苏省铜山县人，现住临潼县车站水塔二十五号。系县火车站客运员。

该权自幼上学，一九七九年辍学，顶替其父在县火车站当工人。一九八七年六月十九日被西安市公安局刑事拘留。

西安市公安局向检察机关提请批准逮捕书

公安人员从犯罪分子手中缴获的将军俑头

参加鉴定人：

李长庆　鉴定组成员、文物鉴定专家

王长启　鉴定组成员、文物鉴定专家

韩保全　鉴定组成员、助理研究员

吴双喜　鉴定组成员、助理馆员

石兴邦　研究员

袁仲一　研究员

名称：秦高级军吏俑头（俗称将军俑头）

时代：秦

质地：陶质

规格：将军俑头从颈底部到发冠顶处通高为38厘米，面部长度为27厘米，从下颌到上额宽21.5厘米，其右耳廓上部有3×2厘米不规则残缺一处，左耳廓上部有不规则残缺1.7厘米一处，在右冠尾右侧近末端上有宽1.5×6.5厘米修补痕迹一处，在右冠的右顶部有长4×2厘米的修补痕迹一处。胡须总长5厘米，右下胡须残缺不齐。重量为13千克。脖颈处环绕一周有高7厘米、低为2厘米的修补痕迹，冠上残存有褐色彩斑。

鉴定结论：此系秦陵一号兵马俑坑第20方第10过洞出土之将军俑头，出土号为T20G10：1，整编号为T20G10：97[④]，是八号战车上之将军俑头。目前，俑坑出土此类俑仅有6件，是秦俑艺术中典型的代表作品，为国家一级甲等珍贵文物，属稀世珍宝。

西安市人民检察院接到文物鉴定结论书，根据犯罪事实，于7月2日将6名罪犯批准逮捕，并于8月16日向西安市中级人民法院起诉。西安市中级人民法院受理此案后，经公开审理，于1987年10月7日做出如下判决：

王更地，21岁，以盗窃罪被判处死刑。

权学力，23岁，以盗窃罪被判处无期徒刑。

唐轲，43岁，以投机倒把[⑤]罪被判处有期徒刑15年。

张传秀，33岁，以投机倒把罪被判处有期徒刑13年。

孙振平，29岁，以投机倒把罪被判处有期徒刑10年。

樊春梅，46岁，以投机倒把罪被判处有期徒刑8年。

一审判决后，王更地以盗窃文物是受他人胁迫，并非本案主犯为由；权学力以未指使王更地盗窃文物，量刑太重为由；张传秀以原判认定的犯罪事实个别情节不实，没有从中牟利的目的为由；唐轲、孙振平以在销售将军俑头中只起联系作用，原判定罪不准，量刑太重为由；樊春梅以在联系买主时，不知道是将军俑头，且没有参与倒卖，不应以投机倒把罪论处为由，分别向陕西省高级人民法院提出上诉。

陕西省高级人民法院接到上诉后，立即进行了审理，做出了如下结论：

王更地携带工具，只身撬门入室，盗窃国家珍贵文物，并积极联系销赃，显系本案主犯，上诉理由纯属推脱罪责，不能成立。

权学力主动与王更地共同策谋盗窃国家珍贵文物，并向王更地提示盗窃目标，事后又为其寻找买主，在盗窃活动中起了重要作用，上诉理由不能成立。

张传秀积极联系买主，进行投机倒把、牟取暴利的犯罪事实，不仅有王更地、唐轲的供词可证，且张传秀亦有多次供述在卷，足以定案，上诉理由不能成立。

唐轲明知将军俑头系国家珍贵文物，勾结他犯积极进行倒卖活动，显系投机倒把主犯，上诉理由不能成立。

孙振平身为北新旅社的经理，为牟取暴利，积极参与倒卖将军俑头的犯罪活动，提供犯罪场所，上诉理由不能成立。

樊春梅明知是将军俑头，为牟取暴利而参与倒卖文物的犯罪活动，有证人证言及同案犯孙振平、唐轲的供词为证，上诉理由不能成立。

原审判决认定事实清楚，证据确凿，量刑适当，适用法律正确，审判程序合法。

1987年10月15日，陕西省高级人民法院审判委员会讨论裁定：驳回上诉，维持原判，并根据最高人民法院依法授权高级人民法院核准部分死刑案件的规定，核准西安市中级人民法院以盗窃罪判处王更地死刑、剥夺政治权利终身的判决。

就在王更地等罪犯判刑的布告贴出来的同时，另一张布告也醒目地出现在西安市街头：

文物盗窃犯肖建国判处无期徒刑

肖建国，男，33岁，汉族，安徽省金寨县人，住陕西省金属结构厂家属院二区平房十五号，1987年3月27日因盗窃被收审，已逮捕，现在押。

肖建国于1987年3月的一天，窜至临潼县秦始皇兵马俑博物馆，从博物馆北边的地道口进入一号坑展厅西侧，盗走从T20方位出土修复的武士俑头一个，于1987年3月27日中午，在西安市长乐坊附近给他人倒卖时，被公安机关当场抓获，并缴获了所盗俑头。

肖建国目无国法，盗窃国家一级珍贵文物，已构成盗窃罪，情节严重，审理中认罪态度不好，应依法惩处。兹依照《中华人民共和国刑法》第一百五十二条、第五十三条第一款之规定，判决：肖建国犯盗窃罪判处无期徒刑，剥夺政治权利终身。

1987年9月7日，陕西省人民政府文物事业管理局做出了《关于考古队将军俑头被盗案对有关责任人员的处分决定》。全文如下：

1987年2月17日夜，省考古研究所秦陵考古队发生秦俑一号坑T20方出土的将军俑头在杂品库被盗。西安市公安局于6月17日破案，追回了将军俑头。这以前，西安市公安局于3月27日曾破获了去年6月和今年3月秦俑一号大厅后部两起武士俑头被盗案。秦陵考古队连续发生文物盗窃案，暴露了该队文物管理混乱和在安全保卫方面存在严重的漏洞。盗窃案虽已破获，但至今还有一个武士俑头没有追回来，给国家造成了重大损失，在国内外造成了很坏的影响。

为了查清事实、分清责任、吸取教训，切实加强文物安全工作，局整顿检查组于6月29日进驻秦陵考古队，进行调查和停工整顿。责令副队长王学理、干部刘占成停职检查。经过近两个月认真的调查，查清了将军俑头和武士俑头被盗案发生的原因和责任。现对有关责任人员处理决定如下：

一、秦陵考古队临时工简七一，无组织无纪律，乱拉关系，不经领导批准，私自将外单位人员王更地先后两次领进放有贵重文物的队部秦俑头颜色保护室内。简给王说："秦俑头价值很高，里根总统来了，我国才送了个复制品。"同时取出一张彩色俑头照片请王更地看，并告诉王隔壁一排房子是秦俑修复室等。简七一在客观上为罪犯王更地到考古队踩点和盗窃将军俑头提供了重要情况。简七一对这次被盗案件负有直接责任，其错误所造成的危害很大，影响很坏，已不宜继续留队工作，立即解雇。

二、省考古研究所秦汉研究室主任、秦陵考古队副队长王学理同志，1985年7月主持该队工作以来，做过有益的工作，但忽视文物安全。他主持队务工作时间不长，就将原考古队部院内经常性昼夜值班制度取消，撤销了值班人员；省文物局针对秦陵考古队文物管理混乱、文物安全有漏洞，去年12月22日专门发了陕文物发（87）97号紧急通令，提出加强该队文物安全工作的要求。但该队没有认真落实，文物管理依然混乱，该移交的不移交，将军俑头被盗后，又在绘图室、修复室发现了俑头和箭头；该队内部纪律松弛，无章可循，漏洞很多；对临时工缺乏严格的安全管理教育。临时工简七一向罪犯王更地泄露了内部情况，在客观上为其作案提供了条件，是造成这次将军俑头被盗的重要原因。这次将军俑头被盗时，王学理同志虽不在考古队，但在去北京出差前没有具体明确指定干部暂时负责队里工作。王学理同志工作严重失职，对连续发生的俑头被盗负有直接领导责任。兹决定撤销其省考古研究所秦汉研究室主任、秦陵考古队副队长职务，取消考古队领队资格两年。同时根据省考古研究所党总支的意见，局直属临时机关党委决定：撤销王学理同志省考古研究所第二党支部委员职务。

三、省考古研究所秦陵考古队干部屈鸿钧同志，身为老文物工作者，去年7月发现队部杂品库内有两个俑头后，本应及时告诉队领导或将俑头存放到正式库房。特别是去年12月向秦俑馆正式移交一号大厅前五方文物时，明知杂品库有两个俑头属于应交之列而未交，同时也没有明确向队领导报告，仍放在杂品库内。对这次将军俑头被盗负有重要责任。鉴于该同志一贯表现较好，且本应退休，因缺乏文物修复骨干，仍留在工作岗位，带病坚持工作。发案时他正在医院动眼疾手术。当向其询问有关情况时，他态度明确，回答肯定，为立案提供了可靠证据。同时对自己的错误认识较好。兹决定给屈鸿钧同志行政记大过处分。

四、省考古研究所秦陵考古队干部刘占成同志，在考古队做过有益的工作。去年11月25日，考古所领导当面指定他负责秦陵考古队保卫工作，他强调自己是业务干部，不愿兼做保卫工作，但所领导没有同意他的意见。今年2月，在副队长王学理出差不在时，虽未明确他代职，但让他招呼队里的工作（刘占成说：招呼只是大厅的发掘工作），在此期间发生了将军俑头被盗案件。特别是队上明确他负责一号大厅的安全，但他对大厅值班人员缺乏严格管理，致使大厅发生了武士俑头被盗。刘占成同志对连续发生文物被盗案负有一定的责任。兹决定给刘占成同志行政上记大过处分。

五、省考古研究所所长、秦陵考古队队长石兴邦同志，有官僚主义作风，对秦陵考古队工作长期让一名副队长主持队务，亲自检查指导少，对反映该队的问题处理不得力，致使发生将军俑头被盗，对此负有领导责任。但该同志系高级知识分子，是我国著名的考古学家，在我国考古事业上做出突出贡献。因年龄较大，兼职过多，工作中有失误，这次整顿中尚能检查认识自己的责任，责成石兴邦同志做出深刻检查。

六、（略）

震惊世界的将军俑头案就此了结。劫后余生的将军头失而复得，又重新被安在了他那硬邦邦、黑乎乎的身子上，重新恢复了他昔日的威严与豪气。抱着这位将军的头四处兜风、企图发笔横财的王更地，不但好梦难圆，最终把自己的头也弄丢了。西安郊外，随着一声枪响，他扑倒在地，结束了21岁的人生。真可谓"机关算尽，反误了卿卿性命"。跟他一样做着黄粱梦的男男女女，在看遍了花花绿绿的世界之后，一觉醒来，看到的是黑洞洞的牢房和一日千年的岁月。世事难测，善恶自有分明时，想来那一帮男女蹲在幽暗的牢房，该对自己的人生好好感叹一番的。

当然，感叹的何止他们，即使那些尚且自由的人，也由于这将军俑头案的最后结局而感叹不已。他们的感叹，在某种意义上，或许又意味着这个案子第二个阶段的开始。

注释：

①牵头：应为"签头"，原义是在某份文件上签名于首位。后引申为多方合作时，由一方出面进行组织与联系。

②倒卖：指投机买入大量畅销货品，以牟取暴利。

③前几年，有一些不法分子，谎称国民党军队撤往台湾后，有一大批黄金被秘密埋藏在几座大山深处。不法分子伪造宋美龄、蒋经国、陈立夫、中统局、军统局等手谕，四处召集百姓挖宝，以便从受骗上当者那儿捞取好处、诈取钱财，此做法就叫作"金盒子"生意。

④依中国考古学界的惯例，在发掘报告中，探方一般缩写为英文字母T，过洞缩写为英文字母G。出土号是文物刚出土时的临时编号。整编号是文物经过整理后的统一编号。

⑤投机倒把：指以买空卖空、囤积居奇、套购转卖等欺诈手段牟取暴利。

第九章 时代的悲伤

复活的军团

枪声响过，黄土塬上血迹未干，将军俑头案再掀波澜。被处分的考古人员或说有功，或称无罪，或感委屈，或自哀叹。多少是非恩怨，多少悲欢离合。世事沧桑，竟使英雄末路泪沾襟。

刘占成说：我有功

将军俑头案过去4年之后的一个晚上，在秦俑博物馆院中一间极普通的平房里，我见到了在将军俑头案中受处分的秦陵考古队队员、青年考古学家刘占成——一个30多岁的壮汉。也许常年的田野考古生活使他的脸看上去有些粗糙和黑红，但从那双乌黑明亮的眼睛和魁梧的身材看去，又不失为英俊威武，这是一个典型的关中汉子形象。

刘占成于70年代末期毕业于西北大学历史系考古专业，不久即到秦俑工地参加考古发掘，在不算太长的岁月里，写出了几篇颇有价值的研究论文，尤其是对于铜铍的论证，引起了学术界的关注。在秦俑一号俑坑的发掘工作中，考古人员于1979年6月26日发现了一件类似短剑的青铜兵器，以后在1980年和1981年又相继发掘出土同类兵器10余件。这种锐利的兵器堪称冷兵器家族中重要的一员，然而不幸的是，在相当长的一段历史时期内，它的名字几乎不被人所知。特别是自东汉以来，各家对这种兵器的解释有误，后人也误将这种兵器称为"短剑""长矛"等等，这种状况一直延续到一号坑发现之前。待出土之后，参加秦俑一号坑发掘的刘占成经过研究认为：此兵器虽似短剑，但有的有茎而无首，柄后有带铜镦之长木柄遗迹，因而这种兵器并非短兵，而是长兵，以前称为"短剑"

刘占成在兵马俑坑现场考察记录（张天柱摄影并提供）

第九章 时代的悲伤

或"长矛"是不正确的，应称为"铍"。这一考证，首次恢复了铍的本来面目，使千余年的历史悬案得以澄清。

面对这样一位青年考古学家，我本打算了解一下整个案子的细节，可他却抱给我一堆油印和手写的材料，我顺手翻动着。

"这是我这些年上访的材料，你先看看吧，我要告诉你的可能大多是关于我个人的事。"他说。

"你还在上访吗？"我问。

他点上一支烟，深深地吸了一口，又吐出浓黑的雾，望着我说："上访，一直在上访。有些好心的人劝我，事情已经过去了，就算了吧，不要再费脑筋，点灯熬油地写材料了。你再反映也是枉然。但我不相信，青天白日之下，怎会翻白为黑？我就不相信没有个包青天，找不到个说理的地方。最近，国家最高人民法院院长郑天翔，在陕视察时强调：'人民法院在任何情况下都要坚持实事求是的根本原则，坚持做到以事实为根据，以法律为准绳，在准字上狠下功夫。要严肃执法，不屈服外界的压力。'何谓'外界的压力'？我认为就是有关行政部门以权压人。关于将军俑头案，省文物局处理十分不公。我记得1987年中国法制报曾登过一篇《法律做后盾，农家胜官家》的文章，说的是淮北市公安局侵犯公民民事权利，受到了法律的处罚。我感到社会主义的法律还是公正的。作为我个人，将接受任何公正的处理，

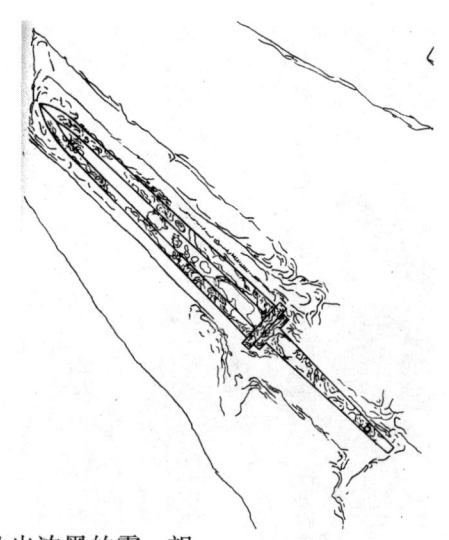

青铜铍出土时情形

青铜矛出土时情形

261

复活的军团

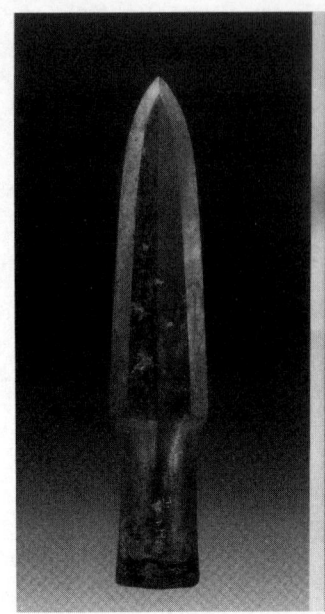

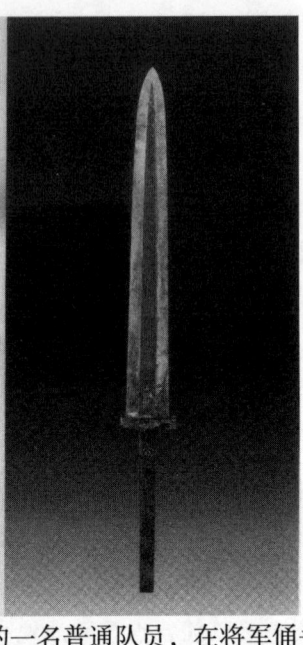

左图为铜矛
右图为铜铍

但也决心同任何不公正的处理做斗争。"

"你感到对你的处理在哪些方面不公正？"我问。

"我认为首先是侵犯了我的公民名誉权。1987年6月29日，在未落实任何问题的情况下，因将军俑头案，省文物局就宣布让我停职检查，这是不合乎情理的。事实是，我作为考古队的一名普通队员，在将军俑头案问题上，不但无任何责任，而且是有功人员。"

"有功人员？"这个说法令我在感到新鲜的同时，也吃了一惊，一个有功的人何以又受到处分？吃惊过后，激起了我听下去的兴趣。

"之所以说我有功，是在2月18日早晨案发后，是我首先组织报案，派人保护现场和派人去西安向屈鸿钧了解情况的。2月25日，又是我第一个核实案情，及时向所领导人汇报的。2月26日，还是我对放置杂品的仓库进行认真检查，最后从事实上落实将军俑头确实被盗的。这一切，足以表现一个普通考古队员、业务干部对国家文物的高度责任心。而文物局党组竟不顾事实，颠倒黑白，冤枉无辜，打击有功者，宣布让我停职检查，至今我也不明白，这到底是为什么？我一无任职，二无问题，停的什么职？检的什么查？难道积极报案、负责就有罪吗？

"由于局党组的错误决定，使我不明不白地接受停职检查，遭受冤屈竟长达70余天。在那段时间里，我背着停职检查的黑锅，精神上受到极大折磨，人不像人，鬼不像鬼，不能正常工作，无法搞业务研究，同志间的正常接触和交往也受到限制，给家属的思想也带来了沉重的负担，并在相当广的范围内造成极大影响。我总觉得，我党在对人权的问题上历来是相当慎重的，我认为局党组宣布让我停职检查的决定，违反了《中华人民共和国民法通则》的有关条文规定，严重侵犯了我的名誉权，侵害了我的人格尊严。

"文物局所派来的整顿检查工作组，经过大量的调查和落实工作，于8月29日找我谈话，也承认将军俑头被盗于我没有责任。那么，因将军俑头案宣布让我停职检查，显然是错误的。而文物局不但不纠正错误，反而在无事实责任的前提下，以莫须有的罪名，于9月4日，要求我在处分决定上签字。我在上面所签的字是：处分完全是强加于我头上的。

"之所以说处分是强加于我头上的，是因为我只兼管了一段一号大厅的值班人员。从工作上说，考古队的发掘和修复是分为两摊的，保卫工作也是一分为二，我本人从来没有负责过修复工作方面的保卫安全，也没有任何人让我修复一片纸、一个字的文物册表，更没有交代过一件文物实物。再说，分工兼管和保卫干部有质的区别，分工兼管，那就可以分给你、我、他任何一人。考古队的发掘、修复上曾兼管过与保卫工作有关的人员除我外，还有其他四五个人。特别是王学理同志主持队务工作后，对有关保卫工作，不是兼管而是主管，难道把他也叫作队上的保卫干部？

"事实是，上级组织从来也没有发文或以其他方式任命过某人是队上的专职或兼职保卫干部，只有等案发后，才根据临潼县公安局的整改通知书，派来一名保卫干部。当然，在上级未派保卫干部的情况下，队上的业务干部不管是谁都有责任兼管安全工作，但不能说谁管了一点保卫工作，谁就成了保卫干部。

"在杭德洲主持工作期间，我管过一段保卫工作，那时院子里安有报警器，具体值班的有3人，后来报警器坏了，各修复室又安排了值班人员，直到王学理到来前，院子里还有5人长期值班，可王学理上任后，就将5名值班人员减为3人，两个值夜班，一人值白班，余下的工人专管打扫院内卫生。

"1985年11月9日，王学理同志在考古队干部、学员大会上，以整顿人

秦俑坑中被分割开来的考古探方。因探方中的陶俑属主不同，纠葛由此而生

员为名，宣布将院子仅有的3名值班人员雇用到一号大厅，从此彻底撤销了多年来院子的夜间和白天的值班人员，致使库房无人值班，才为将军俑头案酿下了祸根。即使我是保卫干部，这时一个人也没有，我去管谁？

"1985年11月9日，王学理同志开会宣布，撤销大厅后面长期坚持值班的人员，从此大厅后面再无人值班。

"1986年12月5日，王学理同志把大厅前五方的文物保卫工作正式全部移交给秦俑馆，值班人员也全部撤回。王学理对我讲：今后大厅后面他准备在外地找一个老汉来值班，在未找来前，叫我先从发掘队抽上两个人临时值几天班。于是，我从发掘队抽调3人值班，直到1986年12月27日王学理从咸阳找了一个叫冯孝民的老汉，接替了发掘队抽调的3名值班人员。从此大厅后面就由冯孝民老汉一个人值班。直到将军俑头案发后的3月5日，我提出大厅后面要再增加人员值班，只一个老汉昼夜值班恐怕要出事。会上，王学理才同意增加1人，后来我又坚持增加了1人，这时大厅后面包括老汉在内共有3人值班。当时值班人员问我，已交给秦俑馆的文物咱管不管，我说都是国家文物，也应该给看管。

"在这期间，王学理多次找我谈话，让我戴上徒有虚名的保卫干部的帽子，但均遭到了我的拒绝。我知道自己担不起这个担子，也无能力无条件负这么大的责任。因我不接受，还和他吵过几次，我曾经对他说：你不要一口一个保卫，具体地说我只是负责兼管大厅的几个值班人员，要搞队上的整个保卫，咱们工地大，文物重要，我是个业务干部，

第九章 时代的悲伤

既看两个探方,又分工管理考古发掘现场,还要抽时间搞业务研究,是根本兼管不了整个保卫工作的,你从上面要个专职保卫干部不是更好吗?王学理对我说:'我养活不起一个专职保卫干部。'他这个话我曾向工地的王玉清、张占民等人讲过,就在将军俑头被盗的前一两个月,王学理个人和我谈不通,又从考古所叫来两位领导跟我谈,当时我仍未接受,并且态度坚决地重申了我以上的理由。那次的谈话考古所领导都有记录,可以证明我没有接受这个要求。既然队上找不到保卫干部,作为常务队长的王学理,就应及时向上级申请要专职保卫干部,落实安全措施,但可惜的是,王学理同志没有做这个工作,致使将军俑头被盗。"

刘占成说到这里停住,眼睛闪着激动的光望着我,似要听我发表自己的见解。然而,我没有吭声,只是将烟蒂轻轻地捏压在烟灰缸里,继续听他按原有的思路讲下去。

"处分决定称:今年2月,在副队长王学理不在时,虽未明确让他代职,但让他招呼队里的工作,在此期间发生了将军俑头被盗案。事实是,今年2月,正值工地春节放假,王学理和我是节日值班带班干部,但他却不来工地,后来不知谁批准,有何事,他突然决定去北京。在王学理去北京前,不是指明让我代职,而是根本就没有让我代职,只是分头安排了一下工作而已。当时他说去四五天,但却迟迟十几天才归。

"我清楚地记得,王学理走前,交代给我的工作有两件:一是招呼好节日值班人员,二是管好开工后的发掘现场工作。对于修复上的工作,以及存放将军俑头的仓库钥匙,他是通过屈鸿钧另外安排的,与我毫无关系。2月12日,我结束了院子管理节日值班人员的任务,13日正式转向大厅发掘现场的管理,18日修复中的将军俑头被盗,这能说是我的责任吗?"

刘占成说着,站起身,显然是有些过分激动以致使他焦躁不安,在屋里来回踱步。坐在我们身旁始终未作声的刘占成的妻子,望着丈夫越发黑红的脸,小声说道:"算了吧,说这些有啥用?还是喝点水,说些令人痛快的事吧。"

屋里出现了短暂的沉默。

"那武士俑头的丢失是怎么回事?听说公安机关破获此案后,秦俑馆和考古队都不承认是自己丢的,那到底是谁丢的?"我想起新华社曾向世界播发的那条令人困惑的电讯之后问道。

刘占成再次点上一支烟猛吸着，点点头，沉思片刻："这个问题比较复杂。"他似乎已没有了先前的怒气，嘴角露出了一丝苦笑。

"我这样说吧，在武士俑头丢失时，秦俑坑一号大厅已被分割成前、中、后三个部分，你知道，在盖大厅时这些兵马俑已全部用土回填，也就是又全部用土埋了起来。到1980年时，前部的兵马俑已重新发掘出来，并经过修复，大部分又在原地站了起来，你现在看到的就是这一部分。

"前部修复好后，考古队又将后部的兵马俑发掘出来，并修复了一部分，只有中间一块还没动。这时，秦俑博物馆和考古队进行了移交，事情也跟着来了。按规定秦陵考古队要将前部和后部全部移交给秦俑馆，属于考古队管理和发掘的只有中间那一部分。可王学理同志聪明一世糊涂一时，在全部移交了这两部分文物后，又在自己起草的关于文物保卫的协议中写道：'前五方坑中存放的文物由秦俑博物馆承担文物安全及卫生工作。'至于后部的文物安全保卫工作归谁管，协议中却没有提及。如果不出事，双方都你好我好相亲相敬，可偏偏事情就发生了。1987年3月27日，肖建国混进了展厅后部，趁值班人员不注意，脱下褂子将一个武士俑头包起来悄悄地顺着地道口也就是一号展厅的后门溜走了，这时博物馆和考古队谁也不知道。

"案子破获后，公安机关来问，说是肖建国盗走的俑头是大厅后部的，而这一部分的文物就是属于秦俑博物馆的，如果没有协议书，责任肯定要秦俑馆承担，可这时秦俑馆将协议书拿出来，祸就落到了考古队的头上。刚才我已经说过，王学理跟人家签的协议书是前五方的文物安全由秦俑馆负责承担，那么中间和后部谁承担？尽管协议上没有写明，当公安机关来人询问时，考古队一方咬定文物是秦俑馆的，应由秦俑馆承担责任，与考古队无关。秦俑馆一方却在协议书的文字中做文章，尽管文物属于秦俑馆，但安全保卫却归考古队，武士俑头的被盗责任应由考古队来承担。所以就有了新华社发出的令人困惑的消息。可事情推来推去，还是秦俑馆占了上风，这个糊涂协议给考古队带来了本来不应该有的大祸，我自己也在这场大祸中倒了霉。更令人感到气愤的是，王学理同志起草的这个协议书以及和秦俑馆的签字经过，我一点也不知道。所以说文物局把武士俑头丢失的责任推到我头上，是毫无道理的，给我的处分是不实事求是和完全错误的。这个错误决定是对一个公民人格的公然践踏。"

第九章 时代的悲伤

"那么您认为将军俑头和武士俑头被盗的责任应该由谁来负？"我瞥了一眼腕上的手表，已是10点多钟，决定在临走前提出最后一个问题。

"秦陵考古队连续发生俑头被盗的重大责任事件，主要原因固然在主持队务工作的常务队长王学理身上，但是作为主管部门的省文物局、考古研究所领导人，他们负有不可推卸的重要责任。前几年大兴安岭发生了火灾事故，将林业部长撤销了职务；驻湖南空军某部战士殴打学生致死，中央军委决定对该师师长撤销职务。那么，林业部长、驻湘空军某师师长为什么要撤职？主要原因是他们犯有严重的官僚主义错误。无数事实证明，一些因官僚主义造成的严重后果，其危害及影响远远超过违法乱纪、贪污盗窃等问题的本身。许多重大事故，大多与官僚主义者失职、渎职、玩忽职守有密切的关联，因为一切事情都不会是孤立的。作为文物局、考古所一个下属单位的秦陵考古队，连续发生秦俑头被盗这样重大的责任事故，主管领导的官僚主义和严重失职也是毋庸置疑的，他们理所当然地负有不可推卸的领导责任。可奇怪的是，关于将军俑头案重大责任事故的处理，对本来没有责任的普通考古队员强加处分，做了错误处理。而对主管的领导者，却避重就轻、应付过关，对他们应负的责任事故不做任何处理。这难道说他们真的没有责任和不该受到处分吗？我认为至少有这几方面的事实足以使他们受到处理：

"第一，作为主管部门的文物局、考古所，对秦俑这样大、这样重要的考古发掘工地，一不配备保卫专干，二不拨保卫专款，并对文物管理长期混乱的现状不认真检查，同时不认真落实安全制度和防范措施，导致了俑头连续被盗，使国家遭受了重大损失。

"第二，秦陵考古队修复方面的值班撤销长达1年之久，将军俑头这样贵重的一级甲等文物长期放置在杂品库中，局所领导竟全然不知，这不是严重的官僚主义和严重的失职又是什么？

"第三，作为主管安全的局领导×××来工地检查，当要查看杂品库时，王学理同志说里边没有什么，他竟轻信了王学理的话而没有认真履行自己的领导职责，对杂品库未做任何检查，以致酿成了库内将军俑头被盗的重大事故。

"第四，1986年11月25日，我当面对来工地的局领导×××和队长王学理等明确指出：秦俑工地大，文物贵重，需派一名专职保卫干部，但他们却置若罔闻，既不认真落实，也不采取任何措施，其最后的恶果是将军俑头案案发。

"记得在影片《汀泗桥之战》中有这样一个令人难忘的镜头：叶挺[①]曾当面严厉批评他的老同学黄琪翔[②]，对汀泗桥战役[③]失败的责任难道要推到一个下级军官的身上吗？这话寓意深刻，值得每个主管秦陵考古队的领导者深思和反省。将军俑头案处分了考古队的3个人，事情似乎结束了，但事实上是对没有责任的普通业务干部不公正的处分，又制造了一桩新的冤案。正因为如此，我才不得不发出呼吁，让上级领导和纪检机关对将军俑头案的处理做进一步彻底的复查，对事故主要责任者应严肃处理，对官僚主义应予以追究，对受错误处理的人应尽快平反昭雪……"

墙上的时钟敲响了12声，打断了刘占成满含冤屈悲愤的叙说，也向我提出了应迅速离开的警告。我草草地收起采访本，道别了刘占成和他的妻子，在漆黑的夜色中向我所栖身的秦俑馆家属院最后一排单身职工楼摸去。

我躺在床上，脑海中依然显现着刘占成那慷慨悲歌的样子。四周极静，只有风声不断传来，我越来越感到刘占成的叙说已远远超出了案情本身，而具有了更加深层的意义和内涵，这个案子才更加扑朔迷离，像一团迷雾，难以令我看到真实面貌和窥视那曾发生及存在过的恩恩怨怨、是是非非。既然我已踏进了这个神秘的区域，就索性辨清整个事情的真伪，透过弥漫的迷雾，去寻求一种更合乎情理的真实。

我决定去一趟西安，找当年的秦陵考古队常务副队长王学理，也许在他的心中会装着对事情的另一种全新的见地，我想在他的内心世界里，寻求一种更清新的东西。

王学理说：我无罪

3天后，在古城西安陕西省考古研究所家属院的一幢半旧的楼房里，我见到了当年的秦陵考古队常务副队长王学理。和刘占成相比，他显得过于消瘦和衰老，但那双明亮的眸子和颇有些潇洒的举止，又让人明显地感到这是

第九章 时代的悲伤

一个精力充沛的典型的知识分子。

我说明了来意。

他望了望我，微微地露出一丝笑容，看得出这种微笑的背后带着一种忧郁和苦涩。他说："现在报刊对这个案子及失盗原因的宣传已经不少了，也有这方面的报告文学出现，但这些文章又大多把我王学理漏掉了。我没有功劳，连苦劳也没有，现在是孤单无援。一些无聊的文人墨客贪财忘义，崇权谄媚，凭借手中的笔杆子树起了一些高大的偶像，并在这些偶像身上附会了一些近似传奇的故事，以歌功颂德，使偶像更加高大壮观。而把我的形象从反面来描绘，甚至写成小丑。让一个小丑来主持考古队的工作，那么丢东西就成了必然结果，文章也就更具有了典型性和轰动效应。"

王学理在秦俑坑发掘现场（王学理提供）

"请您不要误会，我只想了解一点将军俑头案的真实情况，并不想把谁树成偶像，同时也不愿意把谁写成小丑。何况从美学角度上看，旦角、生角与丑角一样令人喜爱。大丑即大美，或许丑到极致便是美到极致呢！"我说出了我的本意，希望走向他的心灵深处。

"你的话倒是蛮有些戏剧意味。"王学理依旧微笑着，但看得出他的情绪渐已爽朗起来。

"生活本身就是一场你方唱罢我登场的大戏嘛！"我答。

他站起身，走到另一间屋里，然后抱出一捆打印好的材料，顺手取了一份递过来。我一看，吃了一惊，足有3万字

的材料,在封面上清楚地印着一个醒目的标题:

将军俑头失盗的责任冤案为何平反不了。
——我的第30次申诉
王学理

"你也在喊冤叫屈?"我问。

"有冤必喊,有屈必叫,这是我们国家赋予公民的合法权利。"他答。

我点点头,望着材料暗暗地想,如果这份申诉书从第一稿起,每投寄一次便誊抄或修改一遍的话,到现在应该是共有90万字经过了他的笔端。如此浩大的文字工程,即使令专写"三部曲"的作家也不得不为这位申诉者的毅力和精神所折服。由此可以想见,这个案子耗费了他多少精力和心血。如果把这些精力和时间用之于学术研究,那又是怎样的一种景况?

王学理拿出保存的省文物局文件——点评

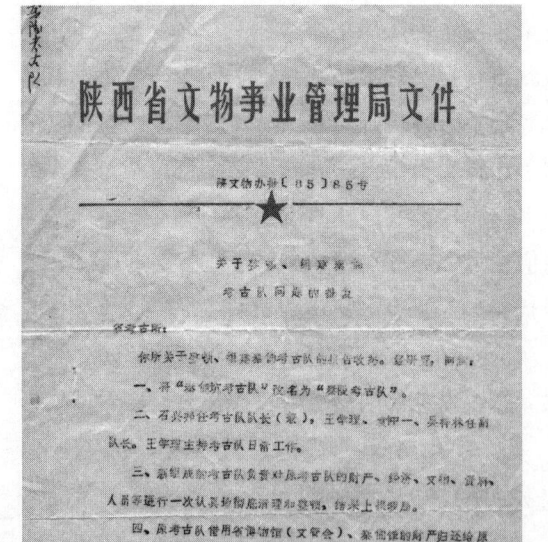

"这30次的申诉稿合起来可相当于3部长篇小说的文字数量。"我说着,内心为他的徒劳而深感惋惜。

他叹了口气,目光黯淡下来,似在为我的惋惜之情做解释:"作为一名高级知识分子,正在用自己的知识和才智向国家和人民做奉献的时候,却遭到政治上的打击、人格上的侮辱、学术上的限制,尽管从中央到地方已申诉20多次,但却犹如石沉大海,杳无音讯,眼睁睁地看着酿成的这桩历史冤案不能平反,我不能不再次提出申诉，我觉得争回人格和人权比做什么都重要。"

"您觉得文物局对您的处理不恰当？"我小心地问。

"不是不恰当，而是完全错误的。省文物局置自己于1985年下发的行之有效的第66号文件于不顾，并置管理混乱、文物数量不清、该移交而不交，致使隐匿的俑头失盗的原秦俑坑考古队队长杭德洲的直接责任于不顾，滥用权力，借助社会上不明前后两个考古队真相的错觉，巧妙地移花接木，撤销了与此案毫无牵连的我的一切职务，并取消两年考古队领队资格。这既推卸了自己按文件早应追查的逾期不交的责任，也庇护了关系网上的责任者。"当王学理一口气说完这番话时，脸涨得通红，显然他开始激动了。

"我看过文物局下发的1985年第66号文件，但对您说的前后两个考古队的真相和巧妙地移花接木等不明白，希望您能对此解释一下。"我说。

王学理从材料堆里找出一份复印的1985年第66号文件，用红蓝铅笔在上面圈点着：

一号坑内已展出的五个方内全部出土文物（包括南北展室的全部文物），由原考古队移交给秦俑馆，未修复的秦俑由秦俑馆负责修复、复位及五个方的安全、卫生工作。该项工作由杭德洲牵头交、马秀青接，限年底以前完成……原考古队将所有文字、照片资料一式三份，分别交给秦俑馆、省文管会和现秦陵考古队，该项工作由杭德洲牵头，限年底以前完成……逾期不交者要追查责任。

如果按此种圈点法，把所有带点的文字排列起来，就成为：

全部出土文物，原考古队移交，由杭德洲牵头。原考古队分别交，不交者要追查责任。

王学理放下铅笔，望着我的脸："这下你该弄明白了吧，原考古队发掘的这批文物的交接双方是在它同秦俑馆之间进行，可以说是有单位、有人、有时间、有责任人。这一切理所当然地同陕西省考古所无关，同秦陵考古队无涉，也自然同我王学理本人毫无牵连，当然我也就不负什么责任。需要进一步说明的是，1986年7月2日，在省文物局一位领导的办公室里，杭德洲问我：'省文物局叫把以前的文物交给秦俑馆，你说咋办？'我回答：'由你交文物是早有规定的，还是按局里的文件办。'杭德洲说他工作忙，要屈鸿钧协助，并令我通知屈，我说我不能通知他，由你同他商量，他如果愿意协助你，只要他给我说一声，就算是把人交给了你。当屈告知我时，我说这不是咱队上的安排，你听老杭的吧。因为他们没有陶俑的详细数量，不是照册清点，而是临时见俑登记，但从登记到同秦俑馆交涉，一直到一件件的点交，都是由杭德洲与屈鸿钧经手的，我并没有参与和过问，当然不能说我有工作上的责任。何况原秦俑坑考古队向秦俑馆移交的这批文物没有按时交付，从1985年11月29日文件下达到1986年12月2日，拖延长达1年之久不见移交。在这期间，文物局没有任何文件或是口头通知委托现秦陵考古队代管。别说他们之间1年之久不交，就是10年，或更长的时间不交接，都与我毫无关系，因此，我没有事实上的责任。至于杂品库内存放的将军俑头，我王学理压根儿就不知道。一号坑在第一次发掘时，共出土4个将军俑，但原考古队向秦俑馆移交时，却少交一个将军俑头，并将其擅自藏匿于现考古队的杂品库内。因为在1985年11月7日，秦俑坑考古队副队长柴中言把钥匙交给屈鸿钧时，它只是一间放杂货的普通房子，里面除两盘钢筋、九根半钢管、十多块杂木板、一个木案子，还有其他一点杂物外，并没有任何文物。有这两人移交签字的清册可证，而掌管钥匙后的屈鸿钧从来没对我说过里面有俑头。既然我不知道，当然也就不负法律的、事实的和工作上的责任。这一切责任应当归于把贵重文物不交，并乱塞于杂品库中的原考古队队长杭德洲。可文物局不但对此不予追究，反而责诸他人，企图不是昭然若揭吗？

"将军俑头案案发后，有人向公安机关建议将我王学理逮捕，但临潼县公安局却明确表示：只是发案时本人不在工地，就没有直接责任，因此也就不能逮捕。1987年2月17日，杂品库内的将军俑头被盗时，正值我在北京参加《中国军事百科全书》的编写会议，在2月13日去北京前，我曾3次委托主管考古队安全的刘占成负责保卫工作，并向考古所石兴邦所长汇报过。25日晚，我从北京返回西安后，得知杂品库门被撬开，26日赶到工地摸清了情况并及时向省文物局和临潼县公安局报案，这一切足以说明，我非但没有事故

第九章 时代的悲伤

责任,而且尽到了道义上的责任。因为这是'邻居'家中失盗,并非秦陵考古队失盗,由我主管的秦陵考古队文物库房和发掘现场,文物是清楚的,有安全保障的,并没有发生任何失盗事故。至于发生在1986年7月和1987年2月17日的两次一号大厅后部武士俑头被盗事件,责任者很明确,前者是原考古队在移交过程中丢失的,后者是秦俑馆接收后丢失的,两个俑头各有属主,均未交秦陵考古队代管。而1987年2月17日被盗的将军俑头则是原考古队该交而不交的私藏之物,理应追究其栽赃之过,怎能说是秦陵考古队连续被盗呢?三个俑头的连续被盗,恰恰反映了文物局主管领导的官僚主义和原考古队的管理混乱。舍此,别无他责。

"我王学理主管的经过重新组建的秦始皇陵考古队,辟有专用文物库房,新购有6个铁皮文物柜子,还有一系列安全措施。新发掘的5个探方,对出土的文物及时入库,库有登记,发掘现场又无文物差错。就原考古队掘的前5个探方文物及整个安全问题,我曾多次给省文物局呈送过报告,并进行过不止一次的敦促,可说是尽到了道义上的责任,但可惜没有引起文物局领导人的足够重视。早在1985年第66号文件下达后,我就给局领导谈过这批文物的安全事宜,当时得到的批示是:马上就移交,你们应做好新的发掘工作。1986年6月29日之后,我曾多次报请确定考古队保卫关系,时至俑头被盗3个月后才口头答复,整整拖延1年的时间。1986年7月24日,省文物局一位领导人关于未移交陶俑人坑问题来到考古工地,当时我阐明了局文件规定的责任范围,也没有接受放俑的任务。按理说,应引起局领导人关于拖期文物安全的关注和重视。可惜的是,领导者事发前麻痹大意,事发后凭权推诿。1986年11月19日之后,就个人占有文物、拒绝入库问题,我向局报告并多次催促尽快解决,直至将军俑头被盗过后4个月还迟迟没有得到落实,从我报告之日起又整整拖了8个月之久!两相对比,谁有功,谁有罪,这不是很清楚吗?说穿了,这次将军俑头被盗事件,我只不过是当了个替罪羊而已,我相信这个冤案总有一天要平反的……"

"请问您在取消考古队院内经常性的昼夜值班制度、撤销值班人员时是怎样考虑的?"未等对方把话全部讲完,我又提出了这个关键性的敏感问题。

"我没有取消值班制度,更没有撤销值班人员,你的提问使我感到茫然。"他答。

"那……"我没有说出我所看到和听到的信息,但王学理分明已经窥知了我的心情,他在猛喝了一口茶水之后,再次解释起来:"1985年我接手工作后,鉴于人浮于事,在7月3日召开的干部会上,就临时工做了明确的安排,干部也有了具体分工,同时加强了值班制度和人员的管理。在一号大厅内共安排9人值班,日班5人,夜班4人,每班2人,日夜轮流,并由业务干部刘占成负责保卫工作。在生活区安排值班3人,另有2人做杂工并随时顶替,由业务干部鱼龙负责管理。

"1985年11月8日,根据文物局及考古所关于人员整顿、确定放假的指示精神,我在学员大会上明确宣布:大厅留值班人员8人,生活区留2人值班,由刘占成同志管理安全保卫和统筹工作。至1986年2月5日,在安排春节值班期间,确定大厅的8人不变,生活区增加到3人。3月下旬,由于考古队即将进行发掘工作,根据新的情况我做了周密的安排。原来考古队的院子是向外开通的,游人可随便穿过,所以派人值班。而自从春节后有武警中队进驻秦俑馆,我亲自跑材料、找人员在营房与考古队中间修筑了一道隔墙,并请人焊接了两扇铁栅门安上,规定晚上11点锁门。从此,考古队有了自1974年发掘以来一直未有的独立的大院。这期间,我多次拜访武警中队,加强联系,以取得事实上的支持。

"将军俑头被盗前夕,我在安排春节值班时,明确指出责任范围仍是大厅和生活区,带班干部是家住考古队院内的刘占成同志,在我去北京前夕,就考古队工作先后给刘占成安排过3次,令其负责队里的工作。刘占成满口答应,一再说:'你放心地走,队里有我呢!'就在我去北京时,将文物库房的钥匙交给了刘占成。这一安排在2月10日,我曾向考古所石兴邦所长做过汇报。事实上,在我离开工地未赴北京期间,刘占成已开始主持队上的工作了。但当将军俑头案发后,刘占成竟置事实于不顾,强词夺理说,石所长没叫他负责考古队工作,考古队也没有安排春节后值班,开工后值班制度是自然取消的云云。当我拿出记录后,他又说他只负责大厅的安全保卫工作。而偏偏不久大厅后部又丢失了武士俑头,这时刘占成怕承担责任,便又对前来工地调查的工作组说他只负责大厅前边的发掘,大厅后边是王学理主管,将责任无辜地推到我的头上。更令人奇怪的是,在春节放假期间干部未归的情况下，作为副队长的王学理给刘占成交代了工作，文物局调查组则认为不算数，两人为啥不签字？而刘占成在案发后为逃避责任，竟编造出王学理只让他招呼大厅的假话。我们的文物局不但予以相信，并且行诸文件，这到底是一种什么样的逻辑？领导机关的文件，还有什么严肃性可言？

"我认为，连续发生俑头被盗的事件，正像主管陕西省文博考古事业的副省长孙达人在省文物局的报告上所批示的那样：秦将军俑头的丢失，反映了你局所严重的失职和渎职。除此之外，我还认为俑头被盗事件的发生，也是原秦俑坑考古队杭德洲的过失。客观而实事求是地说，我非但没有直接责任，连间接责任也没有。要说有责任的话，也只能是邻居失盗我没有看见和没有听见的责任……"

时间在沉闷、激昂、忧郁、伤感等极为复杂多变的氛围中飞快流逝，我借王学理再度掀动杯盖喝水的空隙提出辞别。当我站起身时，禁不住又看了一眼那堆倾注了申诉者心血和精力的材料，摇摇头，没有说话。王学理似乎已明白了我的心理，在送我下楼的同时做着最后的解释："想我王学理已年届五十，正当拼搏报效国家而取得成果之时，却遭受如此不白之冤，身心受到严重创伤。我数次不懈地申诉的目的，就是要求上级派人做翔实的调查，恢复冤屈者的名誉，解我于倒悬。"

屈鸿钧说：我委屈

在凄凄的寒风中和王学理握别，我向位于他后一排的屈鸿钧家中走去。见面之前，我读过这位考古学家的一篇名为《参加秦俑坑发掘的回忆》文章。那清新的笔调、优美的意境，无不令人感到作者心中热血的荡动和激情的喷涌——

麦苗返青，布谷声声。我和几位多年的老伙伴告别了曾是周、秦、汉、唐等十一个王朝建都的西安，来到了风景秀丽的骊山北麓，在秦始皇陵东侧三里的西杨村卸下了行装，安营扎寨，开始了新的、颇为漫长的秦俑发掘工作。……新的、美好的事物，对于一个陌生的人来说总是好奇的、迫切的，如同战士进入战场，一切全都抛于脑后。投入新工作的急切感，使我觉得这里的一切都是美好的，有意义的，连露水珠儿都带着泥土的清香。一栋茅屋、一座帐篷、一杯泥腥未退的淡水，勾住了我们的心，成了我们新生活的一部分。

我们的新生活从这里开始了。每天，我们和学员们一起带上背包、相机、经纬仪、皮尺、钢尺、手铲、棕刷、标本布袋、纸盒、绘图工具、记录本等考古发掘工具，在试掘方里，头顶烈日，脚踏大地进行工作。

时间一天天过去了，秦俑的分布情况在复杂地变化着，它的本来面目也一天一天地清晰了。而这个时候是做考古工作的人精神最集中的时候，也是最感兴趣的时期。什么是幸福？工人造出了合格的产品是幸福，农民获得了粮食大丰收是幸福，考古工作者在工地上发现了重要遗迹、遗物更是幸福。……明人有一首诗，其中最后两句是："英雄事业昭前哲，看取秦皇汉武功。"我愿以此自勉，为秦俑的发掘考古工作再出一把力，发扬祖国文化，激励后人奋发。

…………

当我走进住在一层楼房的屈鸿钧的家时，迎接我的是一位白发苍苍、步履艰难的老人。自然规律不可抗拒，那个青春勃发、豪情满怀的时代一去不返。岁月的流逝、生活的磨难已使他垂垂老矣，再也难显昔日的激情和神采了。

望着他因患眼疾而双目近乎失明的病体，我不忍心将那件不快的事情提出来，去唤起他痛苦的记忆，给他多病的身心再蒙上一层冰霜。但当我们的交谈就要结束时，他还是将那件事情毫不掩饰地提了出来。这让我深感不安的同时，也更清晰地感悟到了他内心的疾痛与苦衷。

"事实上将军俑头丢失与我有啥关系？这个库房以前是柴中言拿钥匙，柴调走后将钥匙交给王玉清，后来王玉清退休又把钥匙转给我。将军俑头案发后，一些人跟着瞎起哄，有家杂志载文说我是保管员。我这个保管员是怎么来的？是会上决定的还是上级任命的？"屈老先生停顿了一下，接着说："我拿着钥匙，一没给贼娃子提供线索，二没给贼娃子开门，可有人却造谣说我和贼娃子监守并盗，引狼入室，这是哪家的逻辑？我从事考古工作30余

第九章 时代的悲伤

年，在许多遗址、墓葬的发掘清理中，我一个人用筛子筛出金豆、金泡之类的珠宝都如数上交。如果我有盗窃文物之心，就说没筛出来，或者筛出三个金豆我说两个，你又怎么去证实？人总得凭良心说话和办事。

"将军俑头案案发后，不知为什么，处分就落到了我的头上。为这事我感到委屈和冤枉，表示不能接受，可有的领导说，给你老汉个处分，没有啥。既然没有啥，怎么不给你自己记一个？有些当领导的在如何对待人的问题上，胡研究、胡决定，说钥匙你拿着，记个处分也不为重。我拿着钥匙就有罪？要是你拿着钥匙外出，你家中的钱财被贼娃子破锁而盗，还要给你治罪？

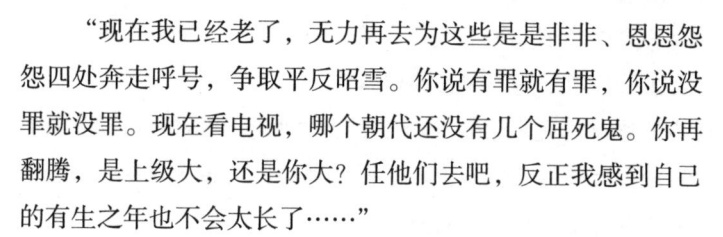

屈鸿钧（前）在俑坑中进行清理工作，身后照相者是刘占成

"现在我已经老了，无力再去为这些是是非非、恩恩怨怨四处奔走呼号，争取平反昭雪。你说有罪就有罪，你说没罪就没罪。现在看电视，哪个朝代还没有几个屈死鬼。你再翻腾，是上级大，还是你大？任他们去吧，反正我感到自己的有生之年也不会太长了……"

握别的时候，屈鸿钧站在门口，左手扶住门框歉意地说："我的眼睛看不清路，我不能远送你了。"

我点点头，默默地一个人走了出来。在即将跨出那个并不算大的小院时，猛回头，见他依然立在那里静静地望着我。满首的白发、如柴的身体、迟钝的目光……无不做着风烛残年的警示，我感到在这一切的背后潜藏着一个可怕的征兆。

我再次迈开步子向外走去，一阵凉风吹过，竟有两颗温热的泪珠从脸上滑落下来。

277

蚂蚁的故事

怀揣一颗沉甸甸的心，我走进陕西省文物局的办公楼，希祈在这里能对积聚在脑海中的诸多问题有个全面的解答和感悟。

在一间挂有"党委"和"纪委"两种名称的办公室里，我向工作人员出示了介绍信并说明来访之意。

看得出，负责纪检工作的两名工作人员对我的来访很感为难和棘手，他们以政府职员惯有的极度小心，谨慎、简单地回答着我的提问。这种小心谨慎致使他们自始至终都未向我透露自己的姓名和职务。

"我们对这几位同志的处理情况及事实依据都根据省人大、省政府领导的意见重新做了复查，复查后仍然没有发现新的证据和理由推翻原来的决定。"工作人员说着从柜子里拿出一份"陕文物党（88）2号"文件递给我。由于他们事先向我做了只准看、不许记录和复印的规定，我只有凭记忆大体地记下了文件的内容：

一、省文物局正式对省考古研究所批复，将"秦俑坑考古队"改为"秦陵考古队"。考古队除改换名称和更换领导外，其余工作人员基本未动。将军俑头被盗案发生在王学理任期内和直接管辖的考古辖区内。

二、将军俑头被盗原因是取消值班制度，王学理于1985年11月8日亲自将昼夜值班改为只在重大节假日值班。由于王学理同志的错误安排，致使院内空虚，出现俑头被盗的重大责任事故。

…………

将复查文件交还对方后，工作人员总结性地对我说："这个问题从最早的处理一直到后来的复查，我们都比较慎重。局长带人做了几个月的调查了解工作，证实了以前的处理是正确的，没有新的理由和新的事实可以推翻原来的处理决定。国家珍贵文物丢失了，内部没有一点责任吗？如果平时安全保卫措施落实得好，文物是不会丢失的。作为考古队的直接领导者和管理者受个处分并不过分。在案发后不久，司法部门要追究相关人的刑事责任，我们文物局领导出面把事情承担了下来并做内部处理,他们才免于刑事责任。现在领导有些后悔了,要是当初不出面,推给司法部门处理,就不会有今天这么多麻烦……"

临走的时候,一位工作人员反复地亲切叮咛我:"你最好不要卷入这个是非之中来,试想,你否定文物局,说文物局处理得不对不行,要说文物局处理得对,受处理者不对也不行,只要你的态度倾向一方,另一方就可能和你打官司或到单位去告你,到那时你就会感到进退两难、无法自拔,别想再有清静的日子了……"

我点头称是,我说我没有对这类问题做出对与错的判别的义务,只有客观描绘生活、再现生活的责任,而文学的迷人正是确有那么一些作家出神入化地描绘了生活,而不是生硬地去干涉生活,甚至去当一个纸糊的法官。作家有对生活参与的权利,但这种权利是受到局限和有尺度的。或许,正如英国天才导演兼诗人、画家、植物学家和同性恋权利活动家德里克·贾曼(Derek Jarman, 1942—1994年)所言:"作为见证人,写下这个时代的悲伤,但并不是要拂去你的笑容。"

这样想着,我按事先打听到的路线来到了原秦俑坑考古队队长杭德洲家门口,迎接我的是一位身材高大、相貌堂堂、头发斑白的大汉。尽管对方已过花甲之年,周身少了些虎虎生气,但没有人生晚年的暮气,只是他同大多数刚从位子上退下来的普通机关官员一样,心灵中荡漾着一股莫名的失落、迷惘、惶恐和无奈,这一切都从他那对什么都不太专注的眼睛和身体的一举一动中折射出来。此时,杭德洲已从省文物局文物处处长的位子上退休,在家闲居两年了。

我说明了来意,并让他谈一下对将军俑头案处理结果的看法。

杭德洲点点头,略微沉思了一会儿说:"当时局里为什么这样处理,我是一个中层干部,不太清楚。不过我认为这样处理应该是合理的,文物局没有什么大错,过去我们常说,要相信群众,相信党,这是一条根本的原则,离开了这条根本的原则,便什么事情也办不成了,我想现在也如此,你不相信文物局,不相信共产党,还能相信谁?"

"那您在这个事件中有没有责任,比如说在移交文物等问题上?"我问道。

对方听罢，显得有点激动，浑身好像增加了不少活力，说话的声音也洪亮起来："这个事件可以说跟我没有丝毫的关系，你想一想，我都走了一年了，你那里出了事，怎么就成了我的责任？显然是荒唐的逻辑嘛！"

　　"那文物局让您在调离赴新任之前，把考古队保管的文物全部移交给秦俑馆，您到底交没交？"我提出了这一在整个事件中最为敏感的问题。

　　对方的情绪已从短暂的激动中渐渐恢复平静，他不紧不慢地说："我知道你问这个问题是什么意思，有的人也抓住这个问题不放，说我杭德洲没有移交文物，将军俑头丢失的责任就应由我来负责。我认为这种说法是不理智的，是荒唐的，是毫无根据可言的。且不说在我走时已将大部分文物移交出去，即使没有移交，我人已离开临潼到西安工作一年了，你临潼出了事，这与我有啥关系？"说到这里，杭德洲抬头望了我一眼，怕我不明白，又说："这样吧，我给你打个比方，这就如同我奉命带兵把守潼关，突然有一天上级来了一道命令，说你杭德洲不要守潼关了，潼关我们另外派人守，你赶快去守长安吧，这样我就奉命弃潼关而守长安了。就在我守长安一年之后，潼关被敌人攻陷了，你说这潼关失守之责该由谁来负？"

　　"可是我觉得将军俑头事件并不如您说的这样简单，比如说，在您到西安上任之前，那个后来丢失的将军俑头到底是移交了，还是没移交，若移交了，交给了谁？若没有移交，又为什么不移交？"我再度提出了这个关键的问题。

　　杭德洲依旧显得不紧不慢，他呷了一口茶水说："你想我的权力都交了，人都离开了，文物还能不交，不交我留着干什么？其实我走之后，所有的人、财、物都被新组建的那个考古队接收了。退一步说，即使我走时，没有明确将所有的文物一一交代清楚，其实那还用交代吗？那一摊子不是明摆着是后来者的吗？你比如说，清朝宣统皇帝退位后，天下就是袁世凯、段祺瑞他们掌握了，后来溥仪跑到天津张园去了，不在北京紫禁城了。如果这个时候北京的前门楼子被兵匪砸了、烧了，或故宫的什么宝物被盗走了，你再找溥仪算账，说一年前你是大清国的皇帝，尽管大清不在了，我们接管了政权，但以上发生的事还得由你来负责。你说这能成吗？尽管溥仪到天津时，北京的一切他没有和段祺瑞办什么交接手续，但事实在那里摆着，大清不存在了，江山易主了，段祺瑞、张作霖成立了一个新的政府，那么以上发生的一切都应由段祺瑞执政府负责。而原秦俑坑考古队和后来的秦陵考古队也是类似这样的情况，所以不管当时的交接情况怎么样，秦陵考古队的人都应为将军俑头丢失事件负责，而我没有一点责任。"

在返回秦俑馆的路上，我为我的西安之行暗自叫苦。我知道自己已陷入了一个争论不休、难以决断的泥沼。问题的本身如同我的采访，转了一个大圈后又回到了原来的位置，一时难以找到新的路子去冲破这个圈子从而摆脱困惑。这种企图寻找一种理想答案而面对现实又无可奈何的困惑，一直缠绕着我的心，直到我返回北京后的若干时日都未能摆脱。

在极度的困惑与痛苦中，我把将军俑头案发生的经过以及对王学理等人的处理情况向我军艺读书时的同学、正在文坛走红的著名评论家、诗人何三坡和盘讲出，希祈得到他的帮助。

"我想在作品中再现这个案子以及和这个案子有关的所有的是是非非、恩恩怨怨，只是不知从什么角度写起，如何写起？"我说。

何三坡在屋里走了几个来回，沉思了足有半个小时，突然抬起头说："我想给你讲个故事。"

"不管讲什么，只要能给我一点启示就算没白费时间。"我点头应允。

"在非洲的原始森林里，生长着一种不大的蚂蚁，这种蚂蚁深感自己弱小的个体无法和其他强壮的动物争食觅生，便组织起来，在森林里排开数十米的阵线向前推进，于是，奇迹出现了，森林中无数巨蟒在它们的攻击中最后只残存骨架，威震山野丛林的虎豹也望蚁而逃。小小的蚂蚁几乎成为非洲原始森林的主人。一天，当蚂蚁大队人马开到一个高坡时，突然遇到了一股山火，大火在风的席卷中向它们扑来，成千上万的蚂蚁瞬间将有化为灰烬的可能。就在这危急时刻，排开的蚂蚁大军迅速向中间云集，最后抱成一个巨大的圆团向山下滚去。烈焰升腾，烟雾弥漫，滚动的蚁团在大火的灼烤中发出叽叽的炸裂声，外围的蚂蚁纷纷坠入火中化为灰烬。但蚁团没有散开，仍旧越抱越紧、越滚越快地向坡下冲去……最后，巨大的蚁团终于摆脱了大火的包围，避免了整体的覆灭。这支大军又排开数十米的阵线，纵横于丛林之中……"

何三坡讲完这个故事，静静地望着我，很是自信地说："将军俑头案的一切是是非非、恩恩怨怨，其最深层的原因和悲剧性结局都可从这个故事中得到揭示的钥匙和答案。"

我一时没有完全感悟这个故事与将军俑头案的内在联系，但却隐约地体会出一种味道，一种只可意会、不可言传的滋味。

注释：

①叶挺：原名叶为询，字希夷，广东惠阳人，1896—1946年。保定陆军军官学校毕业。北伐战争期间，为国民革命军第四军独立团团长，率部先遣作战，曾参加攻克平江、汀泗桥、贺胜桥、武昌城等战役。

②黄琪翔：字御行，广东梅县人，1898—1970年。保定陆军军官学校毕业。1926年参加北伐，战功卓著，升任国民革命军第四军军长兼第十二师师长。

③汀泗桥战役：北伐战争中的著名战役。1926年8月，北伐军由湖南向湖北挺进。直系军阀吴佩孚集结主力部队2万余人，据守湖北咸宁境内的汀泗桥。该桥扼粤汉铁路线，三面环水，一面依山，形势险要。26日，北伐军进攻受挫。次日凌晨，叶挺独立团在当地民兵的配合下，绕至敌后，出其不意，插进吴军阵地，击溃吴部，占领了汀泗桥，并乘胜占领了咸宁，为北伐军直取武汉打开了通道。

第十章

再惊世界殊

复活的军团

梅开二度，阳关三叠，兵马俑坑的大规模发掘再次展开。盗扰坑的发现，引火口的推断，彩绘俑的出土与保护，奏响了时代的主旋律。石铠甲、百戏俑、文官俑、青铜仙鹤，以及秦代首脑机关的连续面世，再度震惊寰宇。

秦俑坑的再度发掘

刘占成带领考古队员在重新开启的坑中测量出土陶俑（张天柱摄影并提供）

秦陵考古队在经过了8个月的风起云涌、大喜大悲之后，随着将军俑头案的爆发而宣布夭折。又经过了一阵喧哗与骚动，陕西省文物局从文物安全保卫方面考虑，同时也为了便于工作，报请国家文物局批准，将秦陵考古队的部分人员如王学理、屈鸿钧、程学华等人的组织人事关系留在省考古所，其他的人员从1988年10月起重新组成秦陵考古队，由袁仲一出任秦俑博物馆馆长兼考古队队长，吴永琪、张仲立、张占民担任副队长（后为刘占成），考古队直接隶属于秦俑博物馆领导。

这支新组建的考古队，经过一段时间的准备，于1989年春对已回填的三号兵马俑坑进行了第二次考古发掘清理。经过几个月的努力，发掘清理工作大功告成，除清理出66件陶俑和一辆战车外，还获得了许多重要资料，其中包括10多万字的文字记录和几千份图纸、照片和拓片等。这些考古资料对全面认识整个秦俑坑、完整地向人们展示秦俑坑的全貌发挥了重要作用。1989年9月27日，三号俑坑在隆重的仪式中宣告正式对外开放。

自1990年春开始，秦陵考古队又组织人员对一号坑东端前五方底部所留的考古遗存进行了细部清理。为了进一步给观众提供更多的展览内容，让游人更直接地感受秦俑坑整体

第十章 再惊世界殊

气势的宏伟，考古队对原留的部分地层土台和探方间的预留隔梁进行了清理。就在这漫长的细部清理中，考古人员共处理各种遗迹400余处，提取入库文物约7760件。至1993年8月，一号坑发掘清理的考古工作暂告一个段落，工作重心转入二号坑。

由于此前所叙述的各种复杂的原因，兵马俑坑的发掘一直在发掘—停止、停止—发掘—再停止这个怪圈中打转。因而，在相当长的一段时间内，秦俑博物馆所展示给观众的只有三号坑和一号坑的部分兵马俑的雄姿，二号坑迟迟没有向观众开放，号称八千之众的兵马俑群，仍有大部分在短暂的面世之后又被迫重新埋入三尺黄土之下。那气势磅礴、恢宏雄壮的军阵；那奥妙无穷、深不可测的军事战略战术；那精美绝伦、盖世无双的整体雕塑艺术群，都无法让慕名而来的观众亲眼见到，也无法让研究者做更加深入的了解和全面的探究。种种原因和现象，给这里的考古工作者和管理工作者所带来的遗憾与前来观光的游客及不同学科的研究者是相同的。面对这诸多的遗憾，陕西方面为二号坑的再度发掘曾做出了不懈的努力。在经过中央和地方的一番漫长的关系调整、理顺后，1994年3月1日，经国家文物局批准，秦俑二号坑才得以发掘。

为保证发掘工作的规范化、科学化，国家文物局专门成立了一个由国家文物局副局长黄景略为组长，徐萍芳、石兴邦、任式楠、胡继高等著名考古学家和文物保护专家为组员的专家组，具体对秦俑二号坑的发掘给予指导。

由于秦俑二号坑的考古发掘被列为国家重大发掘项目，

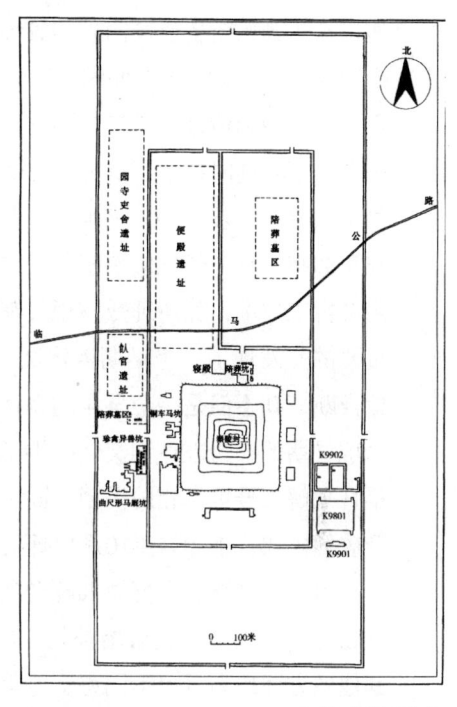

秦始皇陵园内外城遗迹分布平面示意图

所以从一开始就备受国内外传媒关注，并给予了广泛报道。这次发掘分为两个阶段，第一阶段从1994年3月至1996年年底，主要对二号坑建筑棚木层以上进行发掘和清理。通过一系列工作，基本搞清了二号坑遗址的地层堆积和平面形制，同时揭示了坑内约1500多根棚木及建筑遗迹，较确切地推断出二号坑共有车、步、骑、弩4个兵种陶俑939件，挽车战车和乘骑战马472匹，战车89乘，整个俑坑应属于一个屯聚待命的阵营体系。在第一阶段俑坑上层的考古工作中，除清理数座现代墓葬、扰坑、近代水井和秦末盗洞外，尤其重要的是发现了一个早期盗扰坑（编号为H8），根据其开口层位及有关迹象推断，其不但是一个早年的盗扰坑，而且是一个点火口。这一发现，为二号坑早期的人为破坏和焚烧提供了极其珍贵的考古依据。为了满足观众希望早日了解二号坑真相的渴望，同一号坑一样，二号坑的发掘采取了边发掘边开放的模式，于1994年10月14日正式对外开放。

由于二号坑的发掘越来越受到社会各界的关注和重视，考古队又在原有队领导的基础上，先后增补刘占成、张颖岚、张天柱3人为考古队副队长，其他各方面的力量也不同程度地得以加强。在这种社会大背景下，参加发掘的考古队员把二号坑的发掘看作时代所赋予的特殊责任，无论是盛夏还是严寒季节，队员们都在阴暗、潮湿的环境下，坚守岗位，一丝不苟地从事着一个个细部的清理和发掘。每一位参与此项工作的考古人员，都为自己能够在这世界第八大奇迹的考古事业中贡献一分力量而感到光荣和自豪。

当二号坑的发掘工作告一段落后，秦俑馆的主体工作进入了研究、保护出土文物阶段。2009年6月13日，经国家文物局批准，考古人员重返一号坑，进行第三次发掘清理。本次发掘的地点位于一号坑北侧中段，具体区域包括3个隔墙和2个过洞。经过3年的努力，共出土了陶俑、车马器、兵器、生产工具等各类文物共计310余件（组），其中揭露陶马3组12匹，陶俑120余件；清理战车2乘、战鼓2处、兵器柲10处、弓弩箭箙12处，另有建筑材料朽迹如木、席、夯窝等痕迹多处。鉴于以往的发掘经验，一号坑遭多次破坏且焚烧严重，出土文物的颜色应大部分脱落，即使有也不会保存太好。但经耐心细致的发掘，还是在陶器和漆木器上发现了不少彩绘，且比预想的要好，其中柲、弩、鼓等各种器物上的彩绘均有保留。出土的陶俑彩绘虽然保存面积较小，但数量却很多，秦俑服饰上的颜色也非常多，有的极为鲜艳。

发掘中，考古人员还先后发现了黑色眼睛、灰褐色眼睛的兵马俑，甚至发现了一个眼珠为红色、瞳仁为黑色的彩绘兵马俑头，让人惊喜不已。如此明显的服饰和人体不同器官的不同彩绘，使考古人员对兵马俑"千人千面、千人千色"的猜测进一步得到印证。

在出土文物中，令考古人员特别是新闻媒体格外惊喜的，是一个级别颇高的将军俑。因为俑的铠甲甲片较小，说明其级别相当高。（甲片越大、越粗糙，级别越低。）俑身的鱼鳞甲做工精细，铠甲边缘处有彩绘图案，呈现几何形状。腰部以下保存完整且残存颜色较浓的彩绘。"这在历次出土的将军俑中是罕见的，而且颜色的鲜艳程度也突破了我们的想象。"考古队专家申茂盛如是说。

到了2012年6月10日，一号坑的发掘又有新进展，且有喜讯传出，考古人员在一辆战车上发现了秦军使用的盾，属于皮质漆盾，这是3座秦始皇兵马俑坑中出土的第一件盾。经测量，盾牌高70厘米，宽40余厘米，有些残破。其尺寸恰好是秦始皇陵铜车马上发现铜盾的1倍。因秦陵出土的铜车马各部件是按原大的二分之一制造，刚好印证了之前考古学家对秦军使用盾牌大小的推测。因这件盾位于9号过洞第二辆车的右侧，考古学家认为是车右侧的武士配置使用。但因使用者级别的关系，与铜车马上的盾纹饰差别很大。当年发掘秦陵一号铜车马时，在车舆右栏板内侧前部发现一铜盾，为实用盾的一半大小，铜盾边栏内绘有天蓝色的流云纹饰，云头波折卷曲相互勾连，流云外的空白区域填满白色的谷壁纹，在边栏围绕的中央界域内绘有4条变相夔龙纹，两两左右相对回顾成为一组。而此次在一号坑清理的漆盾，边栏绘制多层几何纹，线条隐约，有红有绿有白。背面朝上，因此可看到握手部分，只髹漆（油漆）未彩绘。虽然因为等级的区别，此次出土的秦漆盾比不上秦陵一号铜车马上的铜盾精致，但这是秦始皇兵马俑三座俑坑中出土的第一件皮质漆盾，正确的称呼是"子盾"。因其出土在车上，其功用应是与剑、矛等武器配合使用的。此前，考古学家根据兵马俑坑出土的戈、矛、剑、戟等兵器，认为秦军在战场上的格斗搏杀是没有防御兵器的，只是一味向前、向前，要么死去，要么杀死对方取得胜利，拎着敌人的头颅活着回来领赏晋职加爵。秦俑一号坑漆盾的出土，让人们对这个推断产生了动摇，秦军应该还是有一部分防御器具的。但是，仍不能以这件漆盾的出土改变秦军在战场上总体以进攻为主的制度,所谓攻防之战的"防御"仍微乎其微,偶尔有军吏手持防御器具,或只是象征性的摆设——这是秦的政治、军事制度以及最高统治者的意志所决定的。

除了新出土的漆质秦盾外,在两辆战车的前后,考古人员还发掘出较为完整的以竹子为框架、四面包皮像个小箱子的东西,专家推断是弓弩箭箙,称为韬(装弓弩的袋子),属于车上配器。此类器物易腐难存,发掘中稍不仔细就会与腐土一起铲掉,再也难寻痕迹,窥其原貌,因此,这件器物的出土极其珍贵并引起媒体的关注报道。从考古价值上讲,一号坑发现的所有新物件、新材料,都有其独到的重大意义。如已发现的立射俑或跪射俑等手势,多呈四指弯平状伸开,但手里空空如也,因为手握的弓弩已经被烧毁或朽烂成泥了,考古学家只能根据史籍记载中弓弩的形状判断,认为它们可能手执弓弩,但也仅是推断而已。秦俑发掘从袁仲一、程学华、屈鸿钧、王学理这一代考古专家开始,就在苦苦寻找未朽烂的弓弩,并进一步梦想,如果机缘巧合,能发现一个手执木弩的兵马俑,就能证明此前的推断是正确的,这对弩兵及其整个秦军装备的研究将具有无可替代的重大价值和意义。意想不到的是,当一号坑第三次发掘快要结束的时候,考古学家的梦想成真,一件带有弓弦的弩悄然出土,以独特的魅力冲入考古人员与媒体的视野,由此引发了本次考古发掘的又一轮轰动。

这件弩出土于一号坑靠近坑壁北沿的过洞中,位于一件陶俑身上,应是陶俑随身配备的兵器。当考古人员小心拨开覆在弩机上的黄土后,发现最易损毁的弓弦清晰可见,整体保存较完整。此前,秦兵马俑坑发现的弩弓遗迹多达数百处,可惜没有一处存有实物可供观赏、研究。此次发现的弩弓为木质,保存最为完好,弓弦、弓背、弩机等均轮廓鲜明、保存较好。其中,弓背弯曲长度145厘米,弓弦长度130厘米左右,弓弦的直径0.8厘米,表面光滑圆润,非编织物。据推测,弓弦的材质可能是动物的筋。末端安有青铜弩机栝,机栝通高16.5厘米,望山高5.5厘米。这件实物弩的发现,在秦兵马俑考古发掘史上尚属首次,尤其弓弩上"檠"的发现更为重要。此前,"檠"这一器具见之于史书。如《说文·木部》:"檠,榜也。……弛弓防损伤,以竹若木辅于里绳约之。"朱熹《集传》:"以竹为闭,而以绳约之于弛弓之里,檠弓体使正也。"《淮南子·修务》:"弓待檠而后能调。"这些记载不能说不准确，但还是令后人难以捉摸并产生了争论甚至怀疑。

前已所述，秦军弓弩之强大乃战国时代的翘楚，且基本上都是"蹶张弩"，也就是脚踏弓干，臂拉腰拽，以全身之力上弦。虽然弩在发射速度上远不如弓灵活快捷，但发射出的箭镞飞行速度几倍于弓，威力大、杀伤距离远，秦军的攻无不克的战绩，与弓弩部队的密切配合是分不开的，秦兵马俑坑赋予执掌弓弩的军吏与部队以特殊地位，并不是偶然的。但是，对于秦时的弓弩，由于主体为木质，易烂朽速，很难传之久远，因而汉之后的硕学大儒、兵家、阴阳家等，很少有人见过实物，宋元之后就更是渺茫无知了。考古学家申茂盛说，由于人们发掘秦俑坑时没有见过弩的实物，只见到草蛇灰线的模糊遗迹，对其结构的认识众说纷纭，尤其是"檠"的作用更不甚明了。有学者认为"檠"是弩的辅助杆，但这样会把弓弩固定死，无法打仗。也有人说是"韬"的撑木，但是韬比弓弩大很多，檠的作用不应该与韬有关。这个"檠"到底是何模样，起何作用，学术界一直争认不休。这件较为完好的带"檠"弓弩的发现，使历史谜团迎刃而解了。

考古人员发现，每根檠木上都有3个等距离小孔，直径为0.6厘米。据此推断，小孔应是用来穿绳子做捆绑之用的。如此这般，檠的作用和谜团也就随之破译。据考古人员申茂盛说，秦军进行战斗状态时，这个弓弩是张开的，继之手脚并用，张弓引箭，向敌阵射击。战争结束，弓弩自然要收起来，如果保护不好，则容易变形，下一次战争应用时，无论是威力还是准确度等都会受到影响。而檠的存在，则起到保护弓弩的作用。不使用弓弩时，通过这3个小孔用绳将檠与弓绑缚在一起，再用一个短的撑木支撑，形成三角形，将弓固定，使弓在松弛的状态下不变形走样。一旦战争来临，则把檠取下，进入射击状态。这个相依相存的工具与方法，类似于现代人对皮鞋的保护，不用时在鞋子里放入一个鞋楦，保持鞋子不变形。除防止变形，在战前和战后运输时，也用檠固定，既方便运输，也能把途中损坏的程度降到最低。

这件弓弩的出土，又引发了人们关于秦时弓弩射程到底有多少的问题讨论。按秦俑博物馆原馆长袁仲一的说法，秦时的强弩最远能射七八百米，弱弩有效射程一般在百米左右，但兵马俑一号坑发现的到底是强弩还是弱弩，现在还不清楚。史书上记载秦国有连排弩，但是秦俑坑目前还没有发现。袁

289

仲一认为，分辨是否为强弩，主要看弓背的硬度，硬度越大射程越远。秦国弓弩的性能也许没有传说的那样强悍，射程与威力当与山东六国的弓弩不相上下，秦国的胜利主要还是在于作战勇猛与一往无前的精神。至于这个精神是强迫的还是自愿的，则又是另一个话题了。

若按袁仲一所说，秦国强弩射程800米，就是苏制AK47步枪400米左右的有效射程的2倍。消息传出后，许多网友与兵器爱好者不以为然，认为是专家胡说，同时认为史载秦国的弓弩射程在200米左右，绝不可能超过400米。当然，这个算法是指平地而言，如果是由山上往下发射自是不同，假如这座山足够高的话，哪怕用手投掷一根木棍也会飞行一二千米，别说投掷一只鸡毛令箭了，很可能会飞行几十里云云。

针对上述评论与讽刺，秦俑考古专家介绍说，秦国或整个战国时代的弓弩射程，不是坐在家中想出来的，也不能尽信史书的记载，现在有了发掘的实物就好办了。在不远的将来，我们根据已发现的弓弩，复原出接近真实的实物，根据机械运动学以及机械设计原理，推算出弓弩的射程，然后再进行实际测试，如此这般，就能对当时弓弩的射程等做一个正确的评估，一个争论不休的历史谜团就算彻底解开了。

铠甲坑的惊世发现

就在秦陵考古队对秦俑坑的发掘及对文物的保护取得重大成果之时，在秦始皇陵气势磅礴的陵园内，又爆出了石质铠甲大发现这一震撼人心的消息。

自1974年兵马俑坑发现之后，考古学家程学华率领的小分队，对秦始皇陵园进行了长达10年的勘探调查与试掘，在考古人员的共同努力下，一座座陪葬坑、府藏坑、陪葬墓、地面建筑、地宫形制、陵园形制等重大遗址与现象相继被发现。尤其是铜车马的发现与发掘，更是举世震惊，四海流传。当年程学华带出的这支小分队，后来正式组建了秦陵考古工作站，隶属于陕西省考古研究所，专门负责秦陵陵园的勘探。遗憾的是，自1985年之后，除兵

第十章 再惊世界殊

马俑坑之外的秦始皇陵园考古工作因故被搁置下来，在相当长的时间内，几乎完全处于停顿状态。这种半死不活的状况大约持续了10年之久，直到1995年，秦陵考古工作才起死回生。这年3月初，为配合临秦公路的拓宽工程，秦陵考古工作站站长张占民等考古人员，于陵北发现并清理了6组形制不同的大型建筑构成的陵寝遗址群。1996年又在陵园以北、外城东北750米处，发现了一座动物陪葬坑。就在考古人员对这座动物坑进行发掘清理时，又一条重要线索出现了。

这是1996年的盛夏，这个盛夏格外炎热，热得人心里发慌、头脑发涨。就在这样的季节里，对动物陪葬坑的发掘工作，也进入了最繁忙、最关键的阶段。一天早晨，主持发掘工作的张占民刚来到发掘工地，擅长钻探技术的老学员丁保乾报告说："杨四娃（一名老学员，在秦陵考古队工作）昨天上午来寻你，没有碰见，他让俺告诉你，四娃他舅陈争在平整土地时挖出了红烧土。陈争曾对四娃说，他在种麦前平整土地，几锨下去便碰上了红烧土。他觉得情况异常，就把这事儿反映给秦陵文管所（隶属西安市临潼区），文管所的人好像没有明确啥，后来杨四娃去陈家闲聊，陈争又提起在地里发现红烧土一事。四娃认为这个线索很重要，于是和陈争一同去现场做了察看，昨天又来找你反映。"

张占民听罢问道："是哪个村子的？"

"下陈村。"丁保乾回答。

"是不是秦始皇陵南侧的那个村子？"张占民接着问道。

"就是那一个。"丁保乾答道。

得知这一消息，张占民点点头，默不作声地在坑边转了两圈，沉思了一会儿，突然对丁保乾说："保乾，你带上探铲，骑上摩托车和我一同去下陈村现场看一看。"说完又简单地对其他发掘人员交代了一下工作，便搭上丁保乾的两轮摩托车驶往发掘工地。

约10分钟左右，张占民和丁保乾来到了下陈村杨四娃的岳父家中。待两人说明来意，正在家中收拾粮食的杨四娃妻姐，主动带领两人来到村北她家的一块承包地中，并指着一个土坑说："这就是看得见红烧土的地方。"

张占民在一块低凹的空地内，面对一个大约1.3米×0.6米的小土坑仔细察看起来，只见坑平面为梯形，深40厘米左右，坑旁有不少红烧土，土块特

291

别坚硬，表面的颜色和形状都与正在发掘的动物坑内的红烧土完全相同。张占民和丁保乾分别捡起土块察看了一会儿，在相互交换了看法后，认为此处可能会有"情况"，因为按多年积累的经验来看，一般出红烧土的地方，不是陵园地面建筑便是地下建筑。

既然已有了这样的初步推断，就不能轻易放过，几十年的秦始皇陵考古工作，已使这里的每一个队员都明白，哪怕看上去仅是点滴线索，都有可能牵拉出震惊世界的伟大发现。

丁保乾取出探铲，在翻出红烧土的小坑内钻探起来，张占民则在一边焦急地等待结果。当然，这个结果是什么，张占民心中并不清楚，此时只是有一种朦朦胧胧的感觉，这种感觉在他心中膨胀，并压迫着他的神经，使他在沉闷中隐约触到了一丝甘凉。就在这甘凉匆匆掠过心田之时，丁保乾的探铲已碰上了一层坚硬的红烧土，经过一阵颇费时力的钻探，红烧土层被穿透。继续往下探到4米处，探铲带上来的是比较纯净的细夯土。这一铲细夯土的发现，使张占民两眼顿时放出明亮的光芒，已是大汗淋漓、气喘吁吁的丁保乾，也随之露出了欣慰的笑容。

接下去的钻探，仍然是纯净的细夯土，张占民和丁保乾蹲下身掰开夯土仔细观察，发现夯面非常平整。根据多年的勘探发掘经验，秦始皇陵地下陪葬坑一般都是坑道式的建筑，这种地下建筑一般都应有土隔梁，而土隔梁又大多是利用比较纯净的黄土夯筑而成，其特点是夯层较薄、夯面平整。如果将这些现象同在上部发现的红烧土联系起来考察推断，则可以肯定此处就是一处地下陪葬坑。至于这个坑的规模、结构及内涵当然现在还不敢贸然做出结论，一切尚待未来的勘探与试掘。

几年后，张占民在叙述这一段经历时，曾充满激情地说道："当日勘探的收获如获至宝，我们商定暂且秘而不宣，消息只局限于队内的几位干部和学员，计划待动物坑发掘完毕再行勘探，后来也只是向省考古所主管业务的王占奎副所长做过汇报。"

这样，新发现的这座陪葬坑除张占民等身边的几人外，一直不为外界所知。而陕西省考古所亦未做出发掘的反应，事情似乎沉寂了下去。直到1997年春末，情况才有了新的转机。

这一年的4月，北京大学考古系赵化成教授率领部分学生来陕西省实

第十章 再惊世界殊

习,被安排在秦陵考古工作站。由于对事先预定的秦陵刑徒墓的发掘迟迟不能开工,在张占民的建议和陕西省考古研究所领导人的批准后,拟对陵南下陈村原发现的陪葬坑进行发掘。

1997年4月17日上午,张占民率领工作站的部分考古人员,携同北京大学赵化成等4名师生赶往下陈村工地,开始在去年夏天发现的红烧土周围展开钻探。经过一个上午的努力,终于在即将下班午休的一瞬间,丁保乾最后一铲带上了纯净的木炭灰。在大家的惊喜与期盼中,接着又是两铲,带出的遗物同样是纹路清晰的木炭灰。根据以往的勘察、发掘经验,有木炭灰意味着陪葬坑坑底原来铺有木板,而秦始皇陵区凡是铺有木板的陪葬坑规格都相当高。这一发现令在场的考古人员和北京大学师生欢欣鼓舞,兴奋异常。

自此之后,丁保乾等钻探人员继续在红烧土的周边钻探,每隔2米的间距布一个探孔,很快找到了坑的西壁。钻探人员以此为基点沿西壁向北钻探,只打了几个探孔,向北延伸不足10米便找到了北壁。这一发现使在场的人员备受鼓舞,遂兵分两路,一路沿着西壁向南探索,寻找坑的南壁位置,另一路人马则顺着北壁向东钻探,以寻找坑东壁的位置。想不到仅仅三五天的时间,坑的南壁又被钻探出来。有了南壁与北壁的具体位置,坑的宽度和长度也就自然地显现出来。在初步丈量之后,发现此坑南北长达105米,东西超过了80米,总面积已超过了8000平方米。但这个数字并不全是坑的面积总和,

张占民(左二)向前来考察的专家介绍发现情况

丁保乾在陵园钻探

秦陵K0007陪葬坑所在陵园位置平面示意图

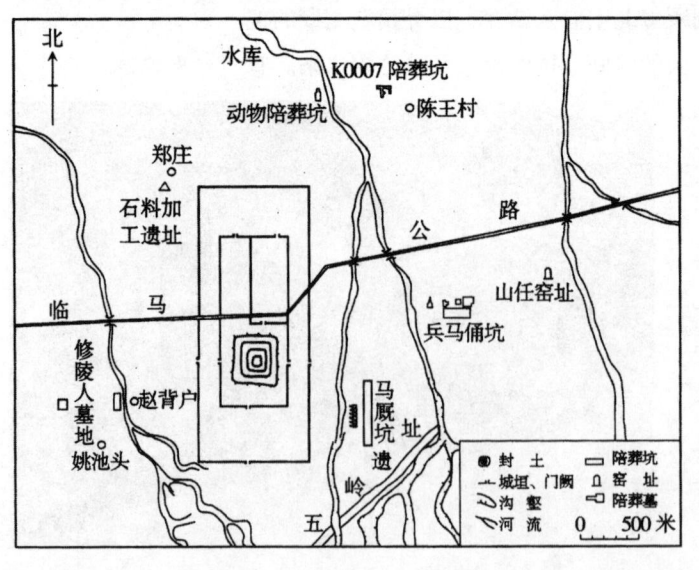

剖线，了解勘探坑的结构与内涵。

经过大约10天的重点勘探，考古人员在坑的中部发现了夯土隔梁和过洞，同时还发现了两处斜坡门道。沿斜坡门道探到坑底，发现整个底部木炭灰厚达30厘米。从这些迹象可以看出，该坑建筑结构与兵马俑坑基本相似，两者均为土木结构的过洞式建筑。所不同的是，兵马俑坑的过洞均为东西向，而这个坑的过洞既有东西向又有南北向；兵马俑坑过洞底部铺有青砖，而这个坑底部铺有30厘米厚的木地板；兵马俑坑的斜坡道均呈对称状，而这里的门道南北并不对称，只是西南角与东北角两个门道位置相似，由于当时东南角的门道尚未探出，

因为东界仍在向外延伸，如此之大的陪葬坑，出乎大家的预料并为之惊讶。为了不影响北大师生在有限的时间里进行田野考古实习，张占民决定一面继续寻找东壁，一面打南北

是否与西北角门道相对称仍处于猜测之中，但整个坑的大致规模、结构已有了一定的眉目。

5月7日，丁保乾、杨四娃等钻探高手又来到了现场，开始了寻找东壁的行动。当时整个坑从西壁往东延伸的距离超过100米还不见东壁，再往东便是通往下陈村的一条小路。丁保乾等在路东约6米处开始布打探孔，随后一直向东延伸，当延伸到128米处时，终于找到了东壁。东壁的出现，意味着考古人员苦苦探寻的一个大型陪葬坑的形制与结构基本搞清。这是一个平面轮廓为长方形，主体部分东西长130米、南北宽100米；南北两边的东西端各有一条斜坡门道，平面均呈梯形，大端接于坑内。整个坑的总面积达到了1.3万多平方米，这是已知秦始皇陵园城垣以内发现的面积最大的陪葬坑，与外城以外的兵马俑一号坑面积相当略有超出，坑的方向与陵园整体方向基本相近。尤其令人欣慰的是，这是秦陵开展钻探工作20多年来，考古人员在陵园东内外城垣之间首次发现的陪葬坑，其位置较此前发现的兵马俑坑距陵墓地宫更为接近，从而为进一步在此区域寻找新的陪葬坑提供了极为重要的例证和线索。

石铠甲坑试掘现场

神秘的石质铠甲

为了早日揭示陪葬坑的内涵，由陕西省文物局、国家文物局批准，陕西省考古所组织人员进行了局部试掘。秦陵工作站王望生等考古人员先在坑西端开挖了两个5米×5米的小探方，挖下去的情况与钻探结果完全相同，除发现过洞棚木及坑底的木炭灰外，未发现明显的器物。面

对此情，考古人员陷入了困惑。按照以往的发掘经验，秦陵区域内如此重要的位置、如此庞大的陪葬坑，不会没有陪葬品。于是，王望生等考古工作者又在坑的中部开挖了两个4米×10米的探方。到了9月25日下午，当考古人员在探方中挖至6米深的时候，突然发现了一大片石质甲片。经过仔细清理，发现这些甲片原来是用铜丝连起来的青石铠甲，其甲衣形制与秦俑坑陶质武士俑的甲衣基本相似。在两个不大的探方内，先后发现了70余领石质铠甲和石质马缰构件、青铜构件、青铜车马器构件等器物。这一发现，立即引起了文物管理部门的高度重视，在社会各界产生了强烈反响。

10月15日，由陕西省考古所与秦始皇兵马俑博物馆合作，组成优势互补的秦始皇陵考古队，对陵园开始进行有计划的考古发掘、保护和全面的勘探工作。原秦陵考古工作站主要整理此前的发掘资料，不再参与发掘和勘探。新组建的秦始皇陵考古队队长由陕西省考古所研究员吴镇烽担任，副队长由秦俑馆研究员吴永琪和陕西省考古所副研究员段清波担任，主要由郭宝发、王望生、周铁、杨忙忙、张颖岚、马明志、申茂盛、张卫星、刘江卫、马宇等中青年组成。

秦始皇陵考古队组建后，立即着手展开了对石甲胄的提取、修复工作。与此同时，专门聘请了北京大学考古文博院白荣金、杨宪伟两位教授前来助阵。秦始皇陵园内的考古工作沉寂了多年之后，终于随着石质铠甲坑的发现而再度勃兴起来。由于石质铠甲坑很明显地遭到大火的焚烧，而坑内又是由棚木、

石铠甲右腰处的开合部位

铺地木、边厢木等木材构成的全木结构，所以坑内的铠甲和胄均被不同程度地烧及。有的甲胄基本完好，烧痕并不严重；有的则被烧成白灰状，仅能看出甲片轮廓；有的被彻底烧毁，甲片的形状已难以辨认。另外尚有相当一部分甲片由于受压和倾倒等原因，已经残破或者脱离了所属甲胄的本体，这就给甲胄的辨认和甲片的归属带来了相当大的困难。所幸的是，尚有相当一部分甲胄的甲片仍然保持着基本的形制和局部连缀关系，提取人员可根据这些现有的迹象将散乱的甲片进行归属，并由此对现有的出土标本进行个体辨认和形制分析。

经过一段时间的努力，考古人员共发现可辨认的石铠甲87领、石胄43顶、石马缰残件3组。在所有出土的铠甲中，除一领为特大型甲——可能为马甲之外，其他均为人的铠甲。这些铠甲的甲片类型各不相同，经考古人员初步鉴别、提取，将甲衣的典型甲片分为四类，即长方形、方形、等腰梯形、鱼鳞形。至于还有一些特殊部位的不规则形甲片，考古人员将其定为第五类。在这五类形制的石质铠甲中，最为罕见的当数鱼鳞甲，这类铠甲只发现了两领，而且甲衣形制、甲片形状等特征非常相似。其最明显的特征是，上下两排甲片相互错置，下排甲片正好位于上排两片甲片之间，甲片和甲衣的外观均酷似鱼鳞状，显得曲线起伏流畅，结构紧凑和谐，穿扁铜丝的方形孔与鱼鳞状曲线相互衬托，使其外观方圆结合，更趋美观雅致。秦代鱼鳞甲的首次出现，为诸种秦甲的研究提供了极其珍贵的实物资料，对研究秦甲以及先秦时期中国马甲的发展史具有重要的价值。

至于发现并清理出的那具独特的马甲，总的甲片数为300片左右，名称和用途据考古人员考证，可能是保护辕马或者骖马的披甲，而不太可能是"甲骑具装"中的"具装铠"。从甲片和披甲的大小、形制等特征分析，这副马甲当是仿皮革制成的。至于为何于此处埋葬马甲，在关于秦的文献和考古资料中均未提及。参加发掘的部分考古人员认为，马甲的出现，可能要涉及对兵马俑坑的陶俑所代表的军队性质做重新的思考和定性，不过在铠甲坑的内涵未得到全面揭露之前，尚不能贸然做出最后的结论。

这批石质铠甲的发现，标志着秦始皇陵园的考古工作继兵马俑坑和铜车马发现之后，又一次新的飞跃。特别需要指出的是，用铜丝和石片编缀制成的石质甲胄在中国乃至世界考古史上也是前无先例的。

马甲推测复原图

白荣金（举杆者）与考古人员马明志等在铠甲坑工作

试掘出土的一大批形态精美、工艺高超、分布密集、种类繁多、保存相当完好的以扁铜丝连缀的石质甲胄，为世人展现了秦代甲胄的真实形态和风格，填补了考古资料包括秦兵马俑坑甲士俑装备中均无秦胄的空白。而此次发现的石质甲衣做工精细，比已发现的兵马俑坑甲士俑的模拟性铠甲形制更精美、类型更丰富，大大增进了秦甲的研究内容。从古代文献和考古材料来看，中国古代甲胄在殷商、西周、春秋战国时期主要以皮革为原材料，成书于春秋战国之际的《考工记·函人为甲》，较系统地记载了皮甲制作的工艺流程。而考古发掘所见的中国最早的皮甲实物则出土于河南安阳侯家庄殷代大墓南墓道之中，发现时甲片皮质已腐朽，仅留有痕迹及黑、白、红、黄四色的图案花纹。时代为春秋战国时期的长沙浏城桥一号墓、湖北随县擂鼓墩曾侯乙墓等大墓，都有皮质甲胄出土，这表明至迟到战国时期皮革还是防护工具的主要材质。秦始皇陵园内石质甲胄的出土，在让现代学者们开阔了眼界、拓宽了思路的同时，对甲胄的制作、发展演变史，也有了一个更清晰的认识。从秦始皇陵考古队段清波、

第十章 再惊世界殊

马明志等考古学家的研究成果中可以看到，秦代的甲胄在中国古代甲胄发展史上起着承上启下的重要作用，是中国古代甲胄发展史上的一个转折点。这一时期虽然处于青铜时代和铁器时代的交合处，但进攻性兵器仍以青铜质地为主。与此相适应的、作为防御性兵器的甲胄，其质地仍以皮革为主，并且在此时已达到了顶峰时期。此次发现的甲胄标本绝大多数是仿皮甲制作的，真实地反映着当时皮甲胄的形制特征。在这批甲胄中，也有极少数如造型精美的鱼鳞甲和方形小甲片组成的札甲，这些甲衣则是仿照铁甲的模式制成的。相比较而言，这种仿制标本比之其他同坑出土的铠甲，其形制更加完美和成熟。从史料中可知，仿铁甲在西汉特别是汉武帝以后逐渐取代了皮甲胄的主体地位，并在战争中发挥了重要作用。尽管这批石质甲胄从功用上看防护功能并不突出，可能是用作随葬的明器，而非实用之物，但是，它们的出土，除填补了中国古代甲胄发展史上秦甲胄实物缺乏的空白外，对研究该陪葬坑的性质、秦代甲制、兵制，以及中国古代甲胄发展史具有极其重大的价值。

修复后的石甲衣　　　　修复后的石胄

自1998年年底到1999年年初，秦始皇陵考古队在北京大学文博院著名修复专家白荣金教授的指导下，分别采用套箱提取和分层提取的方式，成功地提取了两领甲衣与一顶胄。经过严谨、细致、科学的修复，终于使沉睡了两千余年的一顶石胄和一领石甲衣得以复原面世。

从复原的一副甲衣看，其总体结构由主体、左右披膊、

299

前后下旅5个部位组成，整体上下高125厘米、左右宽43厘米。从理论上推算，一副甲衣应由612片各种形式的甲片组成，如果再加上串联用的青铜丝，一副石甲的总重量当在18千克左右。另从已复原的石胄可知，其总体结构是由顶部圆形片及1—5层侧片组成，基本的编缀原则是"上片压下片，前片压后片"，片与片之间用扁铜丝连缀，最下层胄片下部外翻，以适合胄下部与肩部的贴合。通体由74片不同形制的石片组成，总重量达3.168千克。

就在白荣金与其他考古队员对秦始皇陵园出土甲胄的工艺制作流程展开研究之时，秦始皇陵考古队的段清波、马明志等部分学者又组成调研小组，对甲胄的选材、取材、运材、加工片材、钻孔、打磨、抛光、连缀等环节分头展开调研。尽管这些学者为此做了许多努力，但仍有不少疑问没有得到令人满意的破译。显然，秦始皇陵铠甲坑的面世，在给了世人以重大惊喜的同时，也将一串串谜团长久地留在了人们的心中。

百戏俑的发现

铠甲坑的不解之谜尚未得到全面破译，新的发现就接踵而至了。

1998年11月28日晚饭后，秦始皇陵考古队驻工地副队长段清波和钻探专家丁保乾兴致勃勃地谈论着秦陵的考古工作，展望着未来的前景。当段清波问下一步秦陵钻探工作将打算如何展开，从哪里下手会有大的收获时，丁保乾沉思了一会儿说道："今年4月中旬，下陈村队长刘建良来这里反映情况，说是约1年前该村村民在村东取土时，在距地面深3米多的一条土壤内发现有红烧土，他们感到有些异常，就向秦陵工作站站长张占民做了汇报。当时张占民的工作很忙，又缺少经费，只让我去看了看，没有展开探查。"

"这个地方的具体位置在哪里？"段清波问道。

"就在我们发掘的铠甲坑以南三五十米的一处现代取土壤周围。"丁保乾答。

"这么近，这个地方和铠甲坑有没有关联？会不会像兵马俑坑那样，几个坑组成一个整体？"段清波听罢，心中猛地一震，下意识地将这个地方同兵马俑坑做了联系。

丁保乾轻微地摇摇头："有没有关系不好说，但在那样的地方发现情况，如果是陪葬坑，规格应该不一般。"

"是这样，你明天一早就去找下陈村队长，然后带几个人开始钻探。"段清波觉得事关重大，不能迟缓，当场做出了如上的决定。

第二天早上9点，丁保乾骑摩托车来到下陈村队长刘建良家，说明了情况，然后率领几个探工来到发现红烧土的土壕处，对地形做了简单的考察。此处位于骊山北侧的冲积扇地形之上，地貌基本走势为南高北低，多年的山洪冲积，使这里地下普遍分布有较厚的冲积沙石层。因近现代平整土地等原因，大片地表较为平坦，只有一条冲积沟为不规则的半圆形，自西向东呈缓坡状向远处盘绕延伸，冲积沟的高差为2米左右，红烧土就是当地村民在沟底掘土时发现的。沿着这个目标，丁保乾带领探工在沟底认为合适的位置，一字形排列分布了4个探孔开始钻探。经过几个月断断续续的工作，基本确认此处是一座陪葬坑遗址。

从钻探的情况来看，这是一座平面略呈凸字形、总面积约800平方米的地下坑道式土木结构陪葬坑，坑体东西长40米，西端宽16米，东端宽12.3米，东、西两端分别有一条长短不同的斜坡门道。为了对这座陪葬坑的性质、内涵以及建筑结构等一系列问题做进一步的了解，在钻探工作的基础上，段清波等考古人员于1999年5月8日至6月15日，在陪葬坑中部布设了一条4米宽、17米长的南北向探沟，对其进行了抢救性试掘，基本弄清了其性质、内涵及建筑结构等问题，对秦始皇陵园陪葬坑的类型也有了进一步的了解。

陪葬坑内分布有三条东西向的过洞，考古人员将它们由南至北依次编为一、二、三号。根据秦始皇陵考古队的试掘情况可知：一号过洞宽3.3米，试掘区域东西长2.6米。过洞底部为夯土地基，距地表约5米。在夯土地基上平铺有铺地木，由于铺地木曾遭到火焚而成炭迹。考古人员发现，过洞内从夯土隔墙顶部至底部均为红烧土，而且越接近底部红烧土的土质越硬，火候越高。在过洞的西南角，红烧土已向上漫延至距现地表1米处的坑口。这个现象一度引起考古人员的重视，研究表明，陪葬坑在遭到火焚时，火势已达到了坑口，即秦代的地表。如此大而迅猛的火势，说明当时在过洞内应具有相当充足的燃料和氧气。这个条件反过来又可说明，一号过洞在埋藏后较短的时间内就发生了焚毁并坍塌。在过洞的底部，考古人员仅发现有大量已破碎为小块的陶器残片，因残破严重，已无法分辨出原来的器型了。

二号过洞位于陪葬坑的中部，宽4米，试掘部分为东西长2.6米，南北两侧分别为夯土隔墙，墙壁竖直、坚硬，由于遭到明显的火焚，致使上部棚木完全塌陷，棚木距坑底最低处仅1.35米。考古人员在棚木上的填土中发现有绳纹板瓦残块等遗物，随后在过洞西南角的棚木上部，出土了一件重达212公斤的青铜鼎。由于坑体被焚，铜鼎鼎口朝上呈南高北低的倾斜状，被塌陷的黄土所掩埋。发掘时，考古人员在距现地表2.9米深处，先是发现了铜鼎的一只附耳，再是发现了鼎口，鼎口内的填土与陪葬坑填土的土质、土色完全吻合。当考古人员把填土挖掉，最后将鼎整体提取出来时，发现在鼎的底部有南北向分布的棚木遗迹。

清理后的铜鼎通体呈横椭圆形，子口内敛，方形附耳外撇，深鼓腹，圆腹下收，平底底下有3个蹄状矮足，腹部饰有两列蟠螭纹条带。通高61厘米，外口径71厘米，耳宽18厘米、高22.5厘米，足高24.6厘米。周身纹饰构图饱满，线条纤细流畅。上下腹两组花纹之间以半弧形凸弦纹为界纹，表面饰有三角回纹和云纹。鼎足根部饰有兽面纹，兽面纹双目圆瞪，直鼻卷唇，两侧有卷云状羽翼。这是秦陵考古近30年

铜鼎初露　　　　　　　　　　　露出鼎口

来所发现的体积、重量最大的一件铜鼎，整个造型大气磅礴，恢宏壮丽，当为国之宗庙重器。

青铜大鼎的出现，为考古人员带来了一个新的研究课题，即这件青铜鼎为何放在此处？其用途是什么？

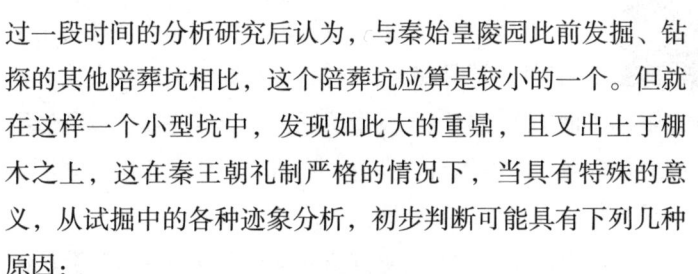

段清波等考古学家在经过一段时间的分析研究后认为，与秦始皇陵园此前发掘、钻探的其他陪葬坑相比，这个陪葬坑应算是较小的一个。但就在这样一个小型坑中，发现如此大的重鼎，且又出土于棚木之上，这在秦王朝礼制严格的情况下，当具有特殊的意义，从试掘中的各种迹象分析，初步判断可能具有下列几种原因：

一、祭祀之器。春秋初年秦立国之后，继承了以礼为代表的西周奴隶制各种制度，秦人在丧葬礼仪等方面也不可避免地直接承袭了周代的丧葬制度。从几十年的考古发掘来看，春秋前期的秦国贵族墓葬中礼器的基本组合为鼎、簋、壶、盘等，其中鼎、簋等器物的配置数目与墓主的身份等级相一致，这与西周晚期至东周初期的周制是基本相同的，秦的礼制应直接来源和承袭于周礼。通过现代考古发掘证实，在秦始皇陵园内城北部，秦始皇陵封土北侧，分布有大面积的地面建筑，即陵园的寝殿和便殿基址，而这寝殿和便殿内应放有象征秦始皇帝最高权力的青铜大鼎。由此推测，秦末战乱期间，各路大军兵发关中，秦始皇陵园已是烽火狼烟，面对这种危局和颓势，守陵人员为避免铜鼎遗失而于仓皇之中，特意从寝殿搬运并埋藏于这个距秦始皇陵封土较近的陪葬坑中。后来随着大火的焚烧、棚木的坍塌，这个铜鼎就被埋入黄土之下，越两千多年无人知晓。

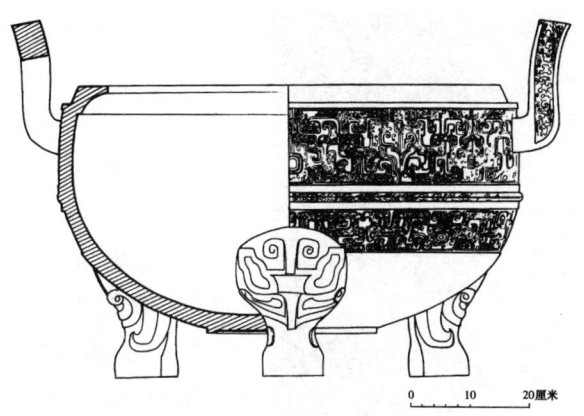

秦陵K9901坑出土实物大铜鼎线描图（实物见彩插）

出土陶俑刻字"咸阳亲"

陶俑左肩的"咸阳亲"刻字

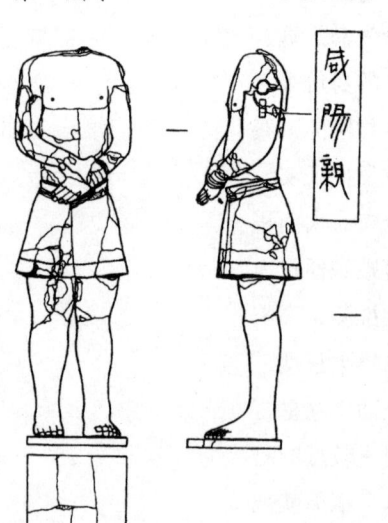

二、丧葬礼仪。陪葬坑在埋藏时可能举行了某种特殊的祭祀或埋葬仪式，青铜鼎作为祭祀或埋葬仪式的用具，在仪式举行完毕后随之被埋藏于陪葬坑中。

另据考古人员申茂盛等人的分析，这个青铜鼎，是春秋中晚期至秦汉时期流行于中原地区和秦地的典型铜鼎，但与现代所发现的秦代铜鼎相比，体积和重量都有较大的差别。因此认为，这个铜鼎不是秦人本族所制作，而是通过战争或其他手段从三晋地区的迁来之物。

在陪葬坑的第二过洞内，除青铜鼎之外还出土了4件铜质马蹄套及1件石质马缰饰。由于发掘面积有限，清理工作也只限于一个阶段，关于这些器物以及过洞的文化内涵，考古人员正在进一步研究。要真正解开湮没了两千余年的谜团，尚需时日。

试掘中，让考古人员感到格外惊喜和兴奋的是陪葬坑的第三个过洞。就在这个过洞中，在试掘的一小块范围内，发现了11个形状不同的陶俑。这些陶俑出土时已残破为大小不一、数量不等的陶俑残块，并散落在铺地木之上，部分陶俑残块还出现了明显的移位现象，且这些现象显然是人为扰动的结果。如在第三过洞西南角的铺地木之上，考古人员发现了后来被编为一号的陶俑。出土时，陶俑脚西头东俯身倒卧，俑体残破为50余块，只有俑腿、脚部保存得比较完整。俑体腰部残块上有腰带及带花，陶俑的裙摆处尚有残留的黑色生漆底层和白色彩绘层，在彩绘层上绘有云纹、菱格纹等组合图案。令考古人员感到奇怪的是，发掘中只出土了有俑头的螺旋椎状发髻及后脑等残片，未发现完整或半完整的俑头。因俑头已残失，修复后通高只有152厘米（含脚踏板），其造型特

第十章 再惊世界殊

点是，上身赤裸挺拔，腹部微微隆起，下身着喇叭状裙，双腿直立，通体纤细瘦削，肌肉匀称，双臂交叠于前腹部，左手手掌平伸，拇指上挑成90度，右手扼住左腕，似在做一个动作。在陶俑的左上臂外侧，有一些椭圆形穿孔横穿至俑的躯干内，孔的下部竖行刻有"咸阳亲"的陶文，其刻写方式和秦兵马俑上发现的陶文极其相似。兵马俑身上所刻陶文，多数专家认为是当时雕塑陶俑的工匠来源地和姓名。既然兵马俑的陶文如此，那么这个陪葬坑中陶俑的陶文亦应相同，看来这个"咸阳亲"同样应为工匠的来源地和姓名（姓或名）。

考古人员在百戏俑坑中发掘

在陪葬坑一号俑的西北侧，考古人员发现了被编为二号的陶俑，俑体残破为10余块。和一号俑不同的是，二号俑的左臂和左腿已残失，而头部尚在。修复后，俑的面部五官端正，表情肃穆，留有"八"字形短须。其穿戴和一号俑基本相同，但动作却别具特色。颇有意味的是，不仅一、二号陶俑有差异，整个第三过洞后来出土中发掘的陶俑，都是姿态各异，风格、服饰、装束等诸方面都与兵马俑截然不同。据考古人员分析研究，认为这批陶俑可能是象征着秦代宫廷娱乐活动的百戏俑。

据史料记载，春秋战国时期，竞技类的杂技项目已逐渐形成，种类也日益增多，出现了所谓的百戏，其项目包括技击、跑狗、爬竿、扛鼎等。随着社会的发展，百戏逐渐成为当时各国统治阶层的主要娱乐项目之一。据说秦始皇的祖爷秦武王本人就是因与他人扛鼎较力绝膑而死。当时的娱乐活动，如寻橦（也叫都卢，即爬竿）、角力（角抵）、俳优

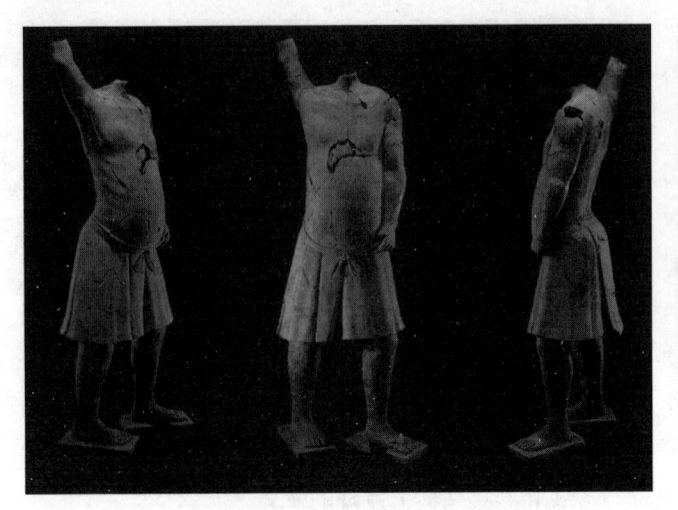

百戏俑出土后修复形状 　　　　　　　　另一种类型的百戏俑

百戏俑出土时情状

（即说唱）、丸剑、戏车等等，兴于春秋战国，盛于秦汉，绵延至后世。1984年6月，在安徽马鞍山市发现的三国吴左大司马、右军师、当阳侯朱然墓中的宫闱宴乐图大漆案上，就绘有皇帝与王侯宴饮并观赏乐舞百戏的场面，图中所表演的百戏节目有弄剑、弄镜、武女、鼓吹、弄丸、寻橦、连倒、转车轮、龟戏、猴戏等约10种之多。艺人们或跳跃、或飞舞、或倒立、或旋转，观看者或嬉戏、或亲热、或端坐、或交谈，场面逼真，惟妙惟肖，精彩绝伦。根据秦陵出土的错金银"乐府钟"，可知秦时已专设国家的音乐机构——乐府，目的主要是为其统治者享乐服务。秦始皇驾崩后，秦二世不理朝政，整天除了酒色之外，便是观看角抵（古代摔跤活动）之戏。司马迁在《史记》中说："楚之铁剑利而倡优拙。"显然这是泛指当时南

方的艺术表演不如北方的好，而兵器制造质量却比北方高。事实上，秦统一后，曾集六国的伎乐俳优等艺人于咸阳，使百戏登上秦宫廷大雅之堂。艺术的相互交流、融合，使得无论是歌者、舞者，拟或是竞技者，都可能在演出中汲取各家之长，使自己的表演更具风采和艺术魅力。从秦陵出土的百戏俑来看，有一个被编为五号的陶俑，身材魁梧，肌肉发达，在左臂与身体间有一约10厘米的空隙，推测原来可能是垂直插置有竿状的物体，或许是秦代顶撞大力士的形象再现。而被编为三号的陶俑，扭胯鼓腹，右臂上举，尽管因手臂残失，所举之物已难以推断，但从姿态来看，似是正在挺举一件重物，可能就是秦代扛鼎大力士的形象再现。那个在第二过洞内出土的大铜鼎，会不会就是这位大力士表演的真实道具，考古人员曾做过这方面的联系，但多数学者认为这种可能性较小。或许，这一切又成为难解之谜了。

尽管这个陪葬坑再度给世人留下了不少难解之谜，但百戏俑的首次面世，以鲜活的证据，揭示了秦代陶俑新的类别和秦代丰富多彩的杂技艺术，以及被普通百姓认为神秘的宫廷娱乐文化。这种早已湮没于历史尘埃中的文化，再度以独特的形式、生动的形象，活灵活现地展现了出来。

百戏俑坑在发现、发掘、清理与保护等工作进行了10年之后，2011年6月3日，经国家文物局批准，已划归秦始皇帝陵博物院的秦始皇陵考古工作队，又启动了对百戏俑陪葬坑和秦陵部分建筑遗址的考古发掘。经过半年多的努力，在俗称的"百戏俑坑"9901陪葬坑内新发现了20余件姿态各异，但破损严重的"百戏俑"。这一批新发现的陶俑，较之以前出土的"百戏俑"，姿势更多样化，有站立、有弯腰、有半蹲式，恰似在舞台上演出的场面。以前发现的陶俑上身都没有穿衣服，此次至少发现两件俑身上穿着雕塑出来的衣服，且几乎每件陶俑都有彩绘。穿衣俑的衣服上还镶嵌着直径3.5厘米的圆泡，8个一排。发掘者认为，这些陶俑总体上还是属于百戏俑，它们应当是当时体现角抵、幻术等表演娱乐性质的"演员"，4人一排，预计共有10排，每一排表演内容都不同。那些瘦的陶俑，自然不是表演力气活儿的角色，或属于舞术与卖嘴皮子之类。体胖的陶俑显然是表演诸如现代的"拿大顶"等卖力气的角色，但具体如何表演、节目过程如何，则不得而知。在二号过洞的棚木下，考古人员发现了一件半球形状的青铜器，直径21厘米，高17厘米，底部有四方孔，重7.5公斤。据考古人员推测，可能是演员表演的道具，亦可能是躺着的人用脚在蹬，类似于现在杂技中蹬坛子之类。同时还发现了青铜马蹄和车马饰品，可能也是表演用的道具。

令人惊叹的是，俑坑中出土了一件碎头的"巨人陶俑"，仅是脖颈之下就有2.2米高，要是加上俑头它足有2.5米高，比2.26米的篮球健将姚明还要高出许多。其脚掌也比其他陶俑大，按尺寸换算，大概得穿54码的鞋。于是有人提出："难道秦朝的人比现代人还要高？"但据考古文物学家刘云辉解释："秦俑的脚下有垫砖，头上有冠（或发髻），实际上身高没有这么高。"刘的观点得到了第一代秦俑考古专家袁仲一的认可，袁说："从过去对秦俑几个坑的发掘和研究看，兵马俑最低1.75米高，最高2米，'百戏俑坑'出现的这个所谓'巨人俑'，并不代表秦朝人的高度。根据杀殉坑与其他陪葬坑残留的人体骨骼推断，秦人身高一般在1.7米左右，和现代人差不多。这个说法的另一个依据是，西楚霸王项羽是叱咤风云的英雄人物，属于当时公认的彪形大汉，《汉书》记载是八尺二寸。秦汉一尺相当于现在的23厘米左右，换算一下，项羽身高接近1.9米，这个高度，应是当时高大身材的代表了。"根据多年的研究，袁仲一认为秦俑高度超过时人高度的原因可能有二：一是秦代属于冷兵器时代，战争是近距离肉搏战，1.75米到2米的秦俑高度，或许反映了秦时的"征兵高度"；二是雕塑艺术的需要，要想取得与真人一样大小的视觉感，雕塑品必须做得比真人高大一些，尤其是在坑中，如果同真人一样，看起来就显得小。而大一些，看起来就显得威武雄壮，秦人的气势与风韵就出来了，符合视觉艺术和制造秦俑的精神。当然，秦俑不是用模子刻造出来的，而是一个个整体烧制而成，只有个别俑头与身子分离烧制。制陶过程的晒干、烧制等流程中，要经历几次收缩，掌握不好比例就会变形。或许有的匠人在制造俑时故意弄一个"巨人"出来，也是可能的，但只能看作个别的特例，决不能当成"秦人比现代人高"的证据。

令发掘者感到好奇和不解的是，"百戏俑坑"中一直没有发现乐器和演奏陶俑。有专家据此推测，秦朝的演奏音乐作为严肃高雅的一种"礼"，不能与说唱、杂技之类的低级艺术混在一起。有人怀疑秦朝属于西北少数民族发展而成，是否有高雅乐器表演。这个怀疑似乎过于保守，至少，秦兼并天下后，应有"韶乐"。史载，韶乐，又称舜乐，起源于5000多年前，为上古舜帝之乐，是一种集诗、乐、舞为一体的综合古典艺术。《竹书纪年》

载:"有虞氏舜作《大韶》之乐。"《吕氏春秋·古乐篇》同载:"帝舜乃命质修《九韶》《六列》《六英》以明帝德。"由此可知,舜作《韶》主要是用以歌颂帝尧的圣德,并示忠心继承。夏、商、周三代帝王均把《韶》作为国家大典用乐。周武王定天下,封赏功臣,姜太公以首功封营丘建齐国,《韶》传入齐,并从内容到表演形式都有所丰富、演变,增强了表现力,展现了新的风貌。故而鲁昭公二十五年(公元前517年)孔子入齐,在高昭子家中观赏齐《韶》后,由衷赞叹曰:"不图为乐至于斯!""学之,三月不知肉味。"(《论语·述而》)《隋书·何妥传》载:"秦始皇灭齐,得齐《韶》乐;汉高祖灭秦,《韶》传于汉,汉高祖改名《文始》。"《汉书·礼乐志》《史记·孝文帝本纪》同载:秦二世用《大韶》《五行》祀极庙,汉祭高祖太宗用《文始》,《文始》舞者,本舜《韶》舞也。可知秦汉均曾把《韶》定为庙乐,使《韶》在国乐中的位置达到了极致。因而,只能说"百戏俑坑"未现乐器和演奏的陶俑,只是暂时没有发现,或另有其他陪葬坑予以安排放置,或没有以陶俑的形式于陪葬坑中再现这一高雅艺术,不能就此否定秦时已有的诸如"韶乐"之类的宫廷表演乐队。

另,就考古队的探测和发掘表明,"百戏俑坑"的陶俑都集中在三号过洞。据考古队长张卫星推测,一、二号过洞发现的都是一些器物,可能代表着道具箱,三号坑为表演者,已发现有腰身细小的百戏俑,可能是女性,但由于该俑趴在地面,在发掘之前还无法做准确的结论。可以预见的是,随着这座百戏俑坑的全面发掘,许多历史之谜将得以破译,久已消失的远古文化将再度放出璀璨的光芒。

秦陵惊现文官俑

2001年9月22日,新华社对外发布了这样一条关于秦陵考古的消息:

秦陵创古墓葬出宝之最
秦俑六号坑出土文官俑的消息在社会上引起轰动

新华社陕西电　记者从有关部门获悉，截至目前，考古工作者在秦始皇陵园内外的地下共发现了各种类别的陪葬坑一百七十余个，在秦陵的地宫之外布设数以百计、内容丰富的陪葬坑是秦始皇陵园陵寝制度的一大创新，如此大规模的陪葬坑分布现象非常罕见。在这些陪葬坑中，面积超过1万平方米的就有2座，专家称，如此巨大的陪葬坑当属世界古代墓葬文化之最。

根据已发掘的资料，秦始皇陵陪葬坑的文化内涵非常丰富，较大程度地再现了帝国皇帝生前的生活方式，举凡车马出行、中央厩苑、兵库武备、整装军旅等样样具备。

每一次重大的发现都令考古工作者兴奋不已……最近发现的秦俑六号坑则首次发现了文职陶俑，并第一次发现了秦代的首脑机关……

如果说秦俑六号坑出土文官俑的消息在社会上引起了局部轰动的话，那么这则消息的播发，则使整个秦陵考古工作在更广泛的空间内引起了震动。

其实，这个陪葬坑早在20年前就已经发现，发现者就是程学华率领的钻探小分队。那时，这支小分队正处于事业的辉煌时期，在不算太长的时间里，便于秦始皇陵周围发现了诸如后来名扬天下的铜车马坑和著名的上焦村马厩坑、陵西珍禽异兽坑等一系列陪葬坑，这次发掘的被考古人员编为六号的文官俑陪葬坑就在其内。由于当时人手少，钻探、发掘面过大，对这个坑只做了大体的了解，比如简单形制、相对位置等，而对其准确位置、结构、内涵均没有涉及。事隔20多年的两千年春夏之际，秦始皇陵考古队在陵园内钻探时又触及了此坑，通过进一步勘探，逐渐掌握了较之以前远为丰富的内涵。这是一座东西横长、单斜坡道、未曾焚烧、葬有陶俑马骨的中型陪葬坑，其位置在秦始皇陵封土的西南角，距原封土南边沿仅20米。坑位面积480平方米，坑体面积144平方米。

根据以往的规律，陶俑与马骨同出是秦始皇陵园陪葬坑相对普遍的现象，20世纪70年代中后期，程学华率领的钻探小分队，在陵园以东的上焦村发现了近百座马厩坑。通过对其中的一部分进行发掘，发现有的坑既有俑也有马，有的坑只有马而无俑。其共同特点是，陶俑都是跽坐形式，马或是真马活埋，或是杀后埋葬的。在出土器物上有一些刻画文字，如中厩、宫厩、左厩、大厩、小厩等。这些名称有的曾在古文献上出现过，如《史记》载有

第十章 再惊世界殊

中厩，《睡虎地秦墓竹简》记有大厩、宫厩、中厩。考古人员就是根据这些线索才知道，在秦始皇陵范围内，曾专门辟设了一处独立的区域，以陪葬坑的形式来表现具有悠久历史的秦国养马业。坑中那些呈跽坐形式的陶俑，当是厩苑中专司养马的圉人，而整个陪葬坑则具有秦始皇帝宫廷厩苑的性质。

文官俑坑陶俑出土情形

前文已叙及，1978年秦陵钻探小分队曾在陵园西内外城之间，试掘过一座曲尺形的陪葬坑，从中发现了大量的马骨和原大的呈直立形的袖手陶俑。这一特殊的、和大批的跽坐俑组成的马厩坑有明显区别的新型陪葬坑，并没有引起发掘者和研究者的警觉，受当时思维习惯、学术眼光以及同类对比资料的制约，程学华与其他大多数学者都认为这座曲尺形的陪葬坑依然属于马厩坑，那直立袖手原大的陶俑，应是专门负责养马的饲养员，或者是管理饲养员的小官。这一看法对秦始皇陵园考古工作产生了深远的影响，此后凡是在陵园内外发现陪葬坑中有马骨和陶俑并存，不管陶俑是坐还是站，是袖手还是两手放入膝上，均将其看作马厩坑，并写于正式出版的考古发掘报告中。这次秦始皇陵考古队发掘的六号坑，当年程学华等考古学家之所以没有做深入勘察和进一步发掘，就是出于对马厩坑的界定，既然已经发掘了那么多马厩坑，其内涵基本上大同小异，这座坑发掘与不发掘，对学术研究来说并没有什么特别的意义，正是出于这样的考

修复后的文官俑

311

虑，这座陪葬坑才在地下安然地度过了20多年的时光。

当秦始皇陵考古队对这座当年侥幸漏网的陪葬坑进一步勘探后，其透射出的文化内涵和信息，使青年考古学家段清波等眼前为之一亮的同时，也陷入了沉思。自1974年兵马俑坑发现之后，考古人员已在秦始皇陵周围发现了大小各异、内容不同的陪葬坑179座，在对这些陪葬坑实施勘探、试掘、发掘中，考古人员发现，只要面积稍大一点的坑几乎全部遭到了大火的焚烧，如已发掘的兵马俑坑、铜车马坑、石质铠甲坑、百戏俑坑、曲尺形马厩坑、陵园外的府藏坑等，均被大火焚烧过，其状惨不忍睹。而这次勘探的六号坑却有些意外，钻探人员没有发现其他陪葬坑常见的红烧土、木炭迹象，这意味着此坑没有遭到焚烧，这个奇特的现象不禁使考古人员发出这样的疑问：它为什么没有遭到焚烧？是否在此坑建成很短的时间内就被盗扰才幸免焚烧的劫难？关于其他那些陪葬坑被焚烧的原因，学术界一直存在着多种说法，那么这个没有被焚烧的陪葬坑，其原因又做何解释？是否可为被焚烧的陪葬坑的研究提供一些有价值的反证资料？这座陪葬坑距原封土南边沿仅为20米，其位置非同一般。如此显赫的位置，为什么要安排一座马厩坑？凡陶俑与马骨共同出土，是否就意味着全部是马厩坑，而当时搞那么多的马厩坑究竟意义何在？如果此处是马厩坑，秦始皇陵园陪葬坑的整体内容是否过于简单、呆板？如果不是马厩坑，那又是什么？面对过去形成的简单的逻辑推理结果，秦始皇陵考古队带着诸多疑问，决定对六号陪葬坑实施全面的发掘。

2000年7月12日，秦始皇陵考古队部分人员在副队长段清波的带领下，顶着酷暑，来到陵园南部的封土旁开始发掘。经过几个月的努力，发现并确认这座陪葬坑的建筑形制与此前在陵园内发现的石铠甲坑、百戏俑坑基本相同，均为地下坑道式土木结构。陪葬坑的四周筑有夯土二层台，二层台内侧嵌以厢板，坑底以夯筑处理地基，其上铺砌木地板，坑体上部用经过修整的扁平长方形棚木封闭，棚木之上覆盖芦席，芦席上面则是经粗夯处理的封土。整个陪葬坑由斜坡道和前、后室三部分组成，前后室东西错位，形成两个分藏不同埋藏物的相对独立的单元。前室以安置陶俑为主，后室则埋藏真马，出土时马的骨架尚存，只是有些凌乱。在斜坡道入口处和前后室，还分别出土了木车、铜钺、陶罐、盖弓帽、马具饰件等文物，这些文物的出土，为全面认识和深入研究秦始皇陵园的陵寝制度提供了重要的实物资料。

第十章 再惊世界殊

由于在发掘前就对这座陪葬坑有了诸多的疑问和牵挂，发掘一开始，段清波等考古人员就特别注意发现盗扰洞的迹象，并采取了相应的技术手段，但最终还是以失败而告终。从陪葬坑的底层迹象看，那破碎倾倒的陶俑、凌乱的盖弓帽、马骨区域的俑头、极少的马具等，无不向考古人员叙说着此处曾遭到过外来力量的扰动。这种现象在此前发掘的石质铠甲坑、百戏俑坑中也同样存在。为什么在坑中明显发现人为的盗扰迹象却总是找不到入口呢？经过段清波等考古学家分析推断，认为当外来的破坏性力量进入陪葬坑时，该坑的覆盖面基本完好，后来坑的上层封土大面积坍塌并落入坑底，盗扰洞的迹象在塌陷中一并毁之不存。秦代之后陵园遭受洪水携带物袭击时，泥沙俱下，有的直接进浸于陪葬坑的底层，有的覆盖在下陷的封土之上，这种泥土与洪水的再度融合，必然使原有的盗扰迹象不复存在，这便是导致考古人员虽尽努力而无结果的根本原因。

尽管这次发掘人员没有找到盗扰的洞口，也没有查明和推断出这个陪葬坑为什么没有被焚烧的真正原因，但遗憾中令人感到欣慰的是，大家根据遗迹现象判断出该陪葬坑在未塌陷之前曾进水11次，并找到了入水口。更令人为之振奋的是，根据种种迹象和实物资料，判断出这座俑、马同出的陪葬坑并不是以往学术界认为的马厩坑，所出陶俑也不再是专门司马的圉人，而是一批地位显赫的文职官员，其陪葬坑则是以文职官员为主的官府机构。

2000年8月初，秦始皇陵考古队于陪葬坑前后室之间部位发现了一尊陶俑的头部，当时所能看到的仅是头顶的单板长冠，泥土中是否还埋有另一板长冠，尚需清理后才知晓。但就这一点，已让在现场的段清波等考古学家眼睛为之一亮。根据过去所掌握的资料，凡着双板长冠的陶俑则具有较高的身份，就军阶而言仅低于将军。如果这个陪葬坑是马厩坑，那么这些陶俑当是养马人或养马人的管理者，但一个养马之人或管理者不可能有这么高的身份和地位，这座坑的性质和陶俑的身份将另有所属。带着这样的念头，段清波率领考古人员加快了发掘进度，至8月24日，已发现了11尊陶俑。虽然这些陶俑无一例外地呈破碎状，倒卧在地，但一眼即可分辨出不是跽坐俑而全是立式俑。这批陶俑自身的形态决定了其身份非同一般，俑坑的性质和文化内涵绝非马厩坑所能涵盖的了。随后不久，又发现了一尊立式陶俑，至此，整个陪葬坑陶俑的总数已达到了12件。

随着清理工作的不断深入，考古人员发现这12尊陶俑均戴有长冠，有的陶俑腰带上还佩挂着环首陶削，以及长条扁平状的小囊。对于佩挂的陶削，段清波等发掘人员根据以往的经验，立即判断出属于一种古代文具，但对扁平小囊中所装之物过了相当长的一段时间才做出结论。究其原因，据段清波在一年之后回忆说："我最初推断，那个玩意儿可能是一枚印章，但细究起来，又发现与印章的形状相去甚远，这个推断显然不能成立，过了好长时间，还是没有得出个满意的结论。尽管如此，我还是没有放弃对这一问题的思考。正在百思不得其解之际，突然想起前几年我在西安北郊发掘两汉墓葬时，经常看到出土一种长条扁平状的石块，这些东西一般出土在墓主人的腰部，与铜或铁削一起共出，但一直不知其做何用途。因其长短和宽窄与陶俑身上的扁平小囊尺寸相近，而带有扁平小囊的形象过去在画像石、画像砖中从未见过，但悬削则有发现，这些印象就促使我蓦然将它们联系起来并做出判断：陶俑身上的囊中之物，可能就是扁平的石块，它与削相配，作为文具只能是砥石。"

有了这样一个初步判断，段清波越发感到这个陪葬坑以及陶俑的出土，的确不是一个马厩坑就可以解释的。为进一步搞清这一陪葬坑的性质，从9月下旬到12月中旬，在文物保护专家的帮助下，考古人员开始提取陶俑并进行修复。随着工作的进展，发现在12尊陶俑中，有8尊头戴长冠、腰挂陶削的袖手立俑，有4尊头戴长冠双手向前的驭手俑。面对如此独特的组合形式，结合封门之内的木车遗迹全盘考察，考古人员感到该陪葬坑的级别要远远高于所谓的马厩坑。更为明显的是，8尊袖手立俑全戴双板长冠，左臂与胸腔间还有一处椭圆形的小孔。据秦代的爵位等级制度分析，该陪葬坑所发现的戴双板长冠陶俑的爵位等级，至少在八级左右，属于秦之上爵。尽管秦代陶俑身上悬挂削及砥石的现象尚属首次发现，但削应为刮削简牍用的书刀，砥石为磨刀之具，它们应属文具无疑。依此推断，陶俑腔臂间的孔可能是夹持成册简牍所用。种种迹象和实物表明，陪葬坑出土的陶俑，既不能归属为军事性质，也不能简单地认定其为养马人，8尊立式袖手陶俑应属一定级别的文职官员。2000年12月底，秦始皇陵考古队主要人员对这座由8尊文官俑和4尊驭手俑及大量马骨组成的陪葬坑，结合汉阳陵周围从葬坑出土的印章，经反复讨论达成共识：这个被编为六号的陪葬坑，应是代表秦代某一官府的高级机构，而秦始皇陵园内外的陪葬坑也可能均代表了不同的官署及下属机构。

秦始皇陵陪葬坑文官俑的亮相，在秦代考古中属首次发现，是秦始皇陵考古工作一个划时代的里程碑，是秦始皇陵考古钻探、发掘近30年来最重大的收获之一。因为此前发现的以马兵俑为主体的庞大俑群，仍不足以代表大秦帝国当年的政治、经济、文化体制和风貌，而对司马迁在《史记》中所记述的关于秦始皇陵"宫观百官"等现象，由于缺乏具体的参照物，也让研究者绞尽脑汁而得不到合理的解释。秦始皇陵六号坑的重大发现以及对其性质的判断，使整个中国学界为之震动。许多秦文化研究者认为，这个陪葬坑极有可能是秦帝国中央政权三公九卿中的一个官署在地下的模拟，坑内出土的8名文职官员可能是主管监狱与司法的廷尉。那匀称的形体，优美的装束，祥和恭谨的面容，胸有成竹、泰然自若的神态，无不显示出大秦帝国鼎盛时期文职官员意气风发、聪慧睿智的精神风貌。随着这批文官俑的面世，使人们对司马迁所记载的"宫观百官"这一历史史实的解读豁然开朗。可以想象的是，类似六号陪葬坑这样的地下官署和文职官员陶俑，应该遍布于秦始皇陵地宫的四周。正是由于这些地下官署和文职官员陶俑的存在，才形成了"宫观百官"的壮丽景观。这一景观以它独特的、迷人的、只可意会不可言传的魅力，赋予人们无限的遐想，并为秦始皇陵及秦文化的研究做不断的深层次的探索。

仙鹤、凫雁颇思量

当人们还未从秦始皇陵发现文官俑的喜悦中摆脱时，另一个令人振奋的消息又从秦始皇陵园传出。2000年11月17日，新华社陕西分社以《秦始皇陵陪葬坑"飞出"青铜仙鹤》为标题，做了这样的报道：

日前，由陕西省考古所和秦俑博物馆组成的联合考古队，在秦始皇陵发现一神秘陪葬坑，目前共出土十余件青铜制禽类动物，据悉这在秦始皇陵考古史上属首次发现。

据了解，该陪葬坑位于秦陵外城东北角。目前被命名为秦陵七号坑，试掘了该坑的一小部分共24平方米，发现了13件青铜制的禽类动物，5件青铜制云纹踏板。

据介绍，在13件青铜禽类动物中有两件为青铜仙鹤，其余则锈蚀严重，较难辨认。青铜仙鹤位于陪葬坑的中部，其中一只躯干残长68厘米，宽21厘米，脖颈裂为数块，残长43厘米；另一只呈饮水状，躯干残长62.5厘米，宽20厘米，高9厘米，颈残长20厘米，体表似有彩绘残迹。据推测，现在发掘的这一小部分曾经可能为水池，青铜禽类原都立于踏板之上。有关专家表示，秦陵陪葬坑是千古之谜，其文化内涵一直在不断增新之中，秦陵七号坑的发现为人们研究秦始皇陵的形制又提供了重要的实物资料。

K0007号坑发掘时情形

坑中出土的青铜仙鹤

这一"飞出"青铜仙鹤的陪葬坑，于2001年8月8日由秦始皇陵考古队开始发掘，并被编为K0007号坑。通过发掘推断，这一陪葬坑属于地下坑道式土木结构建筑，其过洞两侧以夯土构筑放置器物的

平台，并以方木铺垫，过洞南北两侧以板木构成厢板，顶部则以双层棚木封闭坑体。考古人员在发掘清理中，发现了双层棚木、厢板与立柱及厢板间的卯榫结构，这是秦始皇陵园陪葬坑考古发掘中唯一保存完整的重要迹象。在坑底两侧构筑夯土台放置器物这种奇特的结构和方式，也为首次发现。这些建筑结构的新发现，对进一步深入了解秦始皇陵园陪葬坑的形制结构有着重要的意义。至于在陪葬坑内出土的10余件原大的青铜禽类文物，因坑内遭到明显的火焚使大部分已受到严重破坏，且锈蚀严重，铜胎已基本无存。但从清理后的状况来看，这些青铜禽类文物其个体大小不同，动作姿态也多种多样。

据此，有的秦文化研究者不同意把这些青铜禽类定为"仙鹤"的说法，而是根据史料和实物特征，推断出这就是班固所说的"凫雁"。著名史学家班固在《汉书·刘向传》中说到秦始皇的陵墓时，曾有"水银为江海，黄金为凫雁"的语句。这里记载的凫雁当是一种水鸟，这种水鸟的俗名称"野鸭子"，形状像鸭子，雄的头部为绿色，背部呈黑褐色，雌的全身为黑褐色。其生活特性是常群游于湖泊之中，也能近距离飞翔。从考古人员对秦陵七号陪葬坑发掘的"一小部分曾经可能为水池"的推测看，这样的环境正好适合于凫雁的生存和栖居，而对仙鹤则不一定适应。如果这一推测被日后的研究成果所证实，无疑是对关于秦始皇陵文献记载的又一次成功破译。或许，随着秦陵考古工作的不断进展，一个个重大历史之谜会尽数揭开。只是，现在尚需耐心等待。

第十一章 秦陵地宫之谜

复活的军团

秦陵地宫谜团重重，历史记载众说纷纭。墓圹幽深，宫观壮丽。水银河海，千年不绝。棺椁豪华，藏珍纳宝。脂烛长明，弩戒不虞。上具天文，下具地理。无尽的想象空间……

史籍觅踪

自1974年开始的兵马俑军阵的发现与出土,以及后来陆续面世的铜车马、石铠甲、百戏俑、文官俑、青铜鼎、青铜仙鹤等珍贵文物,在使全人类受到了强烈震撼,并为这历史奇迹惊叹的同时,也把视线投向了它的母体——秦始皇陵地下宫殿。这是一个神秘莫测、令人心驰神往而又更难令人置信的伟大奇迹。

关于秦始皇陵地宫的结构和形制,在浩瀚的史籍海洋中,不时凸现着对它的记载。伟大的史学之父司马迁在他的光辉篇章《史记·秦始皇本纪》中,对秦始皇陵的修建及地宫形状做了这样的披露:

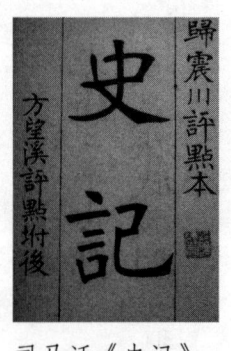

司马迁《史记》书影

始皇初即位,穿治骊山。及并天下,天下徒送诣七十余万人,穿三泉,下铜而致椁,宫观百官奇器珍怪徙臧满之。令匠作机弩矢,有所穿近者辄射之。以水银为百川江河大海,机相灌输,上具天文,下具地理。以人鱼膏为烛,度不灭者久之。……大事毕,已臧,闭中羡,下外羡门,尽闭工匠臧者,无复出者。树草木以象山。

继司马迁开创了记载这段历史和秘密的先河之后,又相继出现了许多关于秦始皇陵修建、焚毁及地宫形状的记述,如《汉书·刘向传》《水经·渭水注》《三秦记》《三辅故事》等。但这些记述均有明显从司马迁《史记》演化的痕迹。如汉代的史学家班固在他的得意之作《汉书·刘向传》中这样描绘:

秦始皇帝葬于骊山之阿,下锢三泉,上崇山坟,其高五十余丈,周回五里有余;石椁为游馆,人膏为灯烛,水银为江海，黄金为凫雁。……项籍燔其宫室营宇，往者咸见发掘。其后牧儿亡羊，羊入其凿，牧者持火照求羊，失火烧其臧椁。自古至今，葬未有盛如始皇者也，数年之间，外被项籍之灾，内离牧竖之祸，岂不哀哉！

北魏的地理学家郦道元在他所著的《水经·渭水注》中，则描绘得更为详尽：

秦始皇大兴厚葬，营建冢圹于骊戎之山，一名蓝田，其阴多金，其阳多玉。始皇贪其美名，因而葬焉。斩山凿石，下锢三泉，以铜为椁。旁行周回三十余里，上画天文星宿之象，下以水银为四渎、百川、五岳、九州，具地理之势，宫观百官，奇器珍宝，充满其中。……坟高五（十）丈，……项羽入关发之，以三十万人，三十日运物不能穷。关东盗贼销椁取铜。①牧人寻羊烧之，火延九十日不能灭。

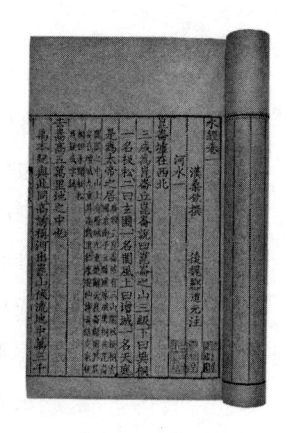

《水经注》书影

除此之外，还有这样一连串的记载：

（始皇）死葬乎骊山，吏徒数十万人，旷日十年，下彻三泉。合采金石，冶铜锢其内，漆涂其外。被以珠玉，饰以翡翠。中成观游，上成山林。为葬薶（埋）之侈至于此。
——《汉书·贾山传》

昔始皇为冢，敛天下壤异，生殉工人，倾远方奇宝。于冢中为江海川渎及列山岳之形。以沙棠沉檀为舟楫，金银为凫雁。以琉璃杂宝为龟鱼。又于海中作玉象鲸鱼。衔火珠为星，以代膏烛。光出墓中，精灵之伟也。
——（晋）王嘉《拾遗记》

始皇葬骊山。……下锢三泉，周回七百步，以明月为珠，鱼膏为脂烛，金银为凫雁。金蚕三十箱，四门施徼，奢侈太过。

——《太平御览》卷44引《三辅故事》

始皇冢中，以夜光珠为日月，殿悬日月珠，昼夜光明。

——《太平御览》卷803引《三秦记》

始皇冢，……燃鲸鱼膏为灯。

——《太平御览》卷870引《三秦记》

关东贼发始皇墓，中有水银。

——《太平御览》卷812引《皇览》

以上引文尽管给人们提供了很多饶有趣味的材料，但内容驳杂而多有抵牾。在种种不同的记载中，唯有东汉的卫宏似乎超脱了司马迁的框格，另辟蹊径，对秦始皇陵做了不同侧面的记述。他在《汉旧仪》中记载了一段丞相李斯向秦始皇的陈奏，成为历代史学家研究秦陵地宫的重要依据："使丞相斯将天下刑人徒隶七十二万人，凿以章程，三十七岁，锢水泉绝之，塞以文石，致其丹漆，深极不可入。奏之曰：丞相斯昧死言，臣所将隶徒七十二万人治骊山者已深已极，凿之不入，烧之不燃。叩之空空，如下天状。制曰：凿之不入，烧之不燃，其旁行三百丈乃止。"

李斯像

不难看出，继司马迁之后的文献史料，对秦始皇陵及地下宫殿的描述，越来越庞杂繁多，神秘莫测，令人惊骇。从这些描述看，秦陵地下建筑均像咸阳都城的宫殿一样，有百官位次。深邃而坚固的地宫，不但砌筑纹石和明珠以为日月星辰，下面还以水银为百川江河大海。埋藏着无数珍奇动物及物品的地宫中，尚有用人鱼（据说是一种生活在海中形似人的四脚鱼）膏做成的蜡烛永不熄灭地燃烧放光，使地宫常年形同白昼。为防止盗墓贼进入，工匠在地宫门口制作了神奇的暗箭机关。倘盗墓人一旦接近墓门，便暗箭齐发，将其毙命于墓中……

随着时间的流逝，秦始皇陵地宫越发神秘莫测，一些似是而非、真真假假的故事也在正史和野史中不断出现。

据《临潼史话》载：秦始皇驾崩后，胡亥怕"沙丘之谋"泄露，众公子争夺自己的皇位，于是假传始皇遗旨，命众公子殉葬。之后又下令"先帝后宫非有子者，出焉不宜，皆从死"（司马迁《史记·秦始皇本纪》）。此旨传出，后宫妃嫔多半无子，顿时号啕大哭之声响彻殿宇。胡亥丝毫不加怜悯，将无子的妃嫔全部带入秦始皇陵园，以武力强行驱入地宫深处。绝望的妃嫔有数人当场撞死在内，有的吓得昏死过去，尚有大半正慌乱无主之时，胡亥已命工匠把地宫第一层宫门封闭了，妃嫔均死于其内。当工匠把地宫之门封闭到最后一层时，为怕地宫秘密泄露，胡亥心生毒计，下令所有参加修建陵内地宫的工匠、刑徒到墓中看戏领赏，当工匠、刑徒云集地宫之际，军兵侍卫立即将最后一道地宫门封闭，工匠、刑徒又成为始皇帝的殉葬品。传说只有一青年工匠逃了出来，原来地宫内通向外面的水道是这位青年工匠亲手设计而成，被关于地宫后，他悄悄潜入水道慢慢爬了出来……至于这青年工匠沿着怎样一条水道爬出地宫，出来后又去往何处，则无人知晓了。

还有一个故事，说的是项羽入关后在挖掘秦陵时，突然有一群金雁从地宫中飞出弥布天空。三国时吴国宝鼎元年（公元266年），张善在日南（今越南广治省广治河与甘露河合流区域）做太守时，有人把一只金雁献给他。张善根据金雁身上的铭文，推断是秦始皇陵内的陪葬品。据当代历史学家张文立先生推断，这传说中精巧能飞的金雁出自秦始皇时代是可能的，因为在春秋时，著名工匠鲁班已经造出了在天空中飞翔的木雁并有飞到宋国城墙之上的记载，至几百年后的秦始皇时代，工匠造出会飞的金雁是可信的，但这金雁到底是否出自秦始皇陵地宫之内则无从考证。

另据民间传说，秦始皇还在地宫内设了可让活人同死人做生意的地市[②]，进行经济贸易。至于这个集市的经济贸易如何进行，活人怎样在地宫中生存，又怎样与死人讨价还价，同样没有人说得清楚。不过在秦俑坑发掘之初，秦陵南部上陈村一位70余岁的老人在打井时发现了一块光滑的大石板，召集众人掀开后，见是一个极深的地下空间。后派两青年腰捆绳子持火把下去打探，两人上来后说地下空间大得看不到边际，里边有石室，室内倒卧着许多披红挂彩的美女，四周摆着石凳、石椅，还有许多铜质的器物。村人以为遇到了阴间鬼魂，忙撒些硫黄、石灰入洞内，将石板盖平后，又用土覆填起来……在秦俑坑发掘之初，考古工作者曾跟那老头去找当年打井的位置，可惜自1958年以来当地多次兴修水利和搞农田建设，井的准确位置已无处寻觅。据考古研究者推测，这地下洞穴也许是秦陵地宫中的附属建筑，是供皇帝娱乐或是像传说中的集市一样的贸易场所。

陵墓地宫的真实推断

王学理（右一）带领考古人员在秦始皇陵上测绘（王学理提供）

自秦兵马俑坑发现之后，经过考古学家、历史学家、地质学家等多学科组成的研究者们的共同努力，历20多年的苦苦探寻，关于秦始皇陵地下宫殿的历史真相也在逐步探明。

据秦俑坑的发掘者、考古学家王学理的研究推断，秦始皇陵的地宫，的确具有宏伟壮丽的规模。经现代科学测试手段分析，它也确实突破了人们已知的秦代建筑水平。从总体上讲，它只能是也必然是一个巨型的石砌周壁的竖穴墓[3]圹，然后再附设一些回环相连的隧道式的别室（侧室）和墓道耳室。而内部结构则是由石、砖、木料组成多级桁架[4]式建筑拱卫穹隆顶的群体建筑。因此，同人们所见到的古代陵墓一样，秦始皇陵地宫也大致分为墓室、别室、墓道3个部分。

墓室是秦始皇陵地宫中放置棺椁的主

第十一章 秦陵地宫之谜

体墓穴，或称椁室。据钻探所知，秦始皇陵地宫上口范围很大，南北长515米，东西宽485米，总面积达24.9775万平方米。如此规模庞大的地下宫殿，是世界上任何一座陵墓也无法与之匹敌的。

秦始皇陵丽山饲官（东段）建筑群复原鸟瞰图（王学理《秦俑专题研究》）

在这个地宫上口之内，经施工处理，由四面向内收一段距离后，筑"方城"⑤一周。方城四面辟门，其中唯东面有五个门道，为避免陵区雨水径流灌注墓室而造成塌方，除了采取导流措施⑥外，还在方城之内收敛、斜行地向下挖掘墓圹。而在墓底，再笔直地挖筑椁室。秦始皇陵宫室这个由巨型的竖井式圹穴构成的三维空间，犹如一个倒置内空的"四棱台体"，也就是考古学家常说的口大底小的"仰斗"状。事实上，自春秋到秦汉间的大型土圹墓，斜壁上都带有多级台阶，像已出土的秦公一号大墓⑦就有三级，而杨家湾汉墓则有五级。秦始皇墓中的周壁根据"数以六为纪"（《史记·秦始皇本纪》）的规定推断，可能环绕着六层台阶。如果从透视的角度看，整个墓室就是六个由大到小的倒四棱台叠加而深入地下的大土坑。

秦始皇陵冢经过历代风风雨雨的漫长侵蚀，终使它由原来周长2087.6米缩小到现在的1390米，足见它被历史的风雨无情地剥去70—82.5米的一层"厚皮"。在这剥掉"皮层"的地方，即现在陵冢的底部周围，下深8米，即是地宫上部的外围建筑。据王玉清、程学华等考古人员测知，墓圹上口有一道高和厚各约4米的宫墙，南北长460米，东西宽392

米，其顶部距今地表只有2.7—4米。在这周长1704米的四边正中有斜坡门道，其中南、北、西三面各一道，东边有五道。门道宽达12米，已用夯土填实。由探知的墓底强汞区得知，范围东西长160米、南北宽120米的墓底，很可能就是椁室所在。

关于墓室的结构问题，考古学家王学理先生在深入研究后，曾这样解释："在中国历史上，上自殷周、下迄汉代的大型陵墓，凡是在平川地带营造墓室者，无不穿土为圹，作为朝天的竖穴木椁墓，椁顶横铺原木，填土夯实，与土平齐。已经发掘的王侯大墓，如殷墟侯家庄西北冈的亚字形大墓[8]、武官村的中字形大墓[9]、妇好墓[10]、凤翔的春秋时期秦公一号大墓、咸阳杨家湾汉墓等，都为我们提供了这方面很好的例证。至于战国晚期，虽然已经开始出现了洞室墓，但这还只局限于小型墓葬。西汉中山靖王刘胜夫妇的墓穴[11]固然是大型的洞室墓，也开了'以山为陵'的先声，但这属于凿山为藏的另一种类型。另外，像湖南长沙象皮嘴的吴氏长沙王墓[12]和陡壁山的曹嬛（长沙王后）墓[13]，则为我们提供了西汉文、景两帝时期诸侯王墓的典型材料。这两座墓都具有较为复杂的木结构墓室，它包括有前室、后室、两层回廊、甬道等部分，内置'黄肠题凑'[14]、两重木椁和三重套棺，摆脱了传统'井椁'（以木料做井字形交错而制成的椁室）的固有形式，木椁室前端已有了门的设置。原来的头箱、边箱和脚箱分别演变为前室、回廊和后室。而前室又设置得格外高大、宽绰，处于突出的地位，回廊则由若干个小室组成，后室则放置棺木。显然，这是模拟地上宫室建筑而来。那么，具有更大规模，而时间早此四五十年的秦始皇墓室结构，岂能没有相同之处吗？回答当然是肯定的。"

在推测秦始皇墓穴深度时，人们往往怀疑通风问题是秦代施工技术上难以解决的问题。这实际是把墓室误作纵深的洞穴而产生的疑虑。如果确认墓室是大口朝天的竖穴，也就不会产生难以通风的疑虑了。至于深地取土，则属于高程运输，在理论和实际上都是不算复杂的。

当这些问题和矛盾都被消解之后，在深而大的"地宫"里，其顶部的建筑形式同样是一个值得研讨的课题。

作为竖穴石圹的秦始皇陵墓室，其跨度和进深，肯定也是超巨型的。就钻探的考古材料而言，它赋予研究者的思路是：在桁架结构上考虑墓室

第十一章 秦陵地宫之谜

顶部构造。因为秦代的建筑技术还不能解决无柱的大跨度屋架问题，一些地面上的大型建筑物，特别是宫殿，还多沿用殷周以来流行的高台建筑[15]形式。如咸阳塬上的秦一号建筑基址[16]，原是一座平面呈曲尺形的夯土高台，上下有三层。经复原，其顶部正中是高耸雄伟的两层主体居室，南临"露台"，北邻设有平座和栏杆的"榭"，东门通"曲阁"上"阁道"。在主室四周有上下不同层次的小间，围绕高台底层排列着7个出檐设廊的单室。这一宫阙建筑突出的特点是，把不同用途的房间安排在一个有限的空间内，结构紧凑、排列得体，高下错落而又主次分明。据《史记》载：阿房宫建筑规模是"东西五百步，南北五十丈，上可坐万人，下可以建五丈旗"。今天人们看到的阿房宫前殿遗址，仍是一个东西长1300米、南北宽500米、高达10米的夯土台基。推想一下，其建筑结构也不外乎围绕土台做多层安排。这两个具有代表性的例子向后人透露出这样的信息，即秦代的大型建筑靠着都柱及斗、拱，承托着大梁，再配合以壁柱，组成一套木构架系统，从而解决屋架的大跨度问题。这一推理，为研讨秦始皇陵地宫顶部的结构问题，提供了有关技术的借鉴。

从空中看秦始皇陵园，中间为封土堆，四周建筑遗迹隐约可见。

秦始皇陵丘与陵园建筑长度变化示意图（引自王学理《秦始皇陵研究》）

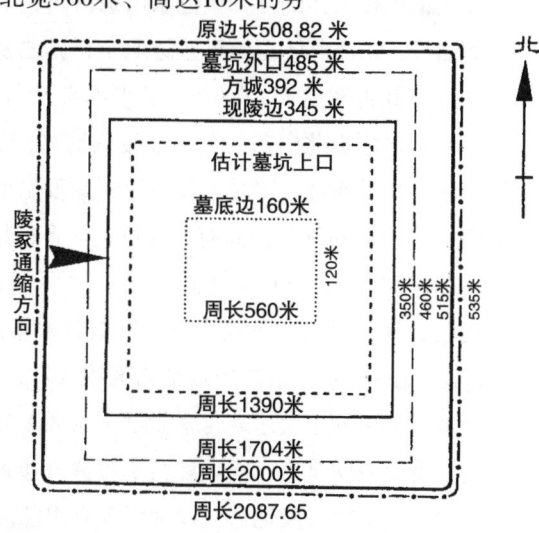

327

按照王学理的研究和推断，秦始皇陵墓室底部的平面形状同墓室上口一样，近于长方形。底部面积达1.92万平方米，相当于48个国际标准篮球场那么大。当时人的天宇观早已形成，天是苍穹，呈拱形，像个倒扣的蛋壳；地呈方形，如棋盘，天际之处，连接四海。秦始皇陵地宫的主体建筑顶部呈穹庐形，覆盖在椁室之上，从而形成天圆地方的格局，显示出威震海内、富有天下的帝王气魄。至于地宫的主体建筑则居于突出地位，其他如百司衙署、离宫别馆，则是大小不同、规格各一，自成单元。而这些群体建筑，透过一套柱、梁、枋、檩、枕等木构件和墙、阶、角、隅组成一个桁梧复叠、窿顶穹空的巨型砖石和土木混合结构，以承托陵冢的荷载。如再加上墓圹周壁上数重台阶的楼、阁、亭、榭，就显得上下错落、变化有致。地宫上部，以宫墙（方城）环绕，阙、楼连属，俯瞰宇内，气象博大，蔚为壮观——这就是对秦始皇陵墓地宫整体的辉煌构想。

1981年，中国科学院的地质学家利用现代地球物理化学探矿方法，对秦始皇陵先后进行了两次测试。他们先在秦始皇陵封土之上钻眼取土作为地质样品，经过精密的室内化验，惊奇地发现土壤中汞的含量为70—1500个 ppb（10亿分之一的缩写），平均值为205个 ppb，测试结果表明秦始皇陵地下埋有大量的水银。为排除陵冢封土本身就带有大量水银的可能性，地质工作者详细地查找了史料中关于秦陵封土来源的记载，其中郦道元的《水经·渭水注》记载较为详细："鱼池水出骊山东，本导源东流。后始皇葬山北，水过而曲行，东注北转。始皇造陵取土，其地淤深，水积成池，谓之鱼池也。"这段记载告知后人，骊山的泉水本来是向北流动的，因秦始皇建陵筑起长堤，泉水才折北向东。至今在陵南约3公里处还有一段残长约1500米、高近10米的长堤残迹。同时记载还说明秦陵用土取自鱼池。至今在秦始皇陵以北约1.5公里的鱼池村南尚有一大坑，其容积超过秦陵封土的体积。

1982年5月，地质工作者再次来到秦始皇陵，特意从鱼池村坑中取土化验，其结果表明鱼池坑中的土壤含汞量仅为5—65个 ppb，平均值为30个 ppb，比秦陵封土的含汞量平均值约低7倍。如果郦道元的记载无误，这说明鱼池村坑中的土壤原来含汞量微乎其微，运到秦陵之后才发生了巨大变化。这种变化表明是来自秦陵地宫水银挥发所致。以此类推，司马迁在《史记》中记述的秦始皇陵地宫"以水银为百川江河大海，机相灌输"是可信的。

第十一章　秦陵地宫之谜

升炼水银图一（引自《天工开物》，明·宋应星著）　　升炼水银图二（引自《天工开物》，明·宋应星著）

　　与此同时，地质科学工作者还测出秦始皇陵的强汞范围是1.2万平方米，如果按学者根据有关资料把储汞的厚度暂以10厘米来计算的话，则墓穴内水银藏量的体积应为12亿立方厘米。据现代科学提供的依据显示，汞在20℃时的密度是13.546克／立方厘米。那么，秦始皇陵内原来藏有水银的理论数字应为16255.2吨。因为陵内是"以水银为百川江河大海"的，要流动起来当然就不是平铺地倾入墓底。现按已掌握的汞藏量和现代汞的生产能力估计，陵墓内储有水银应是100吨左右，如果这个数字能够成立，再由丹砂炼汞[⑰]的比率（86.26%）推算，秦始皇陵内的巨量水银需由约115.928吨丹砂提炼而成。中国古代炼丹家，很早就发明了用石榴罐加热使硫化汞分解而得到水银的方法。这个生产过程用现代的化学分子式列出便是：

　　$2HgS+3O_2 \rightarrow 2HgO+2SO_2 \uparrow$

　　$2HgO \rightarrow 2Hg+O_2 \uparrow$

　　秦始皇陵地宫内储有100吨水银，这在今天的人们看

329

来，似乎是个难以置信的数字。假设这个数字是成立的，用什么方法或证据来加以证实呢？或许，只有从有关的文献记载和秦始皇陵区附近的汞矿等方面来考察更合乎逻辑。

司马迁在《史记·货殖列传》中曾说过："巴蜀寡妇清，其先得丹穴，擅其利数世，家颇不訾。"从后来有个叫徐广的人补注"涪陵出丹"来看，这里应指今天的四川彭水县。《新唐书·地理志》载："溱州土贡丹砂。"溱州便是今重庆綦江区。另据地理资料得知，酉阳县也产汞。由此可见，在今天的四川东南彭水、重庆的綦江和酉阳地区构成了一个产丹砂的三角带，其中又以彭水产丹的历史为最早，持续时间也最长。实际上，与之毗邻的贵州省的汞的储量、产量目前居全国之首，其中与彭水三角区不远的铜仁、德江、思南、桐梓等地也早有盛产朱砂、水银的记载，而这些地方发现和开采的历史不晚于四川东南，或者更早些。

另据《宋史·食货志》载："水银产秦、阶、商、凤四州。"又载："朱砂产商、宜二州。"今天的山阳县，自唐以后属商州，在县西南金钱河上游的西坡岭、丁家山、石家山等地有汞锑矿，至今仍在开采。而《元和郡县志》曾说"兴州（今陕西略阳县）开元贡朱砂""长举县（今略阳县西北）接溪山在县西北五十三里，出朱砂，百姓采之"，历代不绝。

再据《明一统志》记载：洵阳县"水银山在县东北二百四十里。山出水银朱砂，有洞"。经现代地质部门勘探，在公馆和竹筒两乡相接的大小青铜沟一带，竟是一处长达百余里的特大汞锑矿床，定名"公馆汞矿"，其藏量居西北地区之首，列全国第三位。据古矿洞中采集到的遗物判断，其开采的历史可远溯到汉代之前。

按照王学理的说法，巴蜀寡妇清之所以名载于《史记》，正是她家数世开办汞矿致富而又切中了秦始皇对汞的需要，至于洵阳、山阳、略阳等县采汞的上限年代虽不能确证始于秦代，但通过政权力量和专制手段迫使全国交献物资的事实未必都能详录在案。所以，就不能排除地处秦地、采运均称便宜的这些地方采汞的可能性。因为由公馆到两河关（乾祐河与旬河交汇处），可溯旬河水运到宁陕，后沿子午道抵达长安，再转秦陵，全程不足300公里。由山阳到商州，本来有一条古道相通，再走武关道，直驱秦陵，也不过230余公里。至于远在巴蜀的丹砂和水银，当是跨长江、溯嘉陵江而

第十一章 秦陵地宫之谜

上，沿米仓道或金牛道越过巴山，经汉水，再通过褒斜道、傥骆道或子午道这些"千里栈道"，便可源源不断地运到关中。

从汞的产地和运输线路看，秦始皇陵内有100吨水银似是可能。但既然"以水银为百川江河大海"，就必有川、河、海的流动，至少当初的设计者是做了这样的构想。那么，这些水银形成的江河湖海又是如何流动的呢？如果仔细研究一下《史记》中"机相灌输"和《汉书》中"机械之变"的记载，对这千古之谜似应有所悟。在古代"机"的含义只能指机械，而同近现代以热能和电能为动力的机械、机器却毫不相干。"灌输"当是流灌输送的意思。而"相"字在这句话里却至关重要，它把"机"同"输"两者联系了起来，由机械推动水银流动，再用"灌输"的力量反过来又推动机械运动。如此往复不已，以期达到水银流动不辍。然而，这种构想应该算是设计者或建造者的一厢情愿，因为根据能量守恒和转化的科学原理，任何不消耗能量以求做"功"的想法都是不切实际的。事实证明，这种努力也只能是无法实现的徒劳。由此推知，秦始皇陵内的水银河是无法也不可能长期流动的，它只能在机械的推动下缓缓地"流动"一段时间，然后进入枯竭状态。遗憾的是，今天的人们尚不能确切地详知创造以水银为江河大海流动的壮举，使用的是怎样一种神奇的机械。但这或许反映了两千多年前，中国人就已经开始了"永动机"的尝试。

当然，秦始皇

秦始皇陵地宫棺椁想象图

地宫内以水银为"百川江河大海"的神奇构造，其真实用意恐怕还不是主要象征气势恢宏的大自然景观。如同吴王阖闾、齐桓公墓中以"水银为池"[18]一样，这样做的一个重要目的是为了防盗。由于水银的熔点是$-38.87℃$，即使常温下的液态也极易挥发，而汞本身是剧毒类物质，人一旦吸入相当浓度的汞气，即可导致精神失常、肌肉震颤而瘫痪，以致伤亡。墓中"以水银为池"，便可扩大汞的蒸气挥发层面。秦始皇陵地宫用"机相灌输"的方法来搅动水银，不但使模拟的江河湖海"奔腾"起来，而且弥漫在墓内的高浓度汞蒸气，可使入葬的尸体和随葬的物品长久保持不腐，更重要的是还可毒死胆敢进入地宫的盗墓者。

以上文字对秦始皇陵地宫的形状做了推断，那么这位千古一帝的棺椁又是什么样子呢？

自兵马俑被当地农民发现之后，随着考古发掘的进展，对于兵马俑和秦始皇陵的研究者越来越多。70年代中期，在美国的《国家地理》杂志上，插图作者杨先民根据科学推测，在插图中把秦陵地宫装载棺椁的龙舟放置在以水银聚成的河流中间。对于这幅图画，有研究者认为，水银河穿绕于模拟宫殿的椁室及山岳之间是有根据的，这从测得的汞异常区正当陵冢中心部位即可印证。但这幅插图也有它的不足和失误，其重要的一点便是把史书上记载的"游棺"当成了"游移之棺"，而导致这个失误的就是《汉书》上的"石椁为游棺"的说法。

在《史记》中，司马迁谈到秦始皇陵地宫时，只是谨慎地说过"下铜而致椁"。并且是放在"穿三泉"之后叙述的，由此可见这是施工程序中两个先后相接的步骤。这里的"下"应是投入、投放的意思。"致"，应做达到来讲。殷周时的棺椁均为木制，到了春秋战国时期，随着生产力的发展、工艺技术的进步，棺椁之制作渐趋华丽奢靡。从已出土的曾侯乙墓[19]来看，其椁室是用380立方米的木材垒成，其主棺为两层的套棺制，并制作得十分考究。"外棺"的四周和亡下两面用22根重达3200公斤的钢材构成框架，再嵌以木板，拼成完整的棺身、底和盖。如果按曾侯乙墓的规模推测，秦始皇陵地宫中的椁也应是采取了同曾侯乙墓中"外棺"相似的做法，不同的是椁比棺的规模更大、装饰更为华丽罢了。历史兼地理学家郦道元把这种做法称作"以铜为椁"，似能说得过去。

《史记》和《水经注》都称作"下铜而致椁"或"以铜为椁",而《汉书》却偏称"石椁为游棺",这岂不是互相矛盾吗?

如果班固的《汉书》有些道理,只能这样认为,前者说的是主椁,后者指的是椁室。从已出土的曾侯乙墓看,椁室的内部隔成北、中、东、西,各做长方形的四室。东室是放置墓主人之棺的主椁,即"正藏椁",其他各室均属"外藏椁",中室放礼乐器,西室殉人,北室置车马器和兵器。以此推测下来,秦始皇陵地宫的"正藏椁"很可能就是所谓"以铜为椁",而"外藏椁"的各室彼此相连又同各侧室相通,如果这个格局能够成立,也就构成了优游之棺。或许正因为椁室用石砌筑周壁,与挖墓室时"塞以文石"的做法一致,所以,这种椁室就被班固在《汉书》中演义成"石椁为游棺"了。

对于棺椁的问题做了以上的破译,而对《史记》中记载的"弩矢""人鱼膏"等也可做出合理的推断。

凡古代的陵墓,大多有"脂烛长明,弩戒不虞"的传说,这些传说为本来就阴森神秘的陵墓又增添了一分恐怖色彩。至于气魄恢宏、历史悠久的秦始皇陵地宫,人们对这种传说更是深信不疑。司马迁在《史记》中曾有"人鱼膏为烛"的记载,所谓"人鱼"应指今天人们常说的"娃娃鱼"和"山椒鱼",这种鱼在今天中国的许多地方仍有分布,但数量却不是很多,因而已列入珍奇动物的保护范围。

传说中秦始皇陵地宫弓箭布置图

"人鱼膏"在很多典籍中都写作"人膏""鱼膏",这很可能是流传中的笔误。在古籍上常有用

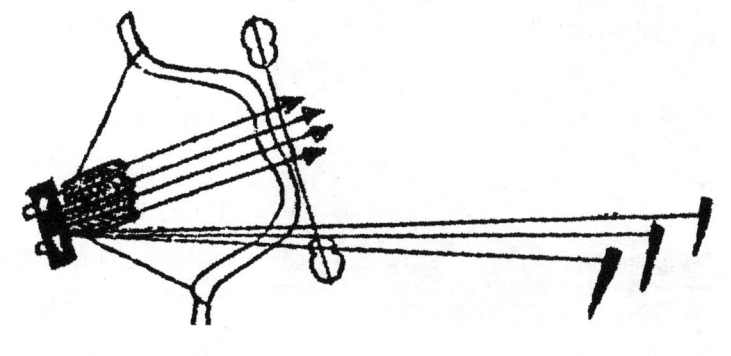

缔鱼、人鱼、孩儿鱼、鲵纳来代表俗称的"娃娃鱼"，其学名应叫"大鲵"。据考古学家王学理说，鲵的另一种解释便是"雌性的鲸鱼"。由于鲸鱼属于大型水栖类哺乳动物，体长、肉美、脂肪多，用其脂膏点灯便有了经济的意义。当年秦始皇在东海令人以连弩射杀过的大鱼便是鲸。有科学家曾做过这样有趣的推算：用鲸脑油制成的蜡烛，一支的燃烧值是7.78克/小时，一立方米的鲸油可以燃烧5000天，秦代人之所以用"人鱼膏"做烛，大概是利用了耗油少、燃点低、不易灭、持久性强的这一特性。但从已出土的北京十三陵明定陵[20]地宫中的"长明灯"[21]来看，在陵墓中要做到"人鱼膏为烛，度不灭者久之"，显然是不可能的，因为一旦隔绝了空气，燃烧也就成为泡影。想来秦始皇地宫中的"长明灯"，也早已熄灭若干个世纪了。

如果打开秦陵地宫，其间安装的弩弓是否还能发生作用，这同样是研究者和好奇者感兴趣的话题。秦始皇陵内安装的弩弓到底是怎样的一种情形，现在尚无确切的定论。但就秦俑坑出土的弩弓来看，其弓干和弩臂均较长，材质可能是南山之"柘"（山桑），当是性能良好的劲弩。据学者们估计，这种弩弓的射程当大于600步（合今831.6米），张力也当超过12石（合今738斤）。如此具有远射程、大张力的劲弩，单靠人的臂力拉开恐怕是困难的，只有采用"蹶张"才能奏效。如果把装有箭矢的弩一个个连接起来，通过机发使之丛射或是连发，就可达到无人操作、自行警戒的目的。这种"机弩矢"实际上就是"暗弩"。因为秦始皇陵内藏有大量

弓弩施放图（引自《天工开物》，明·宋应星著）

第十一章 秦陵地宫之谜

山东武梁祠壁画中的足镫弩施放图

珍奇异宝，为了防盗，就在墓门内、通道口等处安置上这种触发性的武器，一旦有盗墓者进入墓穴，就会碰上连接弩弓扳机的绊索，遭到猛烈的射击。这一做法，被以后汉唐陵墓所继承，有些史书也详尽地记载了这一事实。

据《录异记》载：唐僖宗末年，一个盗墓贼被凤翔府官差抓获，当府曹李道审问时，盗墓贼说他"为盗三十年，咸阳之北，岐山之东，陵城之外，古冢皆发"。但有一次，在掘一古冢时"石门刚启，箭出如雨，射杀数人。……投石其中，每投，箭辄出，投十余石，箭不复发，因列炬而入。至开第二重门，有木人数十，张目运剑，又伤数人。复进，南壁有大漆棺，悬以铁索，其下金玉珠玑堆积，众惧，未即掠之，棺两角忽飒飒风起，有沙迸扑人面，须臾风甚，沙出如注，遂没至膝，众惊恐走。比出，门已塞矣。后人复为沙埋死"。

由这段记载可以看出，这个盗墓贼在经历了一番惊心动魄的险情危难之后，可谓是死里逃生，捡回了一条小命。无怪乎他对府曹李道说：此次不被捉捕，也打算今生"誓不发冢"了。

拨开历史的迷雾

关于秦始皇陵墓的规模、规格及地宫的形制，已做了初步推测，人们在惊叹这座恢宏庞大的陵墓之时，不免对地宫内奇珍异宝的存与毁多了几分担心和猜测。千百年来，无论是官方还是民间，都一直流传着秦始皇陵被几番盗掘的不祥之语，更有牧羊儿火烧地宫棺椁的说法。现在，流传中的盗墓者和那个牧羊的小孩作古已久，只是关于这些故事的历史记载还残存人间。

如果史书所言属实，秦始皇陵显然遭到了大规模的盗掘和破坏，而主其事者竟是中国历史上3个鼎鼎大名的人物——西楚霸王项羽、五胡十六国时期后赵国君主石勒、石季龙（石虎）兄弟及唐末农民起义领袖黄巢。若再加上西汉末年农民军在盗掘中"销椁取铜"和牧羊儿进入盗洞求羊而失火烧棺，算起来先后经历了5次大洗劫，陵墓内的奇珍异宝早已荡然无存了。那么，这些史料记载和民间流传的故事，是否都是可信的？秦陵地宫真的被盗一空了吗？

有关秦陵的大多数的研究者都会发现，越是随着记载时间的推延，叙说破坏的内容越不断增加，而且所叙各事又多有抵牾之处。最早的司马迁在《史记·高祖本纪》中只说了句"掘始皇冢，私收其财物"的话，况且还是引用刘邦和项羽在阵前对骂中的语句。不想过了180多年之后，在班固的《汉书·刘向传》中，却出现了"羊入其凿""火烧其臧（藏）椁"，又"燔其宫室营宇，往者咸见发掘"的语句。又经过多年，地理学家郦道元在班固的基础上大加发挥演义，直至出现了项羽对秦始皇陵大加盗掘和牧羊童火烧地宫的具体细节。至于以后的史书作者，在对秦始皇陵的毁与盗的问题上，更是百般演义，直至把石勒、石虎、黄巢等人加了进去方才罢休。关于石勒、石虎兄弟盗秦始皇陵一事见南齐臧荣绪所著的《晋书·载记》七《石季龙》下，书中记叙道："（石）勒及季龙并贪而无礼，既王有十州之地，金帛珠玉及外国珍奇异货不可胜纪，而犹以为不足。曩代帝王及先贤陵墓靡不发掘，而取其宝货焉。邯郸城西石子冈上有赵简子墓。至是，季龙令发之。初得炭，深丈余；次得木板，厚一尺；积板厚八尺，乃及泉。其水清冷非常。作绞车，以牛皮囊汲之，月余而水不尽。不可发而止。又使掘秦始皇冢，取铜柱铸以为器。"关于这段记载前文已有叙述，只是尚未做真假的分析。而袁枚在《始皇陵咏》一诗中，对史书中提到的几个人物不但未做半点怀疑，反而指名道姓，言之凿凿，并对秦始皇陵的遭遇做出了结论："骊山之徒一火焚，犁耙褊杆来纷纷。珠襦玉匣取已尽，至今空卧牛羊群。"由于班固、郦道元、袁枚等人的历史影响和在文史领域里的独特地位，千百年来，人们对这些记载深信不疑，只是到了兵马俑发现之后，随着大量考古资料的增加，人们才对这些历史记载加以怀疑并重新思考。

前面已经提过，司马迁在《史记》中关于项羽盗掘秦始皇陵的记载，只是引用刘邦在两军阵前责骂项羽的话，没有直接去写项羽云云。如果刘邦指责项羽盗掘陵墓一事属于事实，那么这应该算作一桩重大的历史事件。但这样的历史事件却没有分别载入《秦始皇本纪》和《项羽本纪》中。按常理推论，如果为了保持《秦始皇本纪》的完整性而故意不将此事记载于内，那么在《项羽本纪》里是非记载不可的，但遗憾的是在其中找不到一点蛛丝马迹。这是司马迁的遗漏？还是有不便称说之处？两种疑问似乎都难以成立。因为司马迁是一个被公认的秉笔直书的史学家，极少奉迎趋势之作，只要看一下他对秦始皇陵地宫的结构及其陈设清楚的记述，就不难发现其材料来源定有所本，绝非随意杜撰。假如司马迁所处的西汉皇宫档案库中有这方面的史料，或是民间有类似的传闻异故，他必定要加以证实而后采录。既然他在《项羽本纪》中曾对项羽"烧秦宫室，火三月不灭，收其妇女宝货而东"的行为记述得如此明确而肯定，还有什么要对掘秦始皇陵这一事件加以掩饰呢？不可否认，率军进入关中的项羽，其"掘冢"的动机是绝对存在的，但是否已经掘开了秦始皇陵并盗走宝藏，却是互有关系而结果未必一致的两码事。恃功好气的项羽出生在"世代为楚将"的项氏之家，其祖父项燕便是被秦军所败被迫自杀的楚国名将。秦的统一，楚的破灭，在使项氏家道中落的同时，也在他幼小的心灵深处打下了深深的烙印，无时无刻不想"取秦而代之"。正是这种国破家亡的仇恨和自小形成的暴戾残虐性格，使他得势后做出了一次坑杀秦降卒20余万人于新安的残暴之事。当他统率大军入关中并杀掉秦降王子婴后，又怎能不想掘开秦始皇陵，以雪当年秦国大将白起"拔鄢郢、烧夷陵（楚先王墓）"之国耻和秦将王翦诛杀祖父之仇？但是，面对秦始皇陵这样一座庞然大物，其陵墓地宫之深邃、构筑之坚固，令处于乱世之中的项羽，很难有时间和精力发兵卒盗掘开来，因为当时尚有比盗掘秦始皇陵更大更紧迫的事等待他和他的将士们去做。对于这位项羽大将军来说，能够顺手牵羊以泄仇恨的，莫过于把秦始皇陵园地面建筑纵火尽情地焚烧，对于包括兵马俑坑在内的浅层地下"宝藏"，则采取能挖的挖、能拿的拿、能毁的毁、能烧的烧这一方式进行劫掠毁坏。由于出现了这一连串的非常举动，人们误认为项羽盗掘了秦始皇陵地宫是极有可能的，而刘邦所言"掘始皇冢"的证据也许正源于这一点。

但后来的记载就不同了，班固的《汉书》虽未提"掘冢"，只说"项籍燔其宫室营宇"，但却成了"羊入其凿""火烧其臧椁"。虽说"外被项籍之灾"，却也增加了"往日咸见发掘"的记录。自班固又过了许多年，郦道元在《水经注》中把项羽发掘陵墓收取财物和牧童火烧地宫一事又说得具体而生动，似乎这些事情发生之时，郦道元正在现场亲眼看见一样。至于郦道元之后的记叙，就更玄乎其玄了。

既然事实如司马迁所言，那么后来的班固、郦道元又何以编造故事，栽赃陷害已作古的项羽？这实在是一个令人难解的悬案。尽管对班固等人当初的心理无法琢磨，但有一点却是清楚的，这就是关于汉武帝中期以前的史实，基本是从《史记》中抄袭过来的，而身为兰台令史的班固也不可能比早他180多年、身为太史令的司马迁获得更多的档案材料，而郦道元更是如此。在这种情况下，班固、郦道元竟写出了一连串的谬误之作，其原因只能是随着民间流传而添枝加叶、铺张渲染、以讹传讹，并人为地夸大，正是这些缘故，才给后人留下了一团扑朔迷离的历史迷雾。

如果按照班固和郦道元的记述，可以设想，项羽要凭借为数几十万人的挖掘能力，不管他采取大揭顶还是多道并进的办法，都将是愚蠢至极的。若在短期内，集中一处深掘，不但难于下手，而且对于这样一个庞然大物来说，也是难以奏效的。即使地宫已打开，那陵墓内的珍宝再多也有个定数，以30万的人力，何以"三十日运物不能穷"？从盗掘的面积上来看，对于一个深在地下七八十米的陵墓，若开凿的面积过大，短期内挖不到底，更谈不上取物。开凿面积过小了，下部缺氧，人不能入。由此可知，"羊入其凿"的说法恐怕是要大打折扣。在地层深处，"火烧其臧（藏）椁"并"火延九十日不能灭"的事也很难发生。

第十一章 秦陵地宫之谜

历史上对于掘墓中出现的"怪异"现象多有录载，如《汉书·外戚传》载王莽发傅太后冢，墓室崩塌，压杀数百人，开启棺木，臭气熏人，远及数里；开丁姬冢，椁内喷火四五丈，烧了器物衣服，仅得玉匣、印绶而已。《括地志》载西晋永嘉末，挖齐桓公墓，水银散发出的气体使人不敢近，过了好长时间，才敢牵犬进入墓内。如按班固、郦道元、袁枚等人的记载，无论是项羽、石虎或黄巢率部确实掘开了秦始皇陵，势必会受到原设的暗弩的射杀，即使有幸进入墓室，也会受到水银毒气的伤害。而关于这些更能引人入胜的事件，书中却不见记载，岂非咄咄怪事？退一步说，如果秦始皇陵内已被洗劫一空，历代朝廷又何须下令派人保护呢？当刘邦平定天下后，即派20户为始皇守冢，这本身就说明这位新登龙位的皇帝知道并没有人毁坏寝宫。否则，还有什么守冢的必要？继刘邦之后，历代王朝对秦始皇陵都倍加守护，这样的举动当是对班固、郦道元、袁枚之流讹传的否定。

秦始皇陵寝建筑中的石槽

前文已述，从20世纪50年代起，陕西的文物工作者王玉清等就开始对秦始皇陵进行地面勘察。70年代中期，考古人员开始围绕陵冢、陵园进行大规模的钻探，并留下了几十万个钻孔。

据长年负责秦始皇陵园钻探的考古学家程学华透露："钻探资料表明秦始皇陵地宫上的封土没有发现局部下沉的迹象，夯土层也没有较大的变动。目前在整个封土上仅发现两个直径不足1米、深不过9米的小盗洞，且盗洞又远离地宫。如果当年项羽以30万人对秦始皇陵地宫进行发掘和火烧，怎会是今天这般模样？"

"班固近似道听途说，郦道元则是信口开河，致使我们的考古研究误入迷途。"程学华在对历史史料的记载者加以批评的同时，进一步否定了项羽盗烧秦始皇陵地宫的说法。

秦陵考古工作站站长张占民经过多年的潜心研究，也得出了和程学华先生一致的结论，认为班固和郦道元的记载是相互矛盾和难圆其说的："既然项羽烧地宫在先，那么地宫内的建筑，包括棺椁在内绝对不会幸免，怎么没有对秦始皇尸骨做何处理

秦始皇陵偶尔发现的小型盗洞

的半句记载？而在后来又冒出个牧童失火烧毁了棺椁的说法？牧羊人单凭一根火把照明就敢独自钻入地宫烧掉了埋藏在地下数十米的棺椁？何况地宫之内严重缺氧，水银弥漫，不等牧童接近棺椁也许就一命呜呼了。由此可见，《汉书》的记载是难以成为事实的。"

从现已发掘、钻探的地宫周围的一些随葬品看，西墓道耳室仍保存着完整的铜车马队，而装置铜车马的木椁也没有遭到火烧，属于自然腐朽。北墓道耳室也同样保存着一些重要的随葬品。试想如果秦陵地宫真的被项羽30万大军所盗，在墓两旁的随葬品怎么会完好无损？既然这些随葬品能完好无损地保存下来，深藏在地宫内的随葬品更应该不会被洗劫一空，甚至同样完整地保存下来。假如项羽当年真的一把火焚烧了地宫，那么地宫内的水银也早已挥发四散，而不再会有当代地质科学家在皇陵的封土中发现和验证的水银存在。一切迹象和实物资料表明，秦陵地下宫殿不但未遭大规模的洗劫，也同样没有被焚烧的可能。

《吕氏春秋·安死》曾说：自古及今，未有不亡之国也；无不亡之国者，是无不抇（发掘）之墓也。"并且举例说："宋未亡而东冢抇，齐未亡而庄公冢掘。"由此可看出，关于盗墓掘冢之风由来已久，并演化成一种职业，有些人专门就从事这种挖坑掘洞、截路盗墓的勾当。此风在经历了两千年后，不但未有收敛，反而愈演愈烈。清代毕沅曾说："有人自关中来，为言好人掘墓，率于古贵人冢旁相距数百步外为屋以居，人即于屋中穿地道以达于葬所。故从其外观之，未见有发掘之形也。而藏已空矣。噫！孰知今人之巧，古已先有为之者。小人之求利，无所不至，初无古今之异也。"

秦始皇陵是否遭受过民间那些不事耕稼、专干掘冢嗜利之徒的盗掘呢？陵内的珍藏既然具有极大的吸引力，就不能不让这些求利之徒蠢蠢欲动，陵冢封土基部逐渐内缩，或许与此有关。但始皇陵墓坚固与艰巨的程度，既然凭借集团力量的项羽之辈都无计可施，刁民奸盗靠分散力量的"微抇"又奈若何？

中外学者的探寻

1966年，在爱尔兰的伯温河畔，考古学家发现了一座隐没于密林深处的高大壮观的长廊式坟墓。经反复验证，考古学家惊奇地发现这座坟墓建于公元前3250年，比著名的埃及金字塔建造年代还要早500多年，为迄今世界上最古老的陵墓建筑，这一发现引起了世界许多考古学家和历史学家研究、探寻的兴趣。

著名考古学家麦克尔·奥卡列对此墓做了精密的研究后，意外地发现坟墓大门上方有一块石头掩饰着一个长方形的窗口，窗口半开半掩，而石头也可移动。于是，奥卡列对这个奇特的窗口产生了兴趣，经过一番苦心的琢磨，终于得出了这个窗口与某种天文现象有关的结论："如果把这个门上之窗当作一个观察孔，那么，也许在某个特定的时间可以观察到某种独特的天文现象。"为了证实这种推断的可能性，他开始进行了天文演算，终于确定了这是古代人类用来观测冬至阳光的独特设施。

为做到对这一独特设施进一步的了解和探究，1967年12月冬至的那天清晨，奥卡列只身一人来到古墓进行观测。他惊异地发现当太阳跃出地平线的刹那间，一缕灿烂的阳光便从窗口射进古墓。随着太阳不断地升高，射入古墓的光辉也开始四散，并形成很强的光，将墓中的一切照得通亮。奥卡列在强烈的光照中看了看手表，这正是冬至到来的准确时刻。几分钟后，随着太阳的继续升高，阳光从窗口移开，坟墓重新陷于神秘恐怖的黑暗之中。

奥卡列的发现，与古墓的发现一样轰动了西方史学界、考古界和天文科学界。他第一次以活生生的事实揭示了五千多年以前的古代人类就已经开始观测和准确判定冬至时间的伟大创造力和非凡的智慧，这无疑是对古代人类文明又一次新的探知和领悟。

当然，这座古墓和窗口的发现，只是探知了人与天体相关的一部分，而另几座陵墓的发现，则向人们揭示出整个天体宇宙与古代人类的密切关联。这就是中国自60年代初相继发现的洛阳西汉壁画墓中的星象图[22]、西安交大西汉壁画墓中的二十八星宿图[23]和湖北随县战国初年曾侯乙墓漆衣箱拱形盖上的二十八星宿图[24]。

洛阳与西安交大的西汉墓，主室的顶部和四壁均绘满了色彩斑斓的壁画，其内容明显分为两个部分，上部代表天

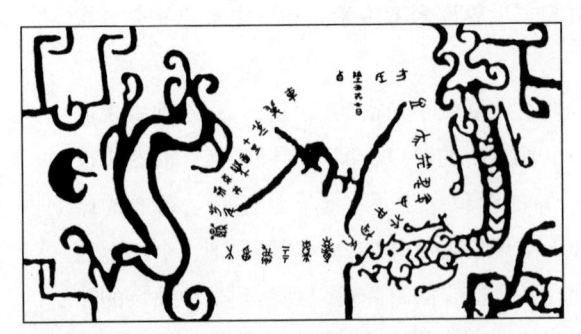

曾侯乙墓出土漆衣箱盖上的二十八星宿图　　西安交大西汉壁画墓中的二十八星宿图

空，下部代表山川。代表天空的除日、月、流云和飞翔在天空之中的形态不同的仙鹤外，最令人惊叹的便是西安交大西汉墓中以青、白、黑三色勾绘的两个较大的同心圆圈之间绘有各种星辰80余颗。经考古学家和天文学家研究，这就是中国古代天文中的二十八星宿图。

显然，从战国初年曾侯乙墓漆箱拱形盖上绘制星宿图到西汉墓壁画中星象图的出现，在这段历史沿革的岁月里，必有其他陵墓暗藏的星宿图在其间起到了承前启后的作用。早在曾侯乙墓发掘之前的1965年，考古学大师夏鼐就做出了这样的推断："《史记·秦始皇本纪》说秦始皇墓中上具天文，下具地理。当时在墓室顶部绘画或线刻日月星辰象图，可能仍保存于今日临潼秦始皇陵中。"

当代考古学家、秦俑博物馆原副馆长刘云辉在肯定了夏鼐这一论断的同时，也提出了司马迁的《史记》对秦始皇陵地宫的记载完全值得相信的观点。因为司马迁生活的时代和治学态度均不同于后来的班固、郦道元以及其他历史学家，司马迁在《史记》中所记载的一切，被后来大量的出土实物和资料所证实。在甲骨文未被发现时，有人曾怀疑《史记》中商王世系的可靠性，而随着殷墟甲骨的发现，甲骨上商王世系的记载与《史记》所记几乎完全相同。这并非偶然巧合的结果，使后人对《史记》更加深信不疑。而从司马迁的身世也可以看出，他所记载的历史史实是可靠的。他的祖先曾有多人在秦国做过臣僚，而司马迁的父亲司马谈又为汉王朝宫廷中的太史令。秦始皇地宫的构造虽属绝密，但秦皇宫廷中必有档案记录。因为《汉旧仪》指出秦陵地宫是按"章程"进行修建的，在后人看来，这个章程无疑就是施工图纸，这类的图纸在中山靖王刘胜墓中已有出土，想来秦时的情况也应同此类似。当年刘邦大军刚攻入秦国首都咸阳，刘邦就命萧何收"秦丞相御史令图书藏之"，并且汉王朝对秦始皇陵地宫的构造应有些掌握，司马谈、司马迁也完全有资格接触这些属于机密的史料，因此《史记》中对秦始皇陵地宫的记载应当说是可信的。

由于现代科学技术的局限，对秦陵地宫的深度无法准确地测出。秦陵地宫已用洛阳铲钻入26米的深度，但经过分析验证仍是人工夯筑的夯土层，就现在掌握的情况而言，秦陵地宫至少有26米以上的深度。而根据司马迁《史记》中"穿三泉"的记载，应看作穿过了三层地下水。秦陵附近的水文资料

秦始皇陵寝地下陶制管道

表明第一层地下水距离地表为16米，第二层和第三层地下水距地表到底有多大距离还尚无测定。即使测定，2000多年前的地下水位和今天的地下水位显然有较大的差异，因而不能以水位的高低来确定地宫的深度。尽管如此，考古学家还是根据有关资料对秦陵地宫深度做了比较切近实际的种种推测。在众多的结论中，以袁仲一的为最低，他推测的结果是地宫深度不会少于24米，而刘云辉的推断结果是地宫深度最少在50米以上，这是20世纪考古界对秦陵地宫所做出的大体结论。

既然秦陵地宫已穿越了"三泉"，那么，地宫内部采用了什么方法堵塞或排除地下水？有研究者根据《汉书·贾山传》中"冶铜锢其内，漆涂其外"和《汉旧仪》中"锢水泉绝之，塞以文石，致以丹漆[25]"的记载，推断秦陵地宫的施工程序是先堵漏后防渗，即在石缝中浇灌铜液，再以文石塞住泉眼，其次在内壁涂上丹漆，从而堵绝了地下水渗入地宫之内。

这种推断固然有其道理，但仅凭这样的办法能否彻底堵绝地宫内的渗水，则引起不少研究者的怀疑。那个当地宫封闭后，从地下水道里偷偷爬出来的青年工匠的民间故事，也令研究者对秦陵地宫有没有排水道的问题进行不断的探寻和思考。

20世纪80年代末，陕西地矿局工程师孙嘉春对秦始皇陵以北1.5公里的秦代鱼池遗址进行了考察后，大胆地否定了郦道元在《水经注》中所记载的单纯从此处取土而成池的说法，提出了秦人筑鱼池的重要原因就是为了掩护地宫排水管道出水口的论点。这一令人震惊的理论一经提出，使科学界

第十一章 秦陵地宫之谜

为之哗然，并议论纷纷，褒贬不一。为判明这一理论的真伪，随后不久，水文地质研究者邵友程又来到鱼池遗址进行新的勘察。此时古鱼池水面虽不存在，但邵友程在勘察中，仍然看到了原鱼池底部连片的荷塘和丛生的芦苇。令他惊叹的是公路两侧与沙河东北侧三角地带的芦苇丛中，竟流出了一渠清澈的碧水蓝波，这股水和混浊的沙河水完全不同。当他登渠问一位正洗衣服的妇女这渠水的来源时，妇女告诉他：芦苇丛里有一处"昌水泉"，常年涌流不息，从不见枯竭。当他走下水渠询问一位当地农民这里的水源情况时，农民指着鱼池遗址告诉说："只一锹就见水。"

邵友程根据推算，认为"由于有着一条排水管道的制约，秦始皇陵地宫底部的标高，绝不能低于鱼池中心标高43米，应在地面以下40—50米之间，最深不超过55米"。至于那个"昌水泉"是否就是地宫管道的排水口，在他后来发表的文章中只是以"确也是个有趣的问题"含混过去而未做明确论证。而在秦始皇入葬时，那个被封闭在墓中的青年工匠，是否就是沿着这条排水管道从"昌水泉"爬出来的问题，尚没有人拿出一个学界普遍认同的结论。

由于秦始皇本人以及秦始皇陵在人们心目中的重要地

秦始皇陵园出土的地下陶制管道示意图

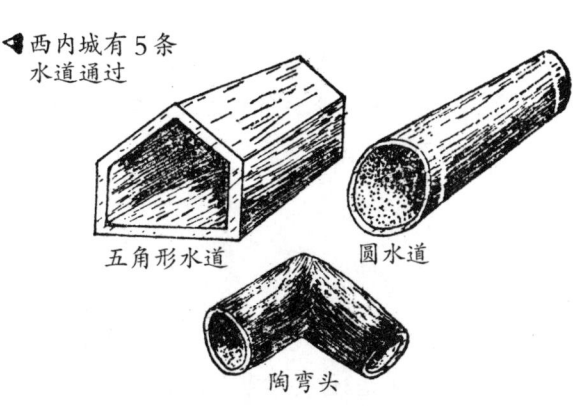

西内城有5条水道通过

五角形水道　圆水道　陶弯头

位，使关于这两者的研究遍布世界各地。相对而言，中国学者在对待秦陵地宫的研究问题上，未免有些拘谨和过于实际。而国外学者对秦陵地宫的研究思路，则要大胆和开放得多，其丰富的想象、大胆的构思、灵活多变的论证，实在令中国人为之瞠目。即使那些对秦陵历史的爱好者所做的举动，也令人大感惊讶和意外。

早在1978年，当中国考古学家正处在发掘秦始皇兵马俑坑高潮时，4月份的美国《国家地理》杂志就率先登出了驻美学者杨先民绘制的秦始皇陵地宫结构的想象图。而位于瑞士日内瓦的欧洲核子研究中心的3名科学家，在1984年10月3日出版的第9期《谈论》杂志上，发表了一封建议信，对秦陵地宫的发掘提出了全新的见地：

我们建议成立一个多学科的工作队，不用物理发掘的方式，而是使用现代的非破坏性技术，勘探和探查位于中国西安骊山的秦始皇陵。具体地说，我们想要置一个大型感应线圈和一个电动发电机组，钻探一些干"油"井，在这些"油"井里和骊山上安置磁场仪和其他电子装置。

建议使用此方法的优点是：

一个需要进行大规模的发掘，我们只是钻探直径为8英寸、与塑料管相连接、通过黏土的浅"油"井，因而不会造成破坏。

我们相信我们能够探明真正的秦始皇陵的立体位置。它也许就在骊山下面。

我们的方法提供了一个机会，通过这个机会我们可以了解陵墓的深度、体积与规模。

这项计划如果能实现，预定目标如果能够达到，将会向学者和科学史研究工作者提供难以估价的信息。探测方法总的来说是有益的和实用的，探测自然需要通过国际合作来实行。

…………

陈明　戴维·勒基　罗纳德·罗

这封建议信的刊出，尽管出乎人们的意料，但却未能引起轰动和大幅度的震撼。于是3位科学家在1985年1月25日出版的第6期《谈论》杂志上，再度抛出了《应用于考古学的非破坏性探测和层析X线摄影学》的长篇论文,这篇论文终于引起了科学界的注意。

自古以来,人们就产生了不掘开地面便可探知地下埋藏宝物的梦想。这个梦想在今天已成为现实。英国物理学家将电学与磁学相结合,向我们提供了透视地球、金属和人体的手段。此后,科学家们又利用更先进的方法找矿、探场和诊断病症——这就是层析X线摄影术。其应用范围极为广博,如果用之于考古,则可在不提取文物标本的前提下,向考古工作者提供古代遗迹和埋藏事物的准确位置和详细的资料:

秦始皇陵是世界上最伟大的建筑工程之一。虽然历史文献对其未做详细记载,但根据仅存的史籍和考古发掘也可做出基本推测。因此,可以相信,陵墓内有大量的青铜构件,如环绕墓室的青铜墙壁、青铜拱顶。根据史料推测,陵墓中有4个青铜铸成的环状物,其中3个用来封闭地下河,1个构成墓室本身。这些青铜的重量可达万吨。

对于秦始皇陵巨大的地宫和丰富的文物,我们可以采用标准的现代化非破坏性探测方法感应的涡旋电流,测定出其衰减的磁场,这就是时域电磁探测。

为完成秦始皇陵的非破坏性探测,我们建议分两个阶段进行:(一)为获得陵墓地宫三维结构的资料,可在骊山附近打一些直径为8英寸的干油井,井中置磁场仪,进行探测,并根据探测提供的数据编制陵墓地宫结构的数学模型。(二)用层析X线摄影技术,探测地宫内的埋藏物。通过以上非破坏性探测,为将要发掘陵墓的考古学家提供重要的帮助和指南。

我们在丁肇中教授的指导下,正在进行高能物理实验,将建成世界上最大的地球物理学装置。我们相信,通过高能物理学的方法,将秦始皇陵作为实例,上述理论定能得到验证……秦始皇陵地面上的陵墓物理形状使我们得出结论:陵墓主体修建得非常深,可能位于地下500至1500米。

……我们估计地宫内的青铜环状物的直径为25米,陵墓主体的直径则大约为50米。而这些青铜环状物中的每一个,都会形成一个在它们下面的陵墓的电磁保护屏障,使埋藏在内的物体几乎无法被探测到。

……我们相信,通过测试而发现的地宫,实际上要比杨先民在《国家地理》杂志上绘制的宇宙观念图形大得多，支撑天空的神圣大山是由青铜铸造的，外部的青铜墙又形成一个环状物，我们在这个环状物上可以发现涡旋电流。

……在这样的探测中，我们是很有兴趣的高能物理学家。因此，我们鼓励同中国的考古学家、地质学家、地理学家和其他愿意被邀请的人一起讨论我们的想法。

我们相信，如果获准利用遗址现场，工作队可以使用感应和声波设备发现大量的有关陵墓的资料，而避免采取物理进入的方式，在探测结束后，我们将把遗址现场恢复到原来的状况。

组成一个多学科的工作队，使用现代的非破坏性技术，探测秦始皇陵，这项计划的实施，从技术和历史的角度都是十分有意义的。

因此，我们希望得到中国科学院的批准。

…………

如上述构想得以获准，我们将写出具体的技术建议。

对于陈明等科学家的建议，鉴于多方面的原因，中国科学院没有讨论，而像这样具有国际影响的大事，也不是中科院就能做主的，因而其非破坏性探测和层析X线摄影学自然也未能实际应用。这件事除让世人看到位于日内瓦的3位科学家天真、幼稚的一厢情愿，以及对中国国情的极端陌生外，没有什么其他的效果产生。但是，人们有理由相信，秦始皇陵地宫的真实奥秘，总有一天要彻底揭开。随着科学技术的大踏步前进和人们思想的日趋解放，这个日子的到来不会太遥远了。

注释：

①关东盗贼即赤眉兵。有关其盗掘秦始皇陵一事，最早见于三国魏·刘劭等编的《皇览》："关东贼发始皇墓，中有水银。"（《太平御览》卷八百一十二引）这个说法可能是由《后汉书·刘盆子传》延伸出来的，传说中西汉末年赤眉军打到长安后，城中粮食尽，遂引兵而西，途中逢大雪，士多冻死，"乃复还，发掘诸陵，取其宝货，遂污辱吕后尸。凡贼所发，有玉匣（玉衣）殓者皆如生，故赤眉得多行淫秽"。似乎赤眉所掘只限汉代帝王贵族陵墓，未及秦始皇陵。

②《秦桧要订补·方城》曰："秦始皇作地市，与生死人交易，令云：'生人不得欺死者物。'市吏告始皇云：'死者陵生人，生人走入市门，斩断马脊。'故俗云'秦王地市有断马'。"《秦桧要订补·礼六》亦记载："始皇陵有银雀金蚕，多奇物，故俗云'秦王地市'。"

③竖穴墓：古代墓葬形式。自地面向下竖直挖一坑穴作为墓室，葬人后用土填实。多为长方形或方形。这种墓制从新石器时代以来一直流行。

④桁架：由杆件所组成的建筑结构，用以跨越空间，承受荷载。杆件主要受轴向拉力或压力。常见的有木、钢或钢筋混凝土制成的屋架、桥架等。桁架分梁式和拱式两种。同实体的梁与拱相比，桁架单位长度的重量较小，用料较省，并能适应较大的跨度。

⑤方城：即所谓"宫墙"，是环墓穴上口堆砌的垣墙。秦始皇陵地宫的宫墙用未经焙烧的砖坯砌成，原压在封土之下。由于历代对封土的切削损坏，封土堆底面积已小于地宫平面面积，宫墙不再位于封土之下。

⑥战国时期的骊山地区气候温和多雨，地下蕴藏着丰富的潜水，水位比今天高。雨季时，因南高北低的地势，地表径流

就直冲陵园。因此，必须以导流系统将南北向的出山水改变为东西向。秦陵工程的设计者在西起陈家窑、东至王捡村蓄水池之间，夯筑了一条呈西南、东北走向、原长3000多米的防洪堤（后定名为"五岭"，以纪念屠睢征南越殉难），又在堤南挖出一条并行的人工河渠，宽约25米，深8米左右。从南城两城门间起，经岳家沟村至西门之南，也修建了一条曲折的明渠，长计1200余米。至于陵园中间的雨水，则铺设陶水管或石水管，引至渗井（地下排水孔）排除。

⑦秦公一号大墓：位于陕西省宝鸡市凤翔区時原，1967—1986年发掘，是已知东周墓葬中最大的一座。呈中字形，全长300米，深24米，面积约5300平方米，有3层台阶，底为椁室，墓内殉166人。该墓曾遭多次严重盗掘，已出土陪葬品3500多件。据石磬刻文，墓主为春秋中晚期的秦景公（公元前577—前537年）。

⑧亚字形墓的墓室，是一个巨大的方形或亚字形的竖穴式土坑，四面各有一墓道，属商代贵族墓葬形制，等级高于中字形墓与甲字形墓。殷墟侯家庄西北冈位于河南安阳市附近洹河北岸商王陵区内的西半部，1934年开始发掘。最大的一座亚字形墓，墓室面积约330平方米，加上墓道，总面积达1800平方米，深度在15米以上。

⑨中字形墓的墓室，是一个大型的长方形竖穴式土坑，南北各有一个墓道。武官村最大的一座中字形墓，墓室面积约170平方米，加上墓道，总面积达340平方米，深度为7米，亦属商代贵族墓葬形制，规模大于甲字形墓。

⑩妇好墓：位于河南安阳市小屯村西北，殷墟宫殿区内，1976年发掘。上部有夯土房基，可能为祭祀建筑的遗迹。墓圹为长方形竖穴，椁室大部分塌毁，髹漆木棺已腐朽，上附有麻布和薄绢各一层。墓内殉人、狗，陪葬品有1928件，贝6800余枚，是殷墟出土文物最丰富的一座墓葬。某些青铜器物上铸有

妇好、好、司母辛等铭文，并发现两件象征权威的大铜钺，而甲骨卜辞中亦屡有妇好领兵征战的记载。一般认为墓主是妇好，有人推测她是武丁（第二十二代商王）的配偶，死后庙号称"辛"，也有人推测她是康丁（第二十六代商王）的配偶"妣辛"。

⑪中山靖王刘胜夫妇墓位于河北省保定市满城区陵山上，故又称满城汉墓，1968年发掘。男女同冢异穴，两墓形制大体相同，墓室开凿在山岩中，拱顶弧壁，符合力学原理。岩洞内还建有瓦顶木屋，已腐朽坍塌。墓道口分别用土坯或砖砌筑后，再以铁水浇灌封门。男用一棺一椁，置于汉白玉棺床上；女则有棺无椁，棺内周壁以玉版镶嵌，棺外还镶嵌有玉璧。两人均以金缕玉衣为殓服，随葬品共计4200多件。根据随葬铜器上中山府、中山宦者等铭文，推测墓主应是中山靖王刘胜夫妇。刘胜为汉景帝刘启的庶子，景帝前元三年（公元前154年）封王，武帝元鼎四年（公元前113年）卒。其妻窦绾，字君须，史籍未载，仅见于出土的两枚私印，死年比刘胜略晚。

⑫吴氏长沙王墓：西汉前期墓葬。1978年发掘，为一带斜坡墓道的岩坑竖穴墓，墓圹四壁有两层台阶。墓室为木结构，底部及四周填青灰色膏泥，然后覆土夯实，墓内随葬品丰富。因有黄肠题凑，推测墓主可能为某代吴氏长沙王。据《史记》《汉书》记载，汉高祖5年（公元前202年）封吴芮为长沙王，传5代，到汉文帝后元七年（公元前157年）无后国除。景帝前元二年（公元前155年），又封刘发为长沙王，传至王莽时始绝。

⑬曹𡥉墓：西汉前期墓葬。1975年发掘，为一带斜坡墓道的岩坑竖穴墓。墓底横陈枕木，上置椁室，套棺置内椁中。椁四周及顶上填塞木炭，并用白膏泥封固。墓内随葬品丰富，还出土"曹𡥉""妾𡥉"的鸟篆文私印三枚。根据有黄肠题凑和"长沙后丞"字样的封泥（中国古代封缄简牍并加盖印章的泥

块），推测墓主曹嬛很可能是文、景帝时的某代长沙王后。

⑭黄肠题凑：中国帝王陵寝椁室外用柏木枋层层平铺堆垒成的框形结构。"黄肠题凑"一名最早见于《汉书·霍光传》。题凑四壁的枋木均与同侧的椁室壁板垂直（即一头抵住椁板呈T字状，一头朝向墓坑周围的土壤壁），从内侧看只见枋木的端头，形如蜂房。题凑用的木料大多是剥去树皮的柏木椽，以本色淡黄，故名"黄肠"。已知最早的题凑见于春秋时期的秦公一号大墓。到了汉代，黄肠题凑成为帝王陵墓的重要组成部分，经朝廷特赐，个别勋臣贵戚也可使用。黄肠题凑皆发现于竖穴木椁墓中，但题凑木枋的尺寸和叠垒层数并不一致。东汉时期随着砖室墓开始盛行，题凑之制逐渐消失。

⑮高台建筑：古代建筑形式，又称台榭式建筑。以阶梯形夯土台为核心，倚台逐层建木构房屋，借着土台，以聚合在一起的单层房屋形成类似大型建筑的外观、满足屋主的各种使用要求。

⑯秦一号建筑基址：战国时期秦咸阳宫旧有建筑遗址的一部分，1959年开始调查，1974—1975年进行发掘。它坐落在秦时就存在的一条上原谷道（今名牛羊沟）的东侧。约当秦咸阳城中轴线附近。东西长60米，南北宽45米，每一层台高6米，包含了厅堂、宫嫔卧室、浴室、储藏室等部分。

⑰在所有的金属中，汞的蒸气压最高、挥发性最强，所以在自然界中，单纯的汞是极为罕见的，多以硫化汞（HgS），即丹砂的固态存在。

⑱王象之《舆地纪胜·卷五·平江府》曰："阖闾冢在吴县间门外。铜棺三周，水银为池，金银为地。"李泰吉《括地志》曰："齐桓公墓在临洞南二十一里牛山上。晋永嘉末，人发之。初得版，次得水银池，有气不得入。"这里的齐桓公是战国时期的田齐桓公午（公元前374—前356年），并非春秋时期的姜齐桓公小白。

⑲曾侯乙墓：位于湖北随州市西郊擂鼓墩附近，故又称擂鼓墩一号墓。1978年发掘。为多边形岩坑竖穴木椁墓，无墓道。椁室四周及顶部积炭，其上依次铺青膏泥、夯土和石板，再覆封土。内外棺均髹漆彩绘，外棺加镶青铜框架，有蹄形铜足和铜盖钮。墓主尸体以丝织物包裹，墓内殉人、狗，随葬品共1万余件，其中尤以一套64个编钟最为珍贵。许多青铜器上都有"曾侯乙乍持（作持）""曾侯乙乍持（作持）用终"之类铭文，说明墓主就是战国早期的曾国国君乙，年代为公元前433年或稍后。

⑳明代自成祖朱棣迁都北京后，至末帝崇祯朱由检为止，除景帝朱祁钰因故别葬于北京西郊的金山外，各帝陵都选在北京西北郊的昌平县境内，包括长、献、景、裕、茂、泰、康、永、昭、定、庆、德、思陵，后世统称为"明十三陵"。定陵是明神宗万历皇帝朱翊钧（公元1563—1620年）及孝端、孝靖皇后的陵墓，位于大峪山下，始建于万历十二年（公元1584年），历时6年完工，万历四十八年（公元1620年）入葬，耗用白银800万两。该墓在1956—1958年发掘，墓中随葬品约2000余件，地宫已于1959年对外开放。关于定陵之发掘过程，请参阅作者另著《风雪定陵》。

㉑明定陵地宫中殿设白玉供案3个，前置黄色琉璃制的"五供"（中置香炉一具，左右各置烛台一座、花瓶一只）。五供前一口巨大的青花龙缸，缸内贮满芝麻香油，油面有钢制圆瓢子一个，瓢中有一根灯芯，芯端有烧过的痕迹，这便是史书上所说的"长明灯"，又名"万年灯"。

㉒1957年，河南洛阳市西北曾发掘一座西汉晚期的砖室墓，中部用立柱和隔梁分为前后两室，顶脊的12块空心砖上，绘有日、月、星象、云气等壁画。日中有金乌，月中有蟾蜍、玉兔，流云缭绕其间。另有55颗星，每颗代表一个星宿，但未以直线相连，受画面狭长影响，位置也不准确，只是象征性的

星象图。

㉓1987年4月,西安交通大学附属小学发现了一座西汉晚期的砖室墓。其墓室顶部及后壁上部绘有日、月、四神(东苍龙、西白虎、南朱雀、北玄武)、二十八宿,还有云气、仙鹤、神兽,其余各壁绘飞禽与走兽,整体反映了战国至西汉时期盛行的升仙思想。日中有三足金乌,月中有蟾蜍、玉兔,80余颗星各以直线速成星组,配绘人物、动物等,充分表现了二十八宿的名称和意义。

㉔曾侯乙墓中发现一具漆衣箱,盖呈拱形,上面以黑漆为地,朱漆绘著首尾方向相反的苍龙、白虎,中央有象征北斗七星(天枢、天璇、天玑、天权、玉衡、开阳、摇光)的大"斗"字,按顺时针方向环以古文的二十八宿名称。

中国古代将赤道附近的天空,按东、西、南、北划成28个不等分的区域,选择28个天官(即星座)作为标志,以便确认天体和天象发生的位置,称为二十八宿。东方七宿是角、亢、氐、房、心、尾、箕;北方七宿是斗、牛(牵牛)、女(须女或婺女)、虚、危、室(营室)、壁(东壁);西方七宿是奎、娄、胃、昴、毕、觜(觜觿)、参;南方上宿是井(东井)、鬼(舆鬼)、柳、星(七星)、张、翼、轸等。二十八宿从角宿开始,由西向东排列,和日月视运动的方向相同。各宿所包含的恒星都不只是一颗,而是相邻的若干颗星辰的组合,常依星象的变化和选取标准的差异而有所不同。

㉕丹漆是挽有丹砂的漆。丹砂的颜色绯红,可做颜料(即银朱),象征尊贵。漆树脂属于黏液性涂料,具有耐酸抗腐性,接触空气后可形成附着力极强的保护层。在地宫内壁涂上丹漆,既有装饰作用,又可防止渗漏。

第十二章 秦俑坑焚毁的对话录

复活的军团

　　秦俑坑遭到大火焚毁,灿烂的文明始逢劫难。后世人类哀叹之中,也在寻觅凶手的真颜。各种不同的猜测,各种迥异的推断,秦俑坑焚毁之因依旧迷雾漫漫。无论是项羽,还是放羊的牧童,要当作凶手以罪论处,尚需时间的检验。

凶手的名字叫项羽

从多数现代研究者的观点看，秦陵地宫似乎没有遭到洗劫和焚毁，但在秦始皇兵马俑出土近30年的今天，有观光者来到秦俑博物馆，仍可见到这支地下大军有无数将士倒卧在泥土中，有的四肢分离，有的粉身碎骨，有的脑壳迸裂，似一场血战刚刚发生，其凄惨之状目不忍睹。那用夯土筑成的土隔梁上，到处遍布着一块块、一堆堆木炭遗迹，表明了俑坑曾遭到过大火的焚烧。而随着整个秦始皇陵园考古工作的不断进展，发现其他为数众多的陪葬坑也同样遭到了焚毁。面对这文明的劫难，人们在扼腕叹息的同时，也自然要发出种种疑问：劫难发生于何时？谁是劫难的主要制造者？焚毁这些陪葬坑的目的又是什么？

带着和观光者同样的心情，在秦俑博物馆数次采访的日子，我有幸和袁仲一、王学理、程学华、张仲立、李鼎铉、刘占成、段清波等几位对秦俑颇有研究的老中青三代学者进行了多次交谈和问学，意在解开心中的疑窦。

袁仲一（考古学家、中国秦俑学研究会会长）：

我认为兵马俑坑是项羽军队焚毁的。在对一号俑坑的试掘和发掘中，我们发现这样一些不正常的现象：一是文物的移位。如有的地方本来没有战车遗迹，却出土了车上的铜构件，有的陶马耳朵、尾巴、饰物也散落在本来没有陶马的长廊内。二是文物不全，如俑坑内出土了许多铜剑鞘首，而不见剑的露面。在第七过洞的淤泥中出土了一铜剑鞘首，里面残存着长约8厘米的剑尖一段，但却怎么也找不到剑身。在出土的长兵器中，有柄无首、有镦无首的情况也很多，这说明坑内有些文物是被人拿走了。

从发掘情况看，一号坑的全部和二号坑的一部分，都是因为被火焚烧后塌陷的。火焚的原因是什么？前几年有人发表文章说是由于俑坑内的沼气而引起自焚。这种观点我认为是不对的，因为在发掘中没有发现俑坑内堆积大量腐殖质的迹象，里面放的尽是陶器和青铜器。坑内虽有淤泥，但泥质比较纯净，里面含有大量的细沙，这些物质不具备产生沼气的条件，也就谈不上沼气自燃。

我认为项羽焚烧俑坑的理由，早在《临潼县秦俑坑试掘第一号简报》中就做过论述，现在需要再补充的几点是，后来在发掘中还有些值得注意的迹象。在一号坑的第二次发掘中，曾发现了一座西汉合葬墓，墓中出土有"五铢"[①]钱币，钱币形制属于汉武帝时期，这是整个俑坑发现的时代最早的一座后期墓葬。它的发现说明俑坑在汉武帝时期就不为所知，同时告诉我们俑坑焚毁的绝对时间至少在汉武帝以前。

一号坑的底部普遍盖有厚达10—44厘米的淤泥，一般厚约20厘米。而二号坑的淤泥仅仅2—5厘米厚。同时在一号坑东端的长廊部分，曾发现用极薄的竹皮织成筛眼形的编织物炭迹一处。这些现象可进一步证明俑坑是在建后不久被焚的。假如时间相隔很久，两个俑坑的淤泥应堆积得更厚更多。竹的编织物、麻绳、箭杆等这些细小的东西也早已腐朽，就不会有烧成的炭迹和灰迹的可能。结合历史文献来看，就曾有"项羽入关发之，以三十万人三十日运物不能穷"的记载。秦始皇陵是否被项羽掘过，目前还难以拿出事实来验证，但项羽大军来过秦始皇陵并火烧陵园地面建筑却不容怀疑，至今仍可看到陵园建筑遗址内堆积着很厚的砖瓦残片、红烧土块以及炭迹灰迹等。

秦兵马俑是秦始皇陵园的一部分，既然项羽烧毁了陵园建筑，那么洗劫兵马俑坑也在情理之中。当然，陵园建筑明显，而秦俑坑深埋于地下，不易发现，但是我们知道秦始皇陵工程修建了几十年，参加修建的人几十万，他们中的多数人应该是了解秦陵布局的基本内容的。这些人来自全国各地，项羽军中肯定会有参加过修建秦始皇陵园且知道兵马俑情况的人。

既然项羽能够知道秦陵附近有兵马俑，又能知道俑坑所在地，那么在焚烧陵园建筑的同时对兵马俑坑的洗劫也就不难理解。尽管秦俑坑内没有珍宝奇货，但有形同真人真马的秦国军队和数以万计的实战兵器。项羽这位楚国贵族出身的将军，对秦始皇以武力踏平楚地，杀死其祖父和叔父、毁灭他贵族美梦的秦国军队自然怀有刻骨仇恨。单从报仇雪耻这一点而言，兵马俑军阵正是最好的对象之一。在复仇心理的驱使下,他命令军队士卒掘开秦俑坑,砸碎兵马、夺走兵器、烧毁建筑也完全在情理之中了。

事实还清楚地表明,在秦亡之前没有人敢去焚毁兵马俑坑,秦亡以后,经过4年的楚汉战争,项羽兵败自刎乌江岸边,汉高祖刘邦掌握政权后曾指派秦始皇陵"守冢十二家"[②],主管看护陵园。在这种情况下,出现大规模的焚毁现象也不可能。所以我认为兵马俑坑的焚毁时间是在秦汉之际的重大政治变动时期。在这个时期最有条件和可能的破坏者应是项羽的军队,而主凶当然是项羽本人。

王学理(考古学家、中国秦俑研究会常务理事):

千百年来,从官家到民间一直流传着项羽挖掘了秦始皇陵墓的说法,但据我考证和研究,这些说法并不可靠,项羽没有盗掘秦始皇陵,陵内地宫及地宫内的珍宝仍安然无恙地保存至今。尽管陵墓得以保全,但秦始皇陵园却在项羽开其端的兵燹中遭到彻底的毁灭。其破坏包括了以下三项:

其一,烧毁了地面建筑。

陵园的地面建筑目标最为显著,是首先遭到洗劫和破坏的对象。寝殿[③]、饲宫[④]、门阙、角楼和园寺吏舍[⑤]在兵燹中无一幸免。在这些遗址上,留给后人的是红烧土和木炭混杂、残砖碎瓦与草屑相伴,真是满目疮痍。饲宫遗址的铺地石中钳制的木构已化为炭迹,其西段有大型板瓦和筒瓦俯压地下,显系整个屋面坍落所致,可见火烧之猛之烈。鱼池的官邸建筑[⑥]留下的仍是经过火焚后的一片废墟,丽邑城也是经过大火的吞噬而从此湮没了。

其实,汉代的刘向对陵墓破坏的程度,早已说得十分明白了。《汉书·楚元王传》引刘向语道:"丽(骊)山之作未成,而周章百万之师至其下矣。项籍燔其宫室营宇,往者咸见发掘。……外被项籍之灾,内离牧竖之祸,岂不哀哉!"无疑是指陵园建筑被夷毁的情景。这里的"营宇",实际应写作"茔宇"或"茔域"。"燔其宫室营宇",即"烧了茔域里的宫室"。由此,"外被"一词不但可作为前面的注脚,而且也使"项籍之灾"一句有了着落。可见,刘向的这几句话是诸多记载中最有权威性的,可称得上"信史"。且听下面的分析和提供的例证。

其二,掘毁了地下的从葬设施。

陵园内诸多从葬坑是有藏具的，或陶或木。陵西大型马坑铺以□木，而且已遭火焚秦俑坑的俑马翻倒有多处是经过推搡而叠次相压的。一号俑坑T20的第九过洞有一列陶俑由前压后地倒下去，竟形成了一条进入的通道。一、二号俑坑因大火，使坑壁和覆土变成火红色，有不少俑躯严重爆裂。三号坑陶俑虽然比较完整，色彩脱落也不十分严重，但全部无头。车后的俑被掀翻，有的首足颠倒。三号坑内未见其他兵器，只有20支铜殳被捆束在一起放置于北室。尽管三号坑没有经过火焚，但却是有意破坏的，俑坑有的经过抢劫和火焚，而唯独"指挥坑"被捣毁，这正是胜利者对战败者征服的心理外露。

其三，劫取了陵园的财物。

陵园的财物大概包括两部分：一是寝庙中的"神器"和陵职人员的用具；二是地下的从葬品。经过部分清理的陵园建筑遗址，很少有金银或青铜器物的发现。采集到的"乐府"铜编钟、两诏铜权[⑦]、"丽山园"铜钟[⑧]及戈、矛等铜兵器，都散见于陵园的堆积土中。秦俑坑内的青铜兵器，按理应是很多的，数千件武士俑所拥有的长短兵器也当是这个数目，但遗憾的是存留不多。因为这些实战兵器本身是一笔国之财富，一旦到手就可以立即装备军队，投入战斗。从这个意义上讲，秦俑从葬坑无异于一个大型的武库。从"库"中看兵器所存无多，结合陶俑被破坏的事实，可见俑坑内的兵器显然是被掳而去。刘邦指责项羽"掘始皇帝冢，私收其财物"，无疑是指他捣毁从葬设施，并掠走陵园财物的行径。因而可以说，秦陵兵马俑坑等陪葬坑就是项羽的军队焚毁的。

凶手原来是自己

程学华（考古学家、中国秦俑学研究会常务理事）：

同袁先生一样，我也不同意沼气自燃说。所谓沼气自燃，坑中并不存在产生沼气的条件，既没有沼气，哪来的沼气自燃说？按发现被烧后的遗迹遗物，结合有关历史文献记载，袁仲一先生和王学理先生所说的项羽焚毁似乎还是言之有证、持之有据的。但通过钻探队对陵园深入的调查钻探和局部清理所获资料来看，我认为俑坑焚毁的真正原因是秦人的一种自焚仪式。

我的依据是，1977年在秦陵园西侧的内外城垣间发现一座曲尺形的马厩坑。局部清理时，我发现在坑的门道端底层有用细绳绞砖坯砌成的长140厘米、宽90厘米、高60厘米的引火底坑，坑道口施棚木处又留有入风空隙，坑底西部和炉的前边有一段不长的空间，堆放着大量被烧的灰烬，这明显是俑坑建成后为葬仪需要所焚毁的铁证。其次陵园内还发现没有被烧毁的陪葬坑。更为有趣的是，与铜车马为一组的陪葬坑，其中一个单元焚毁得很彻底，但铜车马所在的其他几个单元并未焚毁。

兵马俑坑的一组情况也是如此，一号坑焚毁较为彻底，二号坑东北隅蹲跪式俑一区焚毁程度与一号坑略同，其他车、骑及步骑混编三区和三号坑相同，未经焚毁。

从目前秦陵城垣以内和以外发现地下陪葬坑焚毁与未焚毁的情况，可以归纳为这样几个特点：

焚毁的陪葬坑一般为大中型，建筑结构为多斜坡道，坡道对边的坑壁也见竖穴小道口。坑内有用夯土筑起的隔梁，将坑分成若干过洞或长廊，过洞与长廊或径直或萦环曲绕，但都能互相串通。坑的底部、周壁和顶部封口均有木结构，顶部封口施棚木、苇席，周壁重叠侧立壁板或壁柱。坑底先铺垫木，垫木上再铺设较厚的板材。若是青砖墁地，便在墁地砖的两侧有用枋木袱垫的通长底部。坑口架设棚木时，在坑底引火处的上部留有入风空隙。这些形式结构的特点，颇似烧窑一样易于燃烧。

未被焚毁的陪葬坑，多属竖穴小孔，有的坑口封口封顶也施棚木。从坑的周壁、底层无壁板、壁柱、垫木和铺地板材，以及盛装陪葬品的葬具看，坑内无引火易燃的任何迹象。

从上述陪葬坑焚毁与未焚毁的形式结构特点看，所谓项羽焚毁兵马俑坑的论点显然有进一步探讨的必要。秦始皇兵马俑博物馆一号坑大厅修建时，为保护已清理出土的俑坑文物遗迹，又仿秦代当时的建筑设计，重新架设木料覆盖回填。一年后我们再发掘时，这些木料已腐朽不堪。项羽入关时，坑已完成近3年，这时的木结构早应腐朽，留下的也绝不可能再有较为完整的木构榫卯或架设接茬的关系。这种炭化情况，只有在木炭焚毁前、木质尚好的情况下才能出现。另外，项羽焚毁陵园的目的，在于报仇和盗取财物。从已经探明清理的有关陪葬坑，乃至陵寝地宫扰乱迹象、盗洞的大小分析，可以断定不是大的兵燹盗窃。

根据对秦始皇陵地面建筑和地下陪葬坑探测清理所获资料，我认为"项籍燔其宫室营宇，往者咸见发掘"的记载，应是指楚兵在陵园地面建筑内，先掠夺财物，后纵火焚毁，在烧塌的瓦砾废墟中挖取财物。从"居数日，项羽引兵西屠咸阳，杀秦降王子婴，烧秦宫室，火三日不灭，收其货宝妇女而东"的记载来看，项羽在关中是住了很短一段时间的，在这样短的时间内不可能挖开秦陵地宫和地下陪葬坑来盗取财物，再纵火烧毁。何况兵马俑等地下陪葬坑根本无记载。同时从兵马俑发掘的情况来看，大多数兵器没有被盗，而且还较集中有序地保护在原地。所以我说秦始皇陵兵马俑坑焚毁的真正原因，是秦始皇下葬时一种自焚的葬仪形式。

需要补充说明的是，葬仪自焚未见史载，商周以来有"祭天燔柴"，这种祭天燔柴的自焚形式，从河南安阳小屯丙组⑨发现的考古资料可予佐证。秦民族自西向东的发展，接受中原文化，已是无可争议的历史事实。秦始皇统一中国后，采纳群臣建议："关于自称曰朕，朕为始皇帝"，他将自己比作上天的儿子，因此在死后下葬时，被认为是天子归天，回到他的母体中去，经过孕育再度降生人世。由于这种思想的指导与驱使，采用历史上祭天燔柴的方式，也就成了将埋葬时的祭品采取火烧的一种葬仪，使这些物质都随着主人升入天国。

◉ 凶手是个放羊娃

李鼎铉先生（美术家、中国秦俑学研究会理事）：

你向我讲述的袁先生、王先生和程先生的两种不同理论观点，都有一定的道理，因为这些原因都有导致俑坑毁坏的可能，包括前几年有人提出的沼气自燃说也是一样。但细究起来却都有不能完全令人信服之处。我的观点是焚毁兵马俑坑的祸首则是一个放羊的小孩。

从发掘现场可以看到，俑坑底部都普遍存有10—14层淤泥。这说明俑坑的焚毁是秦亡后相当一段时间的事。我们知道棚木一旦烧毁，几米厚的土层就会立即塌陷，不会再出现淤泥的现象。14层淤泥只能是在较长时间内地表发生变化的情况下发生。否则，在两三年内是不会产生14层淤泥的。所以秦俑坑不像袁仲一、王学理两先生所做出的推断，是公元前207年项羽入关的军队所焚毁。

程先生做出的秦人自焚这一理论推断，也有难以自圆其说之处。我们先不谈战国晚期的秦国有没有这种仪式的存在，据目前探测的资料知道，秦陵周围的陪葬物不只有兵马俑坑一处，如前几年发现并出土的跽坐俑，还有近几年发现的马厩坑、珍兽坑等，已公布的报告说大量的马匹是被活埋的，珍禽异兽也看不出有杀死后入棺的迹象，而出土为数不少的跽坐俑大都完整无损，史料记载秦始皇的宫女也都是被活埋的，为什么会单独发生3个俑坑自我焚毁的仪式呢？

兵马俑的质地是陶质，胎厚而用土细腻，且焙烧的温度都在一千度左右，十分坚硬，目的很明显，就是为了能长久地保存下来，以至万世不朽。如果秦国有自焚陪葬物的仪式，这些用心岂不是多余的吗？这种在质地上力求的永存性和仪式的暂存性是有根本矛盾的。从咸阳出土的西汉兵马俑、徐州出土的西汉兵马俑[⑩]来看，除了比秦兵马俑小，其他方面均是相似的。这些汉代兵马俑在出土时大多数都完好无损，可见没有在入葬时就被自焚。秦汉不过相距几十年的时间，按汉承秦制的说法，葬仪不会有太大的变化。这就说明秦俑坑的焚毁不是自焚，而是他焚。再则，秦兵马俑的兵器绝大部分被人捡走了，如按自焚说，土层立即塌陷，这些兵器怎么会不胫而走？

沼气焚毁的说法从理论上当然可以解释得通，但结合实际情况分析就难以成立。要证明沼气失火的现实性，就必须了解秦时骊山地区的水文、土质、气候等资料，经过科学的实验才能加以肯定。在封闭的坑中单有木材的腐朽是不可能产生沼气以至燃烧的。

秦俑坑的焚毁到底应该怎样解释？我认为随着秦王朝的灭亡和秦陵的被毁，秦始皇陵园已失去了它昔日的风采，变成野草、榛莽丛生的荒野，偶尔出没其间者只有樵夫和牧童了。秦俑坑的被焚一定与樵夫、牧童有关。从今天已发现的西汉晚期墓葬断定，秦俑坑焚毁的时间应在秦亡至西汉晚期之前，《汉书》曾有这样一段记载："秦始皇葬于骊山之阿，下锢三泉，上崇

第十二章 秦俑坑焚毁的对话录

三坟，其高五十余丈，周回五里有余，石椁为游馆，人膏为灯烛，水银为江海，黄金为凫雁。……项籍燔其宫室营宇，往者咸见发掘。其后牧儿亡羊，羊入其凿，牧者持火照求羊，失火烧其臧椁。"《汉书》成于东汉初年，作者所述牧儿亡羊失火之事，在它之前的《史记》中不曾有半字记载，由此推断作者大多根据民间流传所记。近年考古人员在秦陵做了精密的钻探和考察后，认为秦陵封土没有发现盗洞，地宫并未被盗。既然没有盗洞，怎么会有"羊入其凿"之事？这个"凿"，我推断就是距地表不深、处于荒芜中的秦俑坑洞口。秦俑坑是陵园的组成部分，当年的项羽军队虽然破坏了秦俑坑，但并未放火烧毁，这从后来发掘出的三号坑无焚烧痕迹可以得到证实。原因是这支复仇的军队，面对比豪华壮丽的陵园要简陋得多的秦俑坑，没有引起焚烧的念头，如果这时焚烧，就不会有俑坑底部的14层淤泥。

可以这样推断，当牧童赶着羊群来到秦俑坑区域时，当年项羽军队所挖掘的进入俑坑的洞窟，多已被荒草和尘土掩盖，羊群只顾啃吃青草，并未注意脚下的地形和地貌，故而纷纷坠入一号和二号俑坑中。一经"牧童持火照求羊"而失火后，便有可能被误传为秦陵失火，再讹传为地宫失火、烧其棺椁等情节。这就是我认为秦俑坑被焚毁的真正原因，同时也是对班固《汉书》记载的破译。

霸王项籍

真凶就是项羽

张仲立（考古学家、中国秦俑学研究会常务理事）：

我首先不同意"沼气自燃"说，秦俑坑是一组地下坑道式的土木结构建筑。俑坑四周的边壁和坑

中的土隔墙均为夯筑，坑底用青砖墁铺，坑顶棚木上铺席，席上又覆一层胶泥土，胶泥土上又压盖一层2米左右的封土，就连修建俑坑时所用的斜坡门道也被立木封堵，并用土填实。所以，完工后的俑坑实际是一组完全封闭的地下建筑。要在如此封闭的建筑中烧起一把火来，并烧得非常彻底，那是根本不可能的。原因很简单，因为没有燃烧所需要的足够的空气。假如有沼气产生也难自燃，况且产生沼气也不可能。我们现在所见到的这种焚毁惨状，只能是在俑坑建筑被破坏成千孔百洞的情况下才能发生。也就是说，是在俑坑内部与外界有众多的地方可以空气对流的情况下被点燃焚毁的。

能够造成俑坑严重破坏，使其千孔百洞、内外空气畅通，不外乎有两种力量。一是人为破坏，二是雨水破坏。而秦俑坑曾遭大规模洗劫这个客观事实，使得这一问题没有再复述的必要了。洗劫者要进入俑坑，就必须先挖开俑坑的顶盖，破坏俑坑建筑。反过来说，只有首先揭开俑坑顶盖，才能进入俑坑破坏和掠夺。参加洗劫的人越多，俑坑建筑就破坏得越严重，而俑坑破坏得越严重，坑内外空气对流就越畅通。大火就烧得越彻底，大规模的破坏和掠夺为秦俑坑的焚毁制造了条件和良机。正是基于这样一种事实，所以我在否定"沼气自燃"说的同时，也有理由否定程学华先生的"自焚"理论。

从俑坑出土的情况分析，它的焚毁在秦末汉初这个社会大动乱年代已是无疑，同时也可肯定地说焚毁者是一个非常特殊的人数众多的集团。这个集团对俑坑的掠夺并不是一般性质的窃取财宝，而是带有目的性的有选择的拿取。秦俑坑丢失的主要是戈、矛、戟、剑等兵器和关键的车马器具及车轮，而为数众多的金铜质器物仍然留在坑内。所以我认为这个洗劫盗窃集团当与军事组织有关，很可能就是一支军队。反之，假如洗劫者是一般性质的盗掘团体，那么秦俑坑中的所有金铜器物对他们来说都是一样的具有掠夺价值的东西，为什么不拿走箭镞、铜殳、弩机、甬钟①和其他众多的器物？再说一般性质的盗掘集团是不会把气力浪费在对俑坑的打砸上的，更不会在盗掘后再点一把大火，有意将自己的盗窃行动暴露于众，至今我还没有闻听有这样愚蠢的盗贼。

既然我已对俑坑的洗劫者做出了是一支军队的结论，并把时间的范围放在秦末汉初，就有必要说明在这段时期内到过或接近过秦陵的军事集团，首先是秦国章邯所率领的由骊山刑徒组成的秦国政府军。章邯官拜秦国少府，

第十二章 秦俑坑焚毁的对话录

是秦始皇陵园工程后期的主持者，当秦二世二年农民起义大爆发，并威胁到秦国政权时，在章邯的请求下，秦二世赦免了骊山刑徒，授给兵器，并由章邯率领去抵抗农民军。在章邯率刑徒攻打农民军这个问题上，有人又节外生枝地提出，可能这支匆忙组成的军队缺乏兵器，便将俑坑的弓弩刀剑取走。这种解释如果和砸毁兵马俑联系起来，便知这是一种不攻自破的推断。假设章邯取走了兵器，何必再砸毁陶俑？况且俑坑兵器和几十万刑徒的比例又是那样悬殊。章邯取走兵器一说不能成立。

有人认为周章之师曾到过秦始皇陵一带，是周章率人洗劫并烧毁了秦俑坑[12]。这一说更难成立。周章所率领的农民起义军，只能算作接近过秦始皇陵园的一支军队。在《史记·秦始皇本纪》中曾有这样的记载："二年冬，陈涉所遣周章等将西至戏，兵数十万。"这个"戏"的确切地点在新丰东南30里处，而新丰在秦始皇陵北3公里处，这说明周章之师未到秦始皇陵就被章邯组织起来的骊山刑徒打退了。

刘邦所率领的军队先于项羽到达关中，尽管史书没有明确说明，但这支军队到过秦始皇陵是可能的。然而，从刘

潼关古战场

邦入关后的所作所为来看，足以证明秦俑坑的洗劫和焚毁非其所为。《史记·高祖本纪》中记载刘邦诉说项羽十条罪状时，曾有"怀王约入秦无暴掠，项羽烧秦宫室，掘始皇帝冢，私收其财物"的说法，要是刘邦将兵俑洗劫焚毁，这段骂词是说不出口的。所以，我认为秦俑坑的焚毁是晚于刘邦入关的项羽所为，其原因与袁仲一、王学理先生所说的理由相同。

至于李鼎铉先生所言，尽管项羽砸毁、洗劫了俑坑，而没有焚烧的"牧童焚毁"说，我也不敢苟同。假设项羽没有焚烧俑坑，一个小小牧童能将俑坑烧得如此彻底？疑问自然是众多的，这个牧童共有几只羊掉入俑坑？如果是一只，他只能烧毁一个俑坑，如果是多只分别掉入两个俑坑，说明俑坑已千疮百孔，棚木等自然不会相连，如果有火燃起，也难以全部烧尽，总有一些断裂处免遭焚烧，留于后世。况且这时坑内已多次进水，潮湿的棚木能否点燃也是一个令人难以作答的问题。

无论是"沼气自燃"说、"葬仪自焚"说，还是"牧童焚毁"说，其实都是犯了同样一种错误，这就是撇开了秦俑坑曾遭大规模破坏和掠夺这个事实，单就焚毁而论焚毁，从而使历史的真实陷入了误圈。假如按"自燃"和"葬仪"说解释俑坑的焚毁，那么秦俑坑就不应存在人为的破坏和掠夺。假如按"牧童"说，就不应是多个俑坑均遭焚烧，或者说焚烧就不该如此彻底。

不能一锤定音

刘占成（考古学家、中国秦俑学研究会常务理事）：

关于俑坑焚烧，目前学界有"项羽焚烧"说、"沼气自燃"说、"秦人自焚"说、"牧羊人引火"说等等。尤以"项羽焚烧"说最为流行。

事实上，最流行的说法并不一定就是最正确的解释。"项羽焚烧"说最直接的文献资料是《史记·高祖本纪》中的"项羽烧秦宫室，掘始皇帝冢，私收其财物"这一段记载，而这一史料本身并未言及秦俑坑，后来考古工作者根据秦始皇陵园内遍地堆积着的残砖碎瓦及灰烬、红烧土等，公认了《汉书·刘向传》中的"外被项籍之灾"的记载，即项羽来此只是对秦始皇帝陵

第十二章 秦俑坑焚毁的对话录

园的地面建筑进行了大规模的破坏和焚烧，对于地下的埋藏并没有盗掘和破坏。所以对于埋藏于地下的秦俑坑，理应也是免于项羽大军的浩劫的。事实上，除兵马俑坑之外，秦始皇陵园的石质铠甲坑、动物坑、百戏俑坑、2001年发现出土青铜仙鹤的七号坑等等，均遭火焚，难道项羽当年来此仓皇破坏时，还能一个一个地下陪葬坑中去从容放火吗？

"项羽焚烧"说的致命弱点是至今没有找到这支军队进入俑坑的入口。洗劫者要进入俑坑破坏和放火，入口不外乎两个，一是从斜坡门道进入，一是挖开俑坑顶盖进入。但考古发现的迹象是，一个个门道封门木完好无缺，坑顶的棚木也没有发现移位或缺木情况，不知破坏者是从哪里下去的？既进不了坑，那火自然也是放不成的。另外，当时，木头未朽，兵马俑按原位排列，破坏者进坑若推倒陶俑，必然会出现一个压一个的依次叠压现象，即"多米诺骨牌"效应，而事实上这种现象在一号坑中并未发现。再是破坏者进坑打砸破坏，兵马俑陶片上必留下打击点，但这在俑坑中也极少见到。还有，项羽大军入坑，人数众多，当时坑下已有20—40厘米厚的淤泥层，破坏者势必留下足迹，但目前一号俑底部淤泥层尚未发现一个脚印。再有，作为一个军事集团有组织有计划地大规模破坏和掠夺，坑内的青铜兵器当时应被洗劫一空，所剩无几。而实际上，俑坑内出土的远射兵器、长兵器、短兵器为数并不算少，很多遗物正是出土在淤泥土层表面和淤泥层之中。最后一点是，项羽大军既然焚烧了一号坑，那么就不可能不烧二、三号坑，而事实是，三号坑未遭火焚，二号坑只是局部遭焚。所以说，"项羽焚烧"说要完全让人折服尚需更有力的证据和论证。

根据发掘资料，一号俑坑被焚之前，坑底部已普遍形成可分为14层的淤土堆积，隔墙已经出现底部坍塌，也就是俑坑建筑是在变成千疮百孔的情况下才遭火焚的，而项羽入关是在公元前207年，距秦陵完工的时间仅三四年，这么短的时间，对于一座宏大的土木结构地下建筑来说，自然破坏的力量应是微不足道的，要出现千孔百洞的现象最少在俑坑建成10年之后，当出现野草丛生、千孔百洞之时，牧羊人入坑放火的可能性就会自然发生，难怪《汉书·刘向传》《水经·渭水注》《三辅故事》《三秦记》等文献中均有"燃火求羊"的记载，不过文献记载的是火烧了秦始皇陵。对这一问题，李鼎铉先生已经做过潜心研究，并明确提出："近年考古人员在秦陵做了精密的钻探和考察后,认为秦陵封土没有发现盗洞,地宫并未被盗,既然没有盗洞,怎么会有'羊入其凿'之事?这个'凿'我推断就是距地表不深,处于荒芜之中的秦俑坑洞口。"李氏之说,我认为其推断是合乎情理的。还有一个问题是,一个牧童所持的一把寻羊之火,为什么会把一号俑坑烧得如此彻底,显然应与坑内存有可燃气体有关,虽然坑内少量的沼气达不到自燃的程度,但空气中的沼气浓度达到5%—16%时,遇火源是可能引起火灾甚至爆炸的,而氧化、火灾又反过来促进了C_n、CO_2、CH_4、SO_2、H_2S及氧化氮等有害可燃气体的产生,在封闭、潮湿的地下建筑内,不会完全没有产生可燃气体的条件,牧童持火,沼气助燃,火势蔓延,加之俑坑中又有好几千立方米的木材相连,秦俑一号坑燃烧得非常彻底就不难理解了。可以说,俑坑最严重的破坏,是建筑遭火烧后,顶部原封土的塌陷下压,使其下的兵马俑东倒西歪。再者,参考秦始皇陵园那么多陪葬坑被焚的现象,"秦人自焚"说似乎也有一定的道理,它们似乎比"项羽焚烧"说更加合乎情理,虽然目前还无法找到铁证,但如同几种焚烧说均不为定论一样,"项羽焚烧"说起码也不应一锤定音,更不能作为定论和唯一学说加以宣扬。

抑或还有其他原因

段清波(考古学家、秦始皇陵考古队队长):
我主要谈一下秦陵铠甲坑、百戏俑坑等陪葬坑的焚毁情况。

与秦始皇兵马俑一号坑相同,秦陵铠甲坑等多个坑已被彻底焚毁,那么它被焚于何时?又是被何人所焚?被焚之前是否曾遭盗劫?这一连串问题让我思考、研究了好久。

在试掘中,我们发现封土顶部的踩踏面比较厚,证明铠甲坑是在建成相当长的一段时间之后才被焚毁坍塌的;另一方面,如果时间过长,棚木就会受压变形,坑顶逐渐下陷,坑内缺乏空间和通气条件,也就不会被焚烧得如此严重。所以我们分析认为,铠甲坑是在建成数年后被焚毁的。既然坑体在相当长一段时间后才被焚,显然不是秦王朝官署出于"礼制"在坑建成后即

第十二章 秦俑坑焚毁的对话录

刻有意对其焚烧；又因坑内未发现大量淤泥，故不可能有足够沼气产生，也就不会是"自燃"。那么，它是如何被烧的呢？我们还发现种种迹象，如：石质铠甲坑中石甲胄当初应是悬挂放置的，因为许多甲胄是立体下坐的，但在甲胄内未发现甲胄的承载物，而且甲胄凌乱地倾倒在坑底；T1过洞内发现凌乱的散甲片和青铜构件，但不见该构件所应归属的完整器物；T3过洞内未发现任何遗物，等等。这些迹象似乎表明铠甲坑被焚毁前曾遭大规模盗劫，只留下没有实用价值和不被当时的人们视为文物的石甲胄之类的物品。如此大规模的盗劫绝非小部分人或寻常百姓私人力量所能及的，而应是与大的社会和政治变故相关。除在T4过洞内发现近现代水洞通往坑底在铠甲上积有少量淤泥外，其他探方内均未发现坑底有淤泥，这说明该坑在被盗后立即被大火焚毁并坍塌，所以未在坑底普遍形成淤泥层。

那么，这场盗劫和焚坑事件是何人所为呢？既然是一场大的社会和政治变故，而且在陵园陪葬坑建成后不久，则应是秦汉之际某一次兵乱。对该坑盗劫和放火灭迹者也许是周文的百万之师，或许是项羽的芸芸部下，文献中均语焉不详，或互相冲突。当然，也不排除刘邦的各路军马，因为即使是其所为，在汉代恐怕也无人敢真实地写出来，以后的记载，就更不可信。但总的来说，这场盗劫放火的事件可能是秦末汉初之际的某支大集团或军队所为，如果要明确说出是周文、项羽或刘邦等等，均无凿翔实的证据。尽管如此，我还是更倾向于项羽焚毁说，因为相比较而言，项羽来这里的证据更可靠一些，当然，也可能坑的焚毁抑或还有其他的原因。

结束了对七位秦俑研究者的访问，面对眼前的一堆记录，它使我对秦俑坑的焚烧原因有所了解的同时，也产生了新的疑窦。我觉得自己同样走进了一个怪圈之中而难以分辨东西南北，诸种不同的推论，除了有它们各自的可信性，不能完全令人折服的缺憾也是显而易见的。"沼气自燃""葬仪自焚""牧童焚毁"诸说的证据之不足已为张仲立先生所总结。目前秦俑博物馆的讲解员在对游客解释秦俑坑的焚毁之因时，采用的仍是"项羽焚毁"说，足见这一理论推断所占的主导地位。但这种推断的不足之处在于撇开了"俑坑内堆积淤泥普遍为14层"这一事实，按此说法，项羽入关将俑坑大面积揭开，那么在砸毁焚烧后，俑坑上部的土层必然落入坑底而将墁砖甚至

369

陶俑覆盖。何以出现显然是被水冲积的多达14层淤泥沉积坑底的奇特现象。"项羽焚毁"说也正是忽视了这一实证而不能完全令人折服并使讨论陷入了怪圈之中，所以刘占成认为这一说法不应作为定论。不过从刘占成的观点来看，似乎仍倾向于"牧童焚烧"说。但这一说除张仲立对其所批驳的观点外，还有一些问题值得探讨和思索，比如牧童共有几人？牧放了多少只羊？大火燃起后的情况如何？等等。如果说牧童是一人，可以想象他牧羊的数量不会很多，既然数量有限，不可能遍布方圆几十公里的陵园，也不可能在相隔几公里的地方，羊A掉入兵马俑一号坑，羊B掉入二号坑，羊C掉入三号坑又突发神力蹦了出来，而羊D又不小心掉入相隔1.5公里处的石质铠甲坑，羊E再误入百戏俑坑。看来，"牧童焚毁"说尚需找到更有力的证据才能使大家认同。如果哪一天研究者能够真正还秦俑坑焚毁的历史以真实面貌，那对于秦俑坑及整个秦始皇陵的研究来说，无疑将是一大幸事。

注释：

①五铢：古铜币名。圆形，方孔，有周郭（古钱边缘的轮廓），重五铢（汉制二十四铢为一两）。钱上铸有篆文"五铢"二字，故名。汉武帝元狩五年（公元前118年）始铸，直至隋代700多年间，各个朝代皆有铸造，但形制大小不尽相同。

②据《汉书·高帝本纪》记载，高帝十二年（公元前195年）十二月曾下诏曰："秦皇帝、楚隐王（即陈胜）、魏安釐王、齐愍王（湣王）、赵悼襄王皆绝亡（无）后，其与秦始皇守冢二十家，楚、魏、齐各十家，赵及魏公子亡（无）忌各五家，令视其冢，复亡（无）与它事。"

③寝殿：皇帝灵魂日常起居饮食的处所，建在陵旁，内设皇帝的衣冠、几杖、象生之具（死者生前所用之物），供后人侍奉祭祀。陵侧设寝发轫于秦始皇，其寝殿位于封土以北40米，现仅存基址。南北长65米，东西宽55米，四周有用粗沙铺垫的散水（排水设施）。基址上部覆盖着残碎的瓦片和红烧

土，局部地段遗留有高30—50厘米的残墙，墙表面有一层麦草泥，并涂白垩，显示寝殿原是一座近似方形的大型土木结构瓦顶建筑，因火焚毁弃。

④饲宫：饲宫是奉常（秦代掌宗庙礼仪之官）的属官，负责宫廷膳食之事。秦汉时，宗庙、陵园内也设有饲官，掌管祖先牌位或墓主灵魂的膳食供奉。秦始皇帝陵的饲官建筑遗址饲宫位于西城门以北的内外城垣之间，1981年11月至1982年5月间进行考古发掘，对南端一处建筑的东段做了清理，其中包括6座巨型的单元建筑。饲宫遗址南北长约200米，东西宽约180米，是一组类似四合院式的建筑，后遭火焚毁弃，遍地覆盖着残瓦、炭迹、红烧土、灰土等。考古发掘中出土大量建筑材料、日常用品和众多陶文，其中"丽山（即丽山园，指秦始皇陵园）饲官"系列的陶文仅见于该处，是确定遗址性质的重要依据。

⑤园寺吏舍：祭奉皇帝灵魂的陵园官吏所居之寺舍建筑。秦始皇陵的园寺吏舍，目前共发现3处夯土建筑基址。一号夯土基址位于西城门以北至临马公路之间，即饲官的寺舍，见前注。二号夯土基址位于临马公路以北至晏寨村南，南距饲官寺舍约50米，南北长约200米，东西宽约180米，发现房屋基址2座。似乎亦呈四合院式的布局。三号夯土基址位于晏寨村东，上面覆盖着瓦砾灰土，未做勘察，建筑情况不明。

⑥鱼池村周围有一大片建筑遗址，东西长约2000米，南北宽500米。经勘察，发现夯土城垣、房屋基址、排水管道、水井、灰坑，有大量残砖碎瓦堆积，以及铜、铁制物件近千种。由出土的遗物及陶文可知其时代为战国晚期至秦统一。该建筑遗址位于陵北通往首都咸阳和关东的大路旁，应是当年修陵时的指挥中心，以及京官视察工程或常驻的官邸。

⑦两诏铜权："权"是古代天平的砝码。秦始皇陵的丽山饲宫遗址于1975、1978、1980、1981年曾出土4枚斤权，1973

年陵西内城也发现一枚，为研究秦国度量衡制度提供了珍贵的实物资料。5枚权的重量都在250克上下，相当于秦代的一斤。各权上有秦始皇二十六年诏文40字："二十六年，皇帝尽拜兼天下诸侯，黔首（百姓）大安，立号为皇帝。乃诏丞相状（隗状，秦始皇二十一年至三十四年时曾任左相）、绾（王绾，秦始皇二十一年至三十四年时曾任右相），法度量，则不壹，歉疑者皆明壹之。"以及秦二世元年诏文60字："元年制，诏丞相斯（李斯）、去疾（冯去疾，秦始皇三十四年至秦二世二年时曾任右相），法度量尽始皇帝为之，皆有刻辞焉。今袭号，而刻辞不称始皇帝，其于久远也，如后嗣为之者，不称成功盛德。刻此诏，故刻左。使毋疑。"两诏均为小篆书体。

⑧丽山园铜钟："钟"是古代盛酒食的生活用具。此铜钟于1958年在秦始皇帝陵北侧安沟村出土，青铜质。素面，直口，削肩，鼓腹，平底。肩腹间环周有四耳，等距排列，通高44厘米。口径与底径均为19厘米，腹径35.8厘米。外底部刻有小篆铭文两行："丽山园容（钟的容量）十二斗三升（10升为1斗），重（钟的重量）二钧十三斤八两（1斤16两，30斤为1钧）。"实测重量为19.25公斤，容水24.57公升。

⑨河南安阳小屯丙组：河南安阳市西北郊洹河两岸，是商王朝后期都城遗址，名为"殷墟"或"殷虚"。据文献记载，自盘庚迁都至纣王（帝辛）亡国，整个商代后期以此为都，共经八代十二王、273年，年代约当公元前14世纪末至前11世纪。遗址发现于20世纪初，1928年由中央研究院历史语言研究所（简称中研院史语所）开始发掘。其中，洹河南岸的小屯村东北地为商代宫殿、宗庙区，已发掘夯土建筑基址53座，分为甲、乙、丙3组。丙组位于宫殿基址的西南角，共17座，排列颇对称。年代较晚，其附近有与祭祀相关的现象。

⑩徐州兵马俑坑位于该市东郊狮子山，共4座，1984年发掘。出土彩绘兵马俑2337件，包括官吏俑、戴盔俑、发辫俑、

发髻俑、袍俑、甲俑、跽坐俑等，构成一个军事序列，阵容颇为壮观。一号坑发现一木车遗迹，4匹陶马并排列其前端，马形体健壮。徐州兵马俑坑所出以步兵俑为主，也有骑俑，唯不见战车，反映出当时军队的组成和战术的变化。陶俑的年代，据考证为西汉景帝、武帝之际，它的主人应是分封到徐州的某一代楚王。

⑪在一号秦俑坑的战车附近，与鼓迹伴随出土的常有一个小青铜甬钟，也有学者认为是青铜铎或青铜钲，通高27厘米，重2300克。表饰蟠螭纹，内壁光素，具两铣，甬中空，其中部有一道凸棱（即"旋"），侧铸一鼻钮（即"干"）。古代军阵中以击鼓为进，以鸣金为节制，钟或铎即是"金"的一种。

⑫此说之由来，系根据《汉书·刘向传》："秦始皇帝葬于骊山之阿……天下苦其役而反之，骊山之作未成，而周章百万之师至其下矣。"

第十三章 难以褪色的历史底片

复活的军团

　　秦俑博物馆自1979年10月1日对外开放，已度过了30多个春秋历程，接待来自海内外的研究者、观光者4000多万人，其中不惜远涉重洋者。上自元首领袖，下至贩夫走卒，参观者络绎不绝。秦俑馆每天人流如潮，形成了一条流动的长河。在这条长河不停地奔腾中，时常翻起多彩的浪花。尽管这浪花只是短暂的一瞬，且形状和产生的社会影响各不相同，但因其已融入秦俑博物馆的历史之中而变成永恒，从而作为不可或缺的一页为人们所铭记。

里根"拍中国马屁"

美国白宫。

遇刺痊愈不久的里根总统与中国领导人的会晤将要结束时,曾风趣地说过:"我很想进行一次访华,并亲眼见一下贵国那被誉为世界第八奇迹的兵马俑军阵,只是会不会出现……"里根抬起右手,将食指伸出,放在自己的面庞一侧,做了个手枪射击的动作。

中国领导人心领神会,爽朗地一笑:"总统阁下尽管放心,只要您一踏入中国的领空、领土,安全问题将万无一失。"

两双手紧紧地握在一起。

1984年4月25日,正在长沙一个培训班学习的秦俑博物馆宣教部女讲解员马青云,突然接到陕西省文物局拍来的急电:立即乘机返回西安,有重要接待任务。

马青云连夜起程,返回西安,赶往省文物局。第二天清晨,陕西省省长会同文物局局长一起当面向她交代:"4月29日,美国总统里根偕夫人南希要来秦俑馆参观,上级指示,除做好安全保卫工作外,还要做好一切接待事项。你是秦俑馆最有经验、最出色的讲解员,经我们反复研究,讲解的任务就由你来完成。这次的接待不同于往常,你一定要发挥最大的才能做好这项工作。在现代化方面咱不如美国,但在历史的悠久和古代灿烂文化方面,它不如咱……"

马青云受领任务后立即赶回秦俑馆做接待准备。这时秦俑馆的工作人员几乎全部停止日常的工作,投入了清扫院落、修整房舍、检查设备的突击性准备,卫生检疫人员对为里根一行准备的食品、饮料进行了仔细检验和消毒。省公安厅派来的保卫人员和秦俑馆公安科的公安人员,控制了整个展室、接待室及厕所。所有里根总统可能进入的房间钥匙,

第十三章 难以褪色的历史底片

统一由公安人员管理控制。为防不测和发生意外，当地驻军投入一个营的兵力携带扫雷探测器，扫描了秦俑馆所有的地下和房间的角角落落。并对俑坑中的陶俑、陶马逐一探测。与此同时，临潼县消防队4辆消防车架起水袋停在秦俑馆广场一侧，以做失火后的补救。一支经过特殊训练的武警部队包围了秦俑馆，战士实枪荷弹，进入一级戒备……整个秦俑馆处于紧张防卫的状态。

4月28日，美国驻华使馆的一秘来到秦俑馆对安全设施和布局详细察看后，未发现破绽，又问新上任的秦俑馆馆长吴梓林："是哪位做讲解？"

吴梓林把他领到接待室指着马青云说："这位是我们馆最优秀的讲解员马青云同志。"

一秘善意地打量了马青云一眼，用流利的普通话说道："噢，您就是从长沙赶来专门接待我们总统的马青云女士？您明天打算如何讲解？"

"预计里根总统在这里共停留40分钟，一半时间让客人自己观看和休息，余下的20分钟一半留给翻译，一半由我讲解。我的讲解时间分别为：休息室两分半钟，一号坑大厅两分半钟，俑坑中5分钟。"马青云微笑着回答。

"如果您有兴趣，我可以把在休息室讲的内容先讲一遍，请您指教。"马青云依然微笑着回答。

"那太好了，我先坐在总统的位置上，其他人暂时坐在夫人和随行人员的位子上，请您讲吧。"一秘说完，瞥了一眼左手腕上的金表，坐在沙发上注视着马青云，认真地听着。

时间一秒秒地过去，马青云停住手势戛然而止。一秘迅速看了看表，兴奋地站起身握住马青云的手："太棒了，只差3秒钟，您把那么悠久的历史，在这样短的时间内讲得非常清晰，一听就很明白。您的讲解如此出色，我的总统一定会喜欢。"一秘说着走出接待室，又回过头对马青云说："祝您成功！"

4月29日下午，里根总统的两个私人厨师驱车来到秦俑馆，每人手提一个棕色小型皮箱走进备用房间，两人将皮箱并列放在眼前，态度极为严肃，目不斜视，亦不相互讲话，如同两个跽坐俑稳重而呆板。秦俑馆工作人员端来茶水，他们除了微微点头表示谢意，并未试饮，仍以警惕的目光注视着棕色皮箱。

下午2时，里根总统的飞机在西安阎良机场降落。里根偕夫人南希缓缓走下飞机舷梯，进入早已等候在机场的防弹车，向秦俑馆驶来。与此同时，一架军用直升机从阎良机场立即起飞，在里根到达之前降落在秦俑馆前的广场。

下午3时，随行里根夫妇的60余辆车乘载着600多名侍从与记者，浩浩荡荡拥入秦俑博物馆。内穿防弹背心的里根外套黑色西装，雪白的衬衣领口上打着深红色条纹领带，颇有艺术家欲登台演出的潇洒气度。南希则身着大红衣裙，挽住丈夫的手臂举步轻盈，面露微笑，但眸子里隐约透出不安和紧张的神情。

在他们来华的同时，美国情报部门已经掌握了不少恐怖组织对里根夫妇此行的一切细节，甚至对南希的服饰都了如指掌。这些恐怖组织所派遣的杀手随着里根飞机在北京机场的降落也潜入了中国境内，伺机给美国"最严厉的惩罚"。

随着里根夫妇走进接待室，外面的保安人员、武警部队做好了一切应付突发事件的准备。枪栓拉动，子弹入膛，食指紧扣扳机。消防车引擎轰鸣，干瘪的水龙迅速鼓起，水枪对准了长空。馆外的直升机螺旋桨不住地转动，掀起片片残叶和漫天尘土……整个秦俑博物馆的紧张气氛达到高峰。

休息室里，里根与南希端坐在沙发上，两边站立着数名侍从，两个等候已久的厨师走进来，打开棕色皮箱，取出了饮料放到里根夫妇的身旁。为能正确辨别，秦俑馆准备的饮料全部移在另一侧。

5分钟一闪而过。里根夫妇满意地微笑着，随马青云走进兵马俑一号大厅。

大厅的栏杆后面，云集着中外近千名记者、保安。随着里根夫妇的到来，照相机镁光灯、摄像机、碘钨灯一齐开动，整个大厅被耀眼夺目的各色灯光覆盖，坑中的兵马俑已看不分明，里根总统眨眨眼，转到马青云的身后，似乎才辨别出兵马俑的军阵已在面前。

"请总统先生看坑中竖立的白色木牌。"马青云手指着打井位置的标志，"1974年春天，当地农民在这里打井，无意中发现了埋藏了两千多年的为秦始皇陪葬的兵马俑，不过他们发现时兵马俑大多都已倒地破碎，我们现

第十三章 难以褪色的历史底片

在看到的这一排排立俑,是经过修复人员修复后才恢复了原来的面目……"

马青云熟练地讲解,翻译快速地传递,里根和夫人南希不住地点头。

"噢,这些兵马俑是从这里挖出的,现在又在原地排成当年的队形,你刚才不是说它们在发现时都倒了嘛,你们怎么知道兵马俑应当是这样排列的呢?"里根第一次向马青云发问。

马青云指着兵俑的脚底:"俑虽然都倒了,腿也断了,可是脚踏板的位置没有动,我们是根据脚踏板的方位复原了当年的排列队形。"

里根沉思了片刻,点点头:"我明白了。"

在大厅遗址的中部,马青云指着脚下的黄土层说:"这是为建大厅,防止损坏文物,工作人员又用土回填的地方,我们脚下都有像前边一样的兵马俑。"

"是吗?!"南希惊奇地望着马青云的脸,又低头看看脚下的黄土,便悄手悄脚地轻轻走动,似乎怕惊醒了土下的陶俑。

里根与夫人在一号兵马俑坑中参观

里根夫妇在一号坑陶马前

按照规定,外国的观众只有国家元首或相当于元首的人物才能下坑参观,里根夫妇当然得到这最高规格的接待。沿着特别修筑的台阶,里根夫妇携翻译在陕西省省长李庆伟夫妇及马青云的陪同下,向俑坑深处走去。面对威严肃穆的兵马俑军阵,南希夫人如同初出远门的小姑娘,好奇而胆怯。她紧紧抓住马青云的手,回头看看里根总统,又将另一只手伸出来握住了丈夫的手腕。

高大威武、神色各异的陶俑静静地站立着,以骇人的气势和雄壮的姿态,接受这位美利坚合众国总统的检阅。

南希夫人已失去了刚才的胆怯,在俑群中绕来穿去,神态异常活泼,不时地在里根总统面前对秦俑指指点点,讲些只有他们才能心领神会的风趣语言。突然,南希猛地抬起头,惊恐地望了一眼俑坑上面的人群,似在寻找着什么。马青云及时捕捉到了南希稍纵即逝的神情,她知道,这位夫人一定是想起了丈夫的安危。

在陶马前,里根总统瞪大了眼睛静静地望着。他情不自禁地抬起右手又踌躇地停下,回头礼貌地问马青云:"我可以摸一下马吗?"马青云迅速望了一眼身边的省长李庆伟,心照不宣地请他抉择。李庆伟略做沉思后回答:"我们请您来,当然可以摸一摸。"

里根轻轻地把手放在马背上,慢慢地从前向后移动,一直到马屁股。突然,他猛地把手从马臀抽回,神态严肃地说:"它不会踢我吗?"

"不会的,对于远道而来的贵客,它绝对友好。"马青云说着,众人为里根的幽默哄堂大笑。

马青云知道这位美国总统有爱马的嗜好,便不失时机地进行讲解:"这匹马塑得双耳如削,鬃如风云,鼻翼微张,目视前方,似在引颈长鸣,又像扬蹄欲奔。静中有动,动中寓静,充分反映了中国古代卓越的雕塑艺术水平……"

里根和南希静静地听着,不时打量陶马的全身,显出兴奋之情。南希伸手指着马肚子上的一个圆孔,示意里根注意。

"为什么这马的肚子上还有小孔?"里根躬身看着不解地问。

"当年陶马是分别用模子和雕刻手法配合制成的,马的头部和腿部是实心的,而马的肚子却是空心的。据我们的考古学家和雕塑艺术家分析,这个圆孔是工匠们当年特意留出来的,被称为排气孔。这样,陶马在烧制时就不会出现裂痕,同时也减轻了马腿的承受力……"对马青云的解释,里根不住地点头。

离开时,里根又伸手拍拍马后背:"这陶马的制造工艺真令人叹服。"

第十三章 难以褪色的历史底片

里根总统猛转身,差点和一个无头俑相撞。"这个俑为什么没有头?"他问。

"俑头和俑身是分别制作而成,待烧制后才组装到一起。这俑头拿下来,也可以装上去。这个俑头没有装上是为了让观众了解俑身内部的情况。"马青云说。

里根眨眨眼,又风趣地说:"那就把我的头给它安上吧!"众人再度大笑,他本人则笑得最为响亮。

随后,里根凑向陶俑问道:"这俑有多高?"

"1.85米以上。"马青云答。

里根抬起右手从无头俑的脖子水平移向自己的脸庞,耸耸双肩,微笑着道:"看来我没有它高。"

参观就要结束,李庆伟省长请里根总统及夫人南希在坑中合影留念,并向坑边等待的记者做了个手势。几百架照相机、摄像机一齐对准坑底,里根夫妇站在一起,接受记者的拍照和摄像,大厅再度亮起耀眼的光芒。里根和南希越靠越近,两只手握在一起,里根轻捏南希的手背,南希反过来按摩里根的手心,做着一种别人不易察觉也无法明白的感情交流。

亮光不断闪烁,坑上的记者们开始为争抢合适的拍摄角度而相互挤起来,有一名女记者从栏杆上被挤下,多亏她迅速抓住栏杆的一侧才没有栽入坑底。有机灵者见在此无法取胜,便跑到另一侧架起相机对准里根夫妇,高声喊道:"总统先生转过身来,转过身来。"里根听到喊声,同南希一起转过了身子。记者们又随之哗地拥到旁侧,争抢起拍摄位置。大厅的气氛空前高涨。

预定时间已到,里根偕夫人面带微笑,向记者们频频招手致意,在刺目的灯光中走出俑坑。里根走到大厅入口,猛地转过身,对着兵马俑军阵喊了一声:"Dismiss!"(解散!)

"噢——"几乎所有的外国记者都哄笑欢腾起来,不懂英语的记者则以为又发生了什么惊人的事情,拼命挤到前方稀里糊涂地跟在里根夫妇的身后,向铜车马展室拥去。

不大的铜车马展室,几乎被记者全部占领,只有一个狭小的空间勉强让里根一行立身。这种对总统人身安全极为不利的环境和氛围,促使马青云必须做简单的解说,以便让里根夫妇迅速离开。

"这车是青铜的吗？"南希听完马青云的讲解，怀疑地询问。在她的眼里，这车马似乎不是古代的青铜制造物。马青云不得不再做补充解说："不仅车、马、人是青铜铸成，你看马车上的挽具，例如缰绳、笼头以及马头上的装饰都是金质的。车马总重量为2308千克，由3000余个部件组成。其中金质部件700多件，约3千克，银质部件900多件，约4千克。这是迄今中国乃至世界发现得最早的挽具最齐全、装饰最华丽的古代铜质单辕车。"

里根夫妇的额头贴向展柜，瞪着眼睛仔细地观察，似在验证马青云的解说。当马青云讲到"车棚盖呈椭圆形，车厢为正方形的构造方式，印证了历史上记载的天圆地方的说法，坐在车中犹如在天地之间"的习俗时，里根和南希惊喜地相对一笑，转向马青云。里根总统轻轻地摇了摇头说："真有意思，想不到这铜车马还有这么大的学问。"

里根夫妇尽管此时游兴未尽，在展厅恋恋不舍，但已超过规定时间，不得不迅速离开。在接待室道别时，里根和南希分别签名留念，最后加盖特制的英文和中文并排的印章。

总统的中文名字是：罗那德·里根。

夫人南希的中文名字是：彩虹。

里根夫妇参观秦始皇兵马俑之行，各国新闻界几乎都迅速做了报道，并引起国际性的瞩目。在所有的报道中唯独香港的一家报纸别出心裁和耐人寻味，大块的文章配有里根在俑坑摸马的巨幅照片，醒目的文章标题是："里根总统拍中国马屁。"

尼克松被困秦俑馆

1985年9月5日，秦俑博物馆突然接到陕西省外办的电话通知："美国原总统尼克松要来秦俑馆参观，他已经身患重病，这可能是他一生最后一次访华。尼克松曾为中美建交做出过努力和贡献，现在他虽然不再是总统，但我们还是按国家元首的最高规格接待。务必做到热情、周到、细致、安全……"博物馆方面自是不敢怠慢，立即进入了紧张的布置，并特别请馆内顶尖的资深讲解员马青云为其讲解。

1949年8月5日，就在中国内战到了最后时刻，国民党弃南京逃亡西南且败局已定之时，美国政府发表了《美国对华关系白皮书》，书中详细叙述了抗战后期至1949年美国政府对华政策及其逐步失败的过程。中共中央闻听立即做出反应，认为"白皮书"是一份极好的"反面教材"并予以反击。除了《无可奈何的供状》之外，历来对"反面教材"备感兴趣的毛泽东亲自操刀，一口气在新华社接连发表了《丢掉幻想，准备斗争》《别了，司徒雷登》《为什么要讨论白皮书》《"友谊"，还是侵略？》《唯心历史观的破产》5篇评论，谓白皮书及艾奇逊国务卿给杜鲁门总统的信，"反映了中国人民的胜利和帝国主义的失败，反映了整个帝国主义世界制度的衰落"云云。其中《别了，司徒雷登》曾长期入选新中国中学课本，因而也最广为人知。这著名的"六评"一出炉，即宣告了建国后向苏联"一边倒"的外交政策，也奠定了建国后在中共领导和宣传下，全民性反美、仇美的政治情感和生活基调。

面对国共两党实力翻盘和中国形势的急转直下，美、苏两大战后强国采取了截然相反的态度。苏联于1949年10月立即承认了新生的中华人民共和国，而美国则极力否认新中国的合法地位，执意拉扯着已逃亡台湾的日趋没落的蒋介石政府结伴前行。

朝鲜战争爆发后，美国与台湾当局在政治、经济、军事

1985年11月12日，马青云（左）为第二次前来兵马俑博物馆参观的基辛格博士（右）讲解（马青云提供）

上的联系日益加强，美台关系进入了所谓的"蜜月"时期。1953年1月，艾森豪威尔出任新一届美国总统，他任命了坚决反共的杜勒斯为国务卿，出于从遏制共产主义发展的战略考虑，美国政府决定进一步密切美台关系。11月10日，时任美国副总统的尼克松访问台湾，代表美国政府向蒋介石传达美国的政策。3年之后的1956年7月，尼克松再度访台。尽管仍为副总统的尼克松并不太喜欢蒋介石的性格和做派，但美国在战略上还需要台湾，只是此时台湾今非昔比，所占的重量越来越轻罢了。

随着中共与苏联"老大哥"反目成仇，中华人民共和国受到了来自美苏两个世界超级大国的打压，面对"苏修"与"美帝"棍棒加大炮的双重威胁，中共领导人痛定思痛之后，做出了逐渐与美国和解的战略性抉择。在中美关系即将冰释的前夜，英明的周恩来暗示中国的科学界，要做好与美国接触的准备。他认为与美国打通关系，其意义不只体现在政治上，同时也体现在科技和经济上，中国将会获得高新的技术来补充自己的不足，以便更快地实现现代化。

此时的美国方面自1969年尼克松出任总统后，由于在越南战争中美军陷入泥沼难以自拔，加上苏联扩张势头加快，对中国问题的态度也逐步有所改变，尼克松还透露了愿意同中共接触和会谈的信息。1970年12月，毛泽东会见曾写过《红星照耀中国》的美国友好人士埃德加·斯诺时，表示欢迎尼克松总统访华，并愿意同他会谈。

1971年4月10日，原在日本名古屋参加比赛的美国乒乓球队，应邀来到北京。两天后，中美乒乓球队在北京进行了一场友谊赛。14日，周恩来亲自出面接见了美国代表团成员，并说道："请你们回去把中国人民的问候转告美国人民，中美两国人民过去往来是很频繁的，以后中断了很长的时间。你们这次来访，打开了两国人民友好往来的大门。"这次比赛，标志着轰动一时的"乒乓外交"由此开始。

同年7月9日，美国国家安全事务助理基辛格博士秘密飞临北京与周恩来会晤，商谈尼克松访华日期及准备工作，为尼克松进行预备性会谈。在谈到台湾问题时，基辛格说美国准备逐渐减少驻台的军事力量，不支持"两个中国"或"一中一台"，承认台湾是中国的一部分，不支持台湾独立。美国将在联合国支持恢复中国的席位，基辛格保证通过谈判解决越南战争。会谈

第十三章 难以褪色的历史底片

中，周恩来着重谈了中国对台湾问题的立场，阐明解放台湾是中国的内政，美国与蒋介石达成的条约无效。同时特别指出：美国朋友总是喜欢强调美国的体面、尊严，只有把你们所有军事力量统统撤走，一个不剩，这就是最大的荣誉和光荣。会谈结束，周恩来向毛泽东做了汇报。毛泽东说：猴子变人还没变过来，还留着尾巴。台湾问题也留着尾巴，美国应当重新做人，等等。周恩来与基辛格商议起草了公告稿，毛泽东审阅后表示满意。双方商定尼克松在1972年春天访问中国。基辛格临行表示，访问成果"超过了他原来的期望，圆满地完成了他们的秘密使命"。

按照双方达成的协议，中美政府同时向外界发布了令整个世界为之震动的公告。尼克松总统亲自到电视台向美国人民宣读了公告，公告明确提到尼克松总统将于1972年5月以前的适当时间访问中国。

1972年2月21日，美国总统尼克松一行抵达中国。当他走下北京机场飞机舷梯并伸出那只有力的大手时，快步迎上来的周恩来对尼克松说："你把手伸过了世界最辽阔的海洋来和我握手，中美两国25年没有交往了啊！"两个小时后，在中南海一间普通的书房里，尼克松、毛泽东两位巨人的手又握到一起——中美关系由此揭开了新的一页。

尼克松走下飞机舷梯，与前来迎接的周恩来在北京机场握手

28日，中美双方在上海发表了联合公报，指出"双方同意，各国不论社会制度如何，都应根据尊重各国主权和领土完整、不

《人民日报》报道尼克松访华与毛泽东接见的消息

侵犯别国、不干涉别国内政、平等互利、和平共处的原则来处理国与国之间的关系"、"中美两国关系走向正常化是符合所有国家的利益的"……中美双方在上海联合发表的公报，标志着中美两国在对抗了20多年之后，开始走向关系正常化，尼克松本人也因此被视为"中国人民的朋友"。

中国人民是讲情谊的。时隔4年整，即1976年2月21日，已经下野的尼克松以私人身份应邀访华时仍受到了国家元首般的待遇。到机场迎接他的为时任全国人大常委会副委员长姚连蔚、外交部部长乔冠华、中国驻美联络处主任黄镇，以及各界人士350多人。第二天，因年事已高而很少会见外宾的中共中央主席毛泽东破例接见尼克松，两人进行了友好的交谈。在会见之前，尼克松向主人赠送了一件由美国新泽西州波姆陶瓷艺术中心烧制的礼品——两只栖息于树枝上的雏鹰，以示纪念。

尼克松此次虽然以私人身份访华，但作为刚刚卸任的美国总统，其行为必然带有官方色彩。2月25日，他在举行的答谢宴会上曾做了这样的致词："我们不得不说，当我们决定架设或者说开始架设这样一条跨越鸿沟的桥梁（指中美两国建交）的时候，这是一项很困难的工作，有人认为几乎不可能。但如同毛主席所说，'世上无难事，只要肯登攀'，因此当我们想到他这些话时，当我们考虑这个问题时，我们就敢于攀登，我们就开始架设这座桥梁。我们在上海公报中提出了这座桥梁的蓝图，我们在这项巨大的工程中取得了一些进展。它还没有完工，仍然有许多工作要做，但我们决心要把它完成。我们必须完成它，绝不能失败……人们常常说，只有伟大的国家和伟大的人民才会面对伟大的挑战，如

第十三章 难以褪色的历史底片

果他们不能面对这样的挑战,他们就不是伟大的了。但是,我们是不会失败的,中国和美国都不会失败,因为我们相信我们担负着使命,要在力所能及的范围内,在建设一个新世界的过程中设法共同努力。在这个世界中,所有的国家不分大小,都有机会选择自己独立自主的生活,并在不必担心任何侵略的情况下生活,这就是我们共同的目标。因此,在结束今晚祝酒的时候,我要说,我们已经开始架设一座巨大的桥梁,这座桥梁一头在加利福尼亚,另一头在北京的天安门。我们在架设这座桥梁的时候,将牢记这是一座建立在伟大的中国人民和伟大的美国人民之间的互相谅解、互相尊重和持久的友谊的桥梁。"尼克松此次访华对中美两国关系的发展再次起到了推波助澜的作用。正是源于这样的政治背景和深厚情谊,当尼克松于9年后的1985年再度踏上中国土地的时候,仍然被视为"中国人民的朋友"而受到各方面的尊敬与欢迎。

9月7日上午,尼克松一行20多辆车驶进秦俑馆。尽管尼克松的这次来访远没有早些时候正在总统任上的里根总统那样气派和威风,但场面布置和各方人士的热情却毫不逊色。此前秦俑馆与有关方面考虑到尼克松本人的特殊性,在诸多方面都做了周密的部署,但意想不到的事还是发生了。

兵马俑博物馆前观众欢迎尼克松的场面(杨异同摄影并提供)

尼克松的轿车一进入馆前的广场,就被中国闻知的游客围住,使他无法走出车门。负责警卫的公安人员和

武警官兵迅速挤进人群，将车门拉开，尼克松才得以走了出来。

"总统好！"有人在人群中高呼起来，尼克松愣了一下，没有听懂对方的语言，但他从人们透出的热烈、激动、敬慕的眼神中，立刻意识到这是中国人对自己的亲切问候。他原本有些严肃的面庞立即布满了笑容，潇洒地举起右手挥动着，喊出了同样令多数中国游客听不懂的问候："Ladies and gentlemen！"（各位女士、先生们好！）

人群越来越靠近尼克松，机警的公安人员和武警战士迅速排成人墙，堵住人群，给尼克松闪出一条狭窄的通道。尼克松挥动手臂，在工作人员的护送下来到接待室。

"非常抱歉，刚才的秩序有些混乱，请总统先生谅解。因为您曾经为中美建交做出过巨大贡献，中国人民一直对您十分尊敬和感激，在中国，就是普通的百姓也熟悉总统先生的大名并怀有深深的敬爱之情。"中方陪同人员向尼克松做着解释，以免引起误会。

尼克松显然被刚才的场面和陪同人员的解释所感动，他稍微抬起右手，微笑中透着真诚地说道："对中国人民的友好情谊我表示深深的感谢，请代我向广场的人民问候。"

尼克松预定在接待室的时间一闪即过，由保卫人员护送，走进一号兵马俑展厅。

面对整齐威武、博大壮观的兵马俑军阵，尼克松脸上的笑容消失殆尽，闪亮的眸子静静地注视着坑中的一切。突然，他转向身边专门为他讲解的马青云问道："美国有哪些总统来看过兵马俑？"

"第1位是副总统蒙代尔，时间是1979年8月；第2位是总统卡特，时间是1981年8月；第3位是里根总统，时间是1984年4月；您是第4位光临秦俑馆的总统。"马青云流利地回答。

尼克松轻轻点头："这的确是个神秘而又吸引人的地方啊！"他的声音很小，似乎是在说给自己听。脚步很轻很慢，似乎怕惊动这支地下伏兵而杀将上来，使自己遭到不测。他的面庞没有笑容，神态严肃而沉重，内心分明被这威严的军阵气势所震撼。

"十几年前，我来到北京，当我第一次登上八达岭长城的时候，我就曾说过那是一座伟大的建筑，人类文明的奇迹，地球的标志。今天见到了秦

第十三章　难以褪色的历史底片

代兵马俑军阵，它给我的感受和长城是一样的。"尼克松仍在自言自语，声音小得难以令人听清。

其实，他对登长城的感受只是说出了表面的一部分，而潜藏在背后的含义则是："美利坚合众国面对的是一个世界历史上最有潜力的对手，因此必须做出一切努力同中国搞好关系。"

1972年2月，尼克松夫妇（左）与国务卿威廉·罗杰斯在长城

透过尼克松那双深沉、凝重和略带惊觉的眼神可以窥测到，面前的兵马俑军阵给他的震撼要比长城给予他的感受更为沉重和丰富。

按有关方面的规定，尼克松的参观程序，一切按此前接待里根总统的规格和方式进行，只是由于游客不断地向这位美国前总统高声问候，接待人员不得不几次停止讲解，尼克松也几次停止观看，40分钟的预定时间悄然流逝。

尼克松来到接待室与博物馆接待人员做最后道别，工作人员递过特制的留言簿，请他签名留言。尼克松满怀激动之情，写出了或许在心中酝酿了几十年的深刻感受：

我怀着激动的心情来参观中国的过去，也有机会看到中国的现在，而且意识到未来中国的潜在力量。中国是一个神秘的地方，来一百次也不能对它全面了解。

尼克松谢过博物馆工作人员，走出接待室，广场上的游客仍没有散去，他们已在这里等候了40多分钟。

389

尼克松又陷于人群的包围圈。广场上的游客越聚越多,形成了人的海洋。尼克松像一只孤独的小船在无际的海洋中颠簸、漂荡。

"总统好!"人群又开始高呼起来。

尼克松挥动着右手,紧跟保卫人员前行,寻找自己的轿车。

恰在这时,一个美国旅游团来到秦俑馆广场,几十名男女游客见到尼克松,也向人群挤去,尼克松面前又出现了令他熟悉而亲切的乡音:"President Mr. Nixon!"(尼克松总统!)

尼克松被保卫人员簇拥进轿车,人群潮水样拥堵在车的周围,车已无法开动。黑头发、黄皮肤、白皮肤、黄头发,不同的种族发出了相同的声音:

"President Mr. Nixon!"(尼克松总统!)

保卫人员不停地驱赶推动人群,轿车缓缓启动,尼克松此时难以控制自己的感情,突然推开车门钻出半个身子向人群招手致意。此时的他清楚地看到,在欢呼的人群中有人流下了激动的泪水。

1972年,当尼克松总统和毛泽东主席进行了历史性的握手后,在返回美国的专机里,尼克松曾为飞机着陆华盛顿之后,美国两党和公众对自己的访华行动所采取的态度而烦躁得脸色发青,差点昏倒在座舱内……

但是,具有长远政治眼光和超人智慧的尼克松总统的得力助手基辛格博士,曾说了这样一句话:"未来将比现在更公正地对您此行做出评价。"

历史证实了基辛格当年的论断。随着时间的流逝,尼克松为世界和平所做出的努力和贡献,已被后人重新认识。

尼克松在中国秦俑馆的一幕,便是对这位历史伟人功绩的生动而形象的评述。

当然,秦俑博物馆之行,使尼克松对中国这个神秘的地方多了一层了解的同时,也使他的政治眼光和外交智慧得到了飞跃式的提升,并能够更加熟练地运用孙子兵法分析风云变幻的世界形势。他在自己撰写的著作《真正的战争》中,一方面引用《孙子兵法》中的"夫兵久而国利者,未之有也"和"兵贵胜,不贵久"等警言,以此来检讨美国在越南发动的旷日持久而难以取胜的战争;另一方面,他主张在激烈动荡的国际竞争中,更要运用《孙子兵法》所说的"以正合,以奇胜"的策略。尼克松对此的解释是:"正"即平常的、直接的力量;"奇"乃异常的、间接的力量。"正"与"奇"两者

第十三章 难以褪色的历史底片

应互相补充，相得益彰，同时运用"正"与"奇"两者乃是"制胜之道"。其具体实施方案是，"以正合"，就是用美国的军事力量去对付苏联的军事力量，这是必不可少的第一步，而下一步"以奇胜"，则是一个"更加复杂、更加微妙、更需要下功夫和费时日的步骤"。尼克松在后来的另一部著作《不战而胜》中，更是大量运用《孙子兵法》的战略思想分析和展望国际形势，论述如何以巧妙的策略，达到"不战而屈人之兵"的目的。令世人所看到的一个事实是，自越战之后，美国在对外用兵策略中，基本遵循了这条原则，除非万不得已，才采取《孙子兵法》所谓"攻城为下"的策略，动用大兵与重装武器攻坚夺垒，开始真刀真枪地争夺搏杀。即便如此，在具体的战术中，仍没有忘记"正"与"奇"的巧妙配合，轻而取胜的海湾战争、轰炸南联盟、摧毁塔利班集团、活捉萨达姆等等，便是活生生的事例与历史明证。

1972年2月，尼克松（左）与基辛格飞回美国途中在空军一号机舱内交谈

盲人摸俑

1987年夏，一批20多人的英国盲人参观团来到秦俑馆参观。接待盲人参观团，秦俑博物馆尚无先例。盲人参观团的人员年龄均在60岁以上，其中有两位已年过八旬。

秦俑馆工作人员以最大的努力给予这群特殊观众以热情

391

周到的接待。当他们来到一号俑坑展室时，随着讲解员的解说，他们不断地点头，脸上泛出兴奋的光彩。在参观者中有一个额头上凸着紫青色包的老太太最为活跃，而额头上的青包也正是由于她的活跃，在北京街头和一棵树相碰留下的纪念。讲解结束，参观团陆续退出大厅。从他们的面部表情，看得出各人的心中仍装有一分遗憾。

"我冒昧地请求，能不能让我们摸一下兵马俑？"接待室里，盲人参观团团长向接待人员提出了个难题。

博物馆领导一研究，认为对这些特殊的外国盲人应特殊接待，尽量满足他们的请求。但一号坑是不能让他们下去的，一旦这20多位盲人进入站立的秦兵马俑军阵，后果可想而知。唯一可行的是到修复室去摸。此时修复室正在修复一匹陶马和一件陶俑。兵、马俱有，摸后的感觉应该是和坑中的兵马俑军阵相同的。

20多位盲人被搀扶着走进修复室，工作人员先把俑头放在他们手中，让盲人一一抚摸。随后分成两组，一组摸陶马，一组摸武士俑。盲人们颤抖着手，在陶俑和陶马的上部小心地摸起来。最后几乎所有的盲人都跪在地上紧紧地抱住陶俑、陶马的腿。

"看到了，看到了，全看到了……"八旬老人搂住一条马腿，呜咽着叫喊起来，浑浊的泪水在沧桑与苦难雕刻的脸上唰唰流淌下来。那个额头上凸着紫青色包的老太太，抓住武士俑的一只胳臂，将额头依偎在陶俑的胸膛上，眸子里激动地闪动着泪光，像个饱受委屈的孩子向两千年前的老人倾吐人生的艰辛。真诚与凄婉之状，令身边的接待人员都忍不住热泪盈眶。

特殊的参观结束了。20多位外国盲人游客不住地躬身，泪水涟涟地向中方工作人员致谢："我看到了，看到了中国的伟大，看到了中国人民友好善良的心……"

对于盲人的热切话语，工作人员并不怀疑，他们确实看到了，他们是用心灵来捕捉这一切的。或许，心灵的观察和感受要比眼睛所看到的更为深刻、真实和接近生活的原貌。因为，当残疾束缚着人的生命时，人的内心世界也发生奇特的变异，残疾的制约使他们在生命的跑道上内心变得更为强悍和机敏，生活中的一切细节都能触动他们敏感的神经和细腻的情感。透过别

第十三章 难以褪色的历史底片

人的语言和行动，他们会更深刻地感到潜藏在心灵深处的人的价值、人的权利和人的尊严。

作家三毛观秦俑

1991年1月4日，海内外华人世界享有盛名的台湾女作家三毛，在台北荣民总医院用丝袜将自己吊死在浴室的挂钩上，结束了她那辉煌而又充满传奇色彩的一生。

三毛猝逝震惊文坛！
三毛死因神秘莫测！

海内外报刊纷纷发表文章探寻这位女作家的死亡之谜。最早风传的是三毛自感身患癌症，而在无奈中自杀，但很快遭到台湾荣民总医院主治医师赵灌的否认。因为三毛患的不是癌症而是因荷尔蒙分泌紊乱所导致的子宫内膜肥厚。医护人员早已同她讲明这一症状，而三毛也未表示怀疑。事实上，在手术后荷尔蒙分泌已恢复正常，三毛的情绪也随之乐观和兴奋。直到她自杀之前都没有发现有异常的情绪波折，猜测被否定了。

三毛与西班牙籍丈夫荷西曾有过一段浪漫而热烈的生活使她终生难忘。随着1978年荷西在西班牙潜水作业中命归大海，她的心灵受到重创，遂产生自杀念头。而在她的生命之灯忽闪忽灭之时，大学时期一位男友曾想竭力填补她心灵中

三毛

感情的空白，但终因不能挣脱家庭、妻子的羁绊而不得不含恨放弃，从而更增加了三毛自杀的决心。有的报刊则把三毛自杀之因完全归于她所编剧的《滚滚红尘》影片，在台湾角逐金马奖最佳编剧时不幸落选……

三毛自杀的原因莫衷一是，众说纷纭。随着报刊的大肆炒作，三毛生前的著作和后人为她撰写的著作铺天盖地拥向书店、书屋、书摊、书市，一时间到处充斥了《三毛自杀之谜》《三毛、三毛》《哭三毛》《哭泣的骆驼》《温柔的夜》……有的出版商干脆把钢笔字帖也全部印上三毛爱情小说的精彩片段。三毛的名气达到了她生前远不能及的高度。

可惜，这些出版商的本意似乎并不在专为这位女作家的陨落而痛惜、哀思和怀念。这些雪片样飞落的报刊、书籍所引起的轰动效应，恐怕也绝非三毛的亡魂所情愿的。

当我赴秦始皇兵马俑博物馆采访时，听到的除对兵马俑的议论之外，最热门的话题依然是海湾战火与三毛之死。因为海湾战争中的主要人物大多来过秦俑馆，他们的巨幅照片仍完好无损地悬贴在馆内的橱窗上，这就不能不让人更加关注海湾战争和战争中主要人物的命运及最后的结局。而三毛本人从离开秦俑馆到自杀身亡，也仅仅过去了几个月的时间，短暂的历史烟尘并没有完全掩饰她在秦俑馆的足迹。她的音容笑貌、忧郁神态依然在和她所有接触过的秦俑馆工作人员心中清晰可辨。也许了解了这位作家在秦俑阵前的所思所感，她的自杀之谜就更容易解开了。

这是一个无风无雨的静静的夜晚，我在秦俑博物馆暂住的房间里，面对一位漂亮而又才华横溢、多愁善感的姑娘，静心地听她讲述关于作家三毛与秦俑馆的故事——

去年（1990年）4月11日下午，我正在秦俑馆忙着接待游客，无意中见到一个气质光彩夺目的女人，便忍不住多看了她一眼。这时我发现她胸前挂着一个长命锁，立刻意识到她可能是台湾女作家三毛。因为我非常喜爱她的书，能够找到的几乎都读过，其中在她的一本书上就画有这样一把长命锁，图的下面是三毛的亲笔字"我的宝贝"。她看见我在她面前愣神，立即冲我做了个手势，面带微笑嘘了一声，示意我不要声张。就在这一刹那，我感到她聪明过人，便不由自主地仔细观察她的一切。她的穿戴很普通，黑底暗花的服饰给人一种简明爽快的感觉。她之所以引起我的关注是因为透过这简单

第十三章 难以褪色的历史底片

普通的服饰，让人感到她内心所散发出来的一种独特魅力。在众多的游客中，我很少为某个人而留神。哪怕她花枝招展抑或是雍容华贵，都难引起我的特殊关注。但三毛不同，我见到她的第一眼，就被她特殊的气质征服了。这种奇特的感觉或许来自对她作品的爱恋和对她人生命运的同情。

我最终还是忍不住向前问道："您是不是……"

"就是，就是。"未等我说完，她就抢先做了回答。

"能不能……"

我的话还没完，她又抢先回答："可以，可以。"

我越加佩服她的机敏与聪明。

"转过身来。"她说，有一种潇洒、爽直的感觉。

她拿出一张精制的硬纸铺在我的肩上，签了她自己的名字微笑着递给我，然后匆匆向展厅走去。她的步子非常大，走路非常快。在我所见到的游客中，很少有像她这样潇洒而充满精力和具有自信心的人。她的出现使我想起了《撒哈拉的故事》。我仿佛看见她用自己的健步跨过撒哈拉大沙漠和五大洲千山万水时那娇美的身影。前行道路上一切的阻碍和险恶，都在她的坚强意志和奋力跋涉中变得渺小与平坦。

在大厅里，面对兵马俑军阵，她不像大多数人那样惊奇和一味地赞美如何伟大了不起。她很少说话，只是静静地听着讲解员的解说，但看得出她内心的情感波动比其他人更加强烈。她原本就有些憔悴疲倦的面容又增添了一层深沉和凝重。我想这时候她看到和想到的也许不会仅仅是中国的古代文明和世界奇迹，更多的则会是关于人类生死的困惑和爱的痴迷，以及对人生主题意义的思索，同时她也一定会想到作为人类一员的自己所苦苦寻求的生活真谛和最后的归宿。秦始皇兵马俑给予她的深切感受一定不是生活的永恒，而是生命的死亡与再生。

当三毛走出展厅来到篆刻图章小卖部时，有一个衣着华丽看似气派非凡的妇人也走了进来。三毛低着头默默地观看面前的一切，那位贵妇人横在柜台中央，态度傲慢地对年轻的女服务员嚷道："师傅，你的图章怎么刻？"服务员礼貌地做了回答。贵妇人递过一张纸条，气势依然咄咄逼人："就按这个名字这种样式刻，要赶快刻，刻好后送到××宾馆第5层412房间，不要耽误。"

我望望三毛，又望望这位贵妇人，忽然觉得人的差异如此之大。在这个

395

狭窄的空间里贵妇人的身材是那样肥胖,服饰和打扮是那样华美,神态又如此旁若无人和沾沾自喜,相对于瘦弱和穿着朴素的三毛,她应该更能令人注意。但在注意贵妇人时除了心中的愤慨,再也没有什么值得记忆的东西,因为人的魅力在于真善美的合而为一。也正因为如此,我才越发感到三毛的真正魅力,并对她多了一份祝愿,愿她生活得更富有和更美好。

三毛要走了,我觉得应该送送她。当她发现别人非常喜爱她时,她便像孩子一样给人一种更加亲切和善良的馈赠。她突然伸开双臂,紧紧地将我搂在怀中,亲吻着我的头发和面颊。我的身心受到强烈的震颤,我蓦地产生了一种感觉,这是一种从来没有过的感觉。这种感觉催人泪下,像她这样一位善良多情的女人,为什么命运总在捉弄她,使她饱受了人世的痛苦和情感的折磨。她曾因数学成绩平平而遭到同学的讥讽和老师的侮辱,不得不在家独自一人面壁7年。她曾与荷西在沙漠里度过了欢快、浪漫的眷属生活,但随着荷西的去世,她又坠入了生活的低谷,命运之神又向她伸出了残忍的手,扼住了她喘息的咽喉,致使她噩梦连绵,憔悴不堪……我无法抑制情感的闸门,我的泪水潸然而下。

"噢,这是泪水。"三毛动情地望着我的脸颊,掏出手帕拭去我的泪水。她转身走到将要开动的旅游车上,从自己的包里找出一个黑色的皮夹子走过来:"我想把这个送给你作为纪念。"她的眼睛有些湿润,她低下头不再看我,以此掩饰她内心情感的波澜而不在这种时刻失态。

她送我的皮夹子很旧,里面残留着几页她的手迹,这无疑是陪伴她度过万水千山的心爱伙伴。由此我更加对她的真诚和善良多一分敬爱。

我觉得我应该回赠她一点礼物,我从旁边的小卖部里暂借了一本价值25元的兵马俑画册送给她。也就在要握手言别的时候,我的两位同事却在不远处高声提醒我:"你怎么把这么贵重的礼物送给她,这不是吃亏了?"

这位同事的话被三毛和车上的台湾人清楚地听到了。我的头顶如轰然响起炸雷,我感到无地自容。我想当场谴责她,但终于没有付诸行动。也许我们太贫穷了,贫穷得在人的交往中为一分钱的得失而费尽心机去盘算,其结局却是人的情感、情谊越发冷漠和淡远。我记得三毛曾在一篇文章中说过:"其实台湾人也不是大陆人所想象的那样富裕。"在这贫穷与苦难的日子里,人除了应该注重物质,更应注重情谊。物质可以买到,真正的情谊是金

第十三章 难以褪色的历史底片

钱所难以买到的。

握别的时候,她的眼角挂着泪珠,她告诉我:"也许在几个月之后我还要回来看你的。"

然而,我等到的不是她的归来,而是关于她自杀的噩耗。

我觉得她的死因一定像她说的一样:"我很累,很憔悴,睡不着觉。晚上时常做噩梦,像是生活在梦中。"她感到自己在折磨自己、空耗生命,在漫漫长夜里她不知道自己是人是鬼,为此她痛不欲生。她确信这一个个噩梦都是上天为她安排的生活方式,自己只是一种简单的形成。在这个短暂的形成中,她经历了她所能经历的一切,完成了自己所要完成的事情,她感到她已走到了人生的尽头。在这生命之灯忽闪忽灭时,她希望获得新生,而这个新生必须通过死亡去获得。台湾人对宿命论和人的生死转换的宗教理论是极为信服的,那么她渴求新生的寄托就是自杀,她把自杀当作寻求新生命的唯一形式,这种形式不是消极的,而是一种毅力与精神的再现。人的一生一世不只是怎样面对生存,且还有如何对待和进入死亡。三毛的溘然长逝,是超脱于尘世的对生活和生命自身更高层次的拥抱。我等待着她的新生,等待着她的到来……

漂亮姑娘说完她要说的一切,泪水盈满眼眶,我在递给她一条毛巾的同时,竟觉得自己的眼睛也有些发烫。明亮的灯光下我们相对无语,静静地为三毛的去世而祈祷。

送走面前的姑娘,已是凌晨3点多钟。夜色依旧黑暗无光,四周出奇地宁静,世界依然安详地沉浸在温馨的梦中。望着长空中一颗飘逝的流星,我在心中轻轻地呼唤着——

归来兮,三毛。

❀ 秦俑馆前的特大爆炸案

1991年3月20日,临潼县公安局向省市公安机关和附属单位发出了一份通报:

秦俑馆前发生特大爆炸案的情况通报

3月19日中午1时10分左右,秦俑馆附近约300米处的华岳照相部秦代服装照相点,发生特大爆炸案。炸死3人(董××,男,19岁;邢××,女,19岁,两人均为照相点工作人员;另一名王建荣,男,26岁,白水县尧禾镇北草村6组农民),炸伤3人。

临潼县公安局局长王凤学、副局长郝金岗、张发战,以及副政委张忠全等人,接到报案后立即赶赴现场。

王建荣自幼丧失父母,婚姻问题迟迟不得解决,生活失去信心,加之对现实生活不满,3月1日就写好了长篇遗书,要一死惊人。

3月19日上午,他提上装有炸药、雷管的皮箱,于当天11时左右赶到秦俑馆附近,在仿造的铜车马上照相时引爆自杀。

同时还在其家中搜出了存放的雷管等罪证。

事隔一天之后的3月21日,《陕西日报》在头版公开报道了这则令人震惊的消息:

临潼县公安机关查清一起爆炸案

本报讯　本月19日中午,临潼县境内秦俑馆以东300米处发生一起爆炸案,炸死3人,轻伤3人。省市公安机关接到报案后,迅速赶赴现场,指导当地公安机关开展破案,抢救受伤群众,在白水县公安机关的配合下,8小时查清全部案情。

罪犯王建荣,现年26岁,白水县农民,因婚姻问题产生悲观轻生思想,留下遗书,携带爆炸装置,于3月19日中午1时许来到秦俑馆附近的华岳摄影部秦代服装照相点。当工作人员为其拍照时,引发爆炸。除王犯当场炸死外,另两名照相点工作人员也被炸成重伤,经抢救无效死亡。

(省公宣)

可以看出,《陕西日报》的这则报道,实则是临潼县公安局所发通报的

第十三章 难以褪色的历史底片

改写，其内容基本是重复的。但只要仔细对照两篇报道，又不难发现，《陕西日报》在报道中将"在仿造的铜车马上照相"悄悄地隐去了。这绝不是作者的疏忽和遗漏，恰恰是花费了一番苦心才做出了这样的抉择。其目的是为防止读者将仿造的铜车马误为真正的铜车马，而引起不良的社会效果。

但是，作者的这番苦心最终还是没有达到目的。就在爆炸案发生的数日后，当地农民以及西安市众多的市民、游客，还是把假的当作真的流传开来。直到十几天之后，我结束了对秦俑博物馆及考古队的采访，踏上了西安开往北京的列车时，仍有不少乘客还在议论"秦俑馆铜车马被炸"的消息，其活灵活现、令人大惊失色的描绘与叙述，仿佛让听众觉得他们似乎亲眼看见了秦俑馆铜车马被炸的惨象，如此演说使得整个车厢四座皆惊，为之哗然和感叹不已。然而，所有的演讲和宣传者都不过是以讹传讹而已，真正的现场目击者或许正是我呢。

3月19日上午11时40分，我结束了对秦俑馆一位工作人员的采访，像往常一样手提采访包，来到馆外当地群众开办的饭摊前津津有味地吃着兰州拉面和夹馅烧饼。12时30分又来到了一个茶摊前品尝关中的大碗茶，同时，我也想借此和主人闲聊，了解他们的心理状况和当地习俗。我在秦俑馆采访的每一天中午，几乎都是如此安排。而此时我断然不会意识也不可能意识到，20米开外的不远处，将在40分钟后竟会发生特大爆炸案。

但事实毕竟发生了。

当我捧起大碗茶，准备一饮而尽并向主人告别时，身旁突然响起了一声惊天动地的炸雷，我的身心在雷声的震撼中蓦地颤抖了一下，不等在懵懂中醒过神儿，手捧的大茶碗里已不偏不斜地飞入了半截手指，淋漓的鲜血将大碗茶染成殷红的浆汁。

我抬起头，向爆炸声的中心部位循声望去，只见刚才还完好无损、专供照相使用的"铜车马"随着腾起的硝烟和尘土顷刻化为无数块碎片，在天空中飘荡、翻滚。透过浓浓的烟尘，依稀可以看到残肢断臂从树梢和房顶上慢慢滑下，几条身影如同在电影中播放的特技镜头，先是蹦跳起来，再是张扬着双臂缓缓倒下去……

硝烟散尽，人群从四处拥来。"铜车"已荡然无存，"铜马"则伤痕累累。令人惨不忍睹而又胆战心惊的是，那从树梢上落下的残肢断臂仍在微微

399

颤动，四周仰躺着十几个被炸伤和惊昏的男女，黄色的土地上涌起黑红的血水。

惊骇、迷惑、恐怖……现场一片混乱。

有清醒者拨开骚动不安、惊恐不已的人群到附近的派出所拨通了医院和公安机关的电话。几十分钟后，医院的救护车和临潼县公安局的警车相继开来，并迅速投入了各自的营救和侦破工作。

我在帮助医护人员将受伤者抬上救护车后，留在原地跟踪公安刑侦人员的侦查足迹，并打开了采访本记下了侦破此案的详细经过。

有目击者向刑侦人员反映：中午1时左右，有个长发高个身披大衣的青年人，手提一个不大的棕色皮箱来到"铜车马"照相服务人员面前问道："秦俑馆的铜车马在哪里？"两名专管招揽生意的年轻服务员立即答道："这就是秦俑馆的铜车马，快照个相吧。"

提皮箱的青年人望望面前的"铜车马"，没有吭声和动作，冰冷的面部表情给人一种淡漠和犹豫的感觉。

"快照吧，机会难得，你看这铜车马多好。"服务员以惯有的招揽顾客之道，自以为已准确地猜中了青年人踌躇不前、犹豫不决的表情是吝惜钱财的心理反应，于是又极力鼓吹劝说，终于使年轻人来到了开票处，拿起笔写下了"白水县尧禾镇北草村王建荣"的地址和姓名。身边的服务员露出了淡淡的微笑，似乎在暗自庆贺又一次胜利。

王建荣进入车中坐定，约10秒钟后引爆，此照片是临潼县公安局刑警队根据摄影师手中被炸飞的照相机底片洗出，以此为线索展开侦查，很快查清了案件当事人与发生的经过。（临潼县公安局提供）

第十三章　难以褪色的历史底片

可惜，当青年人放下手中的笔，以和服务员同样的笑容大踏步踏上"铜车马"之时，死神悄悄地降临了。

青年人刚刚坐稳，摄影师便举起早已准备就绪的相机。一声"咔嚓"的轻微响动还没有落下，便是一声惊天动地的雷吼。青年人的碎尸乱骨飞向天空的同时，"铜车马"的木片和铁筋毫不留情地揳入两个服务员的胸部和小腹下方的致命部位。其实，当救护车匆匆赶来时，医护人员和目击者心中都一样地明白，这两个均为19岁的青年男女，已经走到了生命的尽头，这个繁华的大千世界再也不属于他们了。

被炸毁的"铜车马"惨状

值得庆幸的是，为青年人照相的摄影师尽管在爆炸的轰响中倒入了尘埃之中，但死神没有收留他，依然让他在这个世界上暂时留存下来。因而，他怀中相机里那个摄有青年人面貌的底片也成为刑侦人员迅速、准确查清罪犯的重要依据。

当然，这只是部分目击者向刑侦人员提供的一些情况，与事实少见得完全吻合。而另一种说法却让人更感到惊恐：罪犯王建荣乘车来到秦俑馆前，他将装有烈性炸药的小型手提箱隐藏在身披的大衣内，走进秦俑馆并越过两道警卫防线进入一号坑展厅，结果发现展厅中只是站立着一片泥塑的"瓦爷"，便不感兴趣地走了出来，寻找他要找的爆炸目标——铜车马。但当他踏上铜车马展厅门口的台阶时，他的手提箱由于身体的抖动从大衣内暴露出来，并被守卫人员及时发现。因秦俑馆早已制定了不许游客提包进入铜车马展

401

作者（右二）在现场采访

厅的规矩，故此他的爆炸阴谋没有得逞而转向馆外的假铜车马。

从实际勘察和大量的走访调查推断，这种说法也不是没有可能。如果不是这样的过程，那么，罪犯从上午11时进入秦俑馆停车场到下午1时实施爆炸，在这长长的两个小时内他会干些什么？

在遍地血污、碎尸、残片的爆炸现场，几乎所有身穿警服和便衣的公安人员都在忙碌着勘察、测绘、照相、化验……只有一个人没有动。他站在现场一侧静静地观察着面前的一切，面部表情沉重而严肃，忧虑而焦躁不安。我知道，在这极为复杂的情愫中，最能使他感悟的是什么。

我轻轻来到他的面前交谈起来，我和他早已认识并打过数次交道。他是秦俑博物馆公安科科长冯得全。

"又给你敲了一次警钟。"我说。

"嗨！"他打了一声招呼，"何止是一次警钟，简直是在我心里捅了一刀子。前几年在上海湛江饭店发生过一起爆炸案，凶手是个女犯，炸死了两个人。后来公安机关审问罪犯时，她说最初是想来秦俑馆引爆，由于种种原因没有来成，结果在上海实施了犯罪行动。早在那个消息传来时，警钟就在我心里敲响了。"

"如果这个罪犯真的将出土的铜车马炸毁，我看对你这个公安科长的处理绝不会轻。"

他苦笑着轻轻摇摇头："对我怎么处理倒不重要，也无所谓，只是遭受的损失和影响恐怕不是能想象的了。"

"我们应该在兵马俑坑和铜车马展厅安装像机场检查站那样的检测器，这样或许就能避免恶性事故发生。"我望着他阴沉的脸，提出了自己的建议。

他长叹了一声，又摇摇头："说起来容易，做起来可就难了。不用说安装检测器的投资问题，即使安上，这么多的游客又以怎样的方式和程序进行检测？秦俑馆毕竟不是机场。现在唯一的办法就是提高警卫人员的素质和辨别能力，加强责任心与使命感，别无他法。"

我点点头，心想他说的也许符合秦俑馆的实情，在这块满是血污的土地上，他惊恐而又威严地站着，他在为整个秦俑馆的安全而陷于深深的不安与沉思之中。

秦俑馆前的爆炸案，不仅给秦俑馆领导人和工作人员又一次敲响了警钟，也在他们心中蒙上了一层浓浓的阴影，增添了一分沉重的忧虑。就在爆炸案发生的当天晚上，正在西安办理公务的袁仲一馆长，立即返回秦俑馆，召开了全馆工作人员紧急会议，在强调了全体人员要提高警惕的同时，又对公安科和警卫中队格外叮咛一番。

会停了，人散了，袁仲一的心情依然无法平静。他曾几次从宿舍里走出来，仰望时隐时现的星斗，独自一人在漆黑、寂静的夜幕中徘徊。他深知，只要秦俑馆存在，罪恶还将会在这里发生，如果哪一天秦俑博物馆的文物遇到不幸，他这个一馆之长该如何向中国乃至世界人民交代？

武士俑头再次被盗

就在这次爆炸案发生两年之后的一个冬天，冯得全和袁仲一所担心的事情，再一次降临到秦俑馆。

这是1993年7月13日，青海省大通县后子河乡东村农民韩光云，踏上了开往古城西安的列车。这位21岁的男性公民，随着列车不住地颠簸荡动，思绪也在剧烈地翻腾。在此之前，他并没有要走出那个偏僻、贫困的乡村，到外面的世界闯荡一番的打算。只是一个偶然或者说是必然的事件，让他不得不做出了这个抉择。尽管这个抉择很令他感到为难和苦涩，但也有一线甜蜜的曙光似明似暗地映照着他——这是关于一个女人的事件。

在他的眼里，那个女人是世界上最为美丽也是最为可爱的，他无法详细地回忆起，自己是从什么时候爱上她的，或许是在小学，也许是在上初中的时候。因为跟他同村又是同学的姑娘，经常出现在他的面前，他也有事无事地经常来到姑娘的身边，说一些朦朦胧胧的生硬的但肯定掺杂着爱情味道的闲话。当他们双双辍学回到乡村后，他便经常帮助姑娘一家不计报酬地干些杂活。他是一位身体强壮、头脑灵活的西北汉子，他知道该以什么样的优点来取悦她。

当他感到时机成熟或者说水到渠成之时，便悄悄地托了个媒婆去摘心中向往已久的鲜果。尽管老媒婆伶牙俐齿，经验丰富，处事干练老道，无奈两家相处太近，谁的家中有几只老鼠都十分清楚，加之姑娘自恃年轻貌美，心比天高，故断然拒绝了老媒婆想撮合的亲事。

韩光云见提亲老手败下阵来，心中大为惊骇的同时，又猛生疑窦，认为这老妪故意跟自己兜圈子，耍布袋戏，实属贪婪钱财之徒。为使好梦成真，他便心生一计，速到本村小卖部购了几个罐头和几斤鱼干给老媒婆送上，嘱其再次从中周旋。

老妪见小伙子聪明真诚，又有礼品送上，不好推辞，只好于第二天晚上，再次硬着头皮拜访姑娘家。在去姑娘家之前，老媒婆便仔细地总结了上次失败的教训，然后脑海里像演电影一样把自己在姑娘家的场面以及言谈举止细细地过一遍。凭着多年的媒婆经验，她从回忆的众多镜头中，终于捕捉到了对方显露破绽的画面。针对几处破绽，她详细地制订了攻防计划，准备一举将对方降服。

决定一个女人命运的酣战重新拉开了帷幕，老妪尽管年届七旬，但不愧是方圆数十里的媒介名将，依然有宝刀不老之势。在那个寂静清冷的黑夜，面对孤灯，她舌战众人，步步为营，稳扎稳打地向前逼近。对方则步步后退,大有一触即溃之势。

　　大约五更时分,对方终于招架不住,被迫有条件投降。这个条件就是只要韩家能拿出3000元,姑娘便由他娶走。这个条件对韩光云来说也颇苛刻,他一家六口,只住着两间土屋,一年到头温饱都成问题,怎么拿得出这3000元钱。但不管怎么说,曙光终于出现了,只要想些办法,也许会有希望的。

　　从此,韩光云日夜思念起发财之道。当他偶尔听一个亲戚家的表哥说,西安打工可以赚钱后,便怀着万分惊喜踏上了开往古城的列车。当韩光云随着人流走出西安站步入广场时,他差点晕倒了。这个突来的意外,不是由于他得了心脏病或脑出血之类的急症,而是眼前的景象使他感到头晕目眩。宽大的广场上聚集着数不清的人群,车辆来往穿梭,高耸入云的楼群几乎挡住了太阳的光线,使他辨不清东西南北。眼前的一切使他惊奇、羡慕、迷惑,最后达到了晕眩。当他稍稍回过神来后,便突然觉得自己生活了20多年的那个偏远闭塞的乡村是多么落后和寒酸,这20多年的人生简直是白白度过了。在懊悔与亢奋中,他投靠一个在西安打工的同乡,不再顾及挣钱发财的事,第二天就登上了西安东线一日游的大轿车,决定先浏览一番,以弥补这20多年来人生的遗憾。

　　大轿车在举世闻名的兵马俑博物馆停了下来。韩光云随着乘客进入展厅。当他看到面前只是一排排的泥人时,觉得实在有些无聊,甚至觉得花8元买门票是多么冤枉。正当他垂头丧气、后悔不迭之时,只见一个浓妆艳抹但仍周身透着土气和俗气的野导游(野导游又称"刀子",是近几年在中国旅游区崛起的新的气象,关于"刀子"的故事后文详述)说:"兵马俑的价值随便拿出一个就能换回一个香港,有十个就能换一个美国。"女导游说着,自鸣得意地看了看惊骇不已的众人,更加狂放地说:"前年一个叫王更地的青年,来这里偷了一个俑头,一下子就卖了几百万元……"女导游不再讲下去,她感到刚才的话足以把兵马俑的价值生动又形象地表达了出来,她感到她已尽了自己作为"刀子"的义务和责任。而听众也由于她的一番高谈阔论激动万分,狂骇不止。

　　此时的韩光云收紧了怦怦跳动的心,眼睛死死盯着"刀子",他不是为她那张浓艳的脸蛋,而是为她的话,为她话中那几百万元的诱惑。这个诱惑太大了,大得不敢让他相信,一个泥人头就值几百万元,这不是瞎说也是神话，想一想自家那两间泥屋才值多少钱？

正当他困惑不解、信其有又信其无的时刻，两个全副武装的警察走了过来，他们以威严的面容注视着大厅的各个角落，令人感到这是一个非同寻常的文物重地。

韩光云似有所悟，他的聪明很快使他把这里的一切和自己那个乡村做了对比，并很快得出结论：如果这些泥人不重要、不值钱，怎么戒备如此森严，怎么会有这么多人，特别是一些黄头发、长鼻子的外国人专程来看，自己的那个乡村怎么就没有人愿意光临？想到这里，他又下了最后的结论：那位导游小姐的话是真实的，兵马俑了不起。

将要走出博物馆的时候，他突然觉得有些恋恋不舍，到底舍不得什么，他自己也一时搞不明白，当他最后瞥了一眼四周那高大森严的围墙时，心中翻起一股莫名的沉郁和狂跳。

由于韩光云此次西安之行没带足够的盘缠，十几天之后，他便在无奈中怏怏返回青海家中。

外面的世界已经走入他的心灵，那个偏僻贫困的乡村已不可能再让他留恋了，唯一值得留恋的是那个将要嫁给他的姑娘。或许，正是为了逃避乡村的贫困、得到女人的温暖，他才痛下决心，重返西安。

1993年12月25日，他凑了80元钱的经费，又踏上去往西安的途程。当他站在西安站广场的时候，由于车票花掉了29元钱，身上只剩下51元钱。更糟的是，他没有身份证，一时难以找到打工的活计，几天之后便身无分文了。

在人生的十字路口，韩光云躺在黑乎乎、脏兮兮的屋子里，开始了是走还是留的严峻抉择。继续留下来，已十分困难；如果就此回去，何以向父老乡亲交代？何以去面见那位朝思暮想的姑娘？

想到那位姑娘，他的心中越发不安，要是再不拿点钱给她家，看来她的父母是不会答应这门亲事，而她自己也不见得就非要等下去。从前一段的接触情形看，姑娘好像对自己并不感兴趣，只是迫于老媒婆和父母的压力，加之还没有找到更合适的人，才勉强答应下来。就以她的聪明和心比天高的性格看，答应这门亲事，也许是缓兵之计，一旦找到上等的男人，她是注定要飞走的……想到这里，他的额头已沁出了汗，他感到心中焦躁不安，痛苦难耐。

当最后一个烟头扔到地下并被狠狠地踩灭之后，韩光云脸前灵光一闪，

第十三章 难以褪色的历史底片

一条奇招迅疾划过脑际。他抬手抹了把脸，脸上散发着火辣辣、热乎乎的气息，待这气息稍稍散开，那闪电般的奇招又涌向心头，并使他在极度的恐惧之中感到了一片欣喜。

他想起了几个月前，在兵马俑博物馆大厅参观时，那位女"刀子"的讲解，想起了那遍地站立或躺着的泥人，想起了那值几百万元的泥人头。假如这千万个泥人头有一个是属于自己的，那会是一副什么模样？不但家乡那位姑娘束手就擒，即使古城西安那些涂脂抹粉、眼睛长在额头上的小姐，也会对自己另眼相看。马不吃夜草不肥，人不发歪财不富，这是家乡流传了几辈子的俗语。如今自己已是穷途末路，何不去偷一个泥人头发上一笔财？

决心一下，他便借着暗夜的寂静，构思行窃的计划。

1994年1月5日下午5时许，韩光云拿着从同乡那里借来的十几元钱，乘车来到秦俑馆。借着夕阳的余晖，他在馆外各处详细侦察了一番，便悄悄来到秦俑馆南边村麦场上一堆玉米秆中躺了下来，尽管时值冬日的严寒季节，黄土高原上冷风凄厉，尘土飞滚，但他却感到周身阵阵燥热，脉管的血液在汩汩流淌，他完全沉浸在一个非常行动之前的紧张与狂喜中。

天渐渐暗了下来，夜幕笼罩了突兀的骊山，四周已处于平静。一阵紧张与狂喜过后，面对无尽的黑夜，韩光云感到在极度的疲乏之中又有几分孤独和恐惧。夜风卷了过来，周围的玉米秆叶子哗哗啦啦地响着，像一群游兵散将穿越丛林的脚步，越发让他感到凄凉和不安。韩光云将玉米秆的缝隙拓宽了些，整个身子被埋在里边。他闭上眼，仰躺着，索性好好地静一静神。就这样，不知不觉地睡了过去……

当韩光云醒来时，已是子夜时分。他钻出玉米秆堆，不禁打了个寒战。风仍在无尽的夜里往返窜动，阴沉的天空像锅底一样压得人喘不过气来，空气中弥漫着淡淡的湿润，像要下雨，又似在降雪，或许要落下一种更加庞大和沉重的不祥之物。没有星星，没有月亮，天地在混沌中裹挟着世间的芸芸众生苦度沧桑。

韩光云将头摇晃了一下，使劲睁了睁眼睛，以辨别他所在的位置和他要去的地方。片刻，他提起那个黑乎乎的手提包，借着夜色向秦俑馆摸去。

秦俑馆渐渐近了，院内几盏路灯在夜幕的包围中，疲惫地燃烧着，惨淡的光映照着点点树影和高大的围墙。

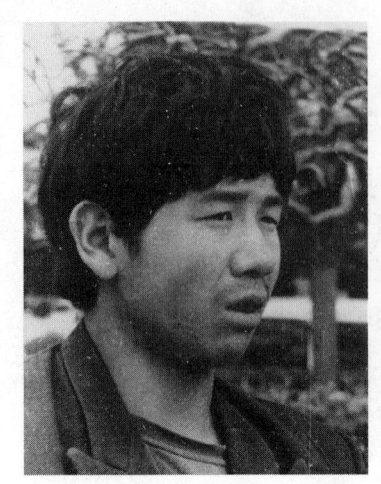

韩光云（本照片与以下照片为秦俑馆保卫科提供）

韩光云踏着垃圾桶爬上大厅窗台

韩光云摸到一个偏僻的角落翻墙进院，躲在漆黑的地方向周围窥探。这时，只见一个身背长家伙的民警走了过来。他惊出一身冷汗，怦怦跳动的心脏几乎要蹦出口中。他按捺着又准备着。

他悄悄地从身旁摸起一大块砖头，做好了攻击准备，他想：如果自己被民警发现，他要一个箭步蹿上去，先发制人，照准民警的脑袋就狠狠地来一下子。但是，民警没有发现他，而是从他身旁慢慢走了过去。他看到那冰冷的枪刺离自己越来越远，便轻轻嘘了口气，将砖头放回原处。

他不敢向存放兵马俑的大厅走去，他要摸清值班民警的规律，否则，不但是徒劳，反而是引火烧身。终于，他摸清了。值班民警转一个来回要数十分钟。他不知道为什么要这么长时间。事实上，秦俑馆内几个大厅相隔不远而又各自独立。仅一号坑大厅就长达230米，宽72米，绕一周便是604米，更何况要围绕三个大厅走一大圈。

韩光云开始壮着胆子，趁着值班人员巡视他处的空隙，向一号大厅飞奔而去。当他停下来时，顾不得喘口气，便伸手去拉大厅那带转轴的大窗。这个大窗他白天就悄悄地试过，他觉得整个大厅就这个大窗可以拉动并有可能钻进去。他在白天悄悄拉动大窗时就犯起疑惑，为什么整个大厅偏偏这里可以拉动？是馆内人员的疏忽，还是故意设下的陷阱？或许是智者千虑必有一失？但不管怎么样，这里是唯一可通

第十三章 难以褪色的历史底片

往大厅的道路，只有进了大厅，才能得到自己要得到的东西。

别无选择，干下去。

大窗转动了，发出轻微的不情愿的吱吱声，可惜这种声音极其弱小，刚一发出就被原野的风吞噬了。韩光云麻利地翻身进入大厅，而后像个行盗的老手，匍匐前进到大厅西区兵马俑修复现场。这里排放着一些尚未修复的陶俑。此时，他的两眼放射着异样的光，极为兴奋地向一个陶俑扑去。

韩光云钻进一号坑大厅

面前的秦俑又高又大，重在150公斤以上，要盗走整个一件谈何容易？于是，最具艺术和文化价值的秦俑部件——俑头，自然成了他猎获的对象，他像农民拔萝卜一样，飞速地拔着俑头。遗憾的是，俑头像是长在陶俑的身上，怎么也拔不下来。情急之中，他的额头上冒出了汗珠。

当他一个个不住地摇着俑头时，脚下被绊了一下，险些将他绊倒。他无意识地往脚下一看，原来地上正躺着一个只有上身而无下身的陶俑，这显然是出土后未来得及修复的残俑。令他兴奋不已的是，俑头居然完好无损。他立即弯下腰，两手抱住俑头左右扭动了几下，很快就拔了出来。

韩光云挟一俑头逃跑

当他抱着俑头顺原路返回到窗下时，他的心中产生了一种从未有过的惬意和激动。他仿佛觉得怀

409

秦俑馆监控室情形

秦俑馆保卫人员进入大厅搜索

中抱着的不是一个铠甲武士俑头，不是一个冰冷的泥人头，而是一个鲜活水灵的女人，他仿佛嗅到了这个女人吹到自己脸上的热烈而甘美的气息，以及醉人的那略带泥土味的馨香。

一个难题摆在了他面前。

由于窗子太高，他无法怀抱俑头爬上去。怎么办？他环视四周，发现坑内散落着一根根的草绳。他不知当初考古人员为什么要在坑内放这么多草绳，也不知这些草绳的真正用途。他只是觉得这是苍天在暗中帮助着他，让这里有这么多草绳。他不敢耽搁，跑上前去拽了几根草绳，胡乱将俑头捆绑起来。他要用农家打水的办法，待自己爬上窗子后，将俑头吊出来。好一条奇妙的计策。

当他庆幸着老天保佑并觉得心中那个姑娘已被自己牢牢绑住时，大祸来临了。他做梦也没想到，当他翻窗跳进大厅的一刹那，已经落入一张天罗地网之中。

1月6日凌晨2时55分，秦俑馆安全技术总控室监测荧屏显示了大厅04号区域有外物侵入。那儿装设的是一种先进的监视预警系统，具备微波扫描和红外线控温两种功能，能迅速智能化分析并侦察异常情况。总台值班人员听到警报，马上通知大厅内民警："04号地区情况异常，立即进行现场搜索！"并向公安科长、队长报告。一把利剑迅速出鞘。

公安科长冯得全和民警队毕队长在3分钟内就将全体民警召集起来，果断命令兵分三路：包围大厅外围、封锁馆内所有通道、部分警力去馆围墙外设伏堵截。与此同时，公安干部兰革利，民警詹向东、梁金刚、杨安吉，在馆内大厅兵分两路向西区搜索前进。大厅内虽有照明设备，但在这阴沉的冬夜似乎显得特别幽暗。要在总面积14260平方米内的大厅，寻找一个暗藏的盗窃分子并非易事。约3时10分许，当搜索人员合拢包围到大厅西南角运土木桥时，发现一个黑影紧贴在桥下立柱上。他，就是韩光云。

从韩光云手中缴获的兵马俑头

训练有素的民警飞速上前将其擒获。现场缴获了罪犯用草绳捆扎好的俑头，在墙外缴获一个手提包，这是用来装俑头的。韩光云被送入大牢，所获赃物经陕西省文物鉴定委员会鉴定，结论如下："被盗俑头系秦俑馆一号坑西区T20-8C-81号铠甲武士俑头，属秦代。俑头造型优美，塑作精致，神韵生动，属国家一级文物。"

1994年9月1日，陕西省西安市中级人民法院做出如下判决：被告人韩光云犯盗窃罪，判处无期徒刑，剥夺政治权利终身。至此，韩光云的女人梦和发财梦全部落空了。他将在高墙和铁网中度过他的人生。没有人知道他在这个世界上能活多少岁月，但他的归宿现在就可以说得清，这就是——死于女人和贪婪。

411

郑安庆事件

我在秦俑馆奔波,曾数次穿行于兵马俑坑和铜车马展室,每一次都有一种异样的心灵震颤和从未有过的精神收获,我越来越感到我所踏入的是伟大的古代文明与精湛的现代艺术所融会而成的神圣殿堂。

如果说兵马俑与铜车马的制造工艺和冶金技术体现了古代人民非凡的创造力与杰出智慧,那么,兵马俑与铜车马的修复以及气魄恢宏、宽阔雄伟的展厅,则完全展示出中国现代人民丰富的想象力和卓越的建筑艺术水平。我在为这辉煌神圣的殿堂惊诧之余,以同样的敬慕之情静心观赏镌刻在殿堂之上的书法艺术。从墨迹的风格和气韵中不难看出:

"秦始皇兵马俑博物馆"几个雄壮的大字为大名鼎鼎的叶剑英元帅所题。

"铜车马展厅"5个苍劲刚健的行书字迹则出自久负盛名的大书法家舒同之手。

而唯独"第一号兵马俑大厅"几个稳重秀美的篆书难以辨别是出自哪位大家之手。

于是,有人告诉我,这是秦俑博物馆陈列部美工郑安庆的墨迹。

一个博物馆的美工能写出如此令人惊叹的字体,并且高悬大厅门口上方,无一掩饰地接受海内外游客的欣赏与品评,这不能不说是作者的一大幸事。我决定亲眼见一见这位幸运的美工,分享他的幸福与欢乐。

然而,当1991年初春,我走进陈列部见到这位40多岁的汉子时,竟出乎意料地发现他没有我想象的那样聪明伶俐、健谈豪爽。他给予我的感觉是口齿愚钝、行动笨拙,只有那份热情与真诚尚存在他的身心之中。在我以极度惊讶和迷惑的神情得知了关于他的一段苦难岁月之后,才恍然醒悟昨日这个才华横溢、稳健刚强的血性男儿为何变成今天这种模样。

1982年9月26日,《陕西日报》报道了这样一条消息:

走私犯郑安庆被依法逮捕

本报讯　秦俑馆美工郑安庆未向公安机关申请备案,又未经工商部门批准,私自开设刻字行业。从1980年7月至1982年4月,他先后向外国商人走

第十三章　难以褪色的历史底片

私印章、印料二百五十余枚，用五十四件小包裹邮往国外，从中牟取暴利一万二千八百八十五元七角。并收受外商：彩色电视机、收录机各一部和兑换券七百三十八元。临潼县公安局根据《刑法》第一百一十六条和《海关法》一百零七条、一百五十条、一百八十四条及对外贸易的有关规定，认为已构成走私罪，经县检察院批准，将郑安庆依法逮捕。

（唐世兴）

郑安庆创作的《延安精神印谱》书影

消息已明确警示世人，郑安庆的灾难是因为他私刻印章和外国人做生意。想不到他不但有一手潇洒俊秀的书法，而且还有刻制印章和外国人做生意的本事。

其实，早在郑安庆上小学时，就迷恋于书法、绘画和金石刻字的艺术，并经过十几年的奋力苦搏，他的艺术创作成果终于得到了社会的承认和书画界的赞赏。自1962年起，仅他的篆刻印章就先后在《羊城晚报》《广州日报》《新体育》《陕西日报》《西安晚报》《延安画刊》《延河》等20余家报刊发表近百方，并出版了《毛主席在陕北》的印谱单行本。

郑安庆创作的《秦兵马俑印谱》书影

1978年，郑安庆从一家工厂的子弟小学调到秦俑馆做照相与绘图工作。1979年秦俑馆开放之后，郑安庆见外宾纷至沓来，便向馆领导提出了"愿在工作之余用我的刻印小技为外国游客治印，以为博物馆挣外汇"的建议。他的建议没有被馆内领导采纳，但却埋下了悲剧的种子。

1980年4月，郑安庆再次向馆领导提出了他先前的建议："现在工作有了秩序，馆内也设了小卖部等设施，我可以在工作之余刻些印章为馆里挣点外汇。"

他的建议得到了领导的许可："你先刻刻看吧。"

郑安庆颇为激动，一种复杂的心情驱使着他，当天夜里就用自己原有的水墨石刻出了三方印章。他的确出手不凡，三方刻石刀法娴熟、字迹刚劲有力，除正面的刻字外，又

郑安庆创作的兵马俑印谱

413

郑安庆创作的秦铜车马印谱

颇费心机地在印侧四边刻下了秦俑图像和俑坑简介，以及"××先生×年×月×日赴中国西安参观秦兵马俑坑刻石纪念"的文字。

第二天，郑安庆将3枚刻章及印模拓片拿到博物馆外宾小卖部对外销售。不出3日全部售完，秦俑博物馆由此获得了190元外汇。从此，郑安庆越发积极地镌刻，外宾小卖部源源不断地销售。至1980年年底，仅为期半年的时间，秦俑博物馆共获外汇6000余元。

也就在这一年的8月，日本书法代表团前来秦俑馆参观。当团中的原野茂走进外宾小卖部，见到郑安庆篆刻的印模及边款拓片后，大为惊讶称绝，当场买下6枚印料要求篆刻。郑安庆时已回老家探亲，原野茂并未放弃得到这篆刻艺术的机会，他给馆内小卖部预付了印款和邮资，提出等郑安庆回馆后为他刻就寄去，秦俑馆服务人员当场答应下来。这笔交易到此似乎已进入尾声。

然而就在这时，却出现了一个小小的插曲，悲剧拉开了帷幕。

郑安庆探亲归馆后，按日本原野茂的要求刻好印章并亲自给他寄去。事隔不久，原野茂从日本给郑安庆寄来了一封热情洋溢的信，信中对郑的篆刻技艺表示极大的敬佩和兴趣。同时原野茂对自己的经历和爱好做了详尽的介绍："我已50多岁，现在日本××中学担任书法课程教师，已从事中国书法研究30余年，有两个孩子……希望能得到您的指导与帮助……"其感激之情、虔诚之意溢于言表，令人为之感动。

此时郑安庆已自学日语近两年，很希望有一位日本朋友给予自己学习上的帮助和指导。于是，很快给原野茂回信并赠送了自己篆刻的部分拓片。从此，郑安庆与原野茂不断书信往来，成为互教互学的书道之友。

1981年元月，郑安庆为其家属调动工作，请了几天事

第十三章 难以褪色的历史底片

假，按照秦俑博物馆的规定，这月他因请事假而没有得到工资之外的奖金。

郑安庆心中有些不快，想起自己半年多来为秦俑馆挣了钱、出了力，不但未得到经济上的半点报酬，就连一句领导对自己的鼓励、表扬之类的话也未曾得到。一番感慨之后，他决定找馆领导谈出自己的想法："据了解，北京、天津、上海、广州等友谊商店、书画店、展览馆等经销的书画、篆刻、工艺品，对作者都是按30%或50%提成做报酬或奖励。西安友谊商店也设有治印业务，对刻者按50%提成，如遇应急买主，100%归镌刻者。我给外国人治印，工具、印泥全是我私人的，开始卖掉的三方印石，连石料也是我自己出钱买的。我不要求给我本人多少报酬，只想馆里是不是适当地给点奖金，我也好买几本书和几块石料……"

未等郑安庆的话讲完，领导的脸色已起了明显的变化，心中也添了大大的不快，"从这件事情一开始我就知道会有今天"。领导说完这句令郑安庆困惑不解的话便匆匆离去了。

第二天，秦俑博物馆召开支部委员会议，特邀非党员的郑安庆列席。开会之前，馆领导明确回答了郑安庆昨天的提议："经过初步研究，馆内对你不予进行什么奖励，你昨天的要求是无理和私心太重的表现，你的手伸得过于长了，这是资产阶级的金钱观念……"

郑安庆闻听恍然大悟，这哪里是列席党支部会议，分明是在接受警告，他觉得这是一种羞辱，他感到自己的人格和尊严受到了伤害，血气方刚的郑安庆无法容忍，他噌地站起身，据理力争："我不能接受您的批评，我说的提成是有政策依据的，多劳多得是社会主义分配原则而不是资本主义原则……"

馆领导更不示弱，同样慷慨陈词："多劳多得主要对农村社员和城市待业青年等集体所有制企业而言的。你是国家干部，工资就是国家给你的报酬，不存在多劳多得的问题。这个政策对你是不适用的。"

"陕西省博物馆业务干部曲儒同志的象牙微雕在本馆对外部出售，怎么实行30%的资金收入提成？"郑安庆以眼前的实际事例颇不服气地反驳。

"曲儒是曲儒，你是你，陕西省博物馆的曲儒不归我管，秦俑博物馆的你归我领导。"馆领导也寸步不让，提出了比郑安庆所引用的事例更实际的问题。

"中国是几个共产党领导？"郑安庆以他的聪明与才智把这场辩论像艺术创作一样推向极致，而使一切对手都无法超越并望而却步。

馆领导被噎了一下，索性挥挥手，示意郑安庆："这次你的列席会议已毕，请回吧。"

郑安庆愤然走出，大呼不平。

馆领导悄然落座，怒不作声。

这场闹剧的结果是，博物馆小卖部从此不再收留郑安庆的篆刻印章和拓片，并命令郑安庆停止篆刻活动。

冲突既开，就无平静收场的可能。悲剧的帷幕已经拉开，也只有就此演下去。

郑安庆与日本教师原野茂的书信往来仍在进行。这边的郑安庆为他代买中国的文房四宝及字帖、印谱、篆字字典等印刷书籍，那边的原野茂向郑安庆回赠日本出版的书法、印章等书籍，同时提出："我的日本学生很喜欢您的印章和拓片，希望今后多多提供您本人的艺术作品。"

其后，原野茂的朋友白霞洋（原日本书法家访华团秘书长）给郑安庆来信，提出了和原野茂相同的希望，郑安庆觉得盛情难却，就笑纳了这个朋友，同时开始利用业余时间先后篆刻了近200枚姓名印章，通过邮局寄给原野茂、白霞洋和他们的学生。

1981年7月，原野茂、白霞洋等再次访华，并带来14英寸彩电一台、收录机一架赠予郑安庆作为酬谢。

原野茂、白霞洋回国后，仍觉得盛情未了，又先后3次通过日本和中国银行给郑安庆汇款7000余元人民币，其中原野茂的5000元汇款理由是"友人赠予"（日本银行汇款凭据）。

原野茂与白霞洋给郑安庆的汇款引起了陕西中国人民银行的警觉，他们把款转至临潼中国人民银行分行的同时，要求该行到秦俑馆了解具体情况，秦俑博物馆领导一看日本帝国主义赠予了这么多钱，背后一定有鬼，于是借机将汇款单扣留在馆内，未通知郑安庆。

当日本方面的汇款人在信中得知郑安庆没有收到汇款后，立即寄来汇款凭据，郑安庆持凭据赶赴陕西中国人民银行查询，当他得知此款已转至临潼中国人民银行分行后，又赴临潼询问。

第十三章 难以褪色的历史底片

"是你们馆里的领导暂时不让发给你本人。"临潼分行方面回答并当即表示："我们再到馆里催问一下，是公款由他们领，是你个人的就马上给你。"

在银行方面的多次催问下，郑安庆的汇款被扣压3个月后，终于从银行领取出来。

"是不是你把文物弄出去了？"秦俑博物馆领导向郑安庆询问，神情充满惊讶与怀疑。

"日本人喜欢我的章子，我给他们刻了章子，这是他们给我的劳动报酬和答谢。"郑安庆坦诚地回答。

"以后不要再搞了。"馆领导强硬地做着命令。

"给日本人刻书画印是不是犯法？"郑安庆毫不服气地反问。

"不是犯法。"馆领导回答。

"既然不是犯法，那我还要刻。"郑安庆倔强地申明了自己的态度。

"那你就刻吧。"馆领导嘴角微微翘起，涨红的脸上透出一股阴冷的寒意，"走着瞧！"

郑安庆的厄运不久便降临了。

1982年5月1日，美国著名美术收藏家韩默500年藏画展在北京中国美术馆揭开帷幕，秦俑博物馆一美工当时正在北京出差，在荣幸地目睹了画展之后，回到馆内以激动、敬慕之情向同行宣称："是百年难逢的罕事，很值得一看。"酷爱绘画艺术的郑安庆闻听此言，难以抑制心中的亢奋之情，立即找到馆领导提出："我以5月1日、2日的值班换成休假，补加一个星期日共3天时间自费到北京去看一下韩默的画展，成不成？"

"噢？！"馆领导先是吃了一惊，以警惕的目光审视着郑安庆，沉思片刻说道："这个问题我不能做主，你到省文物局去请假吧。"

"我一个普通的人物，请3天假怎么还要省上批示？"郑安庆显然有些不快，这时的他竟幼稚地认为只是领导对自己的故意刁难而已，却不知他已被当作嫌疑人物被实行内部监控，他的言行和一举一动，每天都有人秘密监视并及时向馆领导和保卫科汇报。

"你现在已不普通了，不但不普通，而且还是个极为重要的人物，我实在不敢斗胆批你的假。"领导的话颇为狡黠，令郑安庆大感不解。

417

"我不认识文物局领导，要去你去，反正这个画展我是看定了。"郑安庆态度明显强硬起来。

博物馆领导大瞪着眼睛久久地盯着郑安庆有些涨红的脸，似乎预感到什么，立刻态度温和热情地表示："你先在家稍等，我向省文物局给你请假。"

5月6日，博物馆领导赴西安请示没有回来。5月7日上午，仍不见踪影。据悉，北京的画展将于5月10日结束，时间异常紧迫。

心急如焚的郑安庆见馆领导迟迟未归，于5月7日下午写了"我已去北京看画展"的条子，放到馆领导家中，匆匆赶往临潼踏上了开往北京的特快列车。

傍晚，馆领导从西安返回家中，见到郑安庆的条子和确知郑已赴北京的消息后大为震惊，立即电话告知临潼县公安局和省公安厅："具有重大经济走私问题的郑安庆已潜逃……"同时连夜组织郑安庆有关"走私"问题的材料送往临潼县公安局。

临潼县公安局接到秦俑博物馆的报案和有关材料，立即向全国各地公安机关发出了捉拿郑安庆的通缉令，并挂通了北京市公安局刑侦队的电话，让其协助撒网缉拿。5月8日上午，临潼县骊山公安分局一名干警和秦俑博物馆保卫科一名保卫干部，携带手铐、枪支驱车火速赶往西安机场，登上了飞往北京的航班……

5月9日上午，郑安庆看完画展来到北京王府井大街一家书店购买字帖。此时一个便衣青年突然出现在面前："你叫什么名字？"

"俺叫郑安庆。"

"就是你。"随着青年人的话音，一副锃亮的手铐"嚓"地钳住了郑安庆的手腕。

"走！"便衣青年声音不大却咬钢嚼铁般生硬。

郑安庆还未明白是怎么回事，就梦游般地被带到不远处的东安市场派出所。

"你先等一会儿，"便衣青年说道，将郑安庆顺势按在一把椅子上，又和身边的几个人嘀咕了几句。

十几分钟后，临潼县骊山公安分局的干警和秦俑馆保卫干事两人走了进来，郑安庆从梦游的云海里跌到地面，他恍然醒悟了。

第十三章 难以褪色的历史底片

"签字吧。"骊山分局警察把一张拘传证摊到郑安庆面前的桌上，如释重负又扬扬自得地说。

"怎么回事？！"郑安庆自被擒获后第一次质问。

"你回去就清楚了。"对方说着，打开手铐，把郑安庆手腕上的表撸下、衣兜里的钱搜出，重新钳上自己从临潼带来的手铐，之后收起郑安庆签字的拘传证，押往东城区看守所关了起来。

5月10日，郑安庆被带上北京开往西安的列车，押往临潼。为宣泄心中的愤懑与不平，在列车上，郑安庆将骊山分局的警察给自己罩住手铐的衣服用嘴挪开，将手铐高高地举了起来。乘客见状，无不哗然，纷纷拥上前来观摩这一奇景。

"谁叫你把衣服扔掉的？"身旁的警察大怒，立即呵斥，并将衣服再度盖住郑安庆的手腕。

"我都不怕，你们怕什么？我到底犯了什么罪，你们随便无故地抓人？"郑安庆有些像电影上英雄人物的慷慨悲壮之举。

"你犯的什么法现在不是解释的时候，回去后你就清楚了。"这个警察并不想和他说明或解释什么，事实上这些问题也不由他来回答，只要将郑安庆抓获并安全地押回临潼，他就圆满完成任务了。

5月11日，郑安庆被押回临潼并由临潼县公安局派人突审。

"你怎么和日本人认识的？给他刻了多少印章？写了多少封信？你所刻的石头是从哪里弄来的？……"提审员一一追问，郑安庆如实回答。

时间已近黄昏，问答双方都疲惫不堪，一天的提审即将结束。

"你们弄了一天，我到底犯了啥罪？触犯了《刑法》哪一条哪一款？"郑安庆强打精神问。

提审人员收拾着讯问笔录："你的问题暂时在《刑法》上还找不出来，但我们怀疑你犯了法！"

"要是别人怀疑你犯法，是不是也把你关进监狱里？"郑安庆显然抓住了提审人并没有慎重考虑的话，予以反击。

提审人并未发火，也没有显出异样的难堪表情，他仍旧收拾着桌上的东西，顺势抓起即将要装入纸袋的拘传证冲郑安庆亮亮："拘留你是经过公安局长批准并办过合法手续的，拘得对不对，你现在问还有点为时过早。我们只是奉命执行公务,退一步说,即使抓错了,也会有人给你负责。"

"你们这是违法行为!"郑安庆突然从椅子上站起来,高声叫喊,大有和提审员做一番殊死搏斗的势头。

提审员本来已经迈动的脚步又停下来,以惊异的目光打量着郑安庆,刚才的温和气度一扫全无,极为愤怒地说道:"郑安庆,你不要太猖狂了,你有无问题我们正在审查,像你这样的人,即使最后审查没事,也要给你找个事。"提审人说完扬长而去,身边的人员将郑安庆押进看守所,一关就是两个月。

7月5日,郑安庆在看守所向临潼县检察院发出了呼吁:

我的申诉与控告

县检察院检察长:

我叫郑安庆,男,现年40岁,是秦俑馆陈列部美工。今年5月被骊山分局拘留于县看守所。在已监禁的两个月内,由邵生云和我馆的肖康健提审过5次。时间是5月11日、14日、15日、27日及6月23日。

……我曾多次向监所提出要给您写信,但遭拒绝。在6月23日的提审时,我向邵生云又提这个要求,回答是:"不管,你向监所提。"为什么《刑事诉讼法》第十条规定的被告人依法享有诉讼权在这里就得不到保障?我不明其因,在终于得到获准后,我向您的申诉和控告兹述如下:

一、案情简述(略——作者注)。

二、拘留是杨正卿馆长对我由眼红、嫉妒而产生的迫害(以下略——作者注)。

三、是功还是罪:我跟原野茂、白霞洋的交往是在我国法律及政策允许的范围内,以互相尊重、互相学习,增进中日两国人民间的相互了解而建立起的同行朋友。我指导他学刻印,他指导我学日语,并交流各自的书法篆刻作品,有益于提高学识水平。他两人的学生中有许多人喜欢我的篆刻,国外有我的知音,作为一个从事艺术的人来说,自然感到欣慰。我给他们刻的印章,都刻有较长边款,介绍西安的名胜古迹。"金石不朽",它将成为宣传中国灿烂文化的历史见证。这是益事而不是坏事。

宪法规定:公民有劳动和受教育的权利,有进行科学研究、文化艺术创作和其他文化活动的自由。篆刻是艺术的一种,是脑力劳动与体力劳动的结合。我从事篆刻并给日本人治几方印,不能是犯法作为。他们给我汇的款中,除了印料、邮费和代买"文房四宝"的钱外,自然还有我的艺术创造劳动价值。且他们的汇款是外汇,我能通过自己的劳动为国家的外汇收入增砖添瓦,同样是益事而不是坏事。而国家给我兑换的人民币我几乎全部存入银行,正是"踊跃参加爱国储蓄、积极支援建设",这又是益事而不是坏事。

我虽然有了这些收入,但我全家人的生活是清苦简朴的,家里没有时髦的现代式家具,甚至连一般家庭中都已有的缝纫机、自行车、电风扇等都没有,更无其他高档家具。日本人赠我的电视机,我考虑到当时全馆没有一户有黑白电视机,我用上彩电,会脱离群众,于是便原价加关税低于国家同等产品160多元处理了。并把钱存入银行,从没有胡花乱用,肆意挥霍。我爱国有何罪?劳动换来报酬又何罪之有?

四、我的控告与要求:1.骊山分局对我的拘留不符合《刑事诉讼法》第41条及列举的7种情况中的任何一种,因而是违法的。根据《中华人民共和国逮捕、拘留条例》第12条,被告要求追究责任。2.老邵和老肖在几次提审中都问及我在哪些银行存有钱?存折用了哪些名字?此举违反了《中华人民共和国宪法》第9条。3.老肖未持任何手续闯入我家,拿走了我的笔记本、抄走了我的存折号码(这是我根据提审时所听所见判断的)。4.我已被关押达两个月,人身权利遭到侵犯,并且还在继续遭受侵犯。骊山分局没有按照《刑事诉讼法》第48条办理,我要求对我立即释放,并要求追究诬告人的责任。

郑安庆
1982年7月5日

8月20日,郑安庆被从看守所监狱带到公安局预审室。他在心中暗想,也许是自己的申诉书起了作用,3个多月的监禁生活就要结束了。然而,令他再度震惊的是一张逮捕证摆到了自己的面前。

"今天我正式宣布,你被逮捕了。"提审员声调缓慢地说。

郑安庆懵了。他大瞪着眼睛,脸上无任何表情,呆坐着没有动,似乎什么也没有听见。

"请签字吧。"提审员望着显然有些痴呆的郑安庆予以提醒。

郑安庆轻轻地"啊"了一声，看着眼前的逮捕证和提审员，才恍若梦醒地回到了严酷的现实之中。

逮捕证醒目地填着郑安庆的姓名、籍贯等文字，而唯独"因什么罪"一栏没有填写，尚为空缺。

郑安庆停住了握笔的手，抬头问道："我坐了3个月的监狱，到底是犯了啥罪你们又要逮捕人？"

"犯什么罪不是我们回答的问题。我们只是根据事实把材料和证据移交有关法律部门，他们看给你戴什么样的帽子合适，就给你戴什么帽子。"提审员依旧心平气和地回答，像在和老朋友拉家常一样坦荡自然。

"我不能签。"郑安庆放下笔，呆板的脸充满了血色与怒气。

"你要不签，将来开庭审判时这关押期间的认罪悔改态度是要考虑的——坦白从宽，抗拒从严，党的一贯政策你是知道的。"提审员柔中带刚地进行劝导。

但是，任凭提审员以何种方法相劝，郑安庆依然顽固地坚持自己的观点："我没有罪，我不签。"

这一下使对方大为恼怒，根据党的"坦白从宽，抗拒从严"的原则，郑安庆被送进监狱，戴上手铐，套上脚镣，以促使其悔过反省。

郑安庆自感出狱无望，不再喊冤叫屈，他让探监的家属将日语自学课本悄悄带进监室，头枕墙壁，脚踩镣铐，偷偷学起了日语。纸毕竟包不住火。3个月后，在看守所所长亲自带人查监时，郑安庆的4册日语课本从被子里被翻出。

"你还学日语，你吃的就是学日语的亏啊！"看守所所长毕竟还有些人性，没有过多地责难和予以严惩，只是略带叹息地将书拿回办公室，所幸的是，这时的郑安庆已基本将4册日语课本全部学完。

1982年农历腊月二十八日，临潼县检察院派人来到看守所，将郑安庆叫到办公室。

"春节就要到了，关押了你这么多日子，使你的精神、肉体都受了不少罪，经研究决定，先对你取保候审。"来人说着，又怕郑安庆听不明白，补充道："就是说从今天开始，你可以回家过春节了，如果经调查你确实没有罪，算你的造化，要是有罪再进来蹲着……"

郑安庆先是点点头，嘴角露出一丝微笑，然后轻轻摇摇头，声调低沉缓慢："感谢你们的关怀，还想着让我回家过个春节。但我也做好了打算，如果问题没弄清楚，我是不会出去的，这个团圆节我不过了，仍然在这里头蹲着。"

"这可是依照法律的决定。"来人好言相劝。

"顾不得依照什么决定了，反正问题不彻底弄个水落石出、一清二白，我是死也不会走出监狱的。"郑安庆较劲地做出了强硬的回答。

来人无可奈何地长叹着离去。郑安庆平生第一次在监狱里度过了令他终生难忘的春节。

1983年农历正月十四日，临潼县检察院再次派人来到看守所找到郑安庆："明天就是正月十五了，快回家过个团圆节吧，不要再较劲了。"

郑安庆本想再坚决予以拒绝，这时他蓦然发现自己的妻子和两个孩子出现在面前（检察院事先做的安排），郑安庆顿觉头轰然炸开，整个大地都在下沉。他感到羞辱，他觉得愤懑，他感到无颜见妻子儿女，他深知在自己入狱后，给妻子带来怎样沉重的精神打击，在儿女的幼小心灵上造成多么巨大的难以愈合的创伤。这位手铐、脚镣都没有使他屈服的硬汉子，面对妻子儿女那熟悉而亲切的面孔，泪如泉涌，泣不成声。……

郑安庆回到家中，和妻子儿女在百感交集的氛围中度过了元宵节后，开始了临潼—西安—北京三点一线的上访生涯。

1983年3月26日，《陕西日报》以头版头条报道了这样的消息：

秦俑馆美工郑安庆错案被纠正

本报讯 秦始皇兵马俑博物馆美工郑安庆，特长金石篆刻。1978年调到秦始皇兵马俑博物馆陈列室工作。秦俑馆发挥他的专长，开展了治印业务，近年来为博物馆收入外汇6000多元。郑安庆曾提出就篆刻收入外汇应给他本人提成，但未被领导采纳。以后，来参观的几位日本旅游者要买他的篆刻，他从1980年11月至1982年4月，通过邮局寄售自己业余刻的印章200余枚给日本旅游者，日本客人给他寄来了9500多元（人民币）作为对他的报酬。他收到这些钱后认为是自己业余劳动所得，没有交公。

在打击经济领域犯罪活动中，临潼县公安局于去年5月9日以郑安庆"非法刻制印章""逃避海关监管，构成走私罪"为名，将郑安庆收容审查。该县检察院又于同年8月20日批准将郑逮捕。

郑安庆不服，不断申诉。渭南地区检察分院得知后，经过调查认为，郑安庆的行为构不成走私罪，并就郑案报告了省检察院。省检察院又进行了详细调查，走访了海关部门，确认郑安庆出售业余自刻的艺术印章构不成走私罪，指示临潼县检察院不能起诉，要求释放郑安庆，并立即送回原单位恢复工作。

省检察院还要求有关部门，做好善后工作。至于郑安庆出卖物品所得，应向他说明，要按税法规定纳税。

（本报记者 田长山、张子民）

与此同时，《陕西日报》配发了本报评论员文章：

执行政策是很严肃的事

对经济犯罪分子一定要坚决打击，但对不是经济犯罪的人，就绝对不能打击。

由于有的同志长期受"左"的思想影响，对现在搞活经济、对外开放不甚了解，把一些正当的事当成不正当的事，把不是犯法的事当成了犯法的事。例如，当前在城乡都有一些人认为搞副业、做生意是胡日鬼哩，是不务正业。如果谁挣了钱，就马上眼红，说他是搞个人发财，是搞资本主义。临潼县有关人员看见郑安庆不但业余搞收入，而且还从外国人那里赚了钱，这还了得，不是"走私犯"是什么？马上就把人逮了起来，一押就是半年多。你看，思想不对头，就这样把事情办坏了。在这方面我们过去就有不少教训，现在不应该再犯了。

人常说："逮人容易放人难。"意思是说，办错了案，就是纠正了，后遗症很多。所以，当前我们还必须继续肃清"左"的思想影响，一定要严肃执行政策，特别是法律问题，更要泾渭分明，不可有一点马虎。

几乎与此同时，临潼县人民检察院的一纸公函也到达秦俑博物馆：

第十三章 难以褪色的历史底片

对郑安庆，我院已做了不起诉的决定，现按照有关规定和上级指示，对郑安庆不起诉后的有关问题提出如下建议，请予妥处，做好善后工作。

1．郑安庆自1982年5月9日收审，到不起诉决定宣布，这期间的工资和其他应享受的待遇由单位按规定全部补发。

2．郑安庆在押审查期间，单位如进行调资工作，应按有关文件中关于审查期间的调资规定对待。

3．郑安庆回原单位工作，根据其实际情况予以妥善安排，要遵守单位的各项制度，并享受同其他工作人员同等的待遇。

郑安庆半年多非人非鬼的凄苦悲怆生活从此结束，返回了工作岗位。但他心中的痛苦、委屈与愤慨之情依然未能消除。这恍若梦境的人生经历使他对生活本身更加迷惑，经济上的损失已经补偿，但肉体与精神的创伤如何愈合与补偿？半年多的大悲大痛难道就随着时光的流逝而飘然荡去，不留下一点任何标志？

带着诸多疑问与困惑，他来到西安一位著名法学教授的家中。这位教授在听他讲述了自己的悲怆经历与困惑后，苦笑着摇摇头说："你的不幸经历只能使我同情，但却没法具体地解释和回答你的问题。因为无论是中国的《宪法》，还是《刑法》，都没有对办错案和制造冤案者的处置方法，这就是说我们的法律不允许有冤假错案的出现。至于说

又是几年过去了，作者岳南与作家钟亦非（右）特邀郑安庆（中）在北京亚运村逸园钟氏楼前合影，庆祝他度过了人生一劫，他后来在烟台艺术家村与临潼秦俑馆两地居住并开始新的书法美术创作生活

出现了怎么办，我想就目前而言，除了善良的人们对你的不幸洒下几滴同情的泪水外，还没有别的方法来弥补你肉体与精神的创伤。也许你的疑问在未来的中国能解答。"

郑安庆回到家中反复揣摩教授的话，并产生了新的疑问：未来的中国能解答吗？这个未来到底有多远的途程？

几年后，当我第二次赴秦俑馆见到郑安庆时，他正在馆接待室的一角和一位同事学习日语，据说第二天要到西安参加一个什么形式的考试。不知他是有意还是无意，这次他把考试前的日语复习，安排在博物馆接待室进行，颇耐人寻味。从简单的谈话中知道他不仅继续搞他的篆刻和外国人做生意，还扩大了业务范围，开始创作国画同外国人做生意了。此时的郑安庆已今非昔比，无论是气色还是精神都透出一股朝气蓬勃、奋发向上的激情，看得出他要按照自己的人生追求，在事业上大干一场了。

青山遮不住，毕竟东流去。尽管当年西安那位法学教授没能解答他心中的困惑，但随着历史的发展，这样的困惑将在人们的心中越来越少。自由、平等、民主、法制，这些诱人的字眼，也将离人们的生活越来越近，并成为一切社会生活的准则。只是，这个准则需要争取和抗争，以独立的人格和自由的精神不惜以鲜血去换取。在这条荆棘丛生又光芒万丈的道路上，如果将每个人的一小步汇聚起来，必将形成人类文明的一次大的飞跃，或许并没有多少人意识到，郑安庆所迈出的，正是这个希望前奏的一小步。

克林顿夫妇访问与老杨的官司

1998年的6月25日，美国总统克林顿访问中国，首站选择到古都西安。克林顿在西安，被安排参观秦兵马俑博物馆。第二天，新华通讯社对外发布消息：

克林顿总统在西安参观访问

参观兵马俑和陕西历史博物馆，访问下和村并与当地百姓座谈

第十三章 难以褪色的历史底片

新华社西安6月26日电（记者辛怀时）美国总统克林顿和夫人希拉里一行今天在古都西安进行一天的参观访问。他们参观了被誉为"世界第八大奇迹"的秦始皇陵兵马俑和陕西历史博物馆，访问了兵马俑附近的下和村，并与当地百姓进行了座谈。

克林顿夫妇今天中午在陕西省省长程安东和夫人以及兵马俑博物馆馆长吴永琪的陪同下，来到兵马俑一号坑大厅，在一号坑的平台上，吴永琪向客人介绍了兵马俑的挖掘、修复和保护情况。随后，克林顿夫妇走下坑底，在兵马俑群中仔细观察并提出一些有关兵马俑的制作材料和工艺方面的问题。吴永琪一一给予解答。

克林顿夫妇在兵马俑群中不时停下让记者拍照。

一号坑是由车兵和步兵联合编队的方阵，共有6000多个陶俑。

在参观完一号坑后，克林顿夫妇参观了兵马俑的修复中心和二号坑，还参观了珍贵的出土文物铜车马。

下午，克林顿一行来到陕西历史博物馆参观访问。参观了体现陕西悠久历史的古文物展览并观赏了珍贵的大唐壁画。这里集中了陕西出土的珍贵文物37万多件。

今天上午，克林顿夫妇一行还访问了兵马俑附近的下和村。下和村因1974年秦始皇陵兵马俑的发现由一个原来贫穷的村庄逐步发展为远近闻名的富裕村。村中60%以上的收入均与兵马俑的开发和旅游有关，成为陕西省著名的小康村。

上午10时，克林顿总统夫妇来到这个有1300多人口的村庄，村长杨云龙在村口迎接。在一户人家的院门外，克林顿夫妇和6位当地百姓座谈了40分钟。参加座谈的分别是农民、小学教师、企业家和大学生，他们围绕"我和中国的变化"这个主题介绍了自己的经历并回答了克林顿夫妇的提问。

随后，克林顿来到下和村小学发表简短演讲。他说，他了解到下和村在农业方面应用了先进技术，使得村民可以腾出手来从事其他工作，如旅游、工艺品制造和其他行业。他表示高兴地注意到，村里有了电视、电话和学校，村民的生活也像中国其他地方一样有了很大改善，他祝愿下和村的未来更美好。

克林顿访华观看兵马俑的故事本来到此结束，但媒体似觉不够过瘾，继续深挖细刨，向四周扩展探寻新闻线索。于是枝节横生，一系列颇具传奇与黑色幽默的故事陆续出笼，直至闹到兵马俑的发现者之一杨志发走上法庭，并获得4万元赔偿金才得以消停。

故事之一：

克林顿来华之前，吹嘘说他比兵马俑要高。但进秦俑坑参观比照后，发现自己竟比兵马俑矮一个头，遂闭上嘴巴，再也不敢吹嘘了。当克林顿从坑中爬出，步上大厅时，发现一个小女孩站在高处观望他，双方招呼并对话：

克：你为什么站那么高？

女孩：可以看清楚美国总统。

克：你知道他是干什么的？

女孩：管美国（人民）。

克：（略微思索）准确地说，是美国人民在管总统。

有网络媒体就克林顿与小女孩的对话发表后，又进行讨论，其主题是：最能说明克林顿这一结论的是：

A. 美国的政治制度是按三权分立的原则设置的。
B. 总统由选民间接选举产生并对选民负责。
C. 政党政治的存在置总统于人民监督之下。
D. 美国民众有较强的民主参与意识。

答案是B。

克林顿结束了兵马俑博物馆之行，临走时，显得比当年的里根总统对兵马俑还情深意切，"马屁"也拍得更响，他对陕西省省长和博物馆陪同者说："真希望到这里来当馆长。"有人对此撰文说："克林顿能当好美国总统，不一定能当好秦兵马俑博物馆馆长，因为中国的人事关系盘根错节，政治制度复杂多变，非克林顿所能参悟与适应"云云。

故事之二：

第十三章 难以褪色的历史底片

克林顿总统访华要参观兵马俑。此前,很多国际、国内的要人前来参观,但没有一个提出要见一见兵马俑的发现人杨志发。那是下和村(原西杨村因与秦俑博物馆太近,搬迁到下和村)一个一文不名的老农,他发现兵马俑不过出于偶然,有什么好见的?然而克林顿却把杨志发当成明星来追,说一定要见一见这位了不起的兵马俑的发现者。陕西省有关方面得到通知,火速请来杨志发,让他穿上新衣服来见,克林顿真具有追星一族的"素养",他一见老农杨志发就激动不已,紧握着老人的手要签名,可老杨没念过书不会写字,平生更没见过这么庞大的官方场面,在工作人员的劝说下,只好哆哆嗦嗦地在本子上给克林顿画了3个小圆圈,克林顿见之大为赞叹:"你画了一个圈就发现了兵马俑,这要画3个圈还了得。"随后,克林顿又问杨志发当年发现兵马俑的感想,杨志发想了想,用右手食指在地上画了一个大大的圈,最后在圈中重重地点了一下。克林顿看了摇摇头表示不懂,通过翻译,杨志发解释说:"大圈表示中国之大,重重的点表示中国地下宝藏很多,秦兵马俑只是其中的一点,我也只是中国农民中的一分子,没有一点特别。"克林顿听后竖起大拇指,连夸中国人伟大,中国农民心胸更大。

杨志发的一系列动作与解释,众皆满意欢喜,有人说老杨叫了一辈子杨志发而没有"发",这次算大发了。不但是杨家祖坟冒了青烟,就算秦始皇帝陵顶也冒青烟了!

因为克林顿的接见,农民杨志发的命运在他发现兵马俑24年后,终于有了重大转折:上头指示安排当地最有名的书法家教杨志发依葫芦画瓢地练字,且只练"兵马俑发现第一人杨志发"几个字。几个月后,杨的字可与书法家一比高下。杨志发从此脱离了农民的身份,开始调往秦俑博物馆给游客们签名售书。接着,杨志发被任命为秦俑博物馆名誉馆长,月薪高达8000元人民币。据说,年逾七十的杨志发如果每月在馆内坐馆10天,为中外游客签名,还可另得5000元津贴。名人效应,使老农杨志发也身价百倍了。

特别值得一提的是,克林顿提出要见老杨的同时,又提出要到老杨的村子看看乡亲们。于是当地政府接令大为紧张,立即请来装修队装修村民的房子,为每家每户发钱,又怕他们舍不得花钱,还配上电视机等家具,老杨家竟然配了一台当时最大型号的彩色大电视。村民们一下子富了起来。老杨在秦俑博物馆给克林顿画完圈,又带领一行人来到村子里参观,与乡亲们交

429

流,搞得美国总统一家、中国的各级官员、老杨与村子里的乡亲皆大欢喜。克林顿走后那一年春节,下和村村民们写了这样一副对联贴在队部的大门上,熠熠生辉,光彩夺目。联曰:翻身不忘共产党,致富全靠秦始皇。横批:感谢老杨!

故事之三:

克林顿走了,但关于这位美国总统与老杨的故事远没有结束。到了2003年,又有消息传出,杨志发因克林顿总统找其签名引发官司,报道失实,配图丑化,兵马俑发现者杨志发一审胜诉获赔4万元。据媒体报道,官司的来龙去脉大体如下:

2002年1月4日,一家《广州日报》刊登了作者赵牧的文章《三个画圈的人》。文中称:机关单位里的文件后面往往会印上几个领导人的名字。意思是文件送这几个领导审阅。要想知道这文件谁看过,谁没看过,只要看名字上是否被画了圈就知道,所以便有领导"圈阅"一说。至于那领导是否真看过,是否认真看过,就只有天知道了。据说,画圈的始作俑者是宋代著名宰相、文学家王安石,表示的意思就是"知道了"。

作者赵牧接着说:"在中国的文化史上,画过圈的人无数,但以著名程度而论,能与王安石画圈匹敌的却是屈指可数。在我看来,鲁迅笔下的阿Q可以算一个,虽然阿Q是个文学典型并非现实人物。阿Q被押赴刑场,一辈子没正经过的阿Q,在死刑判决书上却认真了一回,努力画了个正圆——签字画押,砍头只当风吹帽了。这故事在中国家喻户晓,寓意就不多说了。20世纪末,中国又出了个足以传世的画圈故事,故事的主角是陕西老农杨志发。……1998年,美国总统克林顿到西安参观兵马俑。这时秦俑博物馆早已蜚声世界,财源滚滚。它的发现人杨志发仍在下和村当他一文不名的农民。然而,谁也没想到,就在这时克林顿求见兵马俑的发现人,就这么一个不可预知的事情彻底改变了老农民杨志发的命运。陕西省有关方面火速请来杨志发,让他穿上新衣去见克林顿。克林顿见了杨志发就请他为自己签名。有趣的是,杨志发大字不识一个,不肯签名。在工作人员的劝导下,更令人发笑的场面出现了,杨志发哆哆嗦嗦在本子上画了3个小圆圈。克林顿望着3个圆圈叹道:'你真不简单,在地上打个圈就打出了世界奇迹,真该请你去美国多打几个圈。'喜剧就此一发而不可收。接着,上头指示安排当地最有

第十三章　难以褪色的历史底片

名的书法家教杨志发练了几个月书法——专练签名。接着，杨志发被任命为秦俑博物馆名誉馆长，据说月薪高达8000元人民币；据说如今年逾70岁的杨志发如果每月在馆内坐馆10天，为中外游客签名，还可另得5000元津贴……"

最后，作者赵牧感叹道："在这3个画圈的故事中，3个人正好扮演了3种不同的角色。王安石演的是正剧，阿Q演的是悲剧，杨志发演的则是喜剧。我曾想，如果发现兵马俑的是个文物专家，故事会怎样发展？最可能的情形是这样的：克林顿求见的文物专家彬彬有礼地介绍发现过程，然后在克林顿的本本上签上名字，然后陪同克林顿参观博物馆，然后共进一次午餐或晚餐，之后就没他什么事了。把3个画圈的人放在一起，已经能让你知道什么叫命运了，而老农民杨志发恰恰因为是文盲而成为一个喜剧式的历史人物，恐怕更会让你领悟甚至感叹什么叫命运。"

此文发表后，引起广大读者的兴趣，各报刊纷纷转载，其中某杂志在2002年第3期全文转载并配一幅插图。图中一小人物张开双臂挣扎于一巨人的牙齿之间，题图题记为："有时一个人的命运如何，实在不是自己能掌握得了的，往往被某些人在一张一合间定了乾坤。"同年，发行数量巨大的《读者》杂志在2002年第12期上亦转载该文，同时也配了题图，图中有一农民模样的人，赤脚、衣服褴褛、双膝跪地，锄头撂在一旁，与王安石、阿Q围在一起，眼巴巴地看

《读者》杂志《三个画圈的人》配图

431

着地上一个正在旋转的硬币。

据中新社2003年2月13日报道说：作为报刊文中所反映的真实人物——西安临潼农民杨志发，在得知上述情况后，十分气愤，认为这些报道严重失实。为维护自己的名誉权，他将此3家媒体单位告上法庭。西安市临潼区法院受理了此案。法庭经调查查明，现年64岁的杨志发小学文化程度，1974年与村民打井时挖出了秦始皇兵马俑。1998年8月，在与来华访问参观的美国前总统克林顿见面时，曾将签好名的书送给了克林顿。现在原告杨志发每天为前来参观的游客签名留念，但未担任秦始皇兵马俑博物馆名誉馆长，也无8000元月薪等。法院审理认为，报纸、杂志对刊登的真人真事负有核实事实的义务。三被告刊登或转载的《三个画圈的人》一文，编造虚构原告为"一个大字不识"的农民，特别是其他两家杂志转载时又加配了明显贬低、丑化原告的插图，给原告的名誉造成一定损害，应承担法律责任。判决前，一被告与原告达成和解，两名被告则被法院一审判决在其各自的刊物上刊登声明，为杨志发恢复名誉，并各赔偿原告名誉损失费2万元。

至此，克林顿找杨志发签名的故事才算稍微消停。

米歇尔·奥巴马与兵马俑

2014年3月24日，新华社对外发布消息：应中国国家主席习近平夫人彭丽媛邀请，美国总统奥巴马夫人米歇尔20日至26日对中国进行为期7天的访问，这是米歇尔第一次来中国，也是美国第一夫人首次单独正式访华。24日中午，米歇尔一行抵达此行第二站陕西西安，参观了秦始皇陵兵马俑以及西安南城墙。

另据文汇报驻陕记者韩宏24日报道说，上午11时许，距离米歇尔·拉沃恩·奥巴马（Michelle LaVaughn Obama）抵达秦俑馆还有2个小时，许多游客已在馆前等候。

尽管不是美国现任总统奥巴马亲临，但秦俑博物馆的安保措施还是异常严密，对媒体记者管控之严也超过之前历次总统来访。记者采访须有外交部、陕西省外事办等机构甚至美国白宫发放的记者证。馆内东南角广场，20多辆特勤车严阵以待。博物馆馆前大门的游客入口处，还特别安装了3个安检门，12名特警在此仔细检查入馆的每一位游客，就连中国记者和外国游客也是如此，打火机一律不准带入馆内。馆前广场的一个小卖部里，一位秦俑博物馆的职工说："我在秦俑博物馆工作了几十年，还没见过这么严格的安检。"另一位馆内工作人员告诉记者："大轿车拉来了一车的特警，亲自把守着安检门，就连馆里的正式职工也得在这里排队一个个过安检，包也要过，更不要说游客了，很多老外的包也被特警翻来翻去！"记者了解到，为确保米歇尔一行安全，秦俑博物馆那个连接办公生活区域、职工们平时进进出出的大铁门，今天也关闭了，所有职工一律过正门的安检。

中午11时50分，10多名皮肤黝黑、戴墨镜的美国保镖进了一号坑参观大厅。下午1时整，在多辆警卫车的护卫下，米歇尔的车队抵停博物馆一号坑外的南侧广场，记者数了数，共有14辆车，内含5辆黄色的大轿车。中午12时，米歇尔·奥巴马一行乘专机抵达西安，车队直奔"世界第八大奇迹"。在贵宾室稍事休息后，米歇尔·奥巴马便同76岁的母亲罗宾逊夫人和女儿玛丽亚、萨莎走进了兵马俑一号坑。陕西省外事办主任张宝文、秦陵博物院院长曹玮等陪同参观。

在大厅外的沙盘模型前，曹玮向米歇尔·奥巴马介绍了秦始皇帝陵园的概况、兵马俑坑位置以及陵区的发掘情况，随后进入一号坑参观大厅。面对眼前气势磅礴的秦代地下军阵，米歇尔显得十分激动。当得知眼前这些造型生动、形象逼真的兵马俑平均身高1.8米时，身高1.83米的米歇尔·奥巴马很是惊讶。得知这些陶俑出土时全部残破不全，每一件都需要精心修复，米歇尔·奥巴马又觉得非常"不可思议"，她不住地询问曹院长："他们是怎样修复的？""用了什么材料？""修复一件陶俑大概要多长时间？"等等。曹玮告诉米歇尔·奥巴马："修复工作是很艰辛的，需要足够的耐心与细心。兵马俑已发现了40年，目前只有1/7的陶俑恢复了原貌。"米歇尔听后感叹不已。

在一号坑第三次发掘现场，米歇尔还与正在进行考古发掘工作的考古专家、文物保护专家进行了互动。作为中国官方对有身份的洋大人的特殊待遇，米歇尔·奥巴马一行进入一号坑西侧的文物修复区域，与那些已经完成修复的兵马俑近距离接触。米歇尔面对陶俑，看到它们"千人千面"、发型各异，有的还有当年工匠留下的铭文，更是惊叹不已。在整个参观过程中，她始终非常专注，用心倾听讲解，并向正在俑坑中进行修复作业的考古工作者详细提问，包括陶俑身上序号的含义，怎样修复，以及如何确定出土残片属于哪座陶俑，等等。当考古工作者回答，这需要专业的知识与足够的耐心时，她转头对自己的两位女儿说："看，这正是年轻人所需要的！"

参观完二号坑精品文物，米歇尔·奥巴马一行来到大厅，在留言簿上欣然写道："感谢能有这样独特的机会，看到让人着迷的中国古代奇迹。我的家人和我很荣幸能到这里来，我们会永远珍惜这次访问。"

在米歇尔·奥巴马一行进馆参观的1小时40分钟里，驾车的保镖身不离车，双眸不停地扫射四周。而米歇尔车队的车辆，是提前两天由美方C-17运输机运抵西安的，可见美国的气派之大，中国的戒备之严。

在米歇尔·奥巴马一行参观兵马俑期间，能近身摄影的中方记者仅一人，美方摄影、摄像记者各一人，随同米歇尔的还有17名外国媒体记者。在参观一号坑时，米歇尔一行走的是北侧的通道，其余媒体记者一直沿大厅南侧的通道远距离拍摄，相距大约有百米。米歇尔·奥巴马在一号坑西侧的修复区域参观时，媒体记者被规定在该坑的西通道远距离拍摄，不得越线。在米歇尔于修复区域接受美方摄像师采访时，其他媒体记者则在北通道做短暂拍摄，然后从北侧门离开一号坑。

下午2时40分，在参观完兵马俑三号坑后，米歇尔·奥巴马一行离开博物馆，又乘车参观了西安市内的明代城墙。在游览西安南门城墙时，米歇尔情不自禁地与现场表演的艺术家一起扭起了秧歌，还与西安学生一起放风筝、玩跳绳。下午6时，米歇尔一行乘专机转赴成都。

本来，随着米歇尔·奥巴马的离去，这位现任总统夫人与兵马俑的故事也告一段落。但无论是媒体还是当地导游或社会中人，总觉得少了点什么。米歇尔·奥巴马风一样来，又似空中飘荡的裙子眨眼而去，没能留下供人咀嚼的饭后谈资或令人回味的东西，有点虚无缥缈无处寻的感觉。在这样一个大虚空里，各色人等觉得极不过瘾，该为此弥补点什么。于是乎，大家又想起了克林顿与杨志发，想起了杨志发当年画圈的故事。沿着这个故事的思路推延下去，一系列新的故事又在茶余饭后中出笼。其中一个桥段略谓：兵马

第十三章 难以褪色的历史底片

俑的发现者杨志发没什么文化，但他却可以熟能生巧地应对众多国外元首。譬如，美国的奥巴马总统前来参观时，曾伸出1个指头比画着与老杨交流。老杨一看奥巴马伸出一个指头，马上回以2个指头。奥巴马见状，一下伸出5个指头。老杨一看，笑了笑，只回4个指头。面对中外保镖与头头脑脑的疑惑不解，奥巴马说："我问老汉一年接待几位外国元首？他说2位。我说那么累计至今有50位吧？老汉说只有40多位。"老杨则对身边人解释说："奥巴马问我1天吃几顿？我说2顿。他再问每顿能吃5个馍？我说年轻的时候可以，现在每顿只能吃4个了。"

这个故事传到老杨耳中后，老汉认为与当年给克林顿总统签字时一样，又是新闻媒体与文人合伙编造，故意拿他开涮。米歇尔·奥巴马他看见过，但没有见过贝拉克·侯赛因·奥巴马，因为后者压根就没有来过秦始皇兵马俑博物馆。编造者或许二者都没见过，就以讹传讹，编造出如此丑化人格的闹剧。上次为克林顿总统签名的事，老杨起诉多家媒体无稽报道名誉侵权案一审获赔4万元。现在，气愤难平的老杨更有了经验和底气，表示欲再度上诉法院，为人格与名誉而战，还自己一个清白云云。结果如何，尚在等待中。

第十四章

偏离航道的滑行

复活的军团

参观兵马俑这一伟大的发现，对我来说是一次不平凡的经历。这里不仅展示了许多珍贵的历史文物，最重要的是中国给予这个两千多年前真正统一中国的伟大人物以极高的评价。如果没有他的远见卓识和不懈努力，今天我们将不可能到这来参观。

悲壮的衰落

上述文字是巴基斯坦伊斯兰共和国总统穆罕默德·齐亚·哈克到秦始皇兵马俑博物馆参观时的留言。这位总统对中国文化没有太深的了解，但这几句话似乎还算得体。

秦俑的发现和几十年的发掘，无疑向今天的人类打开了一扇早已沉没于历史烟尘中的大秦帝国的窗口，开启了一扇使我们重新走向远古和远古人类心灵的门扉。驻足于这帝国的窗口，走进这远古的门扉，我们越来越清晰地感知了秦帝国昔日的风采，感知了远古人类非凡的创造力与刚毅不拔、奋发图强的精神。那扣之有声、威武雄壮的陶俑，那寒光闪耀、锐气逼人的青铜宝剑，那雍容华贵、神采飞扬的铜车铜马，那变化多端、神秘莫测、奥妙无穷的军阵布局，那烧陶的技艺，那青铜的铸造，那冶金的水平……这一切，组成了一部浩瀚博大的百科全书，字里行间无不展示和激荡着秦帝国的盖世雄风，镌刻着它的创造者和组织者不朽的声名。这个销声匿迹的帝国，正以另一种形式穿越空间与时间的隔膜再度神奇地复活。

李斯书泰山石拓本"始皇帝"

由此，今天的我们在置身于这辉煌灿烂的古老帝国之中的同时，也更能拨去历史的烽烟迷雾，对这位帝国大业的缔造者和中国绵延不断的文化进行更清醒的认识和反省。

关于这位亲手创立了中国历史上第一个真正统一的封建专制国家的秦始皇帝那叱咤风云、刚烈悲壮的一生，两千多年的历史舆论对他有褒有贬、有誉有毁，有高亢激昂的颂歌，有沉郁凄婉的唾骂。但作为一个奠定了"垂二千年而弗能改"的封建制度基础，并具有独特性格的历史人物，赞誉难掩他的错误和过失，诋毁也不能抹杀他的丰功伟绩。只是面对着这个复活的帝国和今日的生活现实，我们不能不将关于秦始皇的毁誉交融中最为敏感和明显的争论——焚书坑儒

第十四章 偏离航道的滑行

事件，再一次郑重提出并加以探讨，以明历史的真实和中国文化在漫长的历史沿革中对社会推动的得失。

秦始皇焚书坑儒事件，尽管各种史料记载有不同之处，但其总体却是一致的。

当年所焚书籍有二类：一是《秦记》以外的周室六国史书。二是民间所藏的《诗》《书》百家语等诸子书。除焚书之外，又以"诽谤""或为妖言以乱黔首"的罪名，坑杀诸生460余人。

千百年来，人们把焚书坑儒事件作为秦始皇残忍、暴虐和毁灭中国文化的一大罪状加以唾骂和贬低，使这位千古一帝的伟大形象由此蒙上了一层阴影，而不再具有昔日的辉煌和完美。但是，人们在极度的愤慨、唾骂和诋毁时，却很少对一个在这次事件中极为关键的人物进行批驳，更很少有人对这个人物本身以及他所代表的阶层予以深入的解剖和探究。这个人物就是当时的丞相李斯。

之所以说李斯是事件的关键性人物，是因为大量书籍的焚毁实则是他一手促成的结果。如果没有他那夸大其词、耸人听闻的煽风点火，事情的结局完全有可能是另一种样子。

李斯当时尽管已位居要职，但仍未摆脱为君主驾车牵马的士大夫阶层和"伴君如伴虎"的险境。不同的是，他比一般的士大夫更多一些实际权力而已。

令人不可思议和痛心的是，这个具有非凡才华和智慧的阶层，正如黑格尔所言："自信生来就是为皇帝拉车的。"因而不择手段、费尽心机依附权力，攀高结贵，以选择为皇帝和政权驾车的最佳位置。同时，在选择的方式和驾车远行的漫漫征途上，又开始了内部的自残和激烈的角逐。其凄苦残忍之度，绝不比古罗马打

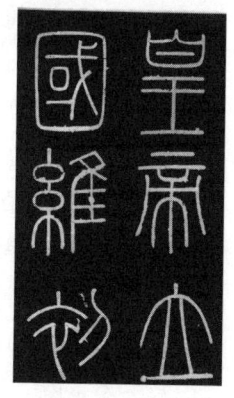

李斯书泰山石拓本

李斯画像

439

斗场奴隶之间的拼杀格斗逊色。随意掀动中国历史的每一页，都不难发现这个阶层内部的悲壮的自残事例。战国时期的孙膑，先是自己被同窗庞涓削去双膝，受到酷刑，后来又是他在马陵道设下伏兵，以劲弩将庞涓射死于荒山野岭。两个杰出的军事家就这样完成了悲壮的人生旅程。而秦代的李斯，则先是以其超人的计谋，将和自己处于同等地位的同学韩非用毒药致死后，再以风卷残云之势，借秦始皇之手将比自己地位低下的诸生坑杀于荒郊野外，但自己也在和同僚的角逐中马失前蹄，被处死于咸阳街头。这种士大夫阶层的自残，随着历史的进展，越演越酷烈凄婉。其事例之多不可胜数，许多悲剧并不是由坐车的君主造成，而是拉车的士大夫自残的结果。

之所以历史上许多君主被冠以暴戾、无道、残忍的罪名，只是他本身被当作士大夫阶层自相残杀的锐器而已。

令人大惑不解和扼腕叹息的是，这个出现了许多具有宏韬大略盖世英才的社会阶层，千百年来只知一味地依仗权势，为君主驾车开道，却从未构筑起自己独特的生存方式和生命体系，在纷繁的大千世界中，他们始终不能作为一个独立的整体与君主、权势做抗衡以争雄，并取得自身和这个整体阶层的胜利，这不能不算作最大的悲剧。这悲剧的深层底蕴所揭示的则是自誉为万物之灵的人类之圣杰，远没有小小的蝼蚁聪明和清醒的哲理。

因为，那小小的蝼蚁深知自己个体的力量无法和山野丛林中的君主——猛虎、巨蟒之辈争雄。在面对如何生存的严峻问题上，它们所做出的选择不是为猛虎开道，亦不为巨蟒驾车，而是精诚团结，构筑了自己独特的生存体系，并以个体的智慧和整体的力量在山野丛林的生存环境中，和猛虎巨蟒分庭抗礼，顽强生息繁衍。

人类中的士大夫可以伴君，但这小小的蝼蚁却不伴虎。它们以整体的力量和独特的生存结构出没于山野丛林，使整个动物世界中的君主、枭雄也不得不敬而远之，莫敢轻举妄动。假如人类能领悟了其中的奥秘，假如秦时的儒生包括李斯本人不是纷纷跑到咸阳，依附权贵，给君主拉车开道，以图个人眼前之小利，而是建立和构筑另一种生存体系，或许，他们的命运结局没有如此悲惨。或许，整个世界人类的生活又是另一个样子。或许，在秦帝国陨落的千百年后，那种知识分子自残的凄苦情景也不会在这块黄色土地上出现。遗憾的是，这一点，至今人类没有做到。所以悲剧也就不会

第十四章　偏离航道的滑行

休止。

诸多史评家把秦始皇焚书坑儒说成毁灭中国文化，这显然有些夸大其词和加重其罪之嫌。确切地说，应是以法家为代表的秦文化毁灭以儒家为代表的关东文化。

而事实上，由于关东复辟势力的顽强抵制，对抗诏令私藏禁书者并不少见，致使儒家学说讹再度复燃，并见越烧越盛，直至出现了后来大火蔓延华夏的冲天之势。

与此同时，"秦虽无道，诸之尺书，文篇俱在"。

至汉兴起时，民间所藏诸子百家之书陆续而出，可谓洋洋大观。战国时期百家争鸣的余风也骤然升起，阴阳家、道家、墨家、法家、名家等诸子之学与儒学并存。

秦始皇焚书坑儒图

各有各的信徒和市场，渐已形成燎原之势。只是自汉武帝行使"罢黜百家，独尊儒术"的政策后，各家学说才又陆续退出中国政治文化舞台中心。

这样的事实，已清楚地向我们表明：秦始皇的"焚书"政策和文化征服所收到的效果是微乎其微的，它在客观上没有造成中华文化的断裂和灭绝性的浩劫。相反的是以项羽为代表的关东复辟势力的兵燹行动，却给先秦文化和科技造成了灭绝性的毁坏，致使辉煌的雕塑、书法、绘画、文学、音乐等艺术和杰出的烧制、铸造、冶炼，以及防化等科技精髓几乎绝迹于世，出现了金光闪烁的中华文明链条中再也无法衔接的断裂层面。秦兵马俑和铜车马的出土，以鲜活的实物和无可置

"生还者说"专题杂志

441

董仲舒（公元前197—前104年），广川人（今河北枣强东北），汉景帝时期博士。汉武帝时，以贤良对策，提出天人感应之说，建议"罢黜百家，独尊儒术"，被武帝采纳。存世著作为《春秋繁露》

疑的事实证明了这一论点。否则，兵马俑写实风格的雕塑艺术、烧制工艺、铜车马的冶金铸造和青铜剑铬盐氧化处理的先进科技可能就不会失传，甚至直到今天都仍然是难以解开的科技工艺之谜。

项羽发动的兵燹，仅仅是使处于当时世界领先地位的中国文明发生了断裂，而汉武帝所采取的独尊儒术的文化政策，则对中国文明的发展产生更为深远的影响。

汉初复兴的儒家学说，当时仍只是诸子百家中的一家之言，在它的面前仍然是诸家学说林立，如老子、庄子、墨子、阴阳家等诸家学说在朝廷和民间的影响，大可以和儒学分庭抗礼。只是汉武帝下令"独尊儒术"后，诸家学说才日渐萧条冷落。

董仲舒的《春秋繁露》，董氏用阴阳五行学说，系统建立并阐述了他的"天人感应"思想

而这时的儒术由于处于至高无上的地位，也便失去了原有的披荆斩棘、在竞争中不断发展、改进和完善自身的创造力和应变力，原有的单纯、朴素、贴近人生和现实的精华也日渐受到侵蚀。这时的儒学便开始趋向呆板、陈腐和僵化，它作为一家独立的思想学说受到时代的严峻挑战，并将沉沦于历史的泥

潭之中。

导致这种结局的根本原因，就是在于汉武帝的大一统思想。如果这种大一统思想只是在语言、度量衡、历法、礼乐等社会生活的形式方面的统一，则是符合民族历史发展的趋势和国家民众的需要，对社会具有推动作用。可惜的是汉武帝"独尊儒术"的根本目的在于完善政治一统天下的思想一统，或者说是思想一统下的政治一统，而这种一统思想或一统政治又都是君主个人意志与见解的具体表现形式，从而使中国的集权化、君主专制政治又更加集中和"一统"，使人们的精神意志和生活方式完全臣服于君主的权力和意志之下，形成了牢不可破的思想怪圈。

山东诸城前凉台出土东汉画像石，刻画了讲经人和捧简听讲人的形象

但随着这种怪圈的形成和加固，儒学本身却衰落和日渐走向破灭。在这关键时刻，由于董仲舒的出现，才力挽狂澜，将衰竭的儒学再度复苏。

董仲舒通过天人感应理论，以自然法则作为人的行为规范，以自然秩序比附社会伦理，以天象变异比附人的喜怒哀乐，从而成功地把各种文化的行为准则和价值取向都放置于天命的支配之下，形成了新的以儒、道、阴阳、刑名、天、人、自然合而为一的汉代儒学。这种"天人感应"的新儒学理论，为"君权神授"制造了迷惑民众的依据，从而使封建君主的大一统思想和一统下的政权顺利地沿着这一理论体系跨过了近千年的岁月。这种新儒学的理论不仅巩固了大一统思想和封建君主政权，同时也在迷惑民众的过程中使中国的

443

孔子整理并向学生传授"六经"情景

古代教育丧失了独立性，滑向了腐蚀消磨人们的想象力和创造性的歧途。所培养出来的大多是奴性十足的官僚和满口"仁义道德"的迂腐学子。

而这种奴性教育的最终结果是使官僚和学子的一切行为更屈从于政权并按照时政的意志和需要去行为。秦始皇的"坑儒"事件，在西汉前期尚未见载诸典籍，只是一些儒家学派的信徒口传而已。汉武帝下令"罢黜百家，独尊儒术"后，有个叫卫宏的人为迎合君主以及儒家学派的欢心，在一篇《诏定古文官书序》中，将秦始皇坑儒的传言郑重其事地记录下来，并编撰了秦始皇在骊山温谷种瓜，瓜熟后令儒生们下谷观看，正当儒生们对面前的奇异现象各持己见、争执不休时，秦始皇下令填土，700余名儒生被全部活埋坑杀。而后来的史学家王充出于和卫宏同样的目的，竟不顾历史事实，在《论衡》的《语增篇》中信口开河地加以证实道："传语曰：'秦始皇焚烧诗书，坑杀儒士……言烧焚诗书，坑杀儒士，实也。'"王充的结论，终于使秦始皇背上了"坑儒"的骂名。而事实上，当年的秦始皇并未"坑儒"，只是杀了一些靠招摇撞骗、欺君蒙世的"方士"

而已。

　　当然，秦始皇坑杀方士的做法也未免过于残暴，若在两千年后的今日，按照法律以诈骗罪将这些方士判几年刑也许较为恰当。

　　当董仲舒提出并创立的新儒学流行了近千年之后，由于佛教文化和道教文化在中国的兴起，这种以阴阳五行为主体的新儒学又日渐陈腐并受到严峻挑战。尽管正统的儒家学派大力排斥诋毁佛道二教文化，但最终还是在这两种文化的渗透冲击中，不得不吸取佛道哲学中的思想精华，对汉代儒学进行第二次改造和完善。于是以朱熹为代表的儒家学派所创立的"三教合一"的理学又顺时诞生，从而，被再一次改造了的儒学又在中国延续了近千年。

秦始皇帝焚书坑儒时，孔子九代孙孔鲋把《论语》等儒家经册藏在一堵墙壁中，直到汉代这批所谓"鲁壁藏书"方被发现。图为孔庙为纪念此事而建的"鲁壁"。

　　孔子创立的儒学，经过历代王朝的一路滚动，其中"三纲五常""忠君守节""仁义道德"之类的思想系统愈渐强化，越来越加重了民众在政治上的压迫和思想上的桎梏，扼杀了进步求新的思想和精神。中华民族杰出的智慧、非凡的创造力和想象力，也在"四书""五经"的熏染中愈渐变得愚昧并陷于僵化。延至明、清时期，随着科举的发达、八股的盛行，专业教育受到严重的压制和摧残，史学、艺术受到儒家保守思想的制约，科学技术则被视为"雕虫小技"而大加诋毁蔑视，致使中华民族处于危机四伏、濒临绝境的险要关头。

　　当欧洲的科学家、革命家用血与火的代价冲破了持续一千多年黑暗的中世纪，并把古代科技向现代科技转变的时候，我们的帝国仍在儒家的传统思想怀抱里徜徉，并陶醉于中央大国的迷梦之中。屈原、岳飞、海瑞式的忠臣不断出现，但张衡、祖冲之、沈括式的科学家却日渐减少。

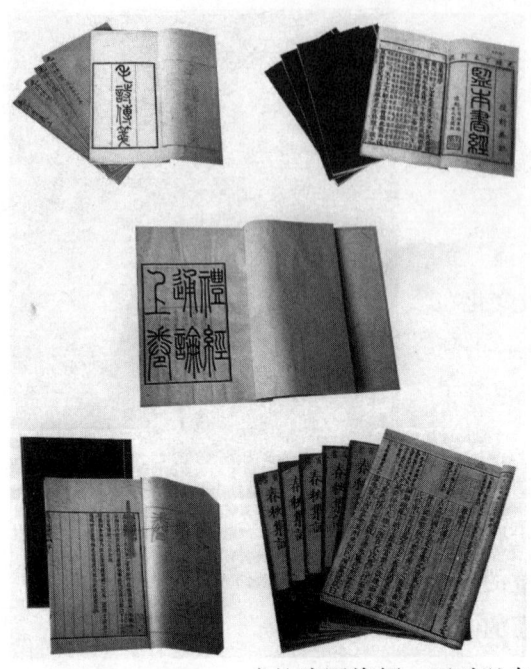

孔子删定的"六经"是《诗》《书》《礼》《易》《乐》《春秋》六书。其中除《乐》原书不存外，其余五经尚存。图为后人辑注的《毛诗传笺》《书经》《礼经通论》《虞氏易》《春秋集语》

直到西方人用洋枪洋炮轰击中国封闭的大门时，传统的士大夫们还在儒家文化的祖传宝库中寻找抵制西方文明的精神武器。据说古代曾有读《论语》退敌兵的战例，只要是"仁义之师"定能所向无敌。但面对这些完全来自另一个文化世界，只知道"物竞天择、适者生存"的全副武装的洋鬼子，再也无法用读《论语》的方式和"仁义道德"的说教来阻止他们的进攻，即使那些不大拘泥于"唯经唯圣"思维模式的清军将领，面对以自己祖宗发明的火药武装的洋枪洋炮也蒙了，他们在一番苦心孤诣的冥想后，终于从佛道二教文化中得到启示，断定这是洋人施展的妖术。

于是迅速组成了防御战术，大量的兵卒用手中的刀矛剑戈刺向肥猪、羊群，将一盆盆鲜活的热血泼洒到城墙上，以道战妖。然而热血未干，国门却在炮击中摇摆得越发厉害，大有顷刻即溃之势。在中华民族生死存亡的严峻关头，清帝国的将领和满口"子曰诗云"的学子们，除再次命人将粪便和污物涂于城墙城门之上以破妖术外，再也没有什么招数与敌一搏了。这个以儒家传统文化构筑的大一统的古老帝国，终于在新的文明撞击中走向沉沦。当中华民族饱受了外敌的铁蹄蹂躏和血腥屠杀之后，蓦然回首，才发现这体现儒家文化精神的"道德仁义、非礼不往"云云，原来竟是吃人和被人吃的礼教。若这礼教专吃外敌，倒还是件幸事，遗憾和具有悲剧意味的是偏偏去吃孕育呵护了它几千年的中华子民。所以，当"五四"新文化运动掀起的时候，以易白沙、吴虞、鲁迅、李大钊、胡适为代表的有识之士,在响亮地提出了"这块孔丘的招牌——无论是老店,是冒牌——不能不拿下来,捶去,烧去!"的口号的同时,也以"打倒孔家店"的口号付诸了行动……中华民族终于在血与火的洗礼中步履艰难地走到今天。当我们面对兵马俑这扇两千多年前的秦帝国向后人开启的窗口时,难免要做这样的遐想:假如当时的秦文化能够征服关东文化,假如秦始皇燃起的那把大火使儒家学说全部更新,中华民族的进程和历史命运会是何等模样?

难以愈合的裂痕

1988年12月22日,印度前总理拉吉夫·甘地在参观了秦始皇陵兵马俑后,满怀激情在留言簿上写道:"来到了伟大的历史文明地,我完全被感动了。在此地——西安,开始了中国和印度的友好交往。向你们伟大的国家和伟大的人民致敬!"

拉吉夫·甘地总理的留言,使人们想起了唐朝高僧玄奘去印度取经的故事,同时也想起了比这更早的年代——汉朝张骞出使西域的历史与那条辉煌耀目的丝绸之路。

这是一条同样是以今天的西安为起点,向西方延伸一直通到地中海东岸的东西方贸易交往之路。在这条全长达7000公里的古道上,中国人将自己制造的"美丽得像野地上盛开的花朵,纤细得可和蛛网媲美"的珍贵的彩色丝绸源源不断地输送到罗马帝国,在"罗马城内中国丝绸昂贵得可和黄金等重同值"的物品,曾令罗马贵族不惜血本争相竞购,以致近代西方历史学家发出了"罗马帝国的灭亡实是由于贪购中国丝绸以致金银大量外流所致"的感叹。而那时的中国得到的则不只有罗马的金银财宝,还有大宛的葡萄、苜蓿,安息的石榴,以及其他各国的胡豆、胡瓜、核桃、芝麻、大葱等农作物品种,也相继从西方传了进来,在中国的土地上生长。当然,后来的佛教和佛教艺术也是沿着这条路传入中国,并对中国的文化和艺术产生深远的影响。

不论古罗马帝国的灭亡与贪购中国丝绸有无关系，但他们的竞购却是自愿和自觉的。号称"仁义道德"的中国从未对他们是否购买进行强迫和威胁，况且丝绸的本身并不存在有害于人的成分。

可是，当历史进展到18世纪末，中国人又不惜以每年1000多万两白银做代价，去购买西方输入的殷红色罂粟花。

当中国人逐渐意识到，这种罂粟花竟是足以使一个民族毁灭的毒素，并不愿再做这桩残酷的交易时，以"弱肉强食"的理论行事的西方列强，便使用大炮轰开了中华的大门。于是，他们以暴力得到了比做鸦片交易更为昂贵的金银财宝，中华民族遭到了比购买吞吸鸦片更加迅速的灭亡之灾……然而长夜迷蒙，噩梦乍醒。惨痛的历史渐已生锈，血泪却难消失。当中华民族从苦难中站起，当那些灾难的制造者洗掉脸上的血污，重新打好领结，以友好的姿态踏入中国时，却发现面前竟横隔着一条条难以愈合的裂痕——故事之一：

1988年秋，西方某国一个旅游访问团来到秦俑馆参观。当这个团的成员走进秦俑一号大厅时，顿时被面前的兵马俑军阵惊得目瞪口呆，大有刘姥姥进大观园之势。唯有一个看上去精明机灵的青年却与众不同地没有惊觉之意。当旅游团成员在导游娓娓动听的讲解中缓缓前行时，那机灵的青年用眼睛向四周扫了一圈，悄悄挤出人群，在确定没有危险后，迅速举起手中的相机，对准了俑坑中站立的兵马俑。

就在闪光灯射出一道白光的同时，他又旋即躲进人群之中，像什么事也没发生一样听起导游的讲解。

但事情还是发生了。一个博物馆的工作人员走过来，将青年人的相机按住，打开盒盖，将胶片抽了出来。整个过程短暂迅速、干脆利落，大出包括照相者在内的所有人的预料。

年轻人见整个胶片已曝光，立即捶胸顿足，呜里哇啦地叫唤起来，其悲痛之状如丧考妣。那博物馆工作人员并未理会青年人的叫唤，抬手指指竖在坑壁旁"严禁拍照"的白色木牌，潇洒地走向别处……当我在采访中听到这看起来并没多大意思的故事之后，还是找到了那位工作人员进行了一番采访。

"那个故事是真的？"我在复述了别人讲给我的故事之后，为防止讹传，我特意说出此言以证真伪。

"是真的。"他答。

"从这个故事中，我感到您带有一种奇特的心理去做了这件事。"我按自己的思维逻辑做出推断。

他笑了笑："没有什么奇特的心理，本来大厅中明明白白竖着'严禁拍照'的牌子，他却视而不见，非要和我们较劲儿，那我们按规矩就要给他一点惩罚。"

"我不了解这里的情况，也许我的推想错了。"

"不是错了，你说得也有一些道理。一般的外国游客，特别是第三世界国家的游客，如果在大厅里拍了照，我发现后大多是先解释或提出警告就算拉倒了，用不着什么惩罚。而对有些国家的游客却不能含糊，非要给他点颜色看看不可。要不他还以为你软弱可欺，以为这里是100年前的敦煌莫高窟或圆明园，要是给他一点惩罚和颜色，他就会清醒地认识这兵马俑坑再也不是100年前的敦煌莫高窟，可以任他们盗窃、践踏，也不是圆明园，可以任他们抢劫和焚烧。那个年代毕竟已经成为历史，今天的中国毕竟不是昨天的中国了……也许这样做显得有些过分或不太友好，但要友好就要相互尊重。

你若不尊重我，我也很难尊重你，尤其是那些曾经在中国烧杀抢掠、无恶不作而现在还道貌岸然、趾高气扬的国家中的人……"

工作人员说完这番话后，望着我反问道："你认为我想的和我做的是错还是对？""我理解你的心情。"我没有正面回答他的提问。理解就是最好的回答，我想。

故事之二：

在秦俑博物馆大门口的治安办公室里，我和干警聊着近几年的治安情况。

"还有没有人敢来盗窃将军俑头一类的文物？"我问。

"自从秦俑馆建馆以来，从没有发生文物失窃事故，至于以前将军俑头、武士俑头还有其他什么头被盗，与秦俑馆毫无关系。"身边的高副科长说着，似在证明着什么。

我怕重新落入将军俑头案之争的怪圈，干脆说道："那扒窃游客财物的小偷,这些年应该有并且也应该会出现在秦俑馆吧。""这倒是事实,我们这个办公室的一项主要任务就是专门对付这些不法分子的。"他说着,瞥了一眼墙上悬挂的一长排耀眼的锦旗没有再作声。我知道那便是他们业绩的标志和人生的荣耀。

关于抓扒手的话题,在场的所有人都颇感兴趣,因为他们在这方面都建立过功绩和付出过代价。

"前几年这里的小偷比较多,大多从西安市过来的。其特点是脚穿平板鞋或球鞋,这些鞋子基本都是新的,他们几乎三五天就要扔掉一双,重新换一双式样不同的。这样做的目的就是为了避免公安人员从留下的脚印中辨别出他们的踪迹。但他们衣着打扮却比较普通,褂子上的扣子大多没有齐全的,因为他们经常在人群拥挤的公共汽车或商场行窃,扣子有不少被挤掉。我们掌握了这些扒窃分子的特点后,比较容易地抓获了一大批。后来是西安的扒手来一个栽一个,最后一个也不来了,都到其他地方开辟阵地去了……"公安干警兰革利向我生动地描述了抓扒手的经过。

另一名尚不知姓名的干警接着讲道:"1990年11月那次就大不相同了。"

"怎么个与众不同?"我问。

"那个时候北京正在开亚运会,外国游客来得特别多。一连几天都有外国游人跑到治安办公室,报告说自己丢了相机、钱和其他贵重东西。我们感到很奇怪,怎么在短短的几天内就发生了数次外宾钱财被盗的事件?难道是西安和当地的扒窃集团又在反攻,打进秦俑馆?经过几天的观察,我们终于找到了这帮扒窃分子的踪影。

"这是一帮完全不同于西安和当地扒窃分子的盗窃团伙,每个人都是西装革履,打扮整齐,看上去很有些商界人物的味道。我们在暗中观察时发现,这个扒窃团伙共有9人,所采取的扒窃步骤和方式是3人为一组,共分3组。

"每组又分前、中、后三点一线,最前方的是跟踪外国人,第2个紧随背后掩护,而第3个则拉开一定的距离,手端照相机悄悄观察周围的情况。我们一看这阵势就知道遇上了高手。根据不同的敌情,我们也改变了往常单个跟踪的战术,也分为3人一组,将计就计,给他们造成了掩护和观察上的困难。

第十四章　偏离航道的滑行

"这样在一天之中就将两组6人全部在作案的瞬间当场抓获，共缴获照相机3台和约合13400多元人民币的外汇。经过公安机关的审查我们才进一步得知，这是一帮从桂林赶来的扒窃分子。这个团伙的大多数成员都是受到公安机关的通缉的在逃犯罪分子，号称'西南虎'。奇怪的是他们行窃的对象全是外国人，并对西方那些黄头发、蓝眼睛、长鼻子的洋人特别感兴趣。我们在初审中问罪犯朱国林和李建国，为什么不扒窃中国人的财物而专盯洋人，他们的回答是：'中国人太穷，一是没有多少钱财，再说中国人偷中国人的东西也不仁义，算不上站着尿的男子汉。洋人们钱多物重，得手后感到过瘾和解气，因为他们在旧社会来中国耀武扬威并且还明抢明夺。眼下的政策不容许咱明抢明夺，暗地里摸他们点钱财也不算什么太大的罪过……"听完这位干警的叙说，我心里隐隐作痛。

图腾的幻象

当我们穿越历史的腥风血雨，冲破几经飘荡弥漫的政治迷雾眺望世界的时候，我们发现已接近世纪的边沿，当世界张开双臂迎接中国的时候，我们发现一种巨大的落差明白无误地横在面前。

"亚洲四小龙"似乎在一夜之间崛起，而劫后余生，在衰变中长存的东方巨龙仍没有腾飞长空，坐视苍穹。

于是，炎黄子孙再度展示出中华民族坚韧、执着的性格，以悲壮的进击姿态试图在瞬间创造出惊天动地的奇迹，以展示昔日那个辉煌帝国的盖世雄风。

我们欲以慷慨悲歌之气，在古老得生锈的轨道上做腾飞前的滑行——自80年代起，我国香港、澳门以及巴黎、伦敦、纽约等世界大都市的文物交易市场，一度出现了空前的繁荣，许多稀世之宝琳琅满目地展现在世人面前，廉价拍卖，任人购买，出售价格日渐下跌，大有江河日下之势。

这种奇异的文物繁荣和价格直线坠落的现象，立即引起了西方各国文物商店、文物收藏家和国家博物馆的惊恐。世界经济情报组织和各国文物保

451

外国游客购买当地百姓烧制的兵马俑复制品

护管理机构，立即派人探寻这奇异现象的渊源，终于得出了一致的结论：世界文物市场的剧烈冲击波来自东方的中国。德国的一家杂志明确地指出："现在到达西方国家的中国文物比以往任何时候都要多，甚至连新石器时代的陶器也大量涌入市场，这种现象引起了全世界文物收藏家的惊恐和不安。而这些廉价拍卖的稀世文物，几乎全部是通过非官方贸易渠道，以走私的形式流入国际市场的……"西方记者的报道并未夸大其词，据国家文物局统计，自1984年以来，中国各地的博物馆和文物保护单位，先后发生被盗案件300余起，有数万件珍贵文物被盗走。陕西省境内，仅1987年和1988年两年时间，就发生足以让国内外震惊的文物盗窃案11起。

秦陵发掘工地曾发生罪犯王更地从该处仓库盗走秦将军俑头的重大案件。就在此案发生的第7天，也就是1987年3月4日，西安市省建三公司一处一队停薪留职工人张善贵，又携带断线钳、尿素袋及黄挎包等作案工具，从西安专程来到眉县文化馆，按照事先踩探到的路线，悄悄溜入文化馆第3层楼，用断线钳将文物陈列室两道门的4把铁锁剪断，入室后又剪断拴有13个青铜编钟的铁丝，并用秤钩撬开放有复制品的纹方尊[①]的展柜，将馆内珍藏的国家一级文物西周抵臣铜编钟一件、西周饕餮纹铜编钟两件和同一纹形的方樽一件

第十四章 偏离航道的滑行

盗走，当夜返回西安，后被公安机关抓获，法院依法判处其死刑。

同年秋，河南省灵宝县予灵乡农民刘春利，携带作案工具来到陕西省境内的乾陵②，企图盗挖乾陵二号陪葬墓，因无机可乘，只好改为盗窃乾陵博物馆内珍藏的文物。当他详细探明了乾陵旅游部工作人员对游客参观进出不检查，墓室石棺可藏人，墓道便门门锁可更换等情况后，返回原籍，待机行窃。

1988年3月，刘春利伙同柳映申从原籍来到乾陵博物馆。

经过一番密谋，柳映申住进乾陵旅社，准备第二天随同游客进入陵墓接应作案的刘春利。

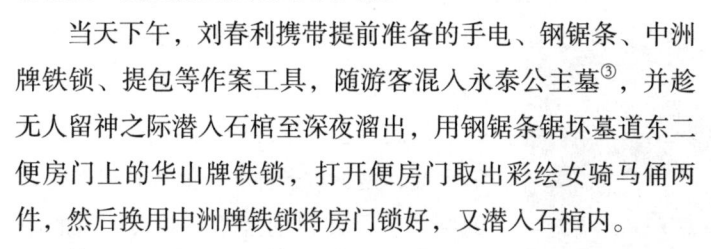

馆内所藏彩绘女骑马俑

当天下午，刘春利携带提前准备的手电、钢锯条、中洲牌铁锁、提包等作案工具，随游客混入永泰公主墓③，并趁无人留神之际潜入石棺至深夜溜出，用钢锯条锯坏墓道东二便房门上的华山牌铁锁，打开便房门取出彩绘女骑马俑两件，然后换用中洲牌铁锁将房门锁好，又潜入石棺内。

第二天上午，柳映申按事先预谋随游人进入墓道，将刘春利及所盗文物接应出来。两人返回原籍后，将盗窃的两件国家二级文物以1200元的廉价出售给走私者。

1988年6月4日，刘春利又伙同另外两人来到乾陵博物馆，采用上次行窃的手段潜入章怀太子墓④内，盗走黄色三彩⑤女俑6件、绿色三彩女俑1件。3人在返回原籍销售盗窃的文物时被抓获，珍贵文物才幸免外流。

当人们发现盗窃博物馆内珍藏的文物风险性大且行动和盗窃数量均受到局限时，便把视线转入密布于荒山野地的古墓群，或以镐头、铁锹等原始工具，或以雷管炸药等摧毁性手段，将墓葬掘开、炸翻，窃取文物，以获暴利。

　　这种盗掘古墓的狂潮越演越烈，古墓葬甚至文化遗址的破坏数量也越来越多，景况越来越惨不忍睹。全国每年被盗的古墓可达数万座，流失文物以及文物的价值无法估量。在众多的盗墓大军中，有工人、农民、知识分子，还有专业考古队员和文物管理人员。盗墓之风的盛行几乎使每个人都知道"要致富，去盗墓，一夜一个万元户"的口号。有的为获取暴利，不惜将自己祖宗的坟墓掘开，以达目的。

　　随着盗墓之风的盛行，盗墓者的设备也发展到了惊人的程度。1990年7月，古城长安的丰镐遗址⑥大量的陶器被盗。而盗窃者有相当一部分曾在考古队工作过，具有一定的探墓经验和发掘水平。从现场发现的214个探眼看，其技术之精、速度之快、设备之良，即使是声名赫赫的秦陵钻探小分队的专业考古人员也叹为观止。

馆内所藏彩绘女骑马俑

　　盗窃、走私文物的狂潮蔓延了整个中华大地，古老的文明在愚昧和野蛮的践踏蹂躏中已是鲜血淋漓，惨不忍睹。

　　但是，它毕竟是华夏民族几千年历史的沉淀，是炎黄子孙非凡的智慧与创造力的结晶，是列祖列宗昭示后人远航的明灯。无论今天变成怎样的残暴，也难以阻隔人类对它的膜拜和敬爱。

　　1995年7月20日，临潼县人民法院受理了秦俑馆张彦贪污及胡庚、王金安、费筱金、单新琪伪造有价票证案件，并对5被告分别判处7—12年的有期徒刑。

　　临潼县人民检察院指控，被告人张彦（陕西省临潼人，系秦始皇陵兵马俑博物馆票务科售票员），于1994年元月底，伙同本单位职工单新琪等人，伪造秦始皇

第十四章 偏离航道的滑行

陵兵马俑博物馆门票13000余张（每张面额15元），后张彦委托秦始皇生平蜡像馆张良政代为出售假门票500余张，得赃款6900元，其余12500余张面值187500余元因案发未得出售，贪污未遂。

案发后，张彦供认：1994年元月，秦俑馆职工单新琪找自己商量要伪造秦俑馆门票，自己先是感到吃惊、害怕，后表示同意，并愿意为其阴谋计划出资垫支。

张彦先后给单新琪人民币8000元，委托西安市某印刷厂印制。

当13000张印完后，两人赶到西安将假门票提回，并藏匿在张彦的住处。

张彦怕假票质量差，未敢在秦俑馆票口出售，便委托秦始皇生平蜡像馆工作人员张良政代为出售。张良政出售假票500余张，付给张彦赃款6900元。

后来张彦又从住处拿出5本假门票，因案发未得出售。

当我第二次来到秦俑馆，找到公安科长冯得全了解情况时，他说，现在许多人被金钱迷住了眼睛，分不清善恶美丑，而有些人为了追逐金钱，不择手段，铤而走险，其结果往往是既坑了国家，又害了个人。像秦俑馆印制假票出售一事，过去就曾发生过类似的事情，但现在又一次发生了，这是个悲剧，是一个被金钱驱使的头脑发昏的悲剧。当然，这个事情的发生也绝非偶然，这些年，秦俑馆在门票的管理问题上是不尽如人意的，是有许多值得重视和整顿的东西的，如果不重视和整顿，可以断言，这类的事件还将继续发生，而且永远发生下去。

听着冯科长的介绍，想想以前这里发生的一曲曲哀婉的故事，我的心情又多了一分沉重。难道这就是我们的民族在苦难中崛起的最有力的奇招吗？这就是中华民族崛起的原动力吗？如果这些都不是，那又是什么？

也许，我早就应该对我忠诚的读者和中国的有关部门谈一谈"刀子"问题，因为这支年轻的"刀子"队伍，很早就露出了问题的端倪，这个问题像梅毒一样在这支队伍身上散发开来，成为不可收拾的晚期状。

早些时候，我在北京明十三陵的定陵博物馆采访并准备写一本关于那个地下玄宫发掘的书时，就在那陵园外的滚水桥边，偶见一位约二十七八岁的中国女导游（因无法分辨她是小姐还是太太，故称女导游），领着一群中外

455

游客在讲解。我走到她身边时,这位女导游正在滔滔不绝地指点着面前那块巨大的无字碑说:"无字碑为什么没有字,是因为从明代的开国皇帝朱元璋开始,就不写碑文……"以后她所讲的我没有听下去,我感到已无须再听下去了。

也许这个滔滔不绝且有些自命不凡的女人,压根儿就不知道在中国的安徽凤阳西南大明皇陵⑦前的神道口,有一块篆刻的"大明皇陵之碑"⑧,其碑文恰为开国皇帝朱元璋亲自撰写,这篇长达1105言的碑文,情真意切,气魄非凡。

现代著名文学家、历史学家郑振铎先生在谈到此文时曾说:"《皇陵碑文》确是篇皇皇大著,其气魄直足翻倒了一切夸诞的碑文。它以不文不白、似通非通的韵语,记载着他自己的故事,颇具有浩浩荡荡的威势。"至于后来的明代诸陵没有碑文,是因为长、献、景、裕、茂、泰、康七陵门前,并未设碑亭和碑,到嘉靖一朝才逐一建成。当时的礼部尚书严嵩曾请世宗撰写七碑之文,但正迷恋酒色、沉浸于成仙之道的嘉靖皇帝,却无心思和才华撰写。自此,十三陵前的碑文便空了下来。

假如那位女导游不知这段历史,理应翻一翻这方面的书籍,若懒得翻书查史,便当作不知也罢,何以信口开河、胡说八道,不惜编造谎言以致误人子弟?

知之为知之,不知为不知。这句中国的古话曾作为一种传统美德和处事准则滋润了多少代人,并由此塑造了这些人的人文精神和文化良知。可在这支新崛起的"刀子"队伍中,为什么就偏偏失去了效应?

就在这次之后,我特地邀请了中国文学出版社英文部的编辑章思英小姐一同来到定陵。在此之前,她已经对我和一位朋友合写的关于定陵地宫发掘详情的拙作,完成了英文翻译方面的工作,她对定陵的整体概况和具体事件已相当熟悉。由此,我故意让她跟着专门为外国人服务的"刀子"们,看他们是如何推销这古老文明的,几个来回下来,她不愿意再跟下去,她先跟我说"不可思议",后又说:"简直是在杀人。"我从她痛苦的面部表情中猜出,这些专门服务于外国人的"刀子",对这古老文明是做着怎样的一种解释?而那一帮又一帮的外国游客,又是怎样被天真地稀里糊涂地阉割着渴求文化与仰慕文明的良知。

当然,仅凭以上证据,还不足以产生"刀子"的名称,也不能形成梅毒式的病变。名称的产生及病变的大爆发还要在几年以后。

当我再次来到秦俑馆的时候，病变已经暴发了。

那天早晨，当我和同道来的记者许志龙先生，从居住的秦俑博物馆外一个小招待所走出来时，迎面走来几位农村打扮的姑娘将我们围了起来。"需要导游吧先生，我们给您做导游，既便宜又随便，保您满意。"姑娘们争先恐后地说。

我望了望她们那被寒风吹得微红又有些皴裂的脸，惊恐之中又多了几分好奇，想不到这些农村姑娘还没放下锄头就做起了导游，这个世界变化得快让人摸不着头脑了。

我们当然没能让她们做导游，冲出重围向前走去，走不多远，又被一群农村姑娘打扮的导游小姐围住，我们再度冲出重围，向秦俑馆走去。

我们之所以这样义无反顾地杀奔出来，一是不需要导游，二是对她们心中没底，不知道这群女人会给你讲出些什么来。

我们在兵马俑一号大厅里转着，眼睛盯着几千年前的祖先，心中不觉又产生了一种震撼和敬慕：这才是真正的中国——强大无比、战无不胜的中国。

这样想着，身后有人群拥挤而来，嘈杂的争论声中有一个女人的声音最为响亮。

我回过头，看到了一个我刚才似曾见过的女导游。

女导游正在给人群讲解。

"中国第一个皇帝叫秦始皇，他娶了一个婆娘是武则天，后来他的婆娘把秦始皇害死了，她自己成了皇帝……这些兵马俑是秦始皇在临死前偷偷布置的军队，他想在阴曹地府指挥这些军队杀武则天，为自己报仇……"嘈杂声淹没了女导游的讲解，也淹没了我在心中涌起的对中国古老文明的仰慕之情。我有些模糊的视线已看不清女导游的那张得意得有些涨红的脸，我只看到一个妖怪在挥舞着魔爪，无所顾忌地撕咬着中华文明，这文明的鲜血已将她张大的嘴染得透紫发红。

我终于知道，这些女导游来自附近的农村，她们原本并不识几个汉字，只是她们向当地县市的某部门交纳几百元钱，由这些部门集中起来学习几天，这些农村娃便可取得一个导游证，她们即可在古城西安的旅游点堂而皇

457

之地为游客讲解。已成为导游的农村娃们,她们讲解的凭据大多靠平时看的电视剧来作为准则,一旦她们脑海中的电视剧模糊不清,那么,她们讲的故事也就自然地将牛唇强安到马嘴上。

这一点,我在一个饭馆吃饭并向一个同时在饭馆喝水的女导游询问时,得到了确切的证实。

在秦俑馆和几个人的交谈中,我得知了一些更多的情况,也第一次听说对于导游们那"刀子"的称呼,同时得知"刀子"已散布于全国各地了。

既然是"刀子",其用途自然就跟宰字有关,而他们宰的人无非就是游客。据悉,全国各地旅游景点的售货亭、售货厅包括饭店、旅馆等服务网点,几乎全部被"刀子"控制,这些服务网点要想让货销得好、销得快,就必须跟"刀子"取得联系,依靠他们的帮助。而"刀子"们一旦得到好处或承诺,就源源不断地把游客带来,并凭着自己的三寸不烂之舌,说动游客购买货物。

由于游客不熟悉本地情况,多半都被说动,或多或少都要买上一些。尤其是外国游客,对中国的一切知之甚少,那么,也就只好大瞪着眼睛听凭"刀子"的摆布了。当货主卖掉货后,其获利要跟"刀子"们对半平分,有时"刀子"们得到的要比货主还要多。当然,这只是"刀子"们的一个部分,有些散落、普通、偏远的旅游景点,平时没有人光顾,这些地方的老板便设法同"刀子"取得联系,以求他们将游客或哄、或骗或采取先斩后奏等多种方法搞进门内,然后下手开刀。所获利润的一大部分便由"刀子"们所有。如此做法,尽管有时也被游客所识破,但毕竟木已成舟,悔之晚矣。倘有不理睬"刀子"们的露头青,自然要吃亏在眼前。再好的景点,再好的货物,再实惠便宜的饭店、旅馆,只要"刀子"们说一声"不好"或"不可买",便无人问津。

我曾采访到这样一件事,因为有一个"刀子"太黑,秦俑博物馆各厅联合起来抵制,坚决不给她半点好处。结果,由此"刀子"率领的外国旅游团,从不踏进这几个大厅半步,只在院中转一圈便匆忙赶往别处。由于"刀子"自身的利益,可苦了那些外国佬,他们不远万里来中国想看看这世界八大奇迹,结果最多只看到几个复制的兵马俑,更可悲的是他们一定还蒙在鼓里。至于"刀子"糊弄他们的招数,也自然让他们看不出半点破绽。

几年之中，"刀子"队伍异军突起，"洋刀队""土刀队"山头林立，磨刀霍霍，各旅游景点便成了他们角逐的焦点、牟取暴利的屠宰场。据悉，西安有一个率外国团的"刀子"，在一天之中就获暴利9000多元。至于那些外国佬又有多少损失，则无人打听了，也无人感兴趣了。

也正因为有了这种牟取暴利的思想做先导，也就没有人再去对那古老的文明本身感兴趣，而出现种种谬误甚至怪诞的讲解似乎也成了自然之中的事了。

早在1948年，当中国人民正光脚赤背地推着木轮小车，在枪林弹雨中越过黄河，突破乌江天堑，迅速荡涤着历史留下的污泥浊水之时，一代巨人毛泽东就曾庄严地向世界宣告："中国人从来就是一个伟大的勇敢的勤劳的民族，只是在近代落伍了。这种落伍，完全是被外国帝国主义和本国反动政府所压迫和剥削的结果。一百多年以来，我们的先人以不屈不挠的斗争反对内外压迫者，从来没有停止过，其中包括中国革命先行者孙中山先生所领导的辛亥革命在内。我们的先人指示我们，叫我们完成他们的遗志，我们现在是这样做了。"中华民族以悲剧的心境和虽九死而不悔的浓烈的格斗精神，用一场革命推翻了自己头上的"三座大山"。

但在40多年的成长历程中，却未剪断几千年封建思想的脐带。愚昧、无知、野蛮、落后的锁链仍在紧紧地捆缚着我们的身心，我们的手脚，枯槁着我们的精血，摧残着我们意在构筑的文明大厦。使东方这条巨龙虽已唤醒并有图腾之志，但始终未能呼啸长空、傲视苍宇。

我们在困惑中驻足，我们回首沉思，我们蓦然发现造成当今困境的不再是外国帝国主义的压迫，而是我们自己。

"我们应该努力去认识，看我们所接受的传统中，哪些是损害我们命运和尊严的，从而相应地塑造我们的生活。"重温科学巨人爱因斯坦的忠告，对于我们今天的炎黄子孙似乎尤为重要。20世纪已经敲响了晚钟，历史将要开始人类新的纪元。

雄踞在东方的巨龙能否伴着新世纪的太阳腾飞，依然在于我们自己。

重新认识历史，反省自身吧！只有当我们清醒地认识了历史和自身，勇敢地拿起匕首，以完全不同于荆轲刺秦王式的慷慨悲歌之气，理智地刺破自己的肌肤，排除血液中一切野蛮和愚昧的毒汁，义无反顾地斩断缠绕于我们身心的脐带时，中华巨龙才能得以真正的腾飞。

注释：

①方尊："尊"是古代盛酒的容器，或作"樽"，大腹、侈口，常作为祭祀的礼器，盛行于商代和西周。其中方体的尊别称为"方尊"。

②乾陵：唐高宗李治与武则天的合葬墓，位于陕西乾县城北。1958—1960年勘察，1963年试掘墓道。据史书记载，李治葬于文明元年（公元684年），神龙二年（公元706年）重启墓道葬武则天。陵园分内外城，遍布石刻群，并立有无字碑、述圣记碑等。地宫在内城正中梁山山腰上，依山为陵，居高临下，墓道呈正南北的斜坡形，全部以石条填砌，从墓道口至墓门共39层，石条之间用铁栓嵌住，再灌注铁水，上面覆盖夯土，固若金汤。该陵规模宏大、气势雄伟，是唐陵中具有代表性的一座，1961年被国务院公布为全国重点文物保护单位。

③永泰公主墓：乾陵的陪葬墓之一。永泰公主为唐高宗与武则天的孙女，中宗李显的第七女，名仙蕙，字秾辉，于大足元年（公元701年）与驸马武延基（武则天侄武承嗣之子）同被武则天杖杀，时龄17岁。中宗复位后，于神龙二年将其夫妇合葬于乾陵东南隅。此墓早年曾经被盗，1960—1962年正式发掘，出土石墓志一合及1300多件随葬品。

④章怀太子墓：乾陵的陪葬墓之一。章怀太子李贤是唐高宗第六子，于调露二年（公元680年）被武则天流放巴州（今四川巴中市），文明元年被逼令自杀。中宗复位后，于神龙二年以"雍王"身份陪葬于乾陵东南隅。景云二年（公元711年）重开墓室，以"章怀太子"身份与其妃房氏合葬。此墓早年曾经被盗，1971年正式发掘，出土石墓志二合及600多件随葬品。

⑤三彩：又称唐三彩，唐代的低温色釉陶制品。所谓"三彩"，实际不限于三色，有白、黄、褐、绿、蓝、黑等，但以白、黄、绿为主。经两次严格的温度控制，烧成温度为800—

1100摄氏度。初唐出现，盛唐流行，由于质地较脆，不具备实用价值，多作为明器随葬。其色调富丽，图案优美，尤以塑造的各种舞俑和马俑最为生动。产地主要在河南和陕西两省，流传地区仅在洛阳、长安及扬州，它对后世的陶瓷工艺有很大贡献。

⑥丰镐遗址：周文王所建丰邑与周武王所建镐京的旧址。位于陕西西安市西南郊沣河两岸，丰在河西，镐在河东，是西周王朝的政治、经济、文化中心。遗址总面积约10平方公里，年代约当公元前11世纪—前771年。1933年开始调查，1951年起发掘。已发现有大型夯土基址、小型房基、窖穴、水井、手工业作坊遗址，铜器窖藏，张家坡及客省庄等地有数量较多的墓葬及车马坑，出土遗物丰富。1961年被中国国务院定为重点文物保护单位。

⑦大明皇陵：明太祖朱元璋父母的陵墓，建于洪武二年至十二年（公元1369—1379年）间。该陵外城为夯土所筑，内城为砖筑，坟丘呈方形覆斗式，在内城后部中央，其前建享殿。神道上的金水桥前西侧立有皇陵碑，东侧立有无字碑。后来朱元璋之兄、嫂、侄亦附葬（后死者之棺附葬于祖坟内）在此。

⑧洪武二年（公元1369年）二月，朱元璋诏立皇陵碑，由翰林院侍讲学士危素撰写，为散文体。但文成后，朱元璋以"儒臣粉饰之文，恐不足为后世子孙戒"，故在洪武十一年（公元1378年）四月为皇陵新建享殿时，御制碑文一本，为韵文体，"特述艰难，明昌运，俾世代见之"。

第十五章 为了忘却的纪念

复活的军团

岁月如水，往事如烟，秦陵陪葬坑的发掘潮涨潮落。时势的造就，政治的磨难，事业的追求，人生的沉浮，是非功过任人评说。有道是，青山依旧在，几度夕阳红。且让历史记住他们的姓名，是感怀，也是纪念。

廿年无限情

文物，作为人类自然和社会活动的实物遗存，无论它最初是精神的还是物质的、先进的还是落后的，乃至于当时它是服务于人民大众的还是帝王贵族的，都从不同的侧面和领域揭示了中华民族亘古以来绵延不绝的生存、繁衍、奋斗、发展的历史，以及历代先民的思想道德和科学文化水平。因而，它的价值和对人类的启迪作用是永恒的。人们可以对历史长河中的某一段途程和某些人物做出不同的评价，但是，反映这段历史文物的价值并不受人们对历史评价的影响和限制，都是全民族乃至人类保护、研究和利用的珍贵历史宝藏。

由于战乱、兵燹等原因，中华民族在历史进程中曾出现的短暂的大秦帝国，留给后人的文字史籍和实物资料极为匮缺，这段历史越来越被淹没在风烟尘土之中。秦始皇陵兵马俑、铜车马、马厩坑、珍禽异兽坑、铠甲坑、百戏俑、文官俑等陪葬坑和文物的发现与发掘，以及秦陵地宫奥秘的探索，无疑填补了这段历史研究的空白，并从各个不同的侧面展现了中华民族的精神风采。那朴素生动的陶文化，刚健恢宏的铜文化，盖世无双的冶金技艺，非凡卓绝的战阵布局……组成了一部浩瀚的秦代历史经典。每一件出土的文物都是古代先民伟大智慧与非凡创造力和血汗的结晶，是中华民族源远流长的历史见证和永恒的历史丰碑，是融多个民族、多种文化而成一统的第一个封建大帝国立体而完整的象征。这些埋藏了两千多年的出土文物，在维护民族团结和国家统一中蕴含着巨大的感召力和凝聚力，发挥着其他精神和物质无法代替的纽带作用。同时，秦陵出土文物那丰富多彩的内涵和神秘莫测的玄机妙法，已成为整个人类借鉴和观赏的重要文化财富。

屈指算来，秦始皇兵马俑从1974年被当地农民发现，到

第十五章 为了忘却的纪念

我写这一章的时候已逾27个年头，而秦俑博物馆自建成对外开放也已度过了22个春秋，离联合国教科文组织把它列入世界遗产保护清单的1987年，也已相隔了14载岁月。就秦俑馆本身而言，这段或长或短的时光，比之存在了2200多年的兵马俑，无疑是历史长河中一朵小小的浪花，这朵浪花没能像大秦帝国那样给世人留下吞吐风云、融汇百川的庞大气势。但它又确是留下了，给这个喧嚣与寂寞的世界留下了一丝散发着欢乐也凝结着悲愁的声息。

循着这淡淡的声息，在秦俑馆和秦陵园奔波的日子，我在打捞那即将沉于河底，却又时常萦绕于记忆深处的那片刻的历史真实。

我蓦然发现，当年为秦始皇兵马俑最初的发掘做出过努力与贡献的考古人员，竟像秋后的树叶一样哗哗啦啦地飘然而去，只是把丰硕的果实留在了枝头。杭德洲、屈鸿钧、崔汉林、王玉清、赵康民、程学华、杜葆仁、柴中言、王学理等等，这一串与兵马俑紧密相连的闪光的名字，已离考古现场渐渐远去。他们或早已仙逝，或安度晚年，或躺在病床上呻吟，或在家中孤影自怜，或由于生活中的某种委屈而四处奔波，卷入官司的旋涡之中……留在这里的只有袁仲一人了，而这个坚守阵地的强者，也已进入了人生的暮年。尽管夕阳无限好，但总不免有些只是近黄昏的悲凉。历史就是这样造就着一切，又磨蚀、毁灭着一切。

他们确是离去了，同时又留下了。离去的只是个体的自身，留下的却是群体的雕像。无论他们的个体有着怎样的不尽如人意的缺憾，但作为这个群体的雕像却是丰满并极富生命色彩的，他们的名字将同8000兵马俑紧紧联系在一起，让后人铭记的同时也充满深深的敬意。

岁月如水，往事如烟，面对这物欲横流的生存环境和社会时尚，面对人类越来越急促的沉重的脚步，我不能再错过探寻他们这代人心音的机会，我要把他们生活的碎片尽可能地组接起来，以还原历史本身，也为了忘却的纪念。

记得前些年我来秦俑馆时，本打算和时任秦俑博物馆馆长的袁仲一先生做一次长谈，遗憾的是他的应酬太多、事务太杂。由此，我和袁先生的这次接触，匆匆十几分钟就告结束，关于他的故事，大多是靠他人提供。

当我后来跟一位自小在秦俑馆长大的女服务员，偶尔谈到袁仲一先生时，她的眼里闪着兴奋的光，又表现出几年前我初见她时的真诚与热情。她声音不大却极富感情地讲着："我小的时候，几乎每天都在俑坑边玩耍，

考古队长袁仲一（持剑者），向工作人员讲解俑坑出土秦剑的功能与特色

因为小，只贪玩，没有更多地去注意考古人员的生活，但有些事还是清楚地记着的。考古人员先是在坑边搭起帐篷，后来天气冷了，帐篷没法住了，他们又跑到西杨村农民家中住。吃的是和农民一样的粗茶淡饭，睡的是农民几代留下的黑土屋，生活的艰苦是现在无法想象的。那时袁先生还算年轻，不是今天你见到的满头白发的样子，我不止一次地发现，他和其他队员在发掘休息时，身子一倒，卧在坑边说些闲话，然后慢慢就睡着了。我和几个小伙伴在他们身边蹲来跑去，有时还大声吵闹，也很难把他们惊醒，看得出他们睡得跟在自己家中一样香甜。兵马俑坑的发掘以及铜车马的发掘，袁先生是付出了极大的热情和心血的。在铜车马刚发现时，四方百姓都来观看。一到星期天，西安的职工也拖家带口一群群地前来参观，这中间什么样的人都有，好人坏人谁也分辨不清。加上当时临潼县的百姓和领导部门与博物馆的意见不一致，就使铜车马的命运难以预料。在这种情况下，袁先生和程学华先生两人在坑边搭个草棚，日夜看守，硬是在寒冷的早春度过了一个多月，这罪也只有他们能受，直到现在我也没有全部明白，他们那代人为什么对事业的赤诚几乎都超过了生命本身……"显然，这位女服务员讲的，只是她内心的一点感受，并不是袁仲一经历的全部，我在耐心地等待机会。

当21世纪第一缕曙光映照秦始皇陵园之时，我再次来到了秦俑博物馆。说不清是一种什么样的心理情结让我在旧的岁月结束、新的千年到来之际一定要来到这里，我恍惚觉得有什么珍贵的东西遗落在我一直惦念的博物馆，并有种急欲寻回的念头。

尽管袁仲一已不再担任馆长一职，但作为名誉馆长兼党委副书记，他仍在馆内外奔忙。在他办公室交谈的不算太长的时间里，同前几次基本相同，他很少说起自己，更多的是谈到当年和自己一起并肩工作的同事，以及他们所付出的辛劳。就在秦陵兵马俑最早的一批发掘者如屈鸿钧、程学华、王玉清等相继去世后，他以忧伤的笔触、澎湃的激情，写下了动人衷肠的感怀文字。

在一篇名为《长相思》的诗词中，他哀婉地写道：

（一）怀念屈鸿钧先生

一岁岁，一更更，
血汗滴滴润俑坑，
廿年无限情。
黑发白，皓齿冷，
枯骸褴褛一盏灯，
残照到天明。

（二）怀念王玉清先生

讷于言，敏于行，
秦俑奇葩血染成，
病倒二号坑。
卧陋室，孤零零，
矢志不离生死情，
神鬼亦动容。

对这两首词的含义，袁仲一做了这样的诠释："屈、王两人和我在一起

唐李寿墓石椁。李寿，字神通，是唐高祖李渊的从弟，死后葬于今陕西省三原县焦村。1973年3月对该墓进行了发掘。

墓由墓道、过洞、天井、小龛、甬道、墓室所组成，全长44.4米。石椁前方石龟背上刻有墓主墓志。（摄影：人在旅途）

屈鸿钧（右）与王玉清（左）在一号兵马俑坑发掘现场

工作都超过了20年，1972年我在三原挖唐太宗李世民的叔叔李寿的墓时，就和屈鸿钧先生在一起。屈先生原在宝鸡文化馆工作，1954年到北京大学考古训练班学习，结业后留在了省文管会，从此开始了专业考古的生涯。当他被派往三原挖李寿的墓葬时，已经是位很有经验的考古学家了。他不但能搞田野发掘，还能绘画、修复，堪称考古界的多面手。在三原挖的那个李寿墓很有特点，棺椁是石头做的，还带着门，可以打开、关闭。墓志的外表是只乌龟，打开龟盖，里面放着墓志。就在那座墓里，出土了时代最早的壁画，现在这壁画正在陕西历史博物馆展出。当时挖这个墓主要就是我和屈鸿钧先生，白天我俩在一个墓坑里，晚上睡在当地老乡家的一盘土坑上，真是同吃、同住、同劳动。直到1974年，秦始皇陵园发现了兵马俑，我们又转到了这个工地。刚来的时候住在一棵大树下，后来找到农民养羊的棚子和一间放棺材的房子住进去。没有桌子，也没有凳子，我们就在村头捡回了两块破席片，坐在席片上看书、吃饭，晚上在自己带来的破木箱上，点一盏小煤油灯看书、写东西。就是在这样的条件下，屈先生戴一顶破草帽，满身泥土，一年到头在田野里默默无闻地工作着，整个一号兵马俑坑，他从头到尾参加了发掘。而刚来到这里时，他的头发是黑的，后来慢慢变成了白的，牙齿也渐渐脱落了。再后来眼睛患了白内障，走路都很困难，人瘦得剩了一把骨头。退休后主要同病魔做斗争，直到1997年去世。这怀念的诗词就是从屈先生的人生经历中提取出来的，是他命运的写照。"

和屈鸿钧的人生经历有些相同的是，原籍陕西省兴平市的王玉清，是新中国成立前的大专毕业生，新中国成立后在延安革命纪念馆工作。为了收集文物，他骑着一辆破自行车，整天在农村跑来转去，竭尽全力去寻找线索，发现、收集散落于民间的珍贵文物。现馆藏的一级文物大多都是他在那时收集的。

1954年，王玉清到北京大学考古训练班学习，结业后留在了陕西省文管会。同屈鸿钧先生一样，他作为通晓业务的骨干力量开始了考古生涯。在秦陵兵马俑发现之前，他已主持、参加发掘了几百座墓葬，写出了不少有分量的学术文章。当秦陵兵马俑发现之后，王玉清正在礼泉县发掘唐朝著名开国将领程咬金之墓。作为不可或缺的一名优秀考古学家，他被上级领导紧急召回，赶往骊山脚下的兵马俑发掘工地，想不到在俑坑一蹲就是几十年。退休后本应回礼泉县老家颐养天年，但他总是舍不得离开兵马俑发掘工地，除节假日回到老家看一下老伴、孩子外，其他大部分时间都住在秦俑馆一间夏天酷热、冬天冰冷的平房里，和其他考古队员一道继续从事着兵马俑坑的发掘、清理工作。1994年夏天，已是74岁高龄的王玉清在二号兵马俑坑勘察探方时，突然跌倒在坑中，他挣扎着爬起来，又跌倒，再爬起来，再跌倒……其他人员见状，急忙赶过来将他抬出俑坑，并送医院抢救。他被诊断为脑出血，经抢救性治疗，总算度过了鬼门关，但身体已呈半瘫痪状态，再也无法自由走动了。出院后，王玉清重新回到了秦俑馆那间简陋的小平房休养。每到晚饭之后，他都坐在轮椅上，由从礼泉老家赶来照顾他的老伴推扶着，在兵马俑三个坑的外围转上一圈。再后来，又不幸身患老年痴呆症，时而清醒，时而糊涂，基本失去了正常思维能力。在这种情况下，他的家人将他送回礼泉县老家静养。但此时的他整个灵魂已融入自己所热爱和追求的事业之中，每当稍微清醒时，便吵闹着让家人将他送回秦俑馆，他要在那间小平房里住下去，每天看一眼兵马俑坑，只有这样才能得到心灵的慰藉和精神的寄托。这种对兵马俑坑的痴迷和依恋，在衷仲一看来正是他几十年来对事业的执着和精神追求的生动写照，相信鬼神有知，亦为之动容。只是这次他再也没能回到秦俑馆，2000年12月，王玉清病逝于礼泉县故乡，终年80岁。

谁知精血凝

记得1991年早春，我在秦俑馆采访的时候，对人们传颂的几位"元老"，和我真做过长谈的只有程学华一人。我和他最初相识是在秦俑馆一个僻静角落里一间低矮、灰暗、潮湿三者具备的平房里。这是他的宿舍。

相传纸的发明者蔡伦

面对这位过早地戴着老花镜，并没有多少风度而纯似一个农民打扮的干练精瘦的老头，我怎么也想不到这就是在50年代曾经使中国四大发明之一的造纸术的创造发明者蔡伦的地位发生撼动、80年代以铜车马的发现、发掘而使考古界为之刮目相看的大名鼎鼎的考古学家程学华先生。更令我难以置信的是，这位纯朴、憨厚的老头曾经是一位"现行反革命分子"。悲壮与传奇、泪水与欢歌构成了他六十载风雨征程的主体色调。

1957年5月17日，中国《工商经济报》发表了一则令世界为之震惊的消息：

第十五章　为了忘却的纪念

古代造纸流程示意图　　　　陕西省历史博物馆展出的灞桥纸

东汉蔡伦造纸的记载发生动摇
——灞桥砖瓦厂掘出的古墓中发现西汉时代的用纸，同时出土的还有石刻、铜镜、宝剑、陶器等

本报讯　陕西省博物馆，5月8日接到灞桥砖瓦厂发现两口铜宝剑的电话后，次日即派员前往现场调查。这两口铜宝剑的出土地点在该厂第二生产队工作区——八角琉璃井之南。这是一座西汉时期较大的墓葬，出土铜器有：铜镜3面、铜剑2柄、铜洗①2个和许多半两钱②。石刻有：卧形盘颈石虎4个、天然白石加紫花带足方盘1个、和前石质相同的石案1个。陶器大多破损。完整的有彩绘陶钫③3个、带彩陶俑3个、陶鼎1个、大小陶罐8个、残铁灯1件。更重要的是，铜镜下面垫有麻布和类似纤维制成的纸。我国是世界上使用纸张最早的国家，据史书记载，纸是东汉和帝时期（公元89—105年）中常侍蔡伦所造。这个墓葬发现的纸张，由它同坑的其他器物证明，是西汉遗物无疑。因而这几叠纸不仅推翻了蔡伦造纸的记载，并把纸的制造和使用推前了两百余年，从这叠纸的质地细薄匀称来看，制作技巧已相当成熟。以此推断纸的发明年代似应远在西汉以前。为此，这个墓葬内出土的麻布、石虎等也是珍贵的文物。该馆正积极设法整理，准备展出，供广大人民群众参观。

（田野）

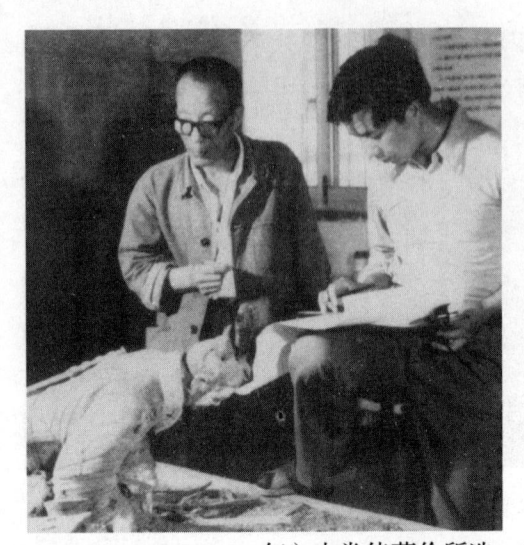

程学华（左）与同事在清理出土的铜车马驭手

《工商经济报》刊发不久，具有权威的《文物参考资料》又以"陕西省灞桥发现西汉的纸"为题，对发现与鉴定的经过做了更加详尽的长篇报道："……这次出土的纸，虽然是长宽不足10厘米的残片，但能看出它的颜色泛黄，质地细薄匀称，并含有丝质的纤维，其制作技术相当成熟。因此可以说明纸的发明应远在西汉以前，过去史书记载纸是东汉和帝（公元89—105年）中常侍蔡伦所造，显然和事实不符。"

灞桥纸的发现和鉴定者，正是30年前在陕西省博物馆工作的年仅24岁的程学华。

尽管这时的程学华已引起考古界的瞩目，但他并没有把精力全部放在考古研究上，考古对他来说只是一种暂时的职业，因为他原本是西安市戏曲研究室的创作员，只是为体验生活才来到省博物馆工作的，在他心中占有主要位置的仍是戏剧创作，那才是他从小就立志追求的生活方式，那是他眼中最辉煌的事业。

1958年，他写出了多幕话剧《受骗》，并由长安出版社出版了单行本。

《受骗》的发表，立即在文艺界引起轰动，陕西省和西安市几家艺术团体，争相筹排这部大型话剧。程学华在考古界出尽了风头之后，想不到又在文艺界崭露头角。生活向他绽开了笑脸，鲜花的芳香迎面扑来。这一切，对于一个25岁的热血青年来说无疑是达到了登峰造极的辉煌境地。

然而，就在这辉煌境地的前方，却横亘着足以置人于死地的悬崖。但程学华没有看见，他也不可能看见，因为此时的共和国已步入多雾的秋天，飘雪的冬季即将来临。

第十五章　为了忘却的纪念

1959年，程学华的好运终于休止，灾难向他走来了。他的《受骗》先是被审查，接下来他成了"现行反革命分子"，在博物馆接受群众的监督劳教。从此，属于他的只有"老老实实，不许乱说乱动，争取重新做人"的生活方式，他彻底跌入了人生的低谷。

30年后，当我重新翻阅差点置程学华于死地的《受骗》剧本时，也大有受骗的感觉，剧中的故事其实非常简单，说的是一个三辈扛大活的老贫农，在入合作社问题上受到一个顽固富农的欺骗。这个富农向他说合作社如何如何坏，结果这个老贫农迟迟不肯入社。最后经过大队支部书记的一番政治思想工作，老贫农幡然醒悟，揭露了顽固富农的卑鄙丑行，毅然决然地加入了社会主义的合作社，走向了康庄大道……这个直到今天看来都很革命的剧本，之所以在当时被看作"反革命"的毒草，是因为文艺界的领导人把剧中顽固富农攻击合作社的话，当作它的创作者程学华的话来论罪。正可谓，欲加之罪，何患无辞。这一历史冤案直到1973年春才得以平反昭雪。

1974年，程学华随秦俑坑考古队来到兵马俑坑现场进行发掘，这时他的好运依然没有到来，尽管"现行反革命分子"的帽子已经在形式上摘除，但实际上仍处于部分领导人的监控之中。1978年，随着新一轮的政治动荡，原本就不懂政治的他又被划为革命群众的对立面进行监控。与此同时，他那段"现行反革命分子"的老账又摆到了桌面上，他的生活又回到了凄苦的政治风雨中，他又成了人民的敌人。

于是，该提升的工资级别没有提，该属于他的政治和生活待遇几乎全部取消。孤立无援的他只有低下高高昂着的头颅，握紧钻杆，默默无语地在秦始皇陵园和两千多年前的地下祖先交流着内心的积郁与奔涌的情感。

铜车马的发现与发掘震撼了世界，无数的人们幸运地目睹了两千多年前秦帝国鸾驾的风采雄姿与卓越的冶金制造工艺。但很少有人看到几年前在铜车马坑边搭起的那个在风雪中荡动的草棚和漫漫长夜里草棚中两个蜷曲依偎着的身影，更没有人去探知这两个身影的内心深处翻动着的是一种怎样凄苦、悲壮的情感波澜。日本访华团团长井上裕雄在1984年8月来到秦俑馆后，把兵马俑和铜车马喻作"一棵古树上盛开的两朵鲜花"。他和他的同伴所欣赏和羡慕的只是这两朵花现时的明艳，却不知"当初的芽，浸透了奋斗的泪泉"。

在秦俑博物馆那间僻静昏暗的屋子里，望着程学华那佝偻着驼背的消瘦的身影，我的心里翻起一阵酸楚。我不明白为什么他历尽磨难艰辛而对事业却如此地执着和痴情，对生活充满了自信与乐观。当我静心地倾听了他的肺腑之言后，我才豁然开朗。

"俺对秦陵的感情与考古事业的追求，不是在兵马俑发现之后才形成的，早在我踏进考古界大门的时候就开始了。

"临潼是我的家乡，这块黄土生我、养我，使我长大成人。开始我想以文学的形式表达我对这块土地和这片山水的爱恋，但当《受骗》事件之后，我知道我将告别文坛而终生和考古事业做伴了。因为我成了现行反革命，西安戏剧研究室不能再收留我，我也失去了发表言论的权利，只有在省博物馆默默无声地做点细小的工作。1961年，秦始皇陵被国务院公布为全国重点文物保护单位，我的心中就有一种想法，如果能把秦始皇陵的事情搞清楚，家乡的主要历史情景也就基本揭示出来了。1962年2月，陕西省文管会对临潼县秦始皇陵进行调查，当时我就提出来能否让我也参加，结果没有得到批准，其原因是和我当时的政治处境有关。后来在给秦始皇陵立碑时，我来了，大概领导看我比较朴实、憨厚，不像他们想象中的反革命分子那样凶残可怕，就让我参加一些田野考古方面的劳动。若仔细把秦始皇陵前的碑文和保护标志的志文对比，就会发现，国务院镌刻的志文是：'秦始皇陵'等字样，而碑文则刻了'秦始皇帝陵'等字样，这有'帝'字和无'帝'字，其实是不尽相同的，只有细心琢磨才能体会出个中的味道。

"当时秦始皇陵光秃秃的，封土上连棵像样的草也没有，一遇到雨季，封土流失严重，我们感到心痛，就向省文化局汇报要绿化陵园，文化局调拨了5000元钱给当时主管陵园的渭南地区，从此秦始皇陵园内就有了稀稀拉拉的洋槐树。但这些树刚刚发芽长叶，就被人折断做了架芸豆、黄瓜之类的篱笆。在这种情况下，我们又向省文化局要了5000元钱给渭南地区，让他们分给陵园附近村社的社员买石榴苗子在秦始皇陵园内种植，谁种谁收。这样，陵园内大部分地方都植上了石榴树。临潼的石榴是全国有名的鲜果，常以皮薄、颗粒大、汁液多、味道纯正著称，当地农民对栽植这种果树很感兴趣。

"由于政治上的厄运，我将近30岁才结婚成家。当我的女儿长到要上学的时候，秦始皇陵园的石榴树开花结果了。每到夏季，整个陵园的石榴花一片火红，鲜艳夺目，光彩照人。为了寄托我对这片土地的爱恋和纪念那段

第十五章 为了忘却的纪念

植树的历史,我给女儿起了程蕊红的学名,意思是陵园的石榴树已经坐蕊开花,就要结出丰硕的果实了。1973年我又有了一个儿子,便给他起了个程林红的名字,因为这时我看到陵园里的石榴树已经长大成林了。

"兵马俑发现之后,我参加了一段时间的发掘,随后主要从事秦始皇陵园的考古钻探,现已钻孔5万多个,发现了陵园内外近500个陪葬坑,估计整个陵园内外,包括已发现的兵马俑坑军阵,共有陶俑10000余件,而秦陵地宫的秘密也在钻探中逐渐揭开。同时,临潼县境内的战国、秦6个帝王陵墓的内在情况也基本在钻探中搞清楚。前些日子有个记者在报上发表文章,说我钻探的地下孔道的深度加起来可以穿透地球,这种说法是不科学的,但要把这些年钻孔的深度加起来,其数字确也是惊人的。自从1974年我来到这里后,一直都是发掘和钻探,共请过两次事假。第一次是1980年春节母亲去世了,我回家奔丧,正月初三回家,初六返回工地。第二次是1982年我的爱人去世了,我又回家住了几天……"

程学华没有再说下去,我也没有继续追问。当我收起采访本走出那间低矮的小屋时,又忍不住回头望了一眼那瘦削的身影。就在这蓦然回首的一刹那,我看到他那紫深色老花眼镜的背后滑下两道潮润晶莹的光。这是他最后向我发出的无声的肺腑之音:"为什么我的眼里常含泪水,那是因为我对这片土地爱得深沉。"

2001年,新千年的元月,当我再次来到和秦俑馆一墙之隔的秦陵工作站时,程学华早已乘鹤西去。那是1999年5月7日,我正在一个偏僻的地方采访,接到了程学华的家人从西安传到我呼机上的信息,知道先生于当日撒手而去,费了好大的劲儿找了个长途电话打到西安,对他的家人给予了慰问。令我至今尚感遗憾的是,原想发一封唁电寄托我的哀思,但由于我当时所处地理位置的偏僻,这个小小的愿望竟没有得到实现。

当我此次来到西安程学华生前的家时,已是人去楼空,见到的只是墙上悬挂着的一张遗像,听说他生前曾留下遗嘱,希望自己百年之后能将骨灰撒到为之奋斗了大半生的秦始皇陵园,让日日作响的铲声和自己的灵魂相伴。但由于种种复杂的原因,这个小小的愿望尚未付诸行动。望着程学华的遗容,不禁让我想起当年在秦俑馆的那次倾心交谈,想起了他那佝偻着驼背的身影,也让我忆起了袁仲一在《长相思——怀念程学华先生》中所写下的动人诗篇：

　　一把铲，一条绳，
　　探幽寻觅骊山陵，
　　朝朝暮暮情。

　　腰如弓，铲声声，
　　奇珍异宝一宗宗，
　　谁知精血凝。

1996年春，李鼎弦（左一）、王志龙（左二）、张仲立（右一）等考古学家在秦俑博物馆与作者合影留念。惜李鼎弦先生已英年早逝矣

青山依旧在

显然，袁仲一、杭德洲、屈鸿钧、王玉清、程学华等人，只是最早进入秦俑坑发掘工地的群体中的几位代表，他们并不是几经反复和更改的秦俑坑考古队的全部，当然也无法代表秦俑博物馆的主体，他们就是他们，他们有自己的事业、追求和命运。

不过，我还是用以上些许文字把他们的人生沉浮粗略地做了线条式的勾勒和描述——尽管这个描述仅是大树之一叶，但一叶知秋，或许透过这一片树叶便知世间政治之风向、人情之冷暖、生活之艰辛。尽管他们的人生结局

各有不同，但有一点却是相同的，那就是，他们整个人生的链条与一个时代紧紧相连，他们的命运就是时代的命运，任何人都无法超越时代，就像一个人无法抓住自己的头发把自己提起来在空中旋转、飞翔一样。秦兵马俑的发掘者如此，兵马俑博物馆的建设者也是如此。

摆在我面前的是一沓厚厚的纸张，散发出淡淡的霉味。在这些回忆文章和日记中，我有机会再度窥视到已逝去的那段时光中整个秦俑博物馆工程的建设者那潜藏于身心之中的思想脉络和生命轨迹——

从筹建博物馆的人来说，只有从外县调回下放的3个干部，加上自愿回本地工作的2人，其余19人都是从省文化局所属单位借调的。博物馆地处农村，距西安市35公里，到临潼县办事还要步行7公里，生活条件十分艰苦。我一想到革命的前辈，在开创根据地时披荆斩棘，在没有路的地方走出路来，心里就忐忑不安，惭愧不已。今天有党和人民的支持，只要自己努力工作，一定会完成任务。要下定决心，不怕牺牲，排除万难，去争取胜利，建好秦俑馆。一股暖流涌向心头，人说千条万条抓根本，千军万马抓班子，根本是党的路线方针政策和毛泽东思想，随即提出了一个动员，口号：建好秦俑馆，为国争光，为中国人民争光……不知不觉地和衣而睡了。

——摘自秦俑馆第一任馆长杨正卿的回忆录

然而，事情并不是一帆风顺的。当时除了"四人帮"的疯狂捣乱和破坏外，唐山、松潘又遭严重地震，接着国家几位主要领导人周总理、朱德委员长、毛主席又相继去世。全党、全国各族人民心情相当不安，处于一片悲痛、哀伤之中。尤其是"四人帮"为了反对周总理和迫害邓副主席，捣乱破坏的步伐节节升级，从刮起"反击右倾翻案风"[④]的狂潮起，到阴险地制造了骇人听闻的天安门流血事件，残酷地镇压了革命人民，妄图窃取党和国家的最高领导权。祖国的上空确实密布了阴云。但是，战斗在秦俑工地的干部职工，背负着这沉重的压力，大家默默地扎实地干着自己的事业，压力成了动力。大家在参加了毛主席追悼大会的第二天，就化悲痛为力量，动土开挖了秦俑一号坑大厅36个基础坑的第一个。筹建处党支部、施工现场指挥部领导，为了鼓舞士气，提出了建好秦俑馆为国争光，为毛主席争气的战斗口号。所以我们一不怕地震的威胁，二不怕"四人帮"批"唯生产力论"⑤。领导群众，大家都是吃在工地，住在防震棚，白天热火朝天地干活，晚上棚内讨论工程和国家大事。基础土方工程进展很快。

——摘自秦俑馆原陈列部主任王志龙手记

面对这显然镌刻着时代烙印并具有浓烈政治色彩的日记与手稿，我不怀疑撰写者当初的真诚，相信他们度过了一段艰难的人生历程，并在这段历程中始终洋溢着也许他们本身并不清楚的革命激情。这是那个特定历史时期中华民族整体精神与生活风貌的概括与写照。

同样，面对今天的他们，以及他们整个群体的精神变化与对人生新的认识和反省，我依然感到真实可信。

光阴荏苒，人生苦短。站在新世纪的霞光朝露中蓦然回首，秦俑考古队和秦俑博物馆的第一代人，几乎都不在岗位了。记得我第一次来秦俑馆时，宣教部主任马青云女士跟我谈起她接待美国前总统尼克松和里根夫妇的故事，谈笑风生间，她显得那么年轻而富有生气，那么潇洒活泼，那么让人激动和兴奋。当我第二次来的时候，她已经退居二线，尽管

刘占成（中）在兵马俑坑发掘现场记录（张天柱摄影并提供）

第十五章 为了忘却的纪念

她的谈话依然幽默风趣，她对我的帮助依然热情坦诚，但我还是感到她跟几年前相比有了不少的差异，望着她两鬓斑白和走向衰老的面容，我的心中翻起了一股莫名的无法言状的悲伤。也难怪，她的女儿，当年活蹦乱跳的小女孩，也已做母亲了。而我在这之前的叙述中，提到的诸如王志龙、杨异同等，也已有了孙辈了。每个人在时间老人面前都是永远的输家。

令人欣慰的是，继我1991年来秦俑博物馆的那个早春之后，这里的工作人员又走过了10年不同寻常的历程，同时也实现了多次推进后的一次大的综合性开拓。

秦俑二号坑的发掘，已经全面拉开了帷幕。当年卷入将军俑头案的刘占成，尽管上诉无果，但已从人生的低谷中走了出来，并在秦陵考古队副队长的岗位上意气风发地投入了工作。考古队的工作人员，无论是从事紧张的清理工作还是协助工作，都不会忘记对周围环境的搜索，希冀会出现"乐府钟"这样的宝物或其他考古线索。因而在秦俑馆继70年代之后的二期扩建工程各施工工地开挖地基的地方，随时会看到考古队员的身影，他们不仅对俑坑周围的地层情况做了全面了解，并且在离俑坑较远的一个枯井旁，发现了一座早期居住遗址，其时代约在春秋或者更早的时期，遗址中的火塘遗存和一些时代明显偏早的陶片，无疑是一个极其重要的考古信息，它将以另一种完全不同于秦兵马俑的景观展示于世。

更令人欣慰的是，继第一代秦俑考古工作者之后，第二代已经迅速崛起，这支队伍的主将就是70年代和80年代初，毕业于西北大学历史系考古专业的张仲立、张占民、刘占成，甚至是更年轻的段清波等知识分子群体，而新的考古队员也大多是来自西北大学考古专业的学生。这支新崛起的"学院派"或"西大派"队伍，同第一代相比，具有明显的优越性和开拓性。作为新生代的他们，除了具有年轻强壮的身体条件外，还具有第一代无可比拟的考古专业知识和新的考古学思维方法。他们不但能参加实际发掘，更重要的和更难得的是，他们有先进的知识积累和文化素养，能将发掘出来的实物的时代背景和文化内涵通过先进的思想和技术研究辨别出来，从而形成新的秦俑考古景观。可以预见的是，在以后的10年或者更长的一段时间中，主宰秦俑考古发掘和领秦俑甚至秦陵研究风骚的必然是这支新近崛起的队伍。

又说到考古，我很同意秦陵考古队主将张仲立、刘占成两先生的看法。

王学理（左）在任汉阳陵考古队长期间，向前来参观的法国总统希拉克介绍新出土的汉代陶俑

现代考古与那些挖宝者的区别就在于，它本身首先是一门科学研究，其目的在于科学地揭示古代历史的文化和准确恢复历史文化景观，它借助现代科学手段来发掘古代遗存，破译古代信息，进而从中抽译出历史演进的规律和能够对现代人类产生鼓舞和激励的优秀的古代精神。

在此前的某些篇章中，我对秦兵马俑的考古发掘做出了一些不敬甚至是批评的叙述，这里需要补充的是，秦兵马俑坑和秦陵考古工作者的敬业精神以及对秦文化或者相关文化的研究所付出的努力和热情，以及取得的成果，是我所了解的中国不同的考古队中最为出色的，也是最为优秀的。也许是关中优厚的文化积淀和文化遗风，滋养了他们秉承文化遗产和破解文化遗存的性格，只要走进秦俑馆和秦始皇陵考古队就不难发现，这里的工作人员几乎都有各自的研究成果刊之于世，诧异之余，让人多了几分敬佩。明珠上尽管洒落着尘埃，但尘埃毕竟遮不住明珠的光亮，这便是我对秦兵马俑坑和秦始皇陵园考古发掘工作近30年来所做出的整体评价。

走笔至此，不禁使我想起了在秦将军俑头案中倒了霉的原秦陵考古队常务副队长王学理。按他的说法，自己参加秦俑的建馆、发掘、研究先后共历18个春秋，没有功劳也有苦劳，没有苦劳也有疲劳。其实依我的观点来看，他则是功劳、苦劳、疲劳三者兼得者。何以言之，只要回顾一下我在此前叙述的他的工作经历和命运沉浮即可领悟。现在需要补充的是，王学理由于将军俑头案而被撤职查办后，不久就离开了秦俑坑发掘工地，回到了位于西安市省考古研究所的家中。在闲居的日子里，他于苦闷中一面写申诉材料，为自己

第十五章 为了忘却的纪念

喊冤叫屈，一面以一个知识分子的社会责任与文化良知，默默地做着关于秦俑和秦文化的研究工作。在这段时间里，他凭着多年的发掘积累和深厚的学术功底，硬是写出了《秦始皇陵研究》、《秦俑专题研究》和主编了《秦物质文化史》三部像砖头一样厚的著作。这三部作品同时出版后，得到了学界的一致好评，其锋利的笔触、广博的知识、丰富的资料、独特而又切中历史真实要害的剖析，以及流畅的文字叙述，都显示出这三部著作所具有的大家气度。而其中的《秦物质文化史》和《秦俑专题研究》，分别获得了"夏鼐考古学研究成果"著作鼓励奖和陕西省哲学社会科学研究成果一等奖。这样的情形很容易使人想起太史公的千古绝唱："昔西伯拘羑里，演《周易》；孔子厄陈、蔡，作春秋；屈原放逐，著《离骚》；左丘失明，厥有《国语》；孙子膑脚，而论兵法；不韦迁蜀，世传《吕览》；韩非囚秦，《说难》《孤愤》；《诗》三百篇，大抵贤圣发愤之所为作也。"斯言甚是。

汉阳陵出土的车马与随行俑群（王学理提供）

几年后，王学理的上诉在没有结果中有了结果，这便是上级业务部门让他再度出山，先后主持汉鼎湖宫和汉阳陵⑥从葬坑的调查、发掘工作。梅开二度，王学理深知机会难得，不可错过，便将苦闷与彷徨以及个人得失置于事业之外，全身心地投入到工作之中。随着新局面的不断开拓，王学理信心倍增，干劲冲天，自1991年5月以来他领导的汉阳陵陵园考古成果，被列为全国十大考古发现之一和陕西省

"十大新闻"之一。除国内媒体外，美国《国家地理》、《时代周刊》杂志和法国《费加罗杂志》分别做了长篇报道，一时间，汉阳陵考古盛况空前，举世震动。遗憾的是，这样的好景并未长久，当我第二次赴西安采访时，他已被刚上任只有26天的陕西省考古所所长韩伟突然宣布退休，并令其立即移交文物、离开发掘工地。此时的王学理先是于惊愕中听凭事态的发展，等回过神来之后又颇不服气，于是又引爆了一连串被告与反被告、擒拿与反擒拿的台前幕后的大角逐，王学理再度卷入了是非恩怨的旋涡之中，并演出了一场轰轰烈烈（王学理说是摘桃子与保桃子之战）的关乎政治命运和人格尊严的悲壮话剧。

同前一次基本相同的是，他一边应付着官司，一边根据自己几十年研究秦俑军阵战略战术之经验，和自己的对手进行着持久性的游击战、防御战、包围战、战略退却、战略进攻等生死抉择的战斗，同时还做着汉阳陵的专题研究，也许不远的将来，这新的研究成果又会公布于世。

王学理在将军俑头案和他被宣布退休回家等问题上的是是非非，我无力去做评判，也不想去做一个纸糊的法官，从更高的生命意义和境界上来看，或许这些恩恩怨怨对他对我并不重要，引起我心灵震撼的倒是英雄于末路之时，尚对文化如此钟情厚爱，确不失为一名真正的学者。或许正如他在自己的诗作《自况》中所云：

尧山负笈关梁度，龙门耕牧伴青灯。
蒙冤景慕文公正，逢劫傲岸郡坞空。
秦陵陶俑铜车马，汉园塑绘石罗经。
物质文化咸阳史，神韵卓然建安风。

关于自身的忧思

100年前，留美归来的广东人容闳想招收一批幼童赴美留学。但他费尽心机，苦等数日还是未能实现自己的愿望，最后不得不改道香港招收了数名

第十五章 为了忘却的纪念

学生，才算补足了这小小的数字。

100年后的今天，无论是北京还是上海，凡有西方驻中国领事馆的门前，总是云集着一群群焦虑不安而又不得不耐着性子等待的中国人，尽管他们的身份、背景、地位、追求各不相同，但总的目的却是一致的，这就是要设法取得一张去西方国家的签证。

就在英国的瓦特发明了蒸汽机并给人类带来第一次技术革命的一个世纪之后，西方的洋人们在中国的土地上铺设了华夏第一条铁路。其结果却被当时的中国政府和炎黄子孙以极大的恐惧与愤怒之情将铁路拆毁。直到历史的年轮滚动到20世纪80年代并压得中国子民几乎无喘息之力时，才有人站起来大声惊呼："中国发展的要害部位在于交通。"由于长期的封闭与保守，直到20世纪70年代我们还仍在自我感觉良好地声称：中国地大物博、资源丰富、人口众多……而一旦当国门打开，我们的目光注视着整个世界格局和发展图景时，才蓦然醒悟我们面临的是什么样的危机：人口、资源、粮食、环境无不困扰着生存在这块黄土地上的炎黄子孙。

于是，我们的生活观念开始转变，我们的价值取向开始转移，我们的目光和奋斗目标在投向中华民族乃至整个世界人类的同时，也在热切地投向自身，我们在关心整个民族发展的同时，也在感悟注重作为个体的人的本身价值。

当我们蓦然回首，竟发现昨天与今天有那么多的不同之处，昨天虽然没有古老，但却毕竟成为过去，过去的时光不会再来。

在秦俑博物馆副馆长吴永琪的办公室里，这位当年随着上山下乡的热潮来到延安地区插队，后调到秦俑馆工作的北京知青，向我介绍了大量工作人员的艰苦生活与奉献精神后，又特地叮嘱："在你的文章里不仅要有秦俑人的乐观和自豪，还要有他们的忧思和对前景的真实心理感受，这样才能较准确地反映出秦俑人的内心世界和现实生活。"我在点头称是的同时，心中暗想，秦俑人经过了十几年生活磨炼和情感积淀后，终于摆脱了特定时代所赋予的盲目乐观与自豪，而实实在在地开始注重自身的生活与事业、甘苦与忧虑了。

那么，我们现在该观照些什么？

秦俑人的忧虑是多方面的，但生活的困境则是构成忧虑的重要因素。尽管秦始皇陵园和秦俑博物馆已经被越来越多的人所知晓，尽管这块在地图上

483

无法找到的弹丸之地已被联合国教科文组织列入世界文化遗产清单,尽管早在10年前就正式对外开放,但秦俑博物馆仍然未能摆脱这独特的地理环境对它的限制和束缚,它依旧并注定要永远坐落在这偏僻闭塞的山野荒滩之中。

当年来这里工作的人们,也许并未意识到他们的青春和生命会这样长久地和山野荒滩做伴,更未令他们预料到的是,当自己的青春及生命将要被岁月无情地耗掉时,仍将和这大山与荒滩相伴的竟是自己的儿女们。现实已经证明和仍在继续证明着这个事实,最早来这里工作的马青云、王志龙、张文立、杨异同等人的儿女,已经在这里沿着父辈的足迹踏上了自己生活的途程,他们将别无选择地要同自己的父辈一样,把青春与赤诚全部注入这块黄土,他们注定要经受生活赋予自己的缺憾与磨砺。

我在秦俑馆采访的日子,感觉最深的是环境的苍凉与寂寞,文化生活的贫乏与物质生活的不便。只有当游客到来的时候才显得热闹,有了生机,当游客一旦全部离去,又分外让人感到孤寂与空荡,甚至伴有淡淡的伤感。尽管这里的泉水拥有让一个幼童洁白的牙齿渐渐变为黄色并足以使少男少女因牙齿的缺憾而哀叹不尽的奇效,但秦俑馆的日用水源却仍不能满足工作人员的需求。我在秦俑馆的日子,就时常饱受找不到一点水洗去脸上污垢的痛苦。

当我针对水源问题询问副馆长吴永琪时,他的回答令我遗憾又无可奈何,"这里每打一眼井都要经过上级批示,我们好不容易得到批示并费了九牛二虎之力打出了水,但这里水位却极深且出水量极少,积攒一天一夜的水几乎难以满足洗菜做饭的需求,所以秦俑馆至今未能建一个澡堂,职工们洗澡只好跑到3里外的缝纫机厂去沾人家的光。其实不仅是水源短缺的问题,这里的职工买一把菜、看一场电影都要跑到十几里外的临潼县城。而生活上的困难倒还可以容忍和逐步解决,目前最困难和令人头痛的是子女教育问题。秦俑馆这么多干部职工子女,很少有人考上大学,考不上大学,就要在这里干下去。如此教育不足的恶性循环,对国家和对个人都没有利益。我们这一代人倒是没有什么额外的需求和欲望了,但眼睁睁地看着下一代孩子高考落榜后那痛苦的表情,心中总是感到自己有不可推卸的责任和难以言状的内疚……"

环境、水源、文化、教育、交通……困扰着秦俑人,使他们越来越感到创业的艰难与跋涉的痛苦。但面对眼前的现实，又似乎没有什么招数可以摆脱这种困encounter。这帮已有妻小、人到中年或近老年的秦俑人，只好在无情的现实面前低下头颅，默默地做着自己该做的事。

他们认了，他们豁出去了，他们有了和兵马俑博物馆共存亡的悲壮精神与刚烈意志。

但这种精神和意志并不是所有秦俑人都具有的。在采访的日子里，我有意识地接触了几位刚踏进秦俑馆的工作不久的年轻大学生。让我感到惊讶和新鲜的是，他们具有的却是另一种悲壮的精神和刚烈的意志。他们不再安于现状，他们要和命运做顽强的抗争，他们的目标是走出秦俑馆，寻找更广阔的天地。

那是一个既停水又停电的夜晚，我闷在黑洞洞的屋子里，因为不能整理采访笔记而感到烦躁不安，便索性来到已燃起蜡烛的另一个房间，和两位刚分进秦俑馆不足半年的大学生进行了交谈。

"你看这日子还怎么让人活下去！"跳动的烛光映照着一张算不上漂亮但朴实、可爱的少女的脸。她在无意识地向我和她的伙伴发着牢骚。

对她的具体情况我了解得不多，但早就相识。记得我刚住进秦俑馆的头几天，多亏了她和她那位同伴的帮助，才喝上了几杯热水。她的朴实与真诚恐怕要令我终生难忘。

我知道她和她的同伴在大学都不是攻读考古专业，却不知道像这种完全可以留在大城市某个企业或机关更能发挥专业特长的大学生，为何要分到这偏僻的秦俑馆来。

我知道她对自己的分配和现状并不满意，便即兴问道："当初分配时为什么不找找关系留在西安？""我是个女孩子，老爹又没本事，向哪里去找关系？"她说完，拿起身边的毛线织起了毛衣。

"一个名牌大学的学生，一下班就织毛衣，未免有点像家庭主妇了吧？"我为她的这种生活方式感到惋惜，因为在和她们相识的日子里，我看到她大部分业余时间都在无休止地织着一件或几件毛衣。

"不织毛衣，你又让我干些什么？"她抬起头望着我，稍黑而又红润的脸上露出了一种无可奈何的神情。

我无言以对。

"你是否终身会在这里工作？"沉默了一阵后，我问。

"那不可能。"她没有抬头，和我说话的同时，仍在忙碌着查找那散乱的线头。

"那你今后怎么打算？"我问。

"当然是回西安市，我的家人都在那里。"她的言语透视着坚定不移的心理。

"你能调回去吗？"我问。

"走着看吧，一年不成两年，两年不成三年，我想上天总有发慈悲的时候。"

她放下毛衣，两只乌黑的眸子静静地望着我，表情充满了激奋与自信。

我无语，似理解又不理解地点了点头，当我要跨出门口起身告辞时，我心里涌起了一阵莫名的惆怅。

这次闲聊之后的第二天晚上，我特意邀请了一位在大学攻读考古专业同样是刚分到秦俑馆不久的大学生，我觉得应该更广泛地了解他们这代人的生活观念和心理走向。

这位大学生深刻而富有诗意的讲述，竟使我大吃一惊。

"人生的路有时竟由不得你个人选择。我不知道自己当初为什么糊里糊涂地学了考古专业，毕业后又是不容你个人选择地分到了秦俑馆。作为考古专业的大学生分到这里，按说是幸运的，如果立志于这项工作和考古研究，或许在这里可以取得事业上的成就会比在别处还强。但当我到来时，心中就蒙上了一层忧虑和阴影，难道我的一生就永远在这块天地里生活下去吗？我认为一个人对前景不应该看得太清、太透，如果看得太清、太透就变得毫无意思甚至比较可怕了。我现在才20多岁，如果不做别的选择，注定要在这里熬到两鬓斑白直至退休。这种生活和前景太令人不可想象了。何况秦俑这块骨头已有无数人在啃吃，只要秦陵不揭开，要再想以啃秦俑这块骨头成名成家是极其困难的。即使秦陵揭开也不见得就能成就自己的事业，中国人的窝里斗是世界知名的，尤其是同行，大多都成为相互残杀、相互排挤、相互打击、相互诽谤的冤家对头。这种现象其实在秦俑这十几年的发掘中就已明显暴露出来了，如果不是相互排挤和残杀，许多事情不至于搞成两败俱伤的结

第十五章　为了忘却的纪念

局。对这些现象我是极为讨厌的，我将尽量避免和别人发生冲突。其实想透了，这些做法也是极为无聊和没有意思的，即使争得了秦俑研究第一把交椅的地位又怎样？秦俑再伟大再辉煌也毕竟是世界考古史上的一个小小部分。

"要想成为真正的考古大家，取得考古界的重要地位，仅研究一个秦俑是不够的。必须把目光放开、放远，面向整个古代人类文明遗迹，去做更广泛的探索、发掘和研究，同时作为考古学家个人要有渊博的学识和独特的机敏与聪慧。中国考古学巨匠夏鼐就是极好的例子。他不但参加了中国文化遗迹的发掘，而且在长达5年的英国留学生涯中，参加了许多国家的考古发掘工作，正因为有这段不同寻常的国外经历，才产生造就了伟大的夏鼐。正如日本考古学家通口隆康先生所言：'夏鼐之所以能保持了中国考古学界顶峰的地位，是由于他高尚的人品以及专心一致力求学问的精进。他不仅对于国内考古学，而且对于国际上考古学方面的知识之渊博，涉猎范围之广泛，作为一个考古学者来讲，是无人与之匹敌的。'"所以我想放弃秦俑这块骨头到国外去，并且放弃考古学改为专攻人类学。我认为人类学是一门更具有发展前途的学科，有着极为广阔的领域，它既和考古学相连，又是一门独立的学科。假如有一天我的出国梦能够实现，我想是会做出比秦俑馆更大的成绩来的。

"当然，这只是我的一个可能永远无法实现的辉煌梦想，因此我目前的心理极为复杂，工作热情也自然不是很高。我所喜爱的不是兵马俑，也不是铜车马，而是馆外的田野和田野中生长着的早木。每当麦苗返青，杏花开放的季节，我几乎每天早晨和黄昏都要到野外散步，用手轻轻拨弄麦苗上的晶莹、荡动的露珠，用唇亲吻杏树林中迷人的鲜花。我感受到的是青春的气息和大自然生生不灭的力量。那麦苗的兴旺，那鲜花的芳香以及远处的山野丛林和天空中飞翔的小鸟，无不引起我身心的骚动和情感的奔涌。我越来越感到，美丽的大自然在不断地昭示我走出秦俑馆来，驰骋于更加广阔和多彩的世界中……所以我要尽一切努力，摆脱目前的困扰，踏入一个前景并不明朗但却注定更有人生意味的理想之国。"

这位年轻的大学生在向我倾吐了这近似狂妄的心音后，又反复叮咛："你不要和别人说我的想法，最好也不要写入文章，即使写也绝不能暴露我的姓名，甚至连我是男是女也不要点明，以免引起不良的后果。因为现在我毕竟还在这里工作，这苦衷你能理解。"我点点头，真诚地说："我不但能理解，而且祝愿你早日实现那个辉煌的梦想，成为世界著名的人类学家。当然，如果你获得了诺贝尔奖奖金最好别忘记我。"

我们笑着相互分手作别。

在那间暂住的屋子里，我在默默地分析着秦俑人的忧思：政治上的磨难、发掘中的阻力、技术保护方面的无能为力、环境的闭塞、交通的不便、生活的窘境、水源的缺乏、人与人之间的相互争斗与摩擦，以及文物的安全保卫问题、孩子的教育问题、年长的与年少的在思想观念与生活方式上的不同认识问题……这一切如同股股小溪汇成的江河，强烈冲击着时代和现实生活，许多古老、陈腐的观念受到了从未有过的挑战，人们越来越清醒地摆脱了盲目的乐观与政治的需要，重新注视社会与家庭、人生与事业的关系以及其中的得失，随之而来的便是关于人生本身命题的新的感悟与思索，以及在感悟与探索中形成的不同价值观念与心理走向……这是一种时代必然的产物，这是一种摆脱愚昧走向新生的忧患与反思，这是人类在生命和现实中的更高层次的拥抱。

毋庸置疑的是，秦俑的发掘与秦俑馆的建设已经走到了不得不驻足重新选择方向与行走方式的十字路口。否则，它将越来越感到举步维艰，力不从心，直至陷于难以自拔的泥沼。这绝不是危言耸听的故弄玄虚。因为事实已经在向瞩目它的人类做出回答。

注释：

①洗：古代的日常盥洗用具，犹今之脸盆。最早出现在战国晚期，汉代最为流行。

②半两钱：古铜币名。圆形，方孔，无周郭，正面自右到左铸阳文"半两"二字，字体小篆，背面平素。"两"为当时的重量单位，一两合24铢，半两即12铢。半两钱在战国时的秦

国已开始使用，秦始皇并吞六国后，以黄金为上币，铜钱为下币，将半两钱推行全国，号称"重如其文"，实则轻重不一。西汉前期仍行半两钱，但因经济凋敝，钱质日趋轻薄，只沿袭其名而已。直到武帝元狩五年（公元前118年）令郡国铸造五铢钱，并于元鼎四年（公元前113年）将郡国的铸币权收归中央，半两钱才退出历史舞台。

③钫：古代盛酒的生活用具，形似方壶，长颈、大腹、有盖，盛行于战国末至西汉初。

④"右倾"指不敢革命、放弃斗争、妥协投降的政治观念。"文革"期间，时任国务院副总理兼中央军委副主席的邓小平，要替一批被打倒的原中共领导人翻案，这个翻案计划被"四人帮"指责为"右倾机会主义"，大加挞伐，喊出"反击右倾翻案风"的口号。

⑤"文革"期间，邓小平等人提出中国应以提高生产力为主的理论，即所谓"唯生产力论"。而江青等四人帮则主张继续以"文化革命"为主。双方发生冲突，邓小平被打倒下台。

⑥汉阳陵："阳陵"是西汉景帝的陵墓，位于陕西咸阳市正阳乡张家湾村北的黄土塬上。1990年3月，在修筑西安国际机场专用道路工程前的考古钻探中，意外发现该处有从葬陶俑群。1991年3月起开始发掘陵南从葬坑，共有24座俑坑，已出土了彩绘木车、木马、木俑及陶俑等千余件，清理工作仍在进行中。陶俑群包括男武士俑与女骑士俑，俑的身、首以红陶模制而成，肩下安装可活动的木臂，外着甲衣。但因日久腐朽，有的俑已呈裸缺体缺臂状，有的俑则可由未经扰动的印痕，看出原先的姿势和服饰。阳陵汉俑的形态多样，面目和悦，整个俑群呈现出宏阔雄壮的气势，是中国迄今发现汉代陶俑雕塑水准最高、规模最大的一处。据考古学家推算，其埋藏之陶俑总数可能达4万件，相当于秦始皇兵马俑的5倍以上。

孤愤

末章

——复活的军团——

2001年11月的最后一天，我完成了预定的旅行和采访任务。从高大而孤独的秦始皇陵走下，准备向秦俑博物馆再度作别。

丝丝细雨在冷风的吹拂中飘洒荡动、婉转缠绕。驻足于秦俑馆广场，回望细雨白雾中的兵马俑展厅，心中蓦然涌起一股怅惘情怀和离别凄楚。对这块古老而神奇的土地，我感到离别的脚步是那样的沉重，我已深深地爱上了这里的一草一木、一砖一瓦。

将手中的行李暂寄于广场旁的服务部，我以复杂的感怀心境再次步入大秦帝国的窗口，向曾给予我无数次激动和伤感的秦始皇兵马俑做最后的辞别——你们穿透两千多年的黑暗岁月，伴着20世纪的曙光幸运地回到了人类文明的怀抱。你们这历经劫难而不朽的身躯，在新世纪的光照里注入了鲜活的血液再度获得新生。你们原本就不曾死去，只是以睡眠的姿态，在漫漫长夜里孤独寂寞地存活，渴望有面世的一日。今天，终于破土而出，尽管身心的伤痕累累，仍不失百里秦川壮士的英雄风采。

你们在那个需要英雄和武力的特定历史时期从母腹里呱呱坠地，你们在激烈动荡、烽火连绵的岁月中成长。你们顺应了历史潮流的奔涌飞腾，你们在呼唤英雄的战鼓擂动中，毅然拿起刀矛剑戟，跨马挺枪冲入战场。

你们在历史使命的感召下，责无旁贷地选择了军人这个最能显示人生命力和价值的职业；你们脱胎于战争的岁月，又在战火中

一号坑中的士兵俑　　着秦代石铠甲的士兵俑

末章 孤愤

煅烧;你们为此付出了生命,付出了爱也付出了恨;你们用青春热血染红了深厚广袤的黄土地,染红了大秦帝国日渐高升的太阳;你们用青春和生命书写着大多数人所不具有的英雄的壮歌与史诗,你们的太阳曜曜辉煌。

秦始皇兵马俑军阵

当你们从沉睡中醒来,四顾青山绿水、乡村田陌、都市风流,却见不到你们用青春和生命构筑的那个辉煌夺目的大秦帝国,大秦帝国早已香消玉殒,成为历史的片刻烽烟与尘埃。历史老人就是这样造就着一切又毁灭着一切。

直面历史,瞻望未来,你们会觉得分外凄苦与悲怆。战争与和平、和平与战争,只不过是历史巨掌随意翻卷的一种游戏或顺通血液、增强肌肤的健美操。某个历史时期的战争只不过是随意翻卷的瞬间颤动,战争中的具体人在这颤动的瞬间更无足轻重,历史老人在匆匆的进程中,只关心自己的脚步,对推动着的人的生命个体从不承担道德责任和政治义务。

你们悟通了这一点后,才会真正明白:青山不改,绿水长流,只有大浪淘尽千古风流人物这个历史启示才是永恒而不变的。由此,你们将大彻大悟,从而抛弃一时的悲哀与委屈,在新世纪的霞光里,和今天的人们共同将生命的新太阳高高举起。

作别你们的心情是复杂的。

在这个浓缩着大秦帝国政治、经济、文化诸多盖世风情的一隅之地,你们仍然恪守着军人的天职和责任,做出了生命不死的勇猛姿容,以惊世骇俗的尚武精神对面前的一切生

复活的军团

美英打击阿富汗

新华社讯 美国于北京时间8日凌晨开始对阿富汗实施军事打击,到目前为止,打击已进行了三次。

据目击者称,他们听到第一声爆炸巨响是在北京时间8日凌晨零点27分左右。喀布尔在遭到空袭后全市停电。喀布尔听到了飞机的轰鸣声和爆炸声,随即响起了防空炮火的还击声,约4个小时后,美英军队展开了第二次空袭。北京时间今日6时20分许,美英军队开始了对喀布尔的第三次空袭。

外交部发言人今天在评美国对阿富汗的军事打击时说,中国政府一贯反对一切形式的恐怖主义,支持联合国大会和安理会通过的有关决议,支持打击恐怖主义的行动,有关军事行动应针对恐怖主义的具体目标,避免伤及无辜平民,我们希望和平能尽早得到恢复。详见第2、16版

美军称霸世界的收获与代价

命都构成身心的震撼和情感的战栗。

其实,你们只是华夏民族普普通通的孩子,脉管里跃荡着同你们的父辈和子孙一样的鲜血,心中也同样蕴藏着儿女情长和对美好生活的向往。只要脱下沉重的戎装,你们就不再以军人的名义生活,而成为普通大众的一员。但当历史和民族一旦需要通过战争创造时,你们便义无反顾地踏上征战厮杀的途程。许多战士倒在血泊中,历史虽经过了千年岁月的淘洗,但你们抛洒的热血尚能清晰可辨,一个个相互拥抱着、搀扶着、亲吻着的残碎躯体和不屈灵魂,使我看到战争酷烈的同时,也看到一个民族令人生畏的向心力和凝聚力,这血肉之躯正是支撑帝国大厦的基石与脊梁。因此,秦帝国大厦可以倾塌,但基石与风骨却永存。秦始皇可以死,但兵马俑不死。

历史苍茫,尘烟漫漫。秦帝国走向鼎盛的艰难和为此付出的艰辛与悲苦已难为后人知晓。唯兵马俑的铮铮铁骨已作为一个民族坚毅的性格与永恒的图腾。

我流泪了。

我获得了真诚与充实。短暂的交往已使我们心心相印、彼此相属相生,你们是我们的过去,我们是你们的今天与明天。

硝烟已经远逝,今天的战火依然不断,20世纪80年代

末章 孤愤

末期，有人曾喊出"本世纪无大战"的预言，4年后的海湾战争打碎了预言家的神话，这场世纪末战争作为人类战争的一个历史分界线，所展现出的现代化景观，足以令每一位军事家和考察者为之震惊与深思。而正在波黑进行着的无休止的战争和争吵，美军轰炸南斯拉夫、以色列对巴勒斯坦的炮击，不能不令人感到战争注定与人类共存，而战争的消亡之时，也只能是人类的毁灭之日。正如伟大的哲学之父柏拉图所告诫的"只有死者才看到战争的终结"。

2001年9月11日，美国纽约世贸大厦遭敌对势力袭击情形

当我正在秦始皇陵园和关中大地四处奔波时，美英军队对阿富汗塔利班的军事打击也正在进行，而捉拿恐怖组织大鳄本·拉登的新闻消息一浪高过一浪。2001年9月11日发生在纽约的那一场空前浩劫，给美国的各层人士投下了巨大阴影。除国际恐怖主义分子的致命袭击外，还有炭疽菌的袭扰，这令高傲的美国人不得不面对一种新的现实，正如美国弗吉尼亚大学的政治学家拉里·萨瓦托在接受法新社记者采访时所言："一方面，我们试图恢复常态；而另一方面，我们每天都面临一种现实，即某一份邮件可能带有炭疽菌，任何一刻打开电视都可能看到飞机撞向作为国家标志的某一建筑物，还有美国人正置身于海外战场……当一个国家的神话遭他人破灭时，一切再也不可能恢复原貌。9月11日将成为美国一个永久的纪念日。"人们看到，伴随这个纪念日而来的，是阿富汗土地上四处开花的炸弹和八方逃难的百姓，当然还有各方武装力量交战的鲜血。正如一位阿富汗儿童在他的笔记本上写下的这段话："在我们的国家没有人老去，因为所有的人都在迈向死亡。"战争让所有的理想化为乌有，科技的进步只能带来更多的毁灭。

495

面对刚刚度过10周年祭日的海湾战争，面对波黑战争、科索沃战争以及约旦河、加沙地带的隆隆炮声，面对阿富汗正在燃烧的战火，面对笼罩在人类头上的更加酷烈的核大战阴云，面对即将实施的导弹防御体系，面对人口、资源、粮食、污染等所造成的全球性生存危机，每一个炎黄子孙都会扪心自问：中华民族将以怎样的姿态和精神走出困境，面向未来？

古人云："天行健，君子以自强不息。""外有敌国，则其计先自强。自强者，人畏我，我不畏人。"

这不是口号，而是强音。面对翻云覆雨的世界和激烈的竞争，我们要在全球竞争的舞台上站稳脚跟并取得胜利，就必须以空前的使命感与勇往直前的献身精神，清醒地认识世界，理智地认识自身并塑造自身，从而构成重建中华文明大厦的牢固基石，凝聚起坚不可摧的精神支柱。舍此，别无选择……

就要走出大秦帝国的窗口，就要和你们做最后的握别。心头涌噎着许多情愫尚无法尽情吐出。"今天的参观使我对中国的两支不同的军队有了不同的了解，一支是现代的军队，一旦发生战争，他们可以立即开赴边境。另一支是默默无闻的军队，就是这支'秦军'。它们现在虽然不能打仗，但仍在起作用。它们的精神永远激励着后来的人们。"这是卢森堡体育、卫生大臣克利普斯对你们的崇高评价，也是我的肺腑之音。

秦始皇兵马俑，我以全人类的名义向你们致敬！

附录　秦始皇大事记

（秦以夏历十月为岁首）

公元前259年（昭襄王四十八年）

1岁。正月，嬴政（秦始皇）生于赵都邯郸。

公元前257年（昭襄王五十年）

3岁。子楚（秦始皇之父）由赵返秦。

公元前256年（昭襄王五十一年）

4岁。使将军摎攻西周，西周君奔秦，顿首受罪，尽献其邑三十六，口三万。周赧王卒，周朝亡。

公元前255年（昭襄王五十二年）

5岁。周民东逃，秦取九鼎宝器。

公元前251年（昭襄王五十六年）

9岁。闰九月，昭襄王薨，子安国君代立为王，华阳夫人为王后，子楚为太子。赵送子楚之夫人及子嬴政归秦。

公元前250年（孝文王元年）

10岁。十月，孝文王除丧，即位，三日薨。太子子楚代立为王。

公元前249年（庄襄王元年）

11岁。吕不韦为相，封文信侯，食河南洛阳十万户。遣相国吕不韦诛东周君，尽入其国。

公元前247年（庄襄王三年）

13岁。五月，庄襄王殁，太子嬴政代立为王，委国事大臣，尊吕不韦为"仲父"。楚人李斯入秦为客卿。

公元前246年（始皇帝元年）

14岁。韩遣水工郑国入秦为间，献策开渠以疲秦。

公元前241年（始皇帝六年）

19岁。庞暖率五国之师共击秦。

公元前240年（始皇帝七年）

20岁。夏太后（庄襄王之生母）死。

公元前239年（始皇帝八年）

21岁。嫪毐封长信侯。相国吕不韦布《吕氏春秋》于咸阳市门，为统一天下做理论准备。

公元前238年（始皇帝九年）

22岁。四月，秦王政至雍都蕲年宫行冠礼，带剑，正式亲政。长信侯嫪毐发动叛乱，欲攻蕲年宫，兵败被擒。九月，夷嫪毐三族，党羽皆车裂，舍人罪轻者迁蜀。秦王政迁太后（始皇之母）于雍都萯阳宫，扑杀太后所生两子。

公元前237年（始皇帝十年）

23岁。十月，因嫪毐事，文信侯吕不韦免相，就国河南。从齐人茅焦谏，秦王政自迎太后入咸阳，复居甘泉宫。秦觉韩人郑国之谋，下逐客令，李斯上书谏止。魏人尉缭入秦，秦王政用其计策，封为国尉。

公元前236年（始皇帝十一年）

24岁。王翦、杨端和、桓齮攻赵，取上党及河间各城。秦王政赐文信侯吕不韦书，将徙其家于蜀。

公元前235年（始皇帝十二年）

25岁。文信侯吕不韦恐诛，自饮鸩死。

公元前234年（始皇帝十三年）

26岁。桓齮攻赵平阳、武城，杀赵将扈辄。

公元前233年（始皇帝十四年）

27岁。桓齮攻赵赤丽、宜安，被赵将李牧大败于肥。桓齮畏罪出奔燕，李牧封武安君。韩非使秦，因李斯潛言，遭囚致死。韩王安请为臣。

公元前232年（始皇帝十五年）

28岁。秦大兴兵攻赵，又为李牧击破。

公元前231年（始皇帝十六年）

29岁。韩献南阳，秦遣内史腾发卒受地，为假守（代理郡守）。初令男子书年。置丽邑。

公元前230年（始皇帝十七年）

30岁。遣内史腾攻韩，虏韩王安，尽取其地，置颍阳郡，遂灭韩。华阳太后（庄襄王之嫡母）薨。

公元前229年（始皇帝十八年）

31岁。遣王翦、杨端和、姜瘣伐赵。赵以赵葱、颜聚代李牧。

公元前228年（始皇帝十九年）

32岁。王翦陷赵都邯郸，虏赵王迁。秦王政至邯郸，昔与母家有仇怨者皆杀之。太后薨。赵公子嘉奔代，自立为代王。

公元前227年（始皇帝二十年）

33岁。燕太子丹遣荆轲刺秦王政，事败，荆轲死。王翦破燕、代（赵）联军于易水之西。

公元前226年（始皇帝二十一年）

34岁。十月，王翦陷燕都蓟城，得燕太子丹首级，燕王喜徙辽东。王贲击楚。

公元前225年（始皇帝二十二年）

35岁。王贲攻魏，引河沟灌魏都大梁。大梁城坏，魏王假出降，杀之，尽取其地，遂灭魏。

公元前224年（始皇帝二十三年）

36岁。王翦率六十万大军攻楚，虏楚王负刍。楚将项燕立昌平君为楚王，反秦于淮南。

公元前223年（始皇帝二十四年）

37岁。王翦、蒙武破楚军，昌平君死，项燕自杀，遂灭楚。

公元前222年（始皇帝二十五年）

38岁。王贲攻辽东，虏燕王喜，遂灭燕。王贲攻代郡，虏代王嘉，遂灭赵。秦既平韩、赵、魏、燕、楚五国，五月，天下大酺（欢聚饮酒）。王翦定楚江南地，因南征百越之君。

公元前221年（始皇帝二十六年）

39岁。王贲攻齐，齐王建出降，遂灭齐（田氏齐）。六国皆亡，秦统一天下。秦王政号为"始皇帝"，自称曰"朕"，追尊庄襄王为太上皇，除谥法。始皇采五德终始说，定秦为水德，奉秦历为天下正朔。衣服旄旌节旗皆上黑，数以六为纪，更名河曰"德水"。刚毅戾深，事皆决于法，刻削毋仁恩和义，以合五德之数。废封建，分天下为三十六郡，郡置守、尉、监。更名民曰"黔首"。大酺。收天下兵器，铸金人十二，重各千石，置宫廷中。一法度、衡石、丈尺，车同轨，书同文字。徙天下豪富于咸阳十二万户。遣屠睢发卒五十万，为五军征百越。

公元前220年（始皇帝二十七年）

40岁。始皇巡陇西、北地郡，至鸡头山，过回中。作极庙于渭南，象天极。自极庙道通骊山，作甘泉前殿。筑甬道，自咸阳属之。治驰道于天下，东穷齐燕，南极吴楚。

公元前219年（始皇帝二十八年）

41岁。遣史禄修凿灵渠，通湘、漓二水。始皇东行郡县，上邹峄山，立刻石。封泰山，禅梁父，立刻石。沿渤海以东行，过黄、腄，穷成山，登芝罘，立刻石。南登琅邪，作琅邪台，立刻石遣齐人徐市率童男女数千人，入海求三神山仙人。始皇还，过彭城，斋戒祷词，欲出泗水周鼎，使千人没水求之，弗得。西南渡淮水，往衡山、南郡，浮江至湘山祠，遇大风，大怒，遣三千刑徒尽伐湘山树。自南郡由武关归。

公元前218年（始皇帝二十九年）

42岁。始皇东游，至阳武博浪沙，韩遗民张良遣力士操大铁椎击之，误中副车。始皇惊，求弗得，令天下大索（通缉搜捕）十日。始皇登芝罘，立刻石。往琅邪，经上党郡归。

公元前216年（始皇帝三十年）

44岁。使黔首自实田（自行申报田产）。十二月，始皇闻谣歌而有寻仙之志，更名腊（腊月）曰"嘉平"。始皇微行咸阳，偕武士四人，夜出逢盗于兰池，见窘。武士击杀盗，关中大索二十日。

公元前215年（始皇帝三十二年）

45岁。始皇至碣石，遣燕人卢生求仙人羡门、高誓。刻碣石门，坏城郭，决通堤防。遣韩终、侯公、石生求仙人不死之药。始皇巡北边，从上郡归。卢生入海而还，奏录图书曰："亡秦者胡也。"遂命将军蒙恬率兵三十万北击匈奴。

公元前214年（始皇帝三十三年）

46岁。谪贱民（亡命徒、赘婿、商人）为兵，略取陆梁地，置南海、桂林、象郡。以谪徙民五十万人戍五岭，与越杂处。蒙恬西北斥逐匈奴，收河南地，自榆中至阴山，置四十四县。筑长城，起临洮至辽东，延袤万余里。遣蒙恬渡河取高阙、阳山、北假，筑亭障以逐戎人。徙罪人而谪之，以实河南地诸县。

公元前213年（始皇帝三十四年）

47岁。谪治狱吏不直者，筑长城及戍南越地。从李斯议，始皇下令焚书（《秦记》、博士官所藏诗书百家语、医药卜筮种树之书除外）。有敢偶语诗书者弃市，以古非今者夷其族。若欲有学法令，以吏为师。

公元前212年（始皇帝三十五年）

48岁。遣蒙恬筑直道，起咸阳，经九原抵云阳，长一千八百里。始皇以咸阳人多，先王之宫庭小，筑阿房宫于骊山下。隐宫徒刑者七十余万人，分作阿房宫、骊山陵。始皇立石东还上，以为秦东门。徙三万家丽邑，五万家云阳，皆不供征役之事十年。徙卢生议，始皇自谓"真人"，不称朕。令咸阳之旁二百里内宫观以复道、甬道相连，帷帐钟鼓美人冲之，各案署不移徙。行所幸，有言其处者，罪死。听事，群臣受决事，皆于咸阳宫。侯生、卢生讥议始皇，相偕亡去，始皇大怒，遣御史案问儒生。儒生传相告引，乃自除犯禁者四百六十余人，皆坑杀于咸阳，使天下知之，以惩后。始皇益发谪徙边，公子扶苏（始皇之长子）上谏，始皇怒，使北监蒙恬军于上郡。

公元前211年（始皇帝三十六年）

49岁。有陨石于东郡，黔首刻字其上曰："始皇帝死地分"。始皇遣御史逐问，莫服，尽取石旁居人诛之，燔销其石。始皇不乐，使博士为《仙真人诗》，传令天下乐人歌弦之。秋，使者从关东夜过华阴平舒道，有人持璧谓使者曰"今年祖龙死"，置其璧而去。使者迁北河、榆中三万家，赐爵一等。

公元前210年（始皇帝三十七年）

50岁。十月，始皇出游，左丞相李斯随行，右丞相冯去疾留守，公子胡亥请从，许之。十一月，始皇行至云梦，望祀虞舜于九嶷山。浮江下，观籍柯，渡海渚，过丹阳，至钱塘，临浙江，西从陿中渡。上会稽，祭大禹，望于南海，立刻石。始皇还过吴，从江乘渡，沿海上至琅邪。方士徐市等入海求神药，数岁不得，费多，恐谴，诈称为大鲛鱼所苦，故未得。始皇乃令入海者赍捕巨鱼具，自以连弩候大鱼出射之，自琅邪北至荣成山，弗见。始皇至芝罘，见巨鱼，射杀一鱼。始皇沿海西行，至平原津而病。七月，始皇至沙丘平台，病甚令赵高为书赐公子扶苏曰："以兵属蒙恬，与丧会咸阳而葬。"书已封，未授使者，始皇崩。丞相李斯秘不发丧，棺载辒辌车中，独胡亥、赵高及所幸宦者五六人知始皇崩，群臣莫知，百官奏事上食如故，宦者辄从车中可其奏事。赵高与胡亥、李斯阴谋破去始皇所封书，诈称丞相受始皇遗诏于沙丘，立胡亥为太子。又矫诏赐扶苏及蒙恬死。始皇棺从井陉抵九原，天暑，辒辌车臭，乃诏从官，令车载一石鲍鱼，以乱其臭。始皇棺从直道至咸阳，发丧，太子胡亥继位，为二世皇帝。九月，葬始皇于骊山陵。

后 记

在本书的采访、写作过程中，得到了国家文物局、中国社科院考古研究所、陕西省文物局、陕西省考古研究所、西安市公安局、西安市公安局临潼分局、秦俑博物馆、秦俑坑考古队、秦陵工作站、秦始皇陵考古队等单位，以及众多专家、学者、工作人员的支持与帮助，在此一并表示感谢。

岳 南
2001年12月于北京
2010年10月5日修订